高等院校新闻传播学系列教材

编 委 会

College Journalism & Communication Series

高等院校新闻传播学系列教材

CONTEMPORARY NEWS WRITING

当代新闻写作

薛国林　编著

暨南大学出版社
JINAN UNIVERSITY PRESS

中国·广州

图书在版编目（CIP）数据

当代新闻写作/薛国林编著. —广州：暨南大学出版社，2005.6（2021.7 重印）
ISBN 978-7-81079-587-6

Ⅰ. ①当… Ⅱ. ①薛… Ⅲ. ①新闻写作—高等学校—教材 Ⅳ. ①G212.2

中国版本图书馆 CIP 数据核字（2005）第 055750 号

当代新闻写作
DANGDAI XINWEN XIEZUO
编著者：薛国林

出 版 人：张晋升
责任编辑：丁 彬
责任校对：何 力
责任印制：周一丹 郑玉婷

出版发行：暨南大学出版社（510630）
电 话：总编室（8620）85221601
营销部（8620）85225284 85228291 85228292 85226712
传 真：（8620）85221583（办公室） 85223774（营销部）
网 址：http://www.jnupress.com
排 版：弓设计
印 刷：湛江日报社印刷厂
开 本：787mm×960mm 1/16
印 张：25.875
字 数：490 千
版 次：2005 年 6 月第 1 版
印 次：2021 年 7 月第 12 次
印 数：22501—23500
定 价：58.00 元

目　录

消息写作

通讯写作

深度报道

新闻业务研究

消息写作

1

消息概论

本章重点

- □ 消息的特点
- □ 消息写作的基本规律
- □ 消息写作的基本要求

新闻有广义和狭义之分。广义的新闻指一切新闻报道体裁，包括消息、通讯、深度报道、调查性报道、解释性报道、预测性报道等。狭义的新闻专指消息。

消息，即以简要的文字或图片迅速报道新闻事实的一种新闻体裁。消息也是新闻报道中最基本的、使用最多的一种新闻体裁，在新闻报道中占有非常重要的地位。通讯、深度报道、调查性报道、解释性报道、预测性报道等是消息的深化和补充。当今的媒体资讯性内容日益增多，但最耀眼、最引人关注的仍然是消息。所以人们称消息是新闻报道的主角。

1.1　消息在新闻报道中的地位

1.1.1　信息化时代，消息仍是新闻报道的主角

1. 从信息需求来看，消息是人们获取信息的主要渠道

消息从它产生以来便是报纸的主角。尤其是20世纪末期以来，互联网的迅速崛起和普及把源自世界各地的新闻、信息第一时间带到人们面前。海湾战争、伊拉克战争、奥运会比赛，人们最先想知道的是战争的进展情况、奥运会金牌的获得情况等，消息报道的快捷迅速就可以满足人们的这种信息需求。在21世纪，消息仍是人们获取信息的主要来源。

2. 从报道数量来看，消息在众多新闻体裁中应用最多

以下是2004年7月31日几大媒体的新闻报道情况：中央电视台《新闻联播》共播出新闻31条（包括国内简讯5条、国际简讯5条），全部是消息，占100%；中央人民广播电台的《新闻和报纸摘要》共播出新闻30条，其中消息27条，占90%；《大公报》A1－A12版（包括要闻、国际新闻、中国新闻、港闻）新闻报道共81篇，其中消息74篇，占91.4%；《广州日报》A1－A12版新闻报道共99篇，其中消息92篇，占93%。从这项简单的统计中可以看出，几种媒体的新闻报道，消息均占90%以上。可见，消息是各类媒体报道中运用最多的体裁。

1.2 做一名优秀记者首先要学会写消息

写消息是记者的首要任务。许多记者都有这样的切身体会，要想掌握写作各种新闻报道体裁的本领，首先应该过消息写作这一关。

（1）从新闻报道的发展来看，消息是最基本的报道方式，其他报道方式都是由消息衍化而来。因此，采写消息是记者的基本功。通讯、特写、深度报道等是在消息的基础上发展而来的，可以说是消息的延伸、扩展和补充。掌握了消息的基本采写方法，其他新闻报道的采写方式和技巧也就会迎刃而解。

（2）消息最集中、最鲜明地反映了各种新闻报道体裁的本质属性——向公众传递最新、最有意义的信息。从这个意义上说，消息是当前最有效、最主要的传播形式，重要的信息可以借助消息迅速地传递给广大受众，并很快产生影响。

（3）消息最集中、最鲜明地体现了各种新闻报道体裁的共同价值——时新性、重要性、接近性、显著性和趣味性。

（4）消息最集中地反映了各种新闻报道体裁的共同要求——迅速、准确、简明。

（5）消息的叙述形式是其他报道体裁叙述形式的基本功。消息体裁要求叙述准确、生动、简洁。这些虽是最基本的要求，记者若没有扎实的基本功，要做到这些并非易事，需要在实践中千锤百炼方可达到。

1.3 消息写作的基本规律：展现事实

消息的特点是报道事实，没有事实就没有新闻。事实是社会生活的客观反映。也就是说，消息报道的事实是客观存在的，事实是第一性的，新闻是第二性的。

1.3.1 事实为本

事实最具说服力。报道事实也是新闻反映社会生活的基本特征。消息报道的事实与文学作品反映的现实不同。前者是社会上发生的真实的事情，后者是虚构的。

台湾歌手周杰伦歌曲《蜗牛》入选爱国主义曲目

《晨报》讯（□记者董川峰　王婧）台湾地区歌手周杰伦的一首《蜗牛》被收入上海中学生爱国主义歌曲推荐目录之列，这是记者在昨天召开的上海市德育教育工作会议上获得的信息。同时被收入的还有《真心英雄》、《中国人》等多首港台流行歌曲。

市教委教研室音乐教研员王月萍是此次选取曲目的负责人，她告诉记者，由政府部门出面向学生推荐歌曲这还是第一次，向中学生推荐的100首歌曲主要还是学生喜欢唱的。至于何以会选择周杰伦的《蜗牛》，“关键是这首歌的歌词挺好的。”王月萍说，由于感觉这首歌的思想内容十分上进，唱起来琅琅上口。

市科教党委有关负责人称，民族精神教育绝不是说教，要适应儿童少年身心成长的特点和接受能力。

附《蜗牛》歌词：

该不该搁下重重的壳　寻找到底哪里有蓝天　随着轻轻的风轻轻地飘　历经的伤都不感觉疼　我要一步一步往上爬　等待阳光静静看着它的脸　小小的天有大大的梦想　重重的壳挂着轻轻的仰望　我要一步一步往上爬　在最高点乘着叶片往前飞　让风吹干流过的泪和汗　总有一天我有属于我的天　该不该搁下重重的壳　寻找到底哪里有蓝天　随着轻轻的风轻轻地飘

历经的伤都不感觉疼　我要一步一步往上爬　等待阳光静静看着它的脸　小小的天有大大的梦想　重重的壳挂着轻轻的仰望　我要一步一步往上爬　在最高点乘着叶片往前飞　o ~ ye ~ 让风吹干流过的泪和汗　总有一天我有属于我的天　我要一步一步往上爬　等待阳光静静看着它的脸　小小的天有大大的梦想　重重的壳挂着轻轻的愿望　我要一步一步往上爬　在最高点乘着叶片往前飞　o ~ ye ~ 让风吹干流过的泪痕　总有一天我有属于我的天　让风吹干流过的泪和汗

总有一天我有属于我的天。

《新闻晨报》2005 年 3 月 15 日

这条消息报道了昨天发生的一件事：在上海市德育教育工作会议上台湾地区歌手周杰伦的一首《蜗牛》被收入上海中学生爱国主义歌曲推荐目录之列。将流行歌曲作为“中学生爱国主义歌曲推荐”，这是一件新鲜事，在社会尤其是青年人当中会引起反响。

有的消息中的事实是根据调查结果写成的。享誉世界的奥斯卡颁奖礼是每年观众关注的热点，2005 年的第 77 届奥斯卡颁奖礼收视率比去年低，作为典礼主办城市的洛杉矶是收视率最低的城市。

第 77 届奥斯卡颁奖典礼收视率比去年低

凤凰卫视洛杉矶 2 月 28 日消息 （记者沈玫绮 赵宏）根据尼尔森收视率调查结果显示，第 77 届奥斯卡颁奖典礼的收视率为 14.9%，这个数字虽然比去年低，但是和 2003 年相比还是往上爬升了不少。

第 77 届奥斯卡颁奖典礼的收视率一直是主办单位影艺学院最担忧的，因为耗资千万的颁奖典礼收视率逐年下降，特别是今年入围的五部电影没有一部破票房纪录，影艺学院特别请来喜剧明星洛克出任第 77 届奥斯卡颁奖典礼主持人，希望这位深受欢迎的艺人能够挽救每况愈下的收视率。根据尼尔森收视率调查公司最新出炉的调查结果，27 号晚上的颁奖典礼在美国东岸的收视率为 30.1%，比去年的 29.8% 高。但是美国西岸的观众对于颁奖典礼可就没那么捧场，使得整体收视率往下降到 14.9%，根据统计，纽约是全美收看颁奖典礼最高的城市，而身为典礼主办城市的洛杉矶反而是收看率最低的城市。

凤凰卫视 2005 年 2 月 28 日

这条消息传递了一个重要信息：奥斯卡颁奖典礼收视率逐年下降。这是通过调查统计得到的最新事实。

1.3.2 消息：展现事实，还是用事实说话

用事实说话是我国新闻界过去较有代表性的一种观点。报道事实的目的是为了“说话”。这里有两点必须弄清楚：第一、什么是“说话”。第二、报道事实是否为了“说话”。“说话”在现代汉语词典中有三个意思：用语言表达意思；闲谈；指责。[①] 三个意思归纳起来就是“表达意见”。如果说报道事实的目的是为了“说话”，一方面我们可以这样理解，为了表达意见去报道新闻，若这样，就不大符合新闻传播的一般规律。新闻传播的一般规律应该是不带任何主观意图地传递客观信息。如果掺杂了个人意图，记者可以按照自己的想法随意选择事实，信息就可能不够准确客观。我国20世纪70年代以前的不少新闻报道就是如此，如“千斤种子万斤粮”，“到处莺歌燕舞”等。另一方面，也可以有另外一种解释，即事实本身包含着意见，也就是说意见来源于事实，有什么样的事实，就会有相应的意见。只是这种解释回避不了“说话”二字，“说话”就是要表达意见，是主动的，是目的，而新闻报道的本质是传播事实。[②] 按照哲学观点，事实总是大于观点。一个事实可以有多种看法，问题不在于事实本身，而在于从何种角度去解读事实。

新闻能否用事实“说话”呢？当然可以。带有解读新闻性质的述评性、谈话性、评论性节目等就是用事实“说话”，让媒体和记者说话。如凤凰卫视的《时事开讲》、《有报天天读》等。

消息写作不能理解为：按照“说话”的目的去选择事实。消息报道的目的在于展现事实。

1.3.3 怎么展现事实

西方新闻界流行一种观点：要展现，不要讲述。美国哥伦比亚大学新闻学院的梅尔文·门彻教授引用列夫·托尔斯泰说过的名言：“我不讲述，我不解释，我只是展现，让我的角色替我说话”。[③]

实际上列夫·托尔斯泰是在谈自己创作小说《战争与和平》的体会时说这番话的。原意是作者不要过多出现，不要过多的陈述和议论，要让人物自己

---

① 现代汉语词典．商务出版社，1979. 1073 页

② 李幸．文化娱乐新闻的采访写作．中国广播电视出版社，2002

③ 梅尔文·门彻．新闻报道与写作．展江译．华夏出版社，2003. 174 页

说话。梅尔文·门彻教授把这种观念用到新闻写作理论中，“托尔斯泰的原则在新闻编辑室内普遍适用。《纽约时报》的里克·布拉格回忆他在伯明翰初任记者时的经历，一位高级主编将他带到一边，告诉他一条优秀写作的基本原则：要展现，不要讲述。给我看你所看到的一切，用文字来描述一幅画面，然后，就可以跟随你的脚步。布拉格说，这一技巧既可用于硬新闻，也可用于写作特稿。”[①]“展现”就是表现的意思，也是我们常说的白描。“白描”以质朴的文字抓住对象的特征，不加渲染，淡淡几笔简明生动地勾画出事物的形貌。鲁迅先生也曾经提倡和应用这种手法。他说：我力避行文的唠叨，只觉得将意思传达给别人了，就宁可什么陪衬拖带也没有。

从形式上看，白描和叙述没有多大区别，常常浑然一体，因此也有人说白描就是叙述与描写的高度融合。白描通常不设喻，少修饰，只是以质朴的文字抓住描写对象的特征，淡淡几笔，简明生动地勾画出形象来。过去中国新闻界把叙述与白描分得很清楚，原因之一可能是白描是在文学作品中用的。这是一种误解。白描在文学中是一种表达方式，它强调不加渲染地勾画出事物的特征和形貌。白描在新闻写作中同样可以达到很好地描绘新闻事件的效果。因为新闻的事实不是虚构的，而是社会上真实发生的。白描最能再现新闻现场的“事实”。

消息写作的基本规律决定了消息报道风格要平实，记者的情感和看法应藏而不露。

中央巡视组将明查暗访听省部级党政主要领导口碑

中新网7月14日电　香港《大公报》13日从北京发回的报道称，中央纪委人士近日透露，中纪委中组部联合巡视组巡视的重点，将是副省部级以上的高官，省委、省政府两个班子的成员，特别是两个“一把手”。

报道称，中纪委中组部联合巡视组发表在人民网上题为《深入群众明查暗访提高巡视质量》的文中披露，从巡视内容上讲，《中国共产党党内监督条例（试行）》规定的各项巡视任务都是重点，巡视组都要全面了解。但在巡视中，要用相当大的力量去了解省级领导班子及其成员，特别是党政主要领导有无不廉洁的行为，其配偶子女干净不干净，口碑好不好；省委、省政府的主要领导对反腐败的态度坚

① 梅尔文·门彻．新闻报道与写作．展江译．华夏出版社，2002. 231 页

决不坚决，敢不敢碰硬；在用人方面是否严格按照《党政领导干部选拔任用工作条例》办事，是否公道正派以及是否遵守政治纪律等情况。

对巡视结果，巡视组除了向中央纪委、中央组织部领导报告外，还要向被巡视省的两个“一把手”通报巡视情况。涉及省委主要领导本人的问题，如果是一般性的，经中央纪委、中央组织部领导同意后，要与他们谈话提醒，引起他们的警惕。同时，巡视组也要注意听取省委主要领导反馈的意见，特别是不同的意见，以便使巡视组了解的情况更加准确。

中新网 2004 年 7 月 14 日

以上这条动态消息报道了中央最近采取的一项重大举措，中央巡视组将明查暗访听省部级党政主要领导口碑。报道中透露一个重要信息：中央开始把重要领导干部的政绩考察置于群众的监督之下。如此重大的新闻，全篇报道记者并没有用带个人倾向的句子甚至词语，引用香港《大公报》报道，用“报道称”来描述“中央纪委人士近日透露”的事实，这就是在“展现”事实，没有记者“概述”的主观痕迹。

消息报道不需要按照意见找事实，否则容易出现先入为主的弊端，事件的真实性也会打折扣。

1.4 消息写作的基本要求

对消息写作的基本要求，中国和西方各不相同。美国新闻界对消息主要从新闻传播规律及传播效果两方面要求较多。中国新闻界对消息主要从规范性方面要求较多。但是比较起来有许多共同的地方，即迅速、准确、新鲜、简明。

1.4.1 迅速

(1) 迅速是消息报道的最基本要求。

新闻报道的迅速与否关系到如何建立受众的心理频率和传播节奏的问题。

时间越快，与受众的心理距离越接近，也越容易形成新闻热点。消息的最大特点就是迅速及时，在所有新闻报道体裁中，消息最容易也最有条件迅速报道新闻事件。

（2）媒体竞争需要迅速。

新闻写作要求记者有倚马可待的本领，一边采访一边构思，迅速发回媒体，以便以最快的速度报道。日报受到时间限制，只能发昨天的消息。现在我国有的地方日报一天分上中下三次出版，凌晨发生的事早晨见报，早晨发生的事中午见报，中午发生的事下午见报。晚报要抢当天新闻，记者的采写要使出浑身解数。广播、电视比报纸播出的新闻快，时间要求上更紧迫。互联网的新闻报道更快，尤其是现场报道，几分钟就要补充新内容。

（3）受众接受需要迅速。

信息时代的新闻报道要全天候报道新闻，一些重大新闻几小时后可能就变成了旧闻，典型的就是对伊拉克战争的报道。凤凰卫视和中央电视台全天候播报战争进展，与新闻事件的发生同步，这种情况下，报纸显得无能为力，唯一的补救办法就是出号外，但那也已经成了旧闻。

（4）能否迅速报道社会上发生的重大事件，是衡量一家媒体是否是主流媒体的一条重要标准。

什么是主流媒体目前尚无定论。但有两点可以肯定，首先衡量一家媒体是否是主流媒体的权力应该属于受众，因为广大受众是信息的消费者。其次在信息化时代能否迅速报道社会上发生的重大事件是衡量一家媒体是否是主流媒体的显著标志。换句话说，在这个时代媒体敏感比新闻敏感显得更加重要，面对重大新闻事件，缺乏迅速报道的勇气和胆量，缺乏敏锐的观察视角，就不可能成为主流媒体。当今有一个名词叫“专业精神”，实际上也就是职业精神。能够迅速、客观地报道重大新闻事件才称得上是媒体的“专业精神”，不够“专业”的媒体在信息时代将面临生存危机。

1.4.2 准确

迅速及时地报道社会上发生的重大事件，并不意味着只讲速度而不论准确与否，恰恰相反，准确在消息报道中占有非常重要的地位。马虎草率，错漏百出，必然影响新闻报道的质量，影响新闻事实的真实性。1943 年 9 月 1 日，陆定一同志在《解放日报》上发表《我们对于新闻学的基本观点》的文章，文中指出，“新闻要真实”，“新闻五要素缺一不可”。要做到真实首先要做到准确，哪怕一个细节，一个数字，都要做到准确无误。不能想当然，不能

“大概”、“大约”，丁是丁卯是卯，不能夸大和缩小事实。任何粗疏和马虎都有可能使受众产生怀疑，影响新闻传播效果。具体来说，有三个重要的方面要求准确：

第一，导语要素准确。导语要素准确是指导语中涉及到的时间、地点、人物、事件和原因诸要素中的任何一个要素要力求准确、与事实相符。

第二，事实过程准确。事实过程准确是指对事实过程的叙述应以客观事实为基准，要恰如其分，不能有任何虚构、歪曲或夸大的成分。

第三，语言表述准确。语言表述准确是指在新闻事实基本准确的基础上，使语言的表述符合人物的身份、地位和性格。下面这条消息报道较好地做到了这三个方面。

四个月没死人　村主任丢了官儿

今天上午，曲周县河南疃镇朱口村村委会主任朱自强被迫向镇里交了辞职报告，他是因为村里四个月没死人丢的官儿。

曲周县殡葬改革今年出了个规定，按千分之五的自然死亡率给村里下“火化指标”，差一个就罚五千块钱。朱口村一千一百来口人儿，一年是五个指标。今年3到6月份朱口村一个也没死，镇里就三番五次找村干部催罚款，朱自强说：

（出朱自强录音）

“4个月应该是一点七六个，一个是五千，五七三千五，这就是八千五。”

除了这八千五，朱口村每个人还得交3块火化钱，才能凑够一万二的任务。我说别八千了，八分我也没有，村里不死人，我去哪儿给你弄这个火化费呀？咋为这个我还得给你弄死两口子噢？我说的不好听，孙书记一家伙急了眼了，说河南疃三十四个村都死人，就你们这人都吃了长寿药了，贵贱一个也不死？没钱儿，赶明儿了你给我写辞职报告！

昨天晚上，朱自强就写了辞职报告。他把自己选上村主任两年多修路打井建学校这些事儿都摆了摆，末了说，计划生育朱口村年年当先进、三提五统都是提前完成，可“死人指标”他实在完不成，就为这个不让干了真是想不通。

记者好不容易才打通河南疃镇党委副书记孙守现的电话，他说让朱自强辞职不是他个人的意见：

（出孙守现录音）“以前开会呀说死（定）这事儿了，谁交不上来钱谁就别干。镇里也没办法儿，那县里给咱压着任务哩。”

河北人民广播电台2001年7月29日（获第12届中国新闻奖二等奖）

这条广播消息导语准确交代了时间、地点、人物、事件和原因。通过采访录音，印证了事件、人物，以及事件中涉及到的数字的准确性。文中录用了被采访者的方言、口语，倍添事件的准确、真实。

1.4.3 新鲜

报道人们不知道的事情才叫新鲜，人们都知道了就不叫新鲜。不新鲜的事就不是新闻。

新鲜和信息有关。人们接收新闻主要是为了获取信息，陈旧的事实是无效信息。

新鲜与事件的细节有关。新闻事件本身有不少鲜活的细节，这些细节形成了事件的新鲜性，报道新闻事件时如果把新闻细节概括掉了，可能留下的仅仅是记者传输出来的“骨架”。最能给受众留下鲜活印象的是细节，电视报道可以展示现场细节，文字报道除了背景和深度以外，应加强细节描写。

新鲜和事件的奇异性有关。奇异的事件往往能引起人们的兴趣。正常的事实不具有新鲜性，因为人们司空见惯，如火车正点不是新鲜事，晚点属于不正常，才是新鲜事。

新鲜和新闻价值有关。重要事件、人们普遍关注的事件容易引起兴趣，突发性事件也容易引起人们的兴趣，因为这些事件具有较高的新闻价值。

60名成都老板进京读党校

他们将接受清华人大等校名师的“智慧补钙”

昨日，成都仙牌灵芝集团总裁刘大富欣喜地收到了中央党校的“录取通知书”。刘大富本想给夫人一个惊喜，没想到妻子也神秘地掏出了自己的“录取通知书”。原来，夫妻俩听说工商联组织民营企业家赴中央党校的消息后，分头报了名，而且都被录取了。

和刘大富夫妇同时首批获得录取通知书的还有58名成都民营企业家。19日，他们将赴京当一周的“全日制学生”，接受中央党校、清华大学、中国人民大学等校名师的“智慧补钙”。这次成都市非公有制企业经营管理者理论培训是由成都市委组织部、市委统战部和市工商联联合组织的。

和外人想象的“富人就学”不同，60名成都企业家在北京将接受严格的全日制教学管理，必须遵守无秘书、无随从、无轿车的“三无”校规。与此同时，课程设计将严格按照国际化思路设计，理论与实践相结合，既有国际形势的综观分析，又有征战市场的“野战”培训。在7天的培训中，学校将开设“民营企业的财政、税收与投资”、“中国和平崛起的国际环境和国际战略”、“企业家在对外经营中需注意的法律问题”、“修宪与民营企业发展”等讲座，并开展交互式讨论，就四川民营经济的实际运作进行交流。此外，企业家们还要赴西柏坡，接受革命传统教育。

大批川企老板对这次难得的“读书机会”表现出非常高的热情。来自成都机电行业协会的何建宏先生说：“这次培训是我们拓宽眼界、参透政策的好机会，含金量绝对高。”据成都市工商联有关人士介绍，截至8月31日，已有200多人报名。在首批人马赴京入学后，市工商联将争取组织更多的企业家参加这样的培训。

《华西都市报》2004年9月11日

这条消息报道了一个政治新动向，以往只有中共高官才能进中央党校学习，现在允许企业老板进校深造，反映了中央人才培养政策的变化，很新鲜。

一人之力难敌三百生产商

陶宏开广州演讲再次炮轰网络游戏反对发展游戏产业

■游戏产业赚的大多是孩子们的钱！有多少工作的成人会经常上网打游戏？

■去网吧看看，都是14岁的孩子一大堆；听听那些家长们的控诉吧。

■现在的形势非常严峻，这已经是一个社会问题了。

本报讯　记者尹安学报道：昨天下午，享誉全国的团中央“网络文明爱心大使”陶宏开教授来到广州，参加共青团广州市委等主办的“用爱心和科学帮助孩子戒除网瘾”演讲活动。陶宏开在演讲会上再次炮轰网络游戏："我不知道为什么要开发那么多网络游戏，害得那么多孩子荒废学业！"他说，他不明白为什么一些人士，特别是一些政府官员还大力鼓吹要发展游戏产业。

陶宏开说，自己从来没有否认网络的好处，从来没有否认一些网络游戏对人们消遣娱乐帮助很大，"但现在我们网站上多数游戏让人容易上瘾，很多青少年玩了几次后长期不能自拔，这种游戏耽误学业，让人荒废青春，再没有人管，将毒害祖国一代人！"

陶宏开不理解一些人要大力发展游戏产业，"说游戏产业盈利模式清晰，因为你赚的大多是孩子们的钱！有多少工作的成人会经常上网打游戏？"陶教授拿出相关调查：目前，网络游戏精英会统计出全国网络游戏玩家一共2 000 万人，其中19 ~25 岁的占59.5%。武汉的统计发现，17 ~20 岁的网络游戏者占70%。

"网络游戏商们在刻意回避未成年人上网问题，你去网吧看看，哪儿有19 岁以上的啊，都是14 岁的孩子一大堆。现在的形势非常严峻，这已经是一个社会问题了，明年网络商会生产更多的网络游戏，我怎么办啊？我已经快绝望了，我一人之力怎么能战胜300 家网络游戏生产商？几乎不可能！"

陶宏开公开质问一些网络游戏开发商："你们在做网络游戏之前，有没有做过市场调查，你们的产品对社会、对青少年的心理健康有没有好处？你不能只看到这个市场大，还要看到这个市场、这个产品对社会的发展、对人民的身心健康是有利还是有害；是利大于弊，还是弊大于利？如果当时你没有考虑，那你现在是不是应该进行市场调查，听听那些家长们的控诉，去每个网吧看一看?!"

《羊城晚报》2005 年2 月14 日

当前网络游戏被当作文化产业的一项内容来开发，正处于蒸蒸日上之时，然而陶宏开在演讲中却炮轰网络游戏，反对发展游戏产业，因为网络游戏对中、小学生的危害极大。这条消息在社会上引起了强烈的反响，说明事件本身具有相当大的传播价值。

1.4.4 简明

简明，即把新闻事件叙述得简洁明白。延安时期提出改进文风，提倡写短消息。1946 年9 月27 日，胡乔木同志在《解放日报》上发表文章《短些，再短些!》，文中提出了三条建议：“一、新闻要4/5是500字左右的；二、通讯和副刊稿件4/5是1 000字左右的；三、研究性论文等五分之四是2 000字左右的。”20世纪80年代末期新闻界提倡写现场短新闻并进行评奖，其目的是针对人们厌烦的长新闻进行一次大的改革，其后几年效果良好。但到了20世纪90年代中期，随着电子媒体的竞争，深度报道的崛起，新闻报道越来越长，一篇消息本可以几百字表述清楚非要上千字不可，有的甚至一两版报道一条消息。报纸电视化在增强报纸可读性的同时，助长了长新闻的风气。当然有些深度报道，诸如调查性报道等长一点可以理解，但是否都需要那么长呢？有些报道水分太多，给读者带来阅读上的烦恼。因此，重提短新闻是当务之急。

简明，要求消息要写短。根据中国新闻奖评奖办法规定，文字消息1 000字以内，广播电视消息在4分钟以内，文字通讯在3 000字以内，广播电视新闻性专题节目在15分钟以内，广播电视新闻性节目排在30分钟以内，文字评论在2 000字以内，广播电视评论在7分钟以内。实际上在优秀获奖消息中，500字左右的文字消息，3分钟以内的广播电视消息并不少。下面这条消息不到200字，主题集中、事件表述简洁明了、叙事自然流畅。

“千手观音”感动法国助残晚会

本报巴黎3月2日电　（记者宋斌）法国成人和青年残疾协会周一晚在巴黎国际会议宫举行首届助残颁奖晚会。中国残疾女演员表演的“梦幻”千手观音舞蹈令观众赞叹不已。

晚会的主题是“让社会来增加我们的与众不同之处”，呼唤、鼓励和倡导全社会来关心、体贴残疾人，使残疾人融入社会大家庭。

晚会上还颁发了最佳助残设施城市、最佳助残服务公共部门、最佳助残就业企业、最佳助残学习教育学校和最佳助残欧洲城市等奖项。

《光明日报》2005年3月3日

游客乱丢尿布

戴妃纪念喷泉竟成垃圾场

据新华社电　英国官员1日说，伦敦海德公园的戴安娜王妃纪念喷泉对外开放不到一个月，已经变成一个垃圾场。

英国文化大臣特莎·乔韦尔说，少数游客在游览戴妃喷泉时，随地乱丢尿布等垃圾，并把宠物狗带进喷泉，造成喷泉脏乱不堪。

乔韦尔说："这是一个纪念物。我不认为，任何有责任感的公众成员希望看到人们允许他们的狗进入喷泉。如果有人允许狗（在喷泉中）戏水，我们怎么能保证水的清洁呢？"

乔韦尔说，当喷泉再次对外开放时，周围将会立起禁止动物和垃圾的告示牌。她希望人们能以更尊敬的方式对待这个纪念戴安娜王妃的喷泉。

《新京报》2004 年 8 月 3 日

这条消息 200 多字，读来生动有趣。这种短消息应该大力提倡。现在有些消息报道动辄一两千字，本来几百字就可以说清楚，偏偏要写上一大版，这是文风不正的一种表现。

思考与练习

1. 消息写作的基本规律是什么？展现事实与用事实说话有什么不同？
2. 消息报道为什么要做到迅速及时？
3. 消息报道怎样做到准确？
4. 怎样理解消息的简明？消息的篇幅为什么短不了？

2

消息的结构要素：标题和导语

本章重点

- □ 消息标题的类型和作用
- □ 制作消息标题的方法
- □ 消息导语的重要性
- □ 消息导语的制作要求

一条消息由标题、消息头、导语、主体和结尾等几部分组成，各个部分组合成一个整体才能构成一条消息，因此每个部分都是一条消息的一个要素。

2.1 消息的标题

俗话说，题好文一半。标题在新闻报道中占有突出的位置，尤其是在媒体竞争激烈的时代，好的标题可以吸引人们继续阅读报道的内容。

2.1.1 消息的标题作用

消息的标题作用主要有三点，即：吸引受众、揭示事件意义、美化版面。

2.1.2 标题的类型

标题的类型分为：单行标题、双行标题、多行标题、插题和提要题共五种。

1. 单行标题

单行标题直截了当地叙述新闻事件的核心信息，多以叙述为主。例如：

北大清华通过学生社团建设引导大学生健康成长

《人民日报》2005 年 3 月 3 日

监狱开个“宣泄室”

《大河报》2004 年 6 月 16 日

“哭吧”亮相南京

《新民晚报》2004 年 6 月 29 日

李金华培训新审计干部：不揭违纪行为难谢天下

《京华时报》2004 年 7 月 22 日

2. 双行标题

双行标题，即标题由两行不同字号的字体组成。双行标题有两种形式，第

一种：引题+主题

例如：

差距缩小　往来便利　（引题）

广东赴港定居者逐年减少　（主题）

《人民日报》2005年3月3日

陈圆中下岗后，连遭丧夫、再离婚等大变故，靠卖冰棒、摆夜宵摊，拉扯大了两个孩子，如今还买了新的铺面和住房。她的体会是——　（引题）

厄运并不可怕　（主题）

《湖南日报》2004年5月5日

引题也叫肩题、眉题。它是辅题的一部分，安排在主题的上面（横排）或前面（竖排），是主题的先层意思和前奏。

引题的作用：或交代新闻事件的背景、原因；或揭示主题的意义和内容，或加强主题的气氛。引题的字数一般少于副题的字数。

主题也叫主标，是标题中最引人注目的部分，它的任务是突出最主要的新闻事实。字号最大。

第二种：主题+副题

金庸担心学生不懂《天龙八部》　（主题）

认为《射雕英雄传》学生更易理解，表示武侠小说只能看精神不能看行动　（副题）

《新京报》2005年3月3日

周末阳光不放假　（主题）

广州近日以晴天为主，但气温偏低需做好保暖工作　（副题）

《南方都市报》2005年3月5日

贪得再多贪不了一世
逃得再远逃不出法网（主题）

贵州省原交通厅厅长卢万里一审被判死刑（副题）

《新民晚报》2004年5月11日

为免抢风头克林顿来去匆匆（主题）

参加民主党大会提早到达却呆在旅馆　发表讲话“推销”完克里后要尽早离开（副题）

《广州日报》2004年7月27日

副题也叫次题或子题，是主题（正题）的辅助标题。副题的主要作用是补充主题之不足，往往补充次重要的新闻事实，使主题更完整、更突出。

3. 多行标题

多行标题，即标题在三行以上，用三种不同字号的字体，制作这类标题，新闻的内容比较重要。这种标题一般引题、主题和副题齐全。

例如：

中央纪委、监察部召开新闻通气会（引题）

上半年党风廉政建设和反腐工作取得明显成效（主题）

查办的10起特大事故已经结案，共给予165人党政纪处分（副题）

《人民日报》2004年7月30日

平垸行洪退田还湖带来历史性大转折（引题）

洞庭湖长大五分之一（主题）

三年增加蓄洪能力27亿立方米，蓄水面积扩大554平方公里（副题）

《湖南日报》2001年12月26日

4. 插题

插题是标题的一种，是分别插在文中的小标题。插题又称小题、分题。插题的作用有两个：概括一个段落的中心内容，方便受众接受；突出一个段落的核心信息，使编排更加醒目、美观。插题的制作有三点要求：一是概括准确；二是简明扼要；三是生动形象。

《天府早报》2004 年 12 月 28 日的消息报道《四川华阳千人冷眼旁观少女被惨杀》，用三个插题按照事件发生的顺序排列，并突出事件的核心内容：

> 千人旁观：无辜少女被刺死；
> 网吧老板：没听说过这回事；
> 惨剧缘由：凶手患有精神病；

《重庆时报》2004 年 12 月 29 日的消息标题是《重庆黄金镇政府举债建办公楼外形酷似天安门》，报道中分别使用了五个插题：

> 事件　黄金镇政府大楼耗资超过四百万；
> 调查　举债修起仿“天安门”式办公楼；
> 背后　有钱建楼无钱修路；
> 纵深　村民称未拿到征地补偿费；
> 现场直击　黄金镇“天安门”建筑气势恢弘。

这五个插题分别标出每一部分内容的性质，如事件、调查、背后、纵深、现场直击等，不但排列整齐也方便读者检索。

人民网 2004 年 12 月 28 日的消息标题是：《中国网通悄悄进入电视业惊吓国家广电总局》，导语先介绍中国第四大电信商已经悄悄进入电视业的事实：

> 这家由田溯宁领导的大公司一个月前刚在香港上市，不过，在过去的半年时间，它已悄然参与了三家网络电视台的建立。
>
> 最近的一家是“北京网视”。12 月 24 日，北京人民广播电台宣布进入电视业，其主导的“北京网视”背后就站满了中国网通的人马。当天在场的网通北京通信公司副总韩颖透露，网通已把 2005 年定为进入网络电视年。
>
> 网络电视又叫 IPTV，是通过电信宽带网传输节目的新型电视传播形式，它可以随意点播，成本低廉，一旦形成规模，将对传统电视造成冲击。

接着文中安排了三个插题就这一事实分别进行叙述：

惊吓国家广电总局；

默多克为网通做注脚；（作者注：默多克的新闻集团已经成为它的一个战略投资者。现在，它是网通香港上市公司的股东。）

“三网合一”的前夜。

由于这条消息是一个爆炸性新闻，它会搅动传媒业的现有格局，所以插题既有概括要点的，也有叙述状态的，但总的来说，它起到了启示受众的作用。

5. 提要题

提要题就是概括新闻内容要点的标题。标志是放在总标题的下方或上面，也叫纲要题、揭示题。它的适用范围是较重要的新闻或较长的新闻。提要题可以起到突出核心内容、提示受众注意的作用。功能近似于编者按语。

《人民日报》2003年12月8日第一版头条报道《胡锦涛在全国宣传思想工作会议上发表重要讲话　强调坚持用“三个代表”重要思想统领宣传思想工作 为全面建设小康社会提供科学理论指导和强大舆论力量 温家宝曾庆红吴官正等出席 李长春作报告 刘云山讲话》，标题下面把胡锦涛讲话要点突出显示：

胡锦涛强调指出，为了适应全面建设小康社会的新形势新任务，宣传思想工作要高举邓小平理论和“三个代表”重要思想的伟大旗帜，全面贯彻十六大精神，着眼于巩固马克思主义在我国意识形态领域的指导地位，着眼于服务经济建设这个中心和全党全国工作大局，着眼于促进社会全面进步和人的全面发展，坚持解放思想、实事求是、与时俱进，坚持以科学的理论武装人、以正确的舆论引导人、以高尚的精神塑造人、以优秀的作品鼓舞人，坚持贴近实际、贴近生活、贴近群众，努力形成体现中国先进生产力的发展要求、体现中国先进文化的前进方向、体现中国最广大人民的根本利益的理论指导、舆论力量、精神支柱和文化条件，引导和激励全党全国人民为实现全面建设小康社会的宏伟目标而团结奋斗

上面是一条重要的消息报道，提要题主要是概括新闻要点，其目的是引起受众注意。随着媒体的竞争，提要题的使用越来越普遍。

《大河报》2004年6月17日的报道《河南一小学上课要向老师呼“吾皇万岁万万岁”》，标题下文前用22个字制作成四行提要题概括事实：

叫学生喊万岁
罚学生舔皮鞋
打学生耳光
扎学生手心……

《重庆时报》2004 年 12 月 29 日的报道标题：《重庆黄金镇政府举债建办公楼外形酷似天安门》，报道一个小镇建办公楼酷似天安门，并且是“举债”兴建，报道的标题下面用核心提示突出其事件的性质：

核心提示

自从重庆忠县黄金镇办公楼群今年落成后，当地群众对该建筑群的议论就一直没有停止过。党员罗广福等多位村民认为，该镇党委、政府修建办公大楼，竟然修成了“天安门”城楼的样式！这栋耗资400 余万元的仿古建筑气势不凡，门前的台阶有 6 层 111 阶。当地群众称，“天安门”前直通忠（县）梁（平）公路的台阶两旁有对称的 6 幢房子，形成“王”字排列，颇具威严之势，而“天安门”主楼成了“主”字的一“点”。有村民反映，征了建办公楼的土地后，村民的补偿款至今还没拿到。

2.2　标题的写作技巧

标题的写作要虚实并用，以实为主。虚是指从新闻事实中提炼出来的主要思想意义，实是指从新闻事实中概括出来的最主要、最精彩的事实。引题可虚实并用、虚实结合。主题以实为主，可虚实结合。

19 个月建成广州大学城　4 万师生 9 月入驻小谷围

（引题）（实）

广东高等教育锦上添花（主题）（虚实结合）

张德江黄华华要求落实省委省政府战略决策加快发展高等教育
（副题）（实）
《南方日报》2004 年 7 月 30 日

小谷围崛起一流大学城（主题）（虚实结合）
仅 19 个月一期工程告竣张德江高度评价
广州出色工作 4 万师生 9 月入驻　（副题）（实）
《广州日报》2004 年 7 月 30 日

四万师生九月开课大学城　（主题）（实）
19 个月已建成 141 幢建筑物。张德江黄华华要求落实省委省政府战略决策加快发展高等教育　（副题）（实）
《羊城晚报》2004 年 7 月 30 日

这三条消息报道的是同一件事，不同媒体处理标题各有特点。《南方日报》使用三行标题，主题就实论虚，突出了事件的意义——锦上添花；《广州日报》的主题虚实结合，也是就实论虚，突出了事件的性质——一流大学城；《羊城晚报》的主题实，强调 4 万师生 9 月开课。此外三则标题的强调重点也各不相同。《南方日报》的标题突出事件的宏观意义——落实省委省政府战略决策加快发展高等教育；《广州日报》的标题突出工程的出色——张德江高度评价广州出色工作；《羊城晚报》的标题突出工程完成的准时性——9 月开课。

等了 44 年，经历 6 次失败，几代人前仆后继，新世纪一战成功
（引题）（虚实结合）
世界杯我们来了　（主题）（虚实结合）
中国队昨晚 1∶0 战胜阿曼队，以 6 战 5 胜 1 平的积 16 分成绩，提前两轮获得出线权，首次冲进世界杯　（副题）（实）
《北京青年报》2001 年 10 月 8 日

这则标题本身就叙述了完整的新闻事件。引题从历史发展角度概括中国足球的奋斗历程，其目的是突出“新世纪一战成功”，同时又巧妙引出了主题。副题对主题作了很好的注释和补充。从引题到副题，逻辑严密，自然流畅。尤其是引题，一连用了四个排比句，气势如虹。副题的补充具体详细。该标题当属标题中精品。

2.3　按语的写作

按语，又叫编者按，编者的话等。它是用来评论、说明、推荐、建议、解释报道的言简意赅的一段文字。

2.3.1　按语的特点

（1）开门见山，直截了当。

（2）突出醒目。

（3）见解有一定的高度。

2.3.2　按语的作用

（1）推荐新闻内容。

（2）提示新闻要点。

（3）揭示新闻意义。

（4）唤起受众注意。

2.3.3　按语的写作要求

（1）立足于报道内容，又高于报道内容。

根据报道内容借题发挥，提炼出看法观点。

（2）态度明确，注重引导。

编者按有明确的目的，一般是推荐给受众，希望受众重视。但不能武断，命令式、文件式的语言不会产生好的效果。

（3）字数在 100 字左右。

2.3.4 按语的写作方法

1. 推荐型写法

重要的报道一般用编者按介绍报道内容的特点和报道目的。这种编者按往往评论性较强，编辑部的观点、立场、倾向鲜明。如《人民日报》2003 年 4 月 15 日《广州市第一人民医院护士长张积慧日记——对抗“非典”难忘那 46 个日日夜夜》：

编者按：

没有华丽的词藻、跌宕的情节，只有真实的情感、平实的语言、无私的奉献。就是这些普普通通的文字，把我们感动了。

在与同事们朝夕相处、并肩作战的日日夜夜，张积慧不仅尽心尽职完成本职工作，还在短暂的休息时间里用自己的笔记录下每天的所见所闻所感，记录下临时病区的医务人员走过的心路历程。

透过作者真实的记录，我们看到，在对抗非典型肺炎的斗争中，广州市第一人民医院这个团结一致、乐于奉献的集体。透过作者细腻的观察，我们更看到，广东省全体医务人员忘我的牺牲精神和勇敢探索的崇高品质……

如今，广东地区病人正陆续康复，病情日渐被控制，医务工作者的功绩有目共睹。不仅如此，当对抗非典型肺炎已成为更多人共同的战役时，广东医务工作者所作的贡献得到了公认：他们提供的翔实的各类数据为最终制服病魔打下坚实基础，他们探索出的有效的治疗方案对世界各国是十分有价值的参考，他们面对病魔前仆后继的勇敢精神得到世界卫生组织的高度赞扬。

历史不会忘记，2003 年春天，勇敢、无私的医务工作者们！

2. 说明型写法

说明新闻事实的来龙去脉，帮助人们理解新闻事实。

2004 年 11 月 30 日《南方日报》的《广东社保基金被欠 53 亿 立法保障珠三角城镇群规划》是一则关系到社会保障体系重大问题的报道，标题下方用编者按说明了立法保障珠三角城镇群规划的缘起、制定过程和主要内容等。如：

编者按

昨日（11月29日）起，按照代表法的规定和全国人大的安排，60多名广东选出的全国人大代表将走访省直多个职能部门，并分赴广州、深圳、珠海、佛山等17个城市，对广东开展为期一周的集中视察活动。

具体组织本次视察的省人大有关机构，事前先后走访了在粤的全国人大代表并召开座谈会征求意见，集纳出9个视察专题：食品安全、社会保障体系、教育收费与教育发展、环境保护与可持续发展、县域经济发展、能源战略和能源安全、文化建设与体制改革、人才战略、城市化以及城中村改造。

编者按语把9个视察专题内容简要列出，正文部分按照9个专题分别加以报道。

还有一种是说明事件的背景，以显示事件的重要性。

2004年12月18日《羊城晚报》的《无心插柳拍到“杨翁”，羊城晚报记者回忆珍贵照片来龙去脉》的报道，主体部分主要说明本报率先披露杨、翁两人10年前相识时的黑白照片事件是怎么产生的，为了突出其率先报道，专门加了以下的编者按：

前天，本报率先披露了82岁杨振宁与广外28岁研究生翁帆订婚的消息；昨天，本报记者蔡惠中拍摄的杨、翁两人10年前刚相识时的黑白照片见于报端，这张连当事人都没有的照片是怎么来的？蔡惠中回忆起当年那一幕，并找出又一张翁帆当年陪同杨振宁夫妇参观的照片——

3. 提示型写法

提示新闻要点，引起受众特别关注。这种按语也往往带有指导性的特点，在重大报道或系列报道中常用。《南方日报》2004年5月28日《鹤山址山“村改居”循序渐进 中心镇投百万搞规划》的编者按：

省委、省政府已正式印发《广东省城镇化发展纲要》，提出以六大都市圈为核心，各级中心城市和中心镇为增长极，交通运输主干线为依托轴，全面强化城镇集聚与辐射能力，形成中心集聚、轴线拓展的集约发展态势，走大中小城市与中心镇协调发展的有广东特色城镇化道路。这当中中心镇建设因其直接面向基层而显得尤为重要。目前全省21个市共273个镇“登上”了中心镇名单。

在建设中心镇推进城镇化过程中，各地根据实际探索不同方法，有或大规模或小范围实行“村改居”的，有加紧招商引资以工业“同化”农业的，也有如鹤山市址山镇规划先行协调发展的，但求殊途同归。

《人民日报》2004年12月28日《想创业早准备 归国留学人员创业提示》的编者按的写法只有两句话，简单明了：

一些归国留学人员对于如何找到适合自己的工作还相当迷茫。希望这篇文章对归国留学人员创业能有所裨益。

2.4 消息头

报纸上开头部分冠以“本报讯”或“新华社北京12月1日电”之类的字样，电视、电台则表示“本台消息”，网络则以“月日电”等，都是消息头。

2.4.1 消息头的分类

消息头分两类：“讯”、“电”两种。

“讯”主要是以邮寄或书面递交的方式向报社传递的新闻报道。凡是报社、电视台、电台通过自身的新闻渠道所获得的本埠消息，一般都标明“本报讯”“本台消息”。如果新闻是从外地传来的，还应标明新闻发布的时间和地点，如“本报北京11月10日专讯”。

“电”，通过电传、电子邮件、传真、电话等形式传递的新闻。如“本报上海12月1日专电”、“中新网7月26日电”等。

2.4.2 消息头的作用

(1) 消息的独特标志，区别于其他文体。
(2) 版权所有。
(3) 表明消息来源，以便读者判断消息的真实性与权威性。
(4) 文责自负。

2.5 消息的导语

消息的导语指消息特殊的开头部分，用一两句话或几句话，有时也就是第一段，以简明扼要的文字写出最重要、最新鲜、最精彩的事实或反映出事实中主要的思想和意义。之所以叫特殊的开头部分，是因为消息的导语与一般文章的开头不同，一般文章不一定把最重要、最新鲜、最精彩的事实放在开头，消息的导语把最重要、最新鲜、最精彩的事实放在开头，所以是高潮在前。目的是便于受众一开始就能获取最重要的信息以便吸引他们读完全篇。

2.5.1 导语的任务

消息的导语的任务总的来说应当是开门见山，直接把新闻要点展示出来，让人们一开始就知道这篇报道的主旨。具体来说导语的任务主要有两点：一是揭示主题；二是叙述最精彩的内容，吸引受众。

1. 揭示主题

英国作家亨利·费厄利说："写导语要求思想高度集中并迫使记者找出新闻中的要点"。[①] 新闻中的要点指的是消息的主题。导语要能用三言两语揭示出报道主题，让受众一下就能抓住消息的核心，这样就能引起人们的注意。如下面两则导语就用精练的语言把消息的主旨揭示出来，让人们一眼就能看出全文的主题。

中新网7月22日电　据人民法院网消息，今天上午10时，安徽省阜阳市中级人民法院对该市原市委秘书长张华琪受贿、贪污、巨额财产来源不明一案进行了公开宣判。

① 美．杰克·海敦．怎样当好新闻记者．新华出版社，1986. 71页

《携手敛财 阜阳原市委秘书长张华琪夫妇双双获刑》中新网 2004 年 7 月 22 日

新华社布鲁塞尔 2 月 22 日电　法国总统希拉克 22 日在布鲁塞尔说，尽管美国反对，但欧盟仍坚持解除对华武器禁售。

《不顾美国反对 欧盟坚持解禁对华军售》新华社 2005 年 2 月 23 日

这两则导语都是直接点出消息的主题，第一则导语直接叙述新闻事件的核心信息：今天上午安徽省阜阳市中级人民法院对原市委秘书长张华琪受贿、贪污、巨额财产来源不明案进行了宣判。第二则导语引用法国总统希拉克的话说出消息的主题，叙述事实干脆利落，不拖泥带水。

2. 吸引受众

导语是展示记者水平的橱窗，导语的内容要能引起受众兴趣，吸引受众继续读下去，因此制作一则导语需要记者绞尽脑汁，既要把最关键的信息简明扼要地叙述出来，又要叙述得有趣，让人拍案叫绝。

南京消息：听说过茶吧、酒吧，如今南京又有了一家哭吧。想哭就哭出来，干嘛还要找个专门地方哭？带着这些疑问，人们走进了这家“好心情”哭吧。

《“哭吧”亮相南京》《新民晚报》2004 年 6 月 29 日

中新社纽约七月二十三日电　纽约州水牛城美加边境旅游胜地二十一日晚发生美国移民局警察无故殴打中国游客事件。

《中国女游客遭美移民局警察无故围殴 一警员被拘》中新网 2004 年 7 月 24 日

第一则导语由“茶吧、酒吧”引出“哭吧”，使人感到新奇。内容既精彩又能吸引人继续读下去。第二则导语使人更加关注事件的原因和结果；美国移民局警察为何无故殴打中国游客？打人者最后如何处理？

2.5.2　新闻五要素：五个 W

新闻五要素，简称“五个 W”，when（何时）、where（何地）、who（何人）、what（何事）、why（何因），即：时间、地点、人物、事件、原因。

导语出现于19世纪60年代，由美联社最早提出，当时称为新闻五要素。因为那时的电报技术设备不完善，怕中途出现故障，要求记者把新闻事实的要点写在第一段，只要收到第一段就等于收到了一条完整的新闻，五个W应运而生。[①] 1889年，约翰·唐宁向美联社发回一条消息，导语是这样写的：

阿莫亚·阿庇亚3月30日电　南太平洋沿岸有史以来最为强烈、破坏性最大的风暴，于3月16日、17日横扫萨莫亚群岛。结果，有6条战舰和其他船只要么被掀到港口和珊瑚礁上摔得粉身碎骨，要么被掀到阿庇亚小城的海滩上搁了浅。与此同时，美国和德国的143名海军官兵有的葬身珊瑚礁上，有的则在远离家乡万里之外的无名墓地上，为自己找到了永远安息的场所。

引自杜荣进主编《中外新闻采写借鉴集成》第413页

这段新闻的开头把新闻五要素交代得清清楚楚，被称为五要素俱全的典范。后来又加上一个H——how（结果如何），成为六个W，如：

本报今日凌晨1时讯　昨天晚上，郑州市街头发生了一起令人发指的恶性交通肇事案。至凌晨1时，受害者一死一伤。

《昨晚郑州发生一起恶性交通事故　白色皇冠拖着被撞伤者狂逃　众出租车怀着满腔义愤猛追》

《大河报》1997年8月25日

上面这条消息的导语就包括：何时——昨晚；何地——郑州市街头；何人——受害者；何事——恶性交通肇事案；何因——交通肇事。结果——一死一伤。这条消息的导语六个要素俱全。五个W或六个W便于受众了解新闻事件的概貌，因此被称为“全型导语”。一条消息是否一定要具备五个W或六个W，要看具体情况而定，有时为了突出新闻事件的核心部分，可以只交代其中几个，剩下的要素可以在主体部分交代。

2.5.3　导语的类型

由于分类方法不同，导语的类型也可分为许多种类。本书主要从新闻叙事

① 中外新闻知识概览．新华出版社，1987.232页

学角度分类，大致可分为直接叙述式导语、延缓式导语和双导语三种。

1. 直接叙述式导语——单刀直入

（1）最重要的新闻事实放在第一段——以叙述为主。

中新社纽约七月二十三日电　纽约州水牛城美加边境旅游胜地二十一日晚发生美国移民局警察无故殴打中国游客事件。

《中国女游客遭美移民局警察无故围殴一警员被拘》
中新网 2004 年 7 月 24 日

上面这则导语一开始就把最重要的新闻事实展现了出来——美国移民局警察无故殴打中国游客。地点——纽约州水牛城美加边境旅游胜地；时间——二十一日晚。

（2）最重要的新闻事实放在第二段——先描述细节，后概括核心信息：

老宋突然起身，"扑通"一下跪在了记者面前，不停地磕头。记者慌忙把他拉起，此时，这位参加过对越自卫反击战，身上多处受伤的汉子双眼已满含泪水。8 月 19 日，老宋向本报反映，西安财经学院向其收取了 3 万元人民币，才将自己的孩子录取。8 月 20 日，记者赶到西安调查这一事件。

《要拿通知书 先交三万来》《中国青年报》2004 年 8 月 23 日

本报讯　（记者张斌　通讯员穗纪宣）广州市环保局原党委书记兼局长李维宇落马，涉嫌受贿逾百万元。昨日，广州市纪委召开新闻通报会，广州市爱卫办原副主任兼市扫黄打非办原主任汤文君涉嫌狂卖黄色非法书刊为自己大赚百万元。广州国际信托投资公司原副总经理钟强涉嫌挪用公款逾千万元。三案已移交给广州市检察机关处理。

广州市纪检监察机关今年上半年共立案查处违纪违法案 153 宗 177 人，涉及局座 5 人。

……

……

《扫黄办主任狂卖黄书饱私囊　广州市环保局原局长李维宇落马，上半年 5 局级干部被查处》　《南方都市报》2004 年 7 月 3 日

2. 延缓式导语——吸引人的故事

延缓式导语在开头并不先交代关键信息，而是设置一个悬念，吸引人们急切地想知道是什么或者怎么回事。这种导语在西方的软新闻报道中用得较多，开始在特写新闻中使用，后来一些硬新闻报道为了吸引读者也开始使用。美国的《基督教箴言报》、《华盛顿邮报》、《时代》和《新闻周刊》喜欢用这类导语。如下面一篇特写：

这是本市一家大工业董事会的办公室，地上铺着深色的地毯。

公众领袖、教育工作者和企业行政人员鱼贯而入，在一个光洁如镜的大桌子旁坐下，准备处理手头的事务。

这次会议看来同其他的正式会议一样，唯有一点不同的是，这是一个纯男性的会议，董事会里竟然连一个妇女也没有。

到第五段才陈述主题：

尽管妇女占本市人口总数的一半以上，但是，妇女在本市几乎所有的大工业董事会中所占的比例都很小。

按照直接性导语应该这么写：

很少有妇女在本市主要工业的董事会里工作。本报今天发表一份有关的情况报告。

引自（［美］麦尔文曼切尔著，艾丰等译《新闻报道与写作》，中国广播电视出版社，1981年2月，第90－91页）

按照报道内容看应该写成硬新闻导语——直接性导语，但记者用特写方式写成了软导语，读来有趣。

延缓式导语往往先设置现场，创造气氛，慢慢进入主题，如下面一篇报道：

姐妹对阵的公平性

美联社纽约2000年5月30日电　20岁的埃丝特·金和18岁的凯·朴是在一起长大的，一起生活了13年，一起学习跆拳道，亲如姐妹。她们俩一同师从于金的父亲，都已成跆拳道次轻量级的世界高手，其中朴排名世界第一。

10天前，她们发现她们被安排要进行一场比赛，争夺参加悉尼奥运会的一个名额。根据跆拳道的比赛精神，如果一切事情都很公平，他们将把私人感情放到一边，进行公平决战。

不过，事情并不是很公平，朴在美国奥运会选拔赛的半决赛中膝盖骨不幸错位，于是金不愿与朴进行这场决战，情愿放弃比赛资格，将参加2000年悉尼奥运会的名额拱手让给她的朋友。

……

（选自《美联社百年新闻佳作》，陕西师范大学出版社，2002年6月，第344页）

按照直接叙述式导语的写法，第一段应叙述排名世界第一的埃丝特·金主动放弃与凯·朴竞争悉尼奥运会入选名额的选拔赛，原因是对方膝盖骨不幸错位。但这条消息却把它放在了第三段。第一段写二人13年来一直在一起学习跆拳道，如同姐妹。第二段却荡开一笔写如果把私人情况放在一边进行选拔赛，是很公平的。这两段设置了情景，创造了气氛，为埃丝特·金放弃与一位伤者竞争的决定做了铺垫。其目的在于突出这种精神比跆拳道精神更可贵。

3. 双导语

两件事在同一时间发生，导语中并提两件事，称之为双导语，西方称之为多元素导语。这种导语打破了消息一事一报的思维模式。一般分为两个段落，分别写先后发生的两件事。

本报今天上午消息 记者程小琪、汪令来、彭卫报道：今晨5时49分，伴随巨大的轰鸣声，新机场迎来第一架营运飞机：由洛杉矶返航的南航波音777飞机，起落架稳稳地抓住宽阔平整的机场东跑道，向前滑行——这一刻起，广州新白云国际机场开始与世界亲密接触。

80分钟后，第一架由新机场起飞前往海口的波音757飞机，同样完美滑入天空——198名旅客与“银鹰和朝霞一起飞翔”。广东机场集团总裁张春林激动地宣布：新老机场顺利实现一夜转场，白云机场成功进入新发展平台。

《羊城晚报》2004年8月5日

第一架国际航班“降落”，是一件事；80 分钟后第一架航班“起飞”是另一件事，这两件事又有联系，“降落”和“起飞”标志着飞机场“转场成功”。这种导语处理方法成功地突出了两条重要的信息。

这种导语的写作重在表现两种事件的联系，而这种联系又是以记者的主观判断为基点的，因此具有一定的表现力。

今天是人质危机的第 444 天，也是危机的最后一天，同时又是里根继任新总统的第一天。

罗纳德·里根于星期二成为美国总统。他允诺，国内将开始“一个民族复兴的时代”，国外则实行一条克制的但永不投降的政策。他的就职使得权力转移与 52 位美国人质重获自由交织在一起。

钱塞勒和米尔斯著．记者生涯．史文新译．世界知识出版社，1985 年①

里根继任与伊朗扣押美国人质获释的最后期限在同一个时间发生，这两件事都是很重要的事件，都具有重要的新闻价值，按常规要求应写成两条消息。这条消息将两件事同时报道，显示了一个重要信息：新总统就职使得权力转移与 52 位美国人质重获自由交织在一起。

双导语在西方新闻报道中早已使用。一条消息两个主题，有时放在一个自然段里；有时用两个自然段分别叙述。如美联社的消息《总统遇刺》。②

导语写 1901 年 9 月美国总统威廉·麦金利遇刺去世。第二段写副总统罗斯福继任总统。第三段介绍已故总统去世地点。第四段写麦金利当时被暗杀的现场及暗杀者。第五、六、七段写罗斯福的简历及就职仪式。麦金利去世与罗斯福继任总统同样是两件重要的事件，并且是先后发生的。按消息报道的一般规则，如此重大的事件——总统去世与新总统继任，应该是两个主题写成两条消息。但两个主题在该消息中同时出现，说明记者在构思时灵活运用，不是一味陷入条条框框的泥潭中。这时，记者的创造性思维在写作中显得相当重要。

① 李幸．娱乐新闻的采访与写作．中国广播电视出版社，2002. 98 页

② 美联社百年新闻佳作．陕西师范大学出版社，2002. 8 页

2.5.4 导语的一、二、三、四代

1. 四代导语的描述

现在的不少著述把导语划分为四个年代：

第一代，19 世纪 60 年代。五个 W，即在导语中五个 W 或六个 W 齐全，西方有人称之为“全型导语”，也称为“晒衣绳导语”，就像把五个 W 挂在一条“绳”上。

第二代，20 世纪三四十年代。导语突出部分要素，其他要素在主体部分叙述。如美联社的报道：日本无条件投降［美联社 1945 年 8 月 14 日电］日本投降了![1] 这条消息的导语只有两个要素——who（日本）、what（投降了）。第二段写道“杜鲁门总统今晚 7 时宣布，日本已无条件投降，造成历史上空前巨大破坏的战争随之结束。盟国陆海军已停止攻势。”when（何时）这个很重要的要素被放在第二段，因为在震惊世界的这件事中，何人何事才是最重要的。

第三代，20 世纪 70 年代左右。这一时期的导语被称为延缓式导语。前已讲过，此处不赘。

第四代：20 世纪 80 年代左右。同一事件里，有两个或更多的事实必须写进导语里才能表述得更准确更清楚，这种导语叫多元素导语。如：

> 阿尔伯尼消息——按照州公共服务委员会一位工作人员的建议，“一角硬币”的电话费是不会再增加了，但为了这种电话服务的各种小费却会提高。
>
> 《每日新闻》《纽约，长岛》[2]

以上这条消息导语写了一个事件中的两个事实：第一，“一角硬币”的电话费不会再增加；第二，各种小费会提高。记者在写作时用了转折词“但”，表明两个事实之间的关系是因果关系——“各种小费却会提高”、“为了这种电话服务”。两个事实（两个元素）同时出现在导语中。

还有一种多元素导语是由多段组成：

① 美联社百年新闻佳作．世界著名通讯社百年好文章．陕西师范大学出版社，2002. 75 页

② 美联社百年新闻佳作．世界著名通讯社百年好文章．陕西师范大学出版社，2002. 75 页

葡萄牙举行自去年发生政变以来的第一次选举。临选前这几天的特点是：

葡萄牙罗马天主教和执政的激进的武装力量运动领导人之间即将出现公开分裂。

星期天，社会主义政党最后一次预选时，在里斯本举行了大规模的群众集会。据称这是自武装力量运动去年4月推翻独裁的马西罗·凯塔诺右翼政权以来，在首都举行的最大的一次政党集会。

《基督教科学箴言报》①

这则导语分三段，写了三个事实：葡萄牙举行政变以来的第一次选举；天主教和执政的激进的武装力量运动领导人公开分裂；里斯本举行大规模群众集会。按照消息一事一报的原则，可以写成三条消息，或者将后两个事实概括进第一个事实中去，只用一个段落即可。但记者为了同时报道这三个事实使之组成一个事件，采用“临选前”把几个事实连接起来。

2. 四代导语灵活运用，不可以年代论短长

研究导语的目的是为实践所用，不可照本宣科，只可创造性地继承和发展。第一代导语尽管时间最早，但现在使用率最高，尤其在倒金字塔结构中使用最多。报纸、电视，尤其网络新闻报道更适合运用，大部分严肃的重大事件的新闻仍然适合于这种导语，因为它可以将最关键的信息直接告诉人们。第四代导语时间很短，有些报道可以使用，但有些报道不一定适合。因此不要以为年代远的导语就过时了，也不要以为最新的就是时髦的。新闻报道使用何种类型的导语要以报道内容为依据。导语的运用是以新闻价值的重要程度为依据，而不是不顾新闻价值刻意追求什么写作技巧。

思考与练习

请根据下面的材料写一条倒金字塔结构的导语：

柳斌（化名）今年21岁，陈芳（化名）才19岁。他们都是成都某大学本科班学生，同时也是一对谈恋爱已一年的情侣。今年5月9日晚，二人一同到教室去上夜自习。大约8时左右，各自看了一阵书的两人渐渐抱在一起接吻，然后顺势躺到了地上。他们没想到的

---

① 美联社百年新闻佳作．世界著名通讯社百年好文章．陕西师范大学出版社，2002. 95页

是，这一切都被学校的监控录像设备录了下来。校方以“发生非法性行为”对二人作出了勒令退学的处分决定。8 月 23 日，两人将学校起诉到武侯法院。10 月 20 日，成都武侯法院向该校送达《行政裁定书》，要求暂停执行这一处分决定。

3

消息的结构要素：主体和结尾

本章重点

- □ 主体部分与导语的关系
- □ 主体部分的材料安排如何突出主题
- □ 消息的结尾是否可有可无

一篇消息中，标题、导语、主题和结尾等几个主要部分构成了消息的完整结构。前文论述了消息标题和导语的重要性，本章主要讨论消息的主体和结尾，它们作为消息的结构要素同样具有重要作用。

3.1　消息的主体

消息的主体，即消息的伸展部分，或叫躯干部分。英文称 body，也就是导语和结尾中间的那一部分。

3.1.1　消息主体的作用

消息主体的作用主要有两点：解释、深化导语；补充新的事实。

1. 解释、深化导语

解释、深化导语，即为导语中涉及的内容提供必要的细节和有关材料，使主题更加深入。

非典型肺炎病原是衣原体？广东专家保留意见

昨天（2 月 18 日），新华社发布消息，称经中国疾病预防控制中心和广东省疾病预防控制中心的共同努力，引起广东省部分地区非典型肺炎的病原基本可确定为衣原体。但广东的绝大多数专家对此持保留意见，他们认为是病毒性肺炎的可能性很大。

为什么将本次非典型肺炎的病原基本确定为衣原体呢？新华社报道说，中国疾病预防控制中心病毒预防控制所报告，通过电镜观察发现两份死于本次肺炎病人的尸检肺标本上有典型的衣原体的包含体，肺细胞浆内衣原体颗粒十分典型。

报道说，衣原体是一种在真核细胞内寄生的原核微生物。某些衣原体曾经被归为病毒，可通过呼吸道分泌物、气溶胶，直接与病人接触，以及与病禽或鸟类接触而传播，临床表现为肺炎和支气管炎。衣原体引起的肺炎采用针对性强的抗生素治疗非常有效，但必须是全程、足量的规范化治疗。同时对病人加强护理和休息，供给营养丰富、易于消化吸收的食物及充足水分。

报道称，该病是完全可以预防的。

昨晚，记者采访了很多广东专家，他们认为本次非典型肺炎是病毒性肺炎的可能性极大，因而对病原是衣原体的结论持保留意见。理由大致如下：一、衣原体肺炎一般呈散发性，即零零星星地发生，所以流行的可能性不大，但这次广东局部地区发生的非典型肺炎有局部流行的特点；二、衣原体肺炎死亡率不高，大概在0.1% -1%之间，而且发病也不凶险，比如发烧热度不会太高，这与本次发生的非典型肺炎不同；三、衣原体肺炎属肺间质肺炎，肺泡隔会增宽，但这次非典型肺炎死亡病例尸检显示，肺泡隔变化不大；四、在本次发生的非典型肺炎病例中找到了病毒包含体，这是诊断为病毒性肺炎的重要依据。

鉴于此，还有专家说，不能按衣原体的结论来制定治疗方案，否则可能造成可怕后果。他们表示会按既定预防治疗方案行事。

专家们说，虽然本次非典型肺炎属病毒性肺炎可能性极大，但到底是何种病毒引起尚难确定。这需要多长时间很难说。因为病毒有很多种，很难分离。不过暂时找不到病原体不可怕，可以针对具体症状，对症治疗。

《南方日报》2003年2月19日（获第14届中国新闻一等奖）

导语叙述新华社报道非典型肺炎是衣原体，广东专家认为是病毒性肺炎。主体部分主要分为两大内容：第二、三、四段解释新华社报道的依据；第五段解释广东专家认为是病毒性肺炎四点根据。第六段结尾根据分析得出结论。主体部分四个段落是对导语的解释和深化，使导语提出的看法更加清楚和有科学性。

2. 补充导语中没有涉及到的事实

导语叙述的事实浓缩信息精华，一般比较概括，主体部分在导语的基础上不断增加新的事实，使导语内容更加丰满。如新加坡《联合早报》的报道：

八十二岁杨振宁要娶二十八岁硕士生

本报讯　现年八十二岁的第一位华人诺贝尔奖得主杨振宁，今年十一月五日与芳龄二十八岁的广东外语外贸大学翻译系硕士班学生翁帆在北京订婚。二人预计明年一月结婚。杨振宁和翁帆的婚姻公开后，势必在国际学术圈引发震撼。杨振宁形容未婚妻翁帆为“上帝恩赐的最后礼物”。

这是消息的导语。叙述了八十二岁的杨振宁与二十八岁的翁帆在北京订婚一事。在主体部分先解释消息来源，接下来补充了6个方面的事实：

《知识通信评论》透露了杨振宁订婚消息。杨振宁最近将这则喜讯以电子邮件寄给少数朋友，《知识通信评论》发行人江才健也收到了。江才健表示，杨振宁知道他和翁帆年纪上有五十四岁的差距，难免会引起议论，因此心理上已经有了准备。（消息来源）

杨振宁和翁帆是在电话上订婚，两人并没有举行公开仪式。杨振宁将在北京清华大学这学期课程结束、大约明年一月时，正式和翁帆结婚。这不是两人的第一次婚姻，杨振宁的太太杜致礼去年十月因病过世；翁帆则离过婚。（新事实）

翁帆出生在广东省潮州，杨振宁和杜致礼1995年夏天到汕头大学参加一项国际物理学家会议时遇到她，当时她还是大一学生，负责接待杨振宁夫妇等人。杨振宁说：“那是一个只有上帝才会做的安排。”（新事实）

翁帆当时是英文系学生，英文说得极好，加上漂亮、活泼、体贴而且没有心机，杨振宁夫妇非常喜欢。杨振宁夫妇离开汕头后，和翁帆偶有联络。翁帆大学毕业就结婚，不久离婚，几年后进入广东外语外贸大学翻译系硕士班就读，目前还是在读生。（新事实）

杨振宁和翁帆曾有好几年时间没有联络，但有如天意，翁帆今年二月寄了一封信到纽约大学石溪分校给杨振宁，但杨振宁当时在香港，信转到香港给他。之后几个月时间，杨振宁与翁帆有了密切联络，两人逐渐熟识。（新事实）

紧接着解释杨振宁与二十八岁的翁帆订婚的原因：

杨振宁表示，青春并不只和年纪有关，也和精神有关。他虽然岁数上已经年老，但精神上还是保持年轻。这也是翁帆觉得他有吸引力的部分原因。

杨振宁以一首诗描写翁帆：

没有心机而又体贴人意，勇敢好奇而又轻盈灵巧，生气勃勃而又可爱俏皮，是的，永远的青春。

杨振宁和翁帆订婚后，才将消息告诉他在美国的孩子和他的弟弟妹妹，他的亲人都深表祝福。

结尾部分补充导语提到的杨振宁和翁帆的婚姻公开后，势必在国际学术圈引起的反应：

杨振宁和翁帆的婚姻公开后，势必在国际学术圈引发震撼。一位亲近杨振宁的物理学家回信给杨振宁，举例西班牙大提琴家卡萨尔斯八十一岁时和他的二十一岁学生结婚，作为对杨振宁的祝福。

新加坡《联合早报》2004 年 12 月 16 日

3.1.2 消息主体的写作要求

写好消息的主体部分主要有两点要求：围绕主题选材；叙述生动，使文章波澜起伏。

1. 围绕主题选材，尽量具体

采访到的材料可能很多，如何挑选材料使写作思路更清晰，使读者阅读更顺畅，这是写作者要考虑的问题。材料使用的规律就是确定报道主题后围绕主题选择，一步步把主题说明白、透彻。如：

沙市奶农见识市场残酷 （引题）

五万公斤鲜牛奶倒进农田 （主题）

谁来助农走“有效供给”之路 （副题）

本报讯　沙市区城郊奶农见识了市场的残酷。由于少人收购，他们不得不将 5 万多公斤鲜奶倒进农田。

25 日，记者接到沙市窑湾农场奶农打来的求助电话，反映他们养的奶牛每天产奶 1 000 多公斤，由于少人收购，一半牛奶只能倒进农田作肥料。

记者赶到现场。空气中弥散着一股刺鼻的酸腐味，奶农们正把一桶桶豆腐脑似的变质牛奶倒进田里。一位满脸愁容的奶农告诉记者，鲜奶仅能保存3天，由于收购的人少，3个月来他们已倒掉5万多公斤，实在可惜。为减少损失，他们只好克扣奶牛的“口粮”，许多牛饿得皮包骨头。

窑湾奶农是去年9月开始养奶牛的。当时，牛奶市场价格高达每公斤2元，还供不应求。附近的一家乳品企业也鼓励他们多养奶牛，并口头承诺收购。他们引进黑白花和俄罗斯奶牛，每头单价高达1万多元，加上饲料、人工和冰柜等配套设备，大户投入10万多元，小户也投了二三万元。他们非常后悔当初没和那家乳品公司签订购销合同。

当时鼓励农民养牛的力能达公司也有苦衷。经理助理杨妙林告诉记者，去年市场行情十分看好，他们就鼓励农民多养奶牛，一来农民可以增加收入，二来也可多给公司提供鲜奶原料。但今年以来，大量私人作坊生产的假冒伪劣奶制品涌入市场，加上向周边学生供奶的计划搁浅，市场对鲜奶的需求大幅下降，他们也无法兑现当初的承诺。

奶农们说，他们曾推车沿街叫卖，但收效甚微。也曾想过组织人员将牛奶送到武汉、宜昌等地，可租一辆冷冻罐装车来回成本至少要3 000多元，实在难以承受。按现在的情形，今年至少还得倒掉10万公斤牛奶。

采访中，不少干部和奶农表达了同样的担忧：加入WTO，市场变化系数更多，农产品竞争更加激烈。如何帮助农民走“有效供给”之路，是当前亟待破解的难题。

《湖北日报》2002年4月26日（获第13届中国新闻二等奖）

这条消息的主题在标题上已经显示出来，沙市奶农忍痛将5万公斤鲜牛奶倒进农田，如何助农走“有效供给”之路。第1、2自然段叙述了发生的事件。主体部分第3段写记者赶到现场，看到奶农们正把一桶桶豆腐脑似的变质牛奶倒进田里。含辛茹苦的奶农为何要把自己经营的劳动成果化作肥料呢？第4段解释窑湾奶农当初为什么积极养奶牛。当时，牛奶市场价格高达每公斤2元，还供不应求。一家乳品企业鼓励他们多养奶牛，并口头承诺收购。第5段交代鼓励农民养牛的力能达公司看到市场对鲜奶的需求大幅下降，他们也无法兑现当初收购的承诺。第6段进一步说明奶农到附近大城市推销成本太高，最后不得不把牛奶倒进农田。第7段结尾，概括反映奶农的担忧，如何帮助农民走“有效供给”之路，水到渠成地照应了主题。消息的报道线索紧紧围绕主题进行，记者现场看到的情况，奶农和牛奶公司的反映，奶农养殖与销售的矛盾等，描写具体、细致，使报道中反映的问题更加迫切。

2. 层次清楚，叙述生动

层次清楚是消息主体写作最基本的要求。做到层次清楚一般是要求一段表达一个意思，避免把几个意思写进一个段落里。这样使受众接受起来更方便。

叙述生动主要体现在两个方面，一是注重描写现场；二是注重描写事件的情节。请看下面的报道：

广西高院核准死刑　枪下留人案主角举报不实伏法

60天前，梁波基在即将押赴刑场的时候大喊："我有重要线索举报……"广西壮族自治区高级人民法院接受检察机关暂缓执行的建议，决定停止执行死刑；60天后的12月21日，人民法院依法维持原判，梁波基在广西玉林市伏法。

数次作案行凶伤人

根据玉林市中院一审结果，2001年6月23日晚上，李文强（另案处理）与其女友到玉林城区文化广场一茶座饮茶，结账时与黄某等人发生争吵和推搡。李文强随后纠集了梁波基及另外4个人（均已判刑），分乘3辆摩托车追赶驾驶摩托车离开的黄某。他们踢倒黄某乘坐的摩托车，梁波基和另外2人用刀捅中黄某胸腹等部位6刀致其倒地。经法医鉴定，黄某的损伤构成重伤。

法院审理查明，2003年7月初，梁波基又卷入传销人员的纷争中并受人指使行凶伤人。7月15日16时许，被害人邓某在被打倒在地的情况下，梁波基持刀朝邓某连捅数刀，随后和同伙驾车逃离现场。当天傍晚，梁波基从指使人手中获得1 000元。受害人邓某经送医院抢救无效于同月19日死亡。

广西高院核准死刑

玉林市中院认定，2001年6月23日至2003年7月15日，梁波基参与伤害作案4起，致1人轻伤，1人重伤，2人死亡。根据这些情况，法院认为梁波基虽然在伤害黄某一案中未满18周岁，但在对邓某实施伤害时已满18周岁，且属受雇于他人，直接用刀致死邓某，主观恶性极大，后果极其严重，依法应判处死刑，剥夺政治权利终身。广西壮族自治区高级人民法院依法核准于10月21日执行死刑。

检举他人的材料不实

21日上午，梁波基即将被带出监舍押赴刑场，他突然大喊："我有重要线索举报，我要检举立功……"临场监督的检察官们果断提出暂缓执行建议，广西壮族自治区高级人民法院根据《刑事诉讼法》有关规定，于11月1日作出撤销对罪犯梁波基执行死刑的命令，停止执行死刑。

据查，10月15日梁波基向看守所递交了有关他人重大犯罪事实的检举材料，同日材料已经递交并经公安机关侦查。"枪下留人"后，鉴于检举揭发的事实可能导致法院对梁波基进行改判，玉林市有关部门对检察机关的建议高度重视，迅速组织有关人员重新进行研究和侦查，确认梁波基检举他人的材料不属实，并及时向自治区高级人民法院作出专门汇报。自治区高级人民法院经过严格审查后作出了维持原判决的决定。

随后，60天前刑场上"枪下留人"一案有了最终结果，梁波基被裁定死刑。

12月21日上午，梁波基在玉林伏法。

《北京娱乐信报》2004年12月23日

这条消息的导语把人们带到了现场。主体部分用三个插题，数次作案行凶伤人、广西高院核准死刑、检举他人的材料不实等，叙述了梁波基的案情，原来梁波基刑场喊枪下留人是一出闹剧。消息本身的情节性较强，同时叙述也比较生动，条理也很清楚。

主体部分是否写得生动关系到能否让受众有兴趣把消息全部看完。一些故事性强的事件，由于本身有刺激性特点很容易引起受众兴趣，而一些缺乏刺激性情节的事件，记者要尽量找到事件中的故事，比如突出现场气氛、引用人物语言等，也可以增强报道的生动形象性。下面是一篇一般性内容的事件报道：

无助少年沪上受助

本报讯　由于父母均不幸患上艾滋病，年仅18岁的赵子龙不得不早早地挑起了生活的重担。然而生活的苦难似乎没有休止：因为过早地参加重体力劳动，赵子龙腰椎突出，几乎丧失劳动能力。刚刚看到一点希望的赵家似乎再一次陷入了绝境，然而这一次赵子龙并没有绝望，因为有一份来自上海、来自社会的爱心和关怀深深地感动着他、鼓舞着他。

15日清晨，乘坐K284次火车抵沪的赵子龙，从上海沪西医院得到了免费治疗的机会。清晨6时30分，走下车厢的赵子龙显得十分兴奋，刚见到记者就大声说："我的病有希望好起来了，我又能挑起家庭的重担了。"

据了解，赵子龙不幸的遭遇经上海媒体报道后，引起沪上医院的广泛关注。赵子龙因此有机会来到了上海，经过专家会诊后，赵子龙的病情初步诊断为：腰脊椎骨第三、第四节肿大突出，压迫神经造成右脚麻木疼痛，无法正常生活。针对赵子龙的病情，医务人员决定采取保守疗法，用腰神经根管内注射药的治疗方法，以确保赵子龙尽快恢复正常人的生活能力。

15日上午10时40分，赵子龙被推入手术房。在无影灯下，手术医生将消炎活血药水注入赵子龙的腰部，整个过程仅用了20分钟。手术后，经过志愿者和医务人员细致的照料，目前小赵的身体恢复良好。

据医生介绍，赵子龙经手术治疗后，只需经过一段时间的恢复性休息，便可能恢复劳动能力。

《新闻晨报》2004年12月19日

帮助弱势群体的事件较普遍，赵子龙父母患上艾滋病，年仅18岁的他过早地参加重体力劳动腰椎突出，几乎丧失劳动能力而陷入了绝境，得到了上海沪西医院免费治疗机会的赵子龙走下火车兴奋地说："我的病有希望好起来了，我又能挑起家庭的重担了。"用人物的语言描绘事件，把不太有故事性的事件写得生动，写出了情感，写出了这位年轻人渴望恢复健康的心情。

3.2 消息的结尾

消息结尾的写作处理方法要根据消息的具体情况而定，倒金字塔式结构无需刻意安排结尾，按照信息的重要程度依次排列，自然结尾即可。金字塔式结构则较注重结尾的安排。归纳起来消息的结尾大概有这么几种结构形式：

1. 补充式

补充必要的新闻事实或背景材料，使事件更加完整，内容更加丰富。

上面一篇报道《昨晚郑州发生一起恶性交通事故》的结尾即最后一句："近凌晨1时，记者在事故处理部门被告知，肇事车司机已经接受讯问。"这句话在消息中必须交代，因为这么一起严重的恶性事故，肇事者是谁（应该弄清肇事者的身份），如何处理，应该交代明白。《羊城晚报》2003年6月7日的消息《今天，广东高考"六六大顺"，考生人数最多"护驾"人数最多背后信息最多带来欣慰最多》，内容是非典期间广东高考第一天情况。结尾这样写道：

今天，全省考生中既无新发病例，也无疑似病例，因而无一考场启用备用考室。

广东是非典的重灾区，恰遇全国性大事，并且是高考，无疑引起国家的高度重视。结尾部分的补充事实非常必要。

2. 强调式

强调式的内容往往在前面已经涉及，为了进一步强调其内容的重要性，结尾部分再加以强调。强调不是重复原话，而是补充一些新的背景材料使原来叙述过的内容更加具体和清晰。如：

新闻出版总署：报纸改革八家试点 党管媒体不变

本报北京8月2日电　（记者苏敏）新闻出版总署官员说，中央确定改革试点的8家报纸进行的合作改制，都仅是在经营领域里。无论怎么改，党管媒体不能变。

今天，新闻出版总署报纸期刊管理司官员对本报记者说："'首家新闻出版合资公司落户重庆'的报道是不准确的。"北京某媒体日前报道说"国内新闻出版业禁忌开始有了松动。国内首家新闻出版业合资企业在重庆落户。电脑报社及重庆中科普传媒发展股份有限公司和TOM集团成为1949年以来，经过国家新闻出版总署批准的国内首家新闻出版合资企业的首对亲家"。

这位官员指出："电脑报社的合资公司仅负责经营方面。"该报是中央确定的8家报纸类改革试点之一，要由事业单位整体改变为企业。目前，电脑报的合资，双方仅签订了合作意向书，还需要去商务部办理手续，去工商局登记。今年年内它只能获得零售权，正式运营要按法规在明年1月1日开始。

此外，它并不是总署批准的国内第一家新闻出版合资企业。新闻出版总署批准的国内第一家新闻出版合资企业是香港泛华集团与《人民日报》社2002年合作成立的大华媒体公司。该公司投资额达2.5亿元人民币，《人民日报》社占51%的权益，泛华集团占49%的权益，从事国内报刊与图书的全国批发与零售分销业务。

据悉，中央去年确定的8家报纸类改革试点单位是4家报业集团和4家报纸，即河南日报报业集团、新华日报报业集团、大众日报报业集团、深圳日报报业集团、电脑报、中国证券报、北京青年报和今晚报。新闻出版总署日前批准了《中国证券报》的改革方案。

按照新闻出版总署署长石宗源在今年全国新闻出版局长会议上所说的时间表，新闻出版改革试点工作从去年6月开始，至今年12月结束。到今年10月，这8家报纸改制应进入总结阶段。

总署官员说："这8家试点单位的合作改制的共同特点，都是局限在经营领域，是委托经营，本身没有出版权和媒体所有权。出版权和媒体所有权由报纸的主管单位拥有。"

他说，改制的前提是要区分不同的媒体，国内许多报社在经营方面作出改革，这是近年来的普遍现象。"但无论怎么改，党管媒体不能变，党管干部不能变，党管导向不能变，党管资产不能变"。

目前，中央确定9个省市、共35个宣传文化单位作为文化改革试点，其中新闻出版系统有21家。在这21家中，除8个报业集团和报社之外，还有人民邮电出版社等7个出版单位和新华发行集团总公司等6个发行集团。

《中国青年报》2004年8月3日

这条消息最重要的信息在导语中已经交代：中央确定改革试点的8家报纸进行的合作改制，都仅是在经营领域里进行。无论怎么改，党管媒体不能变。消息报道的目的是新闻出版总署官员澄清"首家新闻出版合资公司落户重庆，国内新闻出版业禁忌开始有了松动"的不准确的报道，主体部分解释了为什么8家报纸类改革试点仅负责经营方面。结尾部分补充说明改革试点的单位不只是新闻媒体，还有文化、邮电等出版单位和发行公司。结尾的一段强调意识形态领域的政策没有变。

3. 回味式

结尾自然描绘出一幅画面，让人产生一种美好的联想。

《湖南日报》2001 年 12 月 26 日《洞庭湖长大五分之一》报道了洞庭湖治理的效果后，结尾写道：

人与自然在洞庭湖开始和谐相处。随着治理的深入，烟波浩淼的八百里洞庭再现人间。

结尾的写法别出心裁。按倒金字塔式结构的写法，最后一段可有可无。此处专门安排了这样两句话结尾，目的在于突出了“人与自然在洞庭湖开始和谐相处”的生态环境，并展望未来，八百里洞庭将再现人间的美好景象。这符合整条消息的完整结构逻辑，照应了第三段记者现场采访看到的成千上万的白鹭、野鸭、天鹅在栖息、飞翔的新的自然环境，也透露出洞庭湖治理是一件巨大复杂的工程，随着治理的深入，八百里洞庭将再现人间。结尾给人一种希望，读后回味无穷。删去也可成一条消息，但效果大不一样。

思考与练习

1. 如何处理主体部分的事实使消息生动而又有波澜？
2. 消息的结尾部分如何安排得自然而又给受众留下深刻印象？
3. 根据下面的材料写一条消息，要求：主题明确，主体安排合理。标题自拟。

台湾再度传出艺人替商品代言出了问题。

艺人恬妞为瘦身产品代言，在广告中声称三个月减重十六公斤，苗条身段令人羡慕，但台湾法令规定，食品不能标榜疗效，因此台湾卫生单位按照广告上的公司地址追查，准备开出罚单，没想到遍寻不着，怀疑这是业者虚设名号，有名无实的空头公司。

最近在台湾，艺人代言产品出问题的例子，已经连续发生好几次，不只消费者受害，代言艺人的形象也多少受到影响。

而替这项瘦身产品代言的艺人恬妞，目前正在上海拍戏，经纪人表示，当初接拍广告时，价码谈妥就签约了，根本没想这么多。

在两岸三地都享有知名度的艺人恬妞，在电视节目中为减肥食品代言，但食品标榜疗效就是违法，而且当地卫生单位在调查后发现，找恬妞代言的这家公司，根本是个空头公司。

4

消息的背景和来源

本章重点

□ 消息背景的作用，新闻报道中如何更有效地利用新闻背景
□ 消息背景的类型
□ 消息来源的可信度测试

如何把新闻事实叙述得清楚、深刻、准确、可信，新闻背景和来源在消息报道中扮演着重要角色。

4.1 消息的背景

消息的背景是指那些用来解释与新闻事件和人物相关的事实材料。澳大利亚一位学者说，新闻背景就是用来解释新事实的旧事实。

世界上每天发生的事都不是孤立的，都有其发生、发展、变化的环境和条件。从时间上看，它有先后顺序；从空间上看，它与周围的人、事、环境等有着密切的联系。每个新闻人物，总有他的经历和社会关系；每个新闻事实，总有它产生的历史条件、自然环境、前因后果和来龙去脉。要让受众了解事件的本质，有时必须交代事实发生的前因后果。消息的背景材料的说明，不但使新闻事实叙述得更加清楚，而且能使人们更加清楚地了解新闻事实产生的社会根源和社会基础，从而加深对新闻主题的理解。下面一篇报道如果去掉背景材料，主题的可信度和深刻性就会大打折扣：

只要反腐不放松　早晚抓住王怀忠　领导要听民谣

中新网北京3月31日消息：《检察日报》今日载文说，作为领导干部，少坐在办公室里听些空洞的汇报，多到群众中间听些民意民谣，对提高识人用人的准确性，从源头上预防和解决腐败问题，一定大有裨益。

该篇《不妨听听民谣》的文章说，安徽省原副省长王怀忠早在任阜阳市委书记时，就大肆卖官，受贿索贿。东窗事发后，记者采访时在当地听到流传甚广的民谣：“只要反腐不放松，早晚抓住王怀忠。”

另外，最近被查处的河南省卢氏县原县委书记杜保乾，1997年其父病故，收礼金甚巨，时有卢氏民谣曰：“收礼百万不算多，只怨老爹才一个。”对其卖官求财，又有民谣曰：“科员提副科1万多，副科提正科3万多，正科提副县10万多。”

文章说，是话都有音，是草都有根。这些民谣的出现，是群众对这些贪官所作所为的高度概括，是民心民意的集中体现。王怀忠之流可以在一个时期内欺骗组织，可以欺骗部分领导，但他们却骗不了群众的眼睛；他们可以利用手中的权力为自己建立保护伞，却堵不住群众的嘴。

文章表示，如果上级有关部门能够深入群众，听到这些民谣，顺藤摸瓜，早些揪出这些贪官，岂不是可以让这些害群之马少为害些群众，少损害些党和政府的形象，少损失些国家利益?

文章还说，重视民谣的作用，古已有之。历代统治者出于维护和巩固统治地位的考虑，大多注意从民谣中了解“民意”。古代曾设官员专司“采风”之职，并命他们“摇木铎采诗于道”，“以闻天子”。“上山下山问渔樵，要知民意听民谣”，一语道破倾听民谣的作用。

中新网 2002 年 3 月 31 日

报道中的第二、三、六段用背景材料说明“领导干部要听民谣”的事实根据，这些背景材料使主题更加鲜明、更有说服力。

4.1.1 背景材料的作用

美国一些学者认为，“不使用背景材料，几乎没有什么报道是全面的”。[①]可见背景材料在新闻报道中作用相当重要。

1. 深化主题

有时候一些背景材料可以烘托新闻事实，使新闻事实反映的消息主题更加明确和深刻。

《湖南日报》2001 年 12 月 26 日刊载的获奖消息《洞庭湖长大五分之一》在导语部分就开始使用背景材料：

洞庭湖变大了！经过 3 年规模空前的综合治理，洞庭湖面积扩大 1/5。这个自明清以来不断萎缩的湖泊，终于出现了历史性大转折。

“自明清以来不断萎缩的湖泊”是背景材料，使用的目的是突出“洞庭湖变大”这样“历史性大转折”的主题。接下来用历史资料说明原来洞庭湖的景象：

据史料记载，明朝嘉靖年间，洞庭湖方圆八九百里，号称“八百里洞

① ［美］麦尔文·曼切尔．新闻报道与写作．艾丰等译．中国广播电视出版社，1981. 147 页

庭”，洪水期湖面达6 000 平方公里。此后数百年泥沙淤积，盲目开垦，致使堤垸如鳞。历史上——八百里洞庭，后来——盲目开垦；现在治理后——洞庭湖又变大了。这里的背景材料说明了治理洞庭湖的重要性和重大意义，为新闻事实作了很好的补充，背景材料处处围绕主题展开，使主题更加深入。

2. 补充事实

通过背景材料使新闻事实更详细、更完整，也更有可读性。

披露县委书记大搞“形象工程” 工人日报被收缴

中新网北京8 月24 日消息：只因披露县委书记杜保干5 年来轰轰烈烈搞“形象工程”，《工人日报》在河南卢氏县竟被有关部门通知收缴。

8 月10 日《工人日报》新闻周末在一版头条刊登长篇报道《贫困县河南省卢氏县原县委书记杜保干大干“形象工程”实录》（附后），卢氏山城沸腾起来了，人们奔走相告，争相购买，山城人民民心振奋。

当天，《工人日报》火遍卢氏县。几天内卖出《工人日报》及群众自发的复印件一万份。

可是，8 月15 日，三门峡市委宣传部某副部长给卢氏县邮政局局长打来长途电话，通知收缴《工人日报》新闻周末及《法制文萃报》和《金剑》杂志等。

中新网2001 年8 月25 日

消息的导语只交代了《工人日报》因披露县委书记杜保干5 年来轰轰烈烈搞“形象工程”被有关部门通知收缴。第2、3 段用背景材料说明：《工人日报》报道了什么；报道后当地群众的反应——山城沸腾，人们奔走相告，争相购买，山城人民民心振奋。通过这些背景材料的说明使导语的事实更加详细、丰满和生动。

3. 释疑解惑

释疑解惑，即通过背景材料解释新闻事实在传播过程中可能产生的某些疑惑，通过解释使受众更容易理解，也能更好地体现新闻价值。如下面一条消息：

福建省福鼎市质监局长自杀原因尚无定论

本报讯　两天前在办公楼上吊自杀的闽东福鼎市质量技术监督局局长翁华铭昨天被火化。由于目前死因尚无结论，官方没有为这位副处级官员举行追悼会。

当地舆论普遍认为，翁的自杀与福鼎生产劣质奶粉有关。此前4天，翁因劣质奶粉事件被福建省质监局责令停职检查。

据了解，与浙江南部交界的福建省福鼎市共有11家注册登记的奶粉加工、分装企业，除3家具有标准厂房外，其他8家均不完全具备生产条件。在阜阳劣质奶粉事件发生后，质量技术监督部门抽检发现，福鼎的这8家企业生产的奶粉中，蛋白质含量在2%～6%，远远低于国家强制性标准中奶粉蛋白质含量不少于20%的规定，均属劣质奶粉。

然而，这些主要来自浙江的生产劣质奶粉的企业，竟然全都有卫生许可证、营业执照、税务登记证等国家明令要求具备的各种证照。在“福鼎市哈尔特乳业有限公司”给工商部门提供的备案资料中，既有福鼎市卫生局颁发的“卫生许可证”、卫生防疫站出具的“全脂甜奶粉检测报告”，又有福建省环保总公司出具的“建设项目环境影响评价资格证书（乙级）”、福鼎市贯岭镇政府出具的“年产720吨奶粉项目同意批报意见”，以及福鼎市质监部门出具的“符合生产加工该产品的基本要求证明”。据此间媒体披露，这家一切手续完备的企业在被查封时，居然看不到相关生产加工设备。

媒体把疑问的焦点集中在福鼎市质监、工商、卫生等职能部门上。进入6月份以来，《人民日报》、中央电视台“焦点访谈”节目等中央级媒体接连对福鼎生产劣质奶粉进行追踪式报道。据接近福鼎市质监局局长翁华铭的人士透露，翁曾经多次在公开场合抱怨说，工商部门不够意思，在接受媒体采访时把责任推得一干二净。

6月18日，中国质量报率先披露了福鼎市质监局局长翁华铭、霞浦县质监局局长吴初宝、柘荣县质监局局长陈颜因劣质奶粉事件被停职检查的消息；6月19日，由国家质检总局配合监察部组成的督察组到达福建，准备前往福鼎等地调查劣质奶粉生产情况。当地一位和翁经常来往的干部告诉记者，“这些无形中给56岁的翁华铭造成了很大的精神压力。他可能是觉得自己晚节不保，所以选择了自杀。”

对于翁华铭的死因，当地说法不一。记者试图通过翁的上级宁德市质监局局长林翰康和翁的同事福鼎市质监局副局长林阿禄证实翁的死因，但接通电话后，两位局长都声称自己正在接受上级的检查，不便接受采访。

当地一位官员私下认为，劣质奶粉事件本来是件可以说清楚的事情，现在由于翁的自杀，给人增添了许多联想，无疑使事件变得复杂起来。

据透露，在翁自杀后，福建省有关职能部门紧急派人前往福鼎，对相关人员进行调查。

《中国青年报》2004 年 6 月 23 日

这条消息的导语交代了福建省福鼎市质监局长自杀后被火化，官方没有为这位副处级官员举行追悼会的事实。为什么自杀，第 2 段开始交代原因——与生产劣质奶粉有关。紧接着使用背景材料：此前 4 天，翁因劣质奶粉事件被福建省质监局责令停职检查。第 3、4、5、6 段都是背景材料说明劣质奶粉事件被曝光后媒体的追踪报道，翁抱怨说，工商部门不够意思，在接受媒体采访时把责任推得一干二净；56 岁的翁华铭在巨大的精神压力下，可能觉得自己晚节不保，所以选择了自杀。如果没有背景材料，人们就会对翁华铭因劣质奶粉事件而自杀产生疑问，背景材料的说明使新闻事实更容易明白。

4. 介绍人物

有些新闻事件不复杂，对事件中的人物用一句话带过并不影响对事件的理解，而有些事件较复杂，或者影响较大，有必要交代人物的背景，帮助人们了解事件的性质和重要程度。如中新社 2004 年 7 月 24 日的报道《中国女游客遭美移民局警察无故围殴 一警员被拘》，描述中国女游客赵燕二十一日搭乘华埠旅游巴士到达美加边境大瀑布美国一侧旅游，当晚 11 时左右，她和同车的谢芳、黄玲一起来到下榻酒店附近一景点拍照留念，在途经一排房子时，隔着玻璃门发现屋内有几个身着移民局制服的警察正将一个黑人按倒在地。赵燕被多名膀大腰圆的美国移民局白人警察无缘无故围殴暴打，以致鼻青脸肿，遍体鳞伤，眼底出血，被送至当地医院急救。此事震惊国内外，引起世界媒体关注。但是中国女游客赵燕为何无故围殴，赵燕何许人也，需要交代。于是在主体部分有这样一段描述：

今年三十七岁的赵燕在中国天津从事健身器材生意，第一次赴美谈生意，于七月十二日持商务考察签证进入美国，原定美加边境旅游结束后于二十三日返回北京。

此处的交代把赵燕的身份、去美国的目的——赴美谈生意等都进行说明，使人们对赵燕被殴一事的来龙去脉更加清楚。

有些新闻事件牵涉到的人物众多，更需要用背景材料说明。

权威消息人士今年3月向香港《文汇报》透露，韩桂芝涉嫌经济问题，不久前已被中央有关部门立案审查。其“落马”原因，并非如外界盛传的与“宝马车撞死百姓案”有关，亦与原国土资源部部长田凤山贪污案无关，而是因涉及另一起罕见的腐败大案“马德案”。

绥化市原市委书记马德自1995年以来大肆收受贿赂，买官卖官。马德被“双规”后供认，自己为当上绥化市市委书记一职，曾给韩桂芝送过一笔钱。

《韩桂芝被免黑龙江政协主席涉腐败大案》

《新快报》2004年6月11日

报道中用了两段介绍韩桂芝与其他人的关系，目的是说明韩桂芝落马的原因。通过交代与其他人的关系，使人们更加深入了解韩桂芝这位大贪官的真面目。

4.1.2 消息背景的类型

消息背景的类型大致可分为：知识背景、对比性背景和注释性背景等。

1. 知识背景

知识包括政治、历史、科学、文学等自然科学和社会科学方面的知识。运用一些知识作为背景，一是使新闻事实叙述得更准确，二是让受众了解事实时增加一些有关方面的知识。

秦俑新发现：专家推论“兵马俑”杀死项羽

新华社西安8月2日电　（记者李勇 冯国）曾经击垮了秦帝国

的楚霸王项羽，最后却死于“兵马俑”之手。作出这一推论的日本就实大学教授李开元在“秦俑学第六届学术讨论会”上发表的关于兵马俑与项羽之死的论文，受到了与会者的广泛关注。

毕业于北京大学、并在东京大学获得博士学位的李开元教授说，作为两千年前秦始皇兵马俑军团原型的秦京师军（中央军），在秦末之乱的动荡历史中下落如何？这个问题，不仅涉及到兵马俑军团的性质，也涉及到秦楚汉间整个帝国秦军的动向，甚至牵涉到秦帝国的灭亡、楚霸王项羽的失败和汉帝国的胜利等复杂的历史问题。他在研究考证这一课题的过程中发现了一个有趣的事实：最后楚汉决胜垓下时斩杀项羽的5位骑兵将士，都是关中地区出身的秦人，也都是旧秦军的将士。更加意味深长的是，这5位将士的从起官职，也就是他们由秦军加入汉军时的官职，竟然都合于秦京师军的官职。“历史是选择性的记录。”李开元说，垓下之战，汉军60万，吕马童、杨喜、杨武、吕胜、王翳这5名骑士能够留下名字来，可以说是偶然中的偶然。不过，以十二万分之一的几率脱颖而出的5人，却是百分之百的旧秦军的将士，而且官职都合于秦京师军的官职，就绝非偶然了。李开元认为，这5位骑士的身上，或许隐藏着秦京师军在秦末之乱中的踪迹，原型兵马俑军团去向的历史之谜也可能由此得到破译。

李开元说，秦始皇兵马俑是以秦京师军为原型塑造的，秦京师军的去向，就是原型兵马俑军团的去向。根据他的研究考证，在秦末之乱中，秦京师军加入了汉军，其中的骑兵将士被编入了汉军的灌婴骑军。垓下之战后，灌婴骑军奉命追击，在乌江岸边斩杀了项羽的5位骑士，都是原来秦京师军的骑兵将士，也就是秦兵马俑的原型。这位学者表示，古代史研究，在相当程度上是一种推理，往往要基于很少的史料，依靠考证钩沉、推测联想。他说，由出土的兵马俑到其原型秦京师军，再到汉军中的旧秦军将士，最后到斩杀项羽的秦人骑士，“史事的锁链一环紧扣一环，最后竟然在项羽之死和兵马俑之间找到历史的接点，引出‘兵马俑’杀死了项羽的结论来，使人感到历史的深沉和神奇。”

兵马俑军阵是以实在的秦京师军为原型塑造的，这一观点得到很多专家学者的认同。但也有一些考古专家认为，组成兵马俑军阵的原型很复杂，不能肯定就都是京师军，其中还应包括别的“兵种”。

新华社2004年8月2日

这种报道属于考古学中的重大发现，本条消息除了导语和结尾外，中间两段都是背景。如果去掉第2、3段，对作者提出的“楚霸王项羽，最后却死于兵马俑之手”的结论实在不好理解。有了这两段背景材料，使人感到作者观点新颖而且站得住脚，也使读者增添了不少历史知识。

2. 对比性背景

对比性背景材料指的是用来和新闻事实作比较的材料。对比的目的在于：突出新闻主题，显示新闻事实的价值。对比的方法：今昔对比、彼此对比、正反对比、正误对比、先进与落后对比等。

欢迎“孕妇”来，不舞彩旗；

喜送“母子”去，不敲锣鼓

这段青藏铁路又成“无人区” （引题）

请过路吧 亲爱的藏羚羊 （主题）

本报格尔木讯 （记者朱海燕）昨晚，约有500只藏羚羊带着刚满月的儿女们，通过可可西里青藏铁路建设工地，向黄河源头的扎陵湖、鄂陵湖迁徙。

为不惊扰这些可爱的精灵，可可西里至五道梁一线，铁路夜间停止施工，拔走彩旗，灯光休眠，机器熄火；作为高原生命线的青藏公路，过往车辆在夜间停驶3个小时，这里又呈现一种远古洪荒的宁静，只有高原的夜风为这群母子结成的队伍送行。

潜伏下来的观察哨称：跨越铁路线，母藏羚羊若无其事，像跨过自己家的门坎一样；小羊羔紧依着母羊，流露出一种莫名其妙的惊喜。

每年6至8月，藏羚羊集结成群，长途跋涉，前往可可西里腹地的卓乃湖、太阳湖一带产崽，去完成一年一度的延续种群的历史使命。小羔羊满月后，再由母羊呵护着返回原栖息地。

今年6月20日前后，两万多只雌性藏羚羊北上产崽，铁路夜间停止施工10天，为它们开辟通道。一个多月里，两万只小羔羊诞生在那块神秘的“天然产床”上。估计，从8月4日到8月15日，将有4万只大小藏羚羊跨过铁路安然回迁。

藏羚羊是国家一级保护动物，有“羊绒之王”之称，因此，也带来杀身之祸。近10多年，偷猎者大量涌入，每年有上万只藏羚羊遭到捕杀。1994 年，保护区工委书记索南达杰，为保护藏羚羊，在太阳湖与 18 位偷猎者搏斗壮烈牺牲。

青藏铁路开工后，环保理念渗透到建设者的血脉之中，青藏高原成为他们心目中环保的圣地。他们精心爱护每寸绿草，善待每一种动物。一年来，他们将 5 只失去母爱的小藏羚羊送到自然保护区机关，可爱的小宝贝得到妥善的保护。在他们的精神昭示下，没有一只藏羚羊在捕杀的枪声里倒下。

这片拥有野生动物 230 多种，国家重点保护的一、二级动物有 20 多种的土地，正在恢复野生动物天堂的动人景象。

可可西里自然保护区区委书记才嘎说，铁路建设的一年间，藏羚羊增添了两万多只，到铁路建成之日，将由现在的 7 万只增至 15 万只。

据悉，青藏铁路在设计中专门设立了动物通道。铁路建成后，不影响野生动物正常生活和自由迁徙。

《中国铁道建筑报》2002 年 8 月 17 日（获第 13 届中国新闻二等奖）

这条消息只有 800 字，主题是写对我国一级保护动物藏羚羊的关爱。报道中使用多处对比性背景材料使新闻主题更加突出。

“藏羚羊是国家一级保护动物，有‘羊绒之王’之称，因此，也带来杀身之祸。近 10 多年，偷猎者大量涌入，每年有上万只藏羚羊遭到捕杀。1994 年，保护区工委书记索南达杰，为保护藏羚羊，在太阳湖与 18 位偷猎者搏斗壮烈牺牲。”这段背景先交代藏羚羊的价值，是国家一级保护动物。1994 年前偷猎者大量涌入，藏羚羊得不到保护。接着与现在的事实对比：“青藏铁路开工后，没有一只藏羚羊在捕杀的枪声里倒下。”“铁路建设的一年间，藏羚羊增添了两万多只，”“国家重点保护的一、二级动物有 20 多种的土地，正在恢复野生动物天堂的动人景象。”其中“为保护藏羚羊，在太阳湖与 18 位偷猎者搏斗壮烈牺牲”属于先进与落后的对比。这条消息除此之外还有一些值得借鉴的写作手法：题材重大新颖、主题集中鲜明、描写形象生动等，读起来趣味盎然。如“为不惊扰这些可爱的精灵，可可西里至五道梁一线，铁路夜间停止施工，拔走彩旗，灯光休眠，机器熄火；作为高原生命线的青藏公路，过往车辆在夜间停驶 3 个小时。这里又呈现一种远古洪荒的宁静，只有高原的夜风为这群母子结成的队伍送行。”这一段中几个动词把事实写活了，如：不惊扰、停止、拔走、休眠、熄火、停驶、呈现、送行等等。几个动词不但串起了细节，而且给人一种动感。细读这段文字，有一种影视片式的耐人寻味的意味。

3. 注释性背景

注释，注解之意。新闻事实中有些内容牵涉到一些技术性、知识性问题，不注解人们难以看懂，如有关科学技术发明、产品性能、风土人情和名词术语等，通常需要加以注释。

沈阳市政府正式公布对“陈化粮事件”的调查结果

新华网沈阳7月14日电　（记者任鹏飞）沈阳市政府14日晚正式公布了对6月下旬以来，部分媒体所报道的“陈化粮事件”的调查结果。结果显示：沈阳陈化粮没有流入各地市场。

6月下旬部分媒体报道北京、天津等地相继发现万吨“陈化粮”，并称这些“陈化粮”均是“东北米”。有的报道说陈化粮主要产自沈阳市辽中县，并说“陈化粮已遍布沈城各区的零售网点”。报道刊发后，社会反响强烈。很多沈阳市民和外地客户纷纷致电沈阳市有关部门，求证陈化粮报道是否属实。

国务院有关部门对“陈化粮事件”高度重视，国家工商总局、国家粮食局、国家质检总局分别派出调查组与辽宁省相关部门一起，指导沈阳市对此进行全面彻底的调查。沈阳市政府抽调工商、粮食、质检等部门骨干人员组成了沈阳市“陈化粮事件”调查组，对部分媒体报道的“陈化粮”加工地——辽中县杨士岗镇佑户坨村所加工大米的进货、生产和销售情况进行了详细调查。

据粮食部门介绍，大米一般分为新粮、陈粮和陈化粮三种。当年的大米属于新粮；储存后变质的粮食是陈化粮；第一次储存期限超过一年的是陈粮。陈化粮对人体有害，不能直接作为人的口粮。只能通过拍卖的方式向有特定资格的饲料加工和酿造企业定向销售。陈粮与陈化粮的概念完全不同，稻米加工使用陈粮原料是正常的。

……

新华网2004年7月14日

消息的第4段对什么是陈化粮、陈化粮的性质都进行了解释，并进一步解释陈粮与陈化粮的概念为何完全不同。粮食安全关系到百姓的生命健康，事关重大，这样的报道必须进行注解。

4.2 消息来源

消息来源又可称为新闻来源，是指新闻材料的出处和供应新闻材料的媒介。

4.2.1 现代大众传播媒介消息来源的渠道

现代大众传播媒介的主要消息来源有四种：

（1）记者采访。
（2）通讯社电稿。
（3）公众来电、来信、来稿。
（4）政府、政党、社会团体和部门的文稿及宣传品等。

消息来源是维持记者生命的血液，没有消息来源记者就无法开展工作，而拥有众多的消息来源渠道，获得大量有价值的消息来源是一名记者做好新闻报道必不可少的条件。但是一名记者掌握了一定量的消息来源，并不表示他就能做出正确地新闻报道，可以成为一名出色的记者。拥有消息来源只是做好新闻报道的第一步，关键还要看记者如何正确地使用消息来源。

4.2.2 消息来源的种类

据台湾学者研究，国内外通用的消息来源形式有 18 种：

（1）据报道。
（2）据悉；据了解。
（3）消息人士；一位可靠的消息人士；消息灵通人士；官方消息人士；半官方人士；接近总统的消息人士。
（4）一位官员；一位政府官员；一位高层政府官员；另一位政府官员。
（5）美国官员；一位白宫官员；一位国务院官员；五角大楼官员们。
（6）一位外交官员；一位西方大使；一位西方外交官员。

（7）批评家；许多位批评家。
（8）分析家。
（9）观察家；政治观察家。
（10）事实评论家。
（11）当局；最高当局。
（12）权威人士；权威消息来源。
（13）专家。
（14）明智之士。
（15）一位观光客。
（16）一位目击者。
（17）警方。
（18）未经证实的报道。①

这些不明新闻来源现在在国内外媒体上大量出现，从理论上讲，是不符合新闻传播规律的。新闻传播要求信息准确，其中包括信息来源也必须准确。不明新闻来源之所以被国内外媒体使用至今，主要出于以下几个无法回避的因素：第一，涉及到政治、军事、经济和外交上的重大事务和一些敏感问题。为了国家利益或法律上的限制，当事者在操作过程中不得不严守秘密，新闻媒体和记者只能对这类受众感兴趣的事件采取这种模糊的表述方法。第二，避免对提供信息来源的人造成伤害。这属于新闻道德方面的因素。第三，保护当事人的权益，如隐私权、未成年人的人格权等。

当代新闻对公众人物、娱乐界名人等的私人报道比以前范围扩大了，匿名的问题比以前也更为严重，原因之一是水门事件对新闻报道行业的影响，另外也可能是政府机构不太好打交道的缘故。现在存在着更多的官方秘密、更多的障碍，不能通过官方渠道得到消息，就只好另谋途径。

但是，这些无法回避的因素也可能给媒体和记者在新闻报道中带来负面影响，为一些记者虚构新闻事实提供了机会。此外，也会造成记者不负责任的态度。

4.2.3 消息来源可信度测试

记者在掌握了某一信息来源之后，第一步就要测试消息来源的可信度。那

① 王晓寒．新闻写作问题多．中正书局．1995.4－5页

么如何测试消息来源的可信度呢？美国《新闻日报》调查性报道记者、后任新闻学教师的鲍勃·格林提出了测试消息来源可信度的6个方法：

查阅记录：该消息来源过去是否提供了正确的信息。

可确定性：该消息来源能否提供证实信息的其他证人的姓名或文件。

接近性：该消息来源是否处于知道他所传播事实的位置。

动机：该消息来源是否有动机提供合理材料。

考察上下文：信息是否与事实相符。

可信性：该消息来源是否稳定，是否处于记者控制之下。①

梅尔文·门彻在其《新闻报道与写作》一书中提到，新闻报道与事实真相的层次分为3层：第一层次，新闻发布稿、新闻发布会、演讲、声明；第二层次，证实材料、背景、记者观察、自发性事件；第三层次，重要性、影响、原因、结果、分析与解释。消息来源对记者的新闻报道来说只是事实真相的第一层次，记者主动地收集信息，对消息来源进行核实与补充，这种第二层次的工作对任何一篇新闻报道都是必不可少的。如系重大事件，记者还应在第三层次进行工作，对事件做出解释与分析，告诉读者事件的前因后果和发展趋势。如果记者的新闻报道仅仅停留在第一层次，那就很难确保将事实的真相告诉读者。

思考与练习

仔细研读下面这篇报道，分析新闻来源的可靠性与新闻真实性的关系。

老伯独自辞世　竟是虚构故事　　（主题）

记者反复采访发现重重疑点 老伯独生女

接受本报采访揭开人为编造的弥天大谎　　（副题）

9月13日，媒体纷纷报道了这样一则感人的故事：一位身患晚期肺癌的62岁老伯，因家境困难又不想增加儿女的负担，在向家人撒了个“去老战友家散散心”的善意谎言后，于今年6月3日上午9时，偷偷躲进了广州友好医院临终关怀科。这一躲，便是“3个多月”。直到今年“9月12日凌晨3时”去世，这一切他的家人都还不知晓。就在老伯去世的当天上午，医院护士长就发现老伯并非“无

① ［美］梅尔文·门彻．新闻报道写作．展江译．华夏出版社，2003. 346页

妻无子女”的人，不仅有妻有子女，而且家也就在广州。报道中称，老伯家属到医院后，老伯的女儿当场晕过去了，场面令人感动……

事后，经本报记者深入调查，该报道内容全部来自广州友好医院新闻宣传干事杨某用电子邮件发送的“新闻通稿”。实际上，9 月 12 日中午 11 时 35 分本报记者也接到了这条新闻稿，但记者觉得有必要联系深入采访，可就在本报记者“追根溯源”式的采访中，却遭遇到了一连串“令人费解”的怪事，死者身份疑点重重……

采访遭拒：记者顿生疑窦

记者接到的新闻通稿中明确写着，陈老伯是在“9 月 12 日凌晨 3 时”死的。

当晚，记者想与杨某、负责护理这名陈姓老伯的周护士长联系补充采访，但两人的手机全都关机了。

老人辞世亲人在旁？

记者找到医院龙医生采访得知，新闻稿所指事发当天，友好医院根本没有病人死亡。

记者追问最近几天医院重病号辞世情况时，他说：“昨天有个 70 多岁的老人死了。”“老人去世时，有子女在身边吗？”龙医生肯定地回答说：“当然有！”

老人到底姓什么？

9 月 13 日下午 4 时 30 分左右，记者来到广州友好医院 4 楼临终关怀科。记者找到了周护士长，但她表示接受采访需要征得院里管宣传的人——杨某的同意。

在该医院 4 楼临终关怀科办公室隔壁的护士值班室，护士冯某对记者说，当天她正当班。她说：“的确有过这样一位老伯，但是在上个月 26 日去世的。那位老伯是姓麦。”对此，周护士长后来解释说：“老伯的家属不愿意我们报道这件事情。”而至于此新闻稿件的执笔人杨某又向记者解释：“是周护士长告诉我老伯死亡时间是 9 月 12 日的，我就这样写了。”

追踪采访：挖出事件四大疑点

疑点 1：遗书去哪了？

记者到达友好医院约 20 分钟后，医院新闻干事杨某出现了。在医院 3 楼会议室里，他和一名自称是主管医院 2－4 楼的护士长鲁某接受了记者采访。

记者要求拿出老伯临终前的两封遗书。杨某说：“老伯写给其家属的信昨天已经被他家属拿回去了。而且，老伯的儿子在看过那封信后立即撕毁了。不过，写给我们医护人员的信被一名护士保存着。”最后，医院护士长之一的鲁某又说：“哦，那封信昨天被一位警察拿走了。”

疑点2：家属联系不上了？

记者：“那老伯家属的联系方法呢？”

杨某：“有，不过在××大厦那边（在友好医院隔壁），我上班是在那边的。”说着起身去拿电话号码了。

随后，杨某拿来了死者家属的联系电话号码。记者当即拨打，可对方手机连续几个小时都打不通。

记者又拨通一名已经“采访过死者家属”同行的电话。结果，对方说，采访时他是用杨某的手机拨打老伯亲属手机的，他手上并无这名家属的联系电话。

对此，杨某表示：“我没有老伯家属家里的电话，那个记者也绝对没有用我的手机打给老伯的亲属，绝对没有。”

疑点3：缴医疗费的到底是谁？

昨日在友好医院3楼会议室，杨某给记者出示了一份老伯“写”的“委托书”。“委托书”上写着一旦他的医疗费用不够，可找一个名叫“温桂珍”的人代付。而且，在“委托书”的最后，留有老伯的“签名”——麦××。

据杨某说，温桂珍是老伯的同事。开始时是老伯自己交纳的费用，但是温桂珍也来交纳过7 000元医疗费。

可在此之前，周护士长早就肯定地告诉记者说：“医药费全部是老伯自己交纳的。”

疑点4：病人死后方补病历？

9月16日下午2时30分，在医院办公室，记者终于从电脑上看到了麦伯的信息：“麦桃清，住院号：040720，男，62岁”。在“入院日期”下写着04-6-7，14:34。“出院时间”为04-8-26。除了地址为“德庆巷”外，其他联系方式、信息栏均是空白，更没有看到所谓的书面病历。

记者翻阅后发现，6月7日老人入院时被诊断为肺癌，但对病程的记录只截至7月19日。

记者故作随意地问：“你们的病情是每天都记的吗？”“对。”周护士长说。

“那7月19日以后缺的那部分呢?”“刘医生还在写。”对方说。

“人去世都半个多月了，怎么现在才开始补写?”

周护士长顿时不语。随后，杨某接到一通电话后立刻示意周护士长将病历拿走，并表示死者身份证号码不能告诉记者。

老伯独生女道出真相

采访殡仪馆：从友好医院徐院长那里得到老伯的真实姓名后，记者立即赶到广州市殡仪馆。在业务大厅的电脑资料里，记者查实：在今年8月29日上午10时30分，他们的确火化了一个名叫“麦桃清”的老人。这位老人的尸体也的确是8月26日从广州市友好医院运来的。而且，这是当天友好医院里唯一送来的死去病人。

采访老伯女儿麦志敏：“登报的事情我一点都不知道，”她说，“报道中说的‘海南来的’、‘得肺癌晚期’和岁数上与我父亲相同外，报道中的其他内容根本不存在。”

她说：“我父亲生前根本没有工作，他一直在做生意，怎么可能是个‘道士’。父亲在海南买了房子，还请了一个保姆，就是那个温桂珍。”她还说：“我父亲进友好医院时，我们都知道的，而且我们家是个大家族，人很多，不仅我会去看他，家里也有很多人去友好医院看过他。”

麦志敏强调：“我爸爸只有我一个女儿。我自己也是做服装生意的，家里还算有钱。如果不是有钱的话，怎么能够送他去临终关怀呢？要知道，那是要不少钱的。而且，我也不知道父亲临终前给我写了什么信。”

作者电话“警告”记者

就在记者反复追查“老伯身世之谜”的13日当晚，友好医院院长打电话给本报新闻部主任表示，已有报道令老伯的家属非常气愤，要医院“收声”。他还说：“我以人格担保，除了死亡时间不对外，其他都是真的。”

与此同时，这天晚上近10时，杨某打电话给本报记者，愤怒地表示记者的调查让他“很受伤害”，他已经向院长递交了辞职信。

他表示，一旦本报刊登调查报道就将采取措施，“友好医院、寿星大厦所有的新闻都不再提供给你们了”，并扬言“我在广州也是有很多朋友的，如果记者他敢多写一个字，我就要让他好看!”

听到这番话后，本报记者立即向公安机关报了警。9月17日下午，记者电话找到友好医院徐院长。徐院长竟然又说：“这件事情你们就不要再追下去了。其实，我们做的都是对社会有利的事情。你们这样继续追下去，对我们都不利。再等等吧，我们一定会向你们提供真实材料的。”记者追问：“具体要等多长时间呢?”徐院长说：“3个月后吧。”

《广州日报》2004年9月18日

5

消息的结构类型

本章重点

- ☐ 消息结构的几种类型
- ☐ 熟悉倒金字塔结构及其他几种消息结构的写法
- ☐ 了解消息结构的变化规律

从静态的文本来看，文字和图片显示的整体是消息的结构。从动态的写作过程中考察，消息的结构实际上是记者的构思——思维流程。构思是记者大脑的复杂活动，要解读它不是件容易的事。当今科学这么发达，对作文的批改仍不能采用机械的办法。思维活动是创造性劳动，不可复制。因此新闻写作是一项复杂的思维活动过程，研究消息的主体除了从文本结构的静态方面研究外，更重要的是探讨记者的构思过程——动态走向。以及这种思维如何达到最佳状态，更加准确、生动、自然地表述事件。因此，我们研究消息的结构，不仅仅只是静态的文本描述，更重要的是研究记者的写作过程。文本形式只是入门的向导。

消息的结构形式应根据事实的特点和传播效果来安排。时政类新闻、经济类、科技类新闻、灾难性新闻等，一般来说适合倒金字塔式结构，以便快速传递核心信息。社会新闻、体育、娱乐等故事性较强的新闻适合倒金字塔和金字塔结合式结构。细节性强的新闻适合于故事性结构。

一种结构的形成是经过无数记者、编辑、无数代新闻人的艰苦劳动摸索总结出来的结晶，它为记者写作提供了方便的模式。但是，结构形式不应成为束缚记者思维创造性发挥的桎梏，应该遵循写作的规律，同时又大胆创新，促进消息文体的发展。

5.1　倒金字塔式

倒金字塔式结构是一种形象化的比喻，写作时把最重要的信息放在前面，然后按照信息的重要程度呈递减排列的结构方式。这种结构方式有两个优点：第一，有利于受众一开始就能方便地获取最重要的信息；第二，有利于编辑安排版面。如果版面不够，可以从后面删去不重要的信息，仍不影响消息结构的完整性。

这种结构在目前消息报道中是使用最多的结构样式之一，适合于严肃性新闻和那些受众急于想知道关键信息的新闻报道，如时政新闻、灾难性新闻、体育比赛等新闻报道。

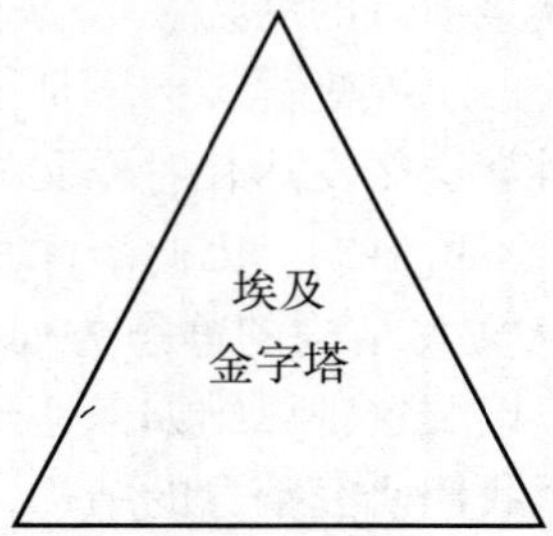

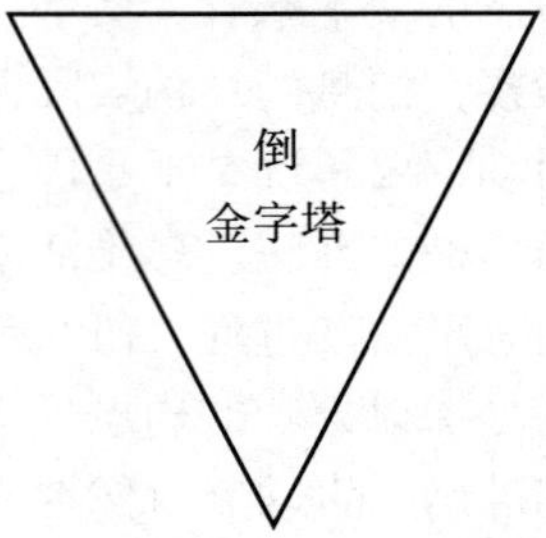

孔庙将竖历届高考状元碑

本报讯　（记者赵升）1978 年恢复高考以来历年省级状元的名字将被刻成碑，和国子监孔庙的进士碑立在一起。昨天，中国人民大学人文奥运研究中心和安定门街道签订共建协议，启动了国学文化社区建设项目，内容之一就是在孔庙内竖立历届高考状元碑。

据了解，国学文化社区建设方案要对孔庙内特有的元明清三代 198 块进士碑和 51 624 名进士及所蕴涵的状元文化进行挖掘和弘扬，刻立高考状元碑，录入 1978 年恢复高考以来的省级状元名单，开展状元文化的学术研究。同时，安定门地区还将搜集整理这一地区的民间艺术形式，建立国学文化宣传网站，在全市范围内征集国学文化社区区旗、区徽、区歌设计方案，举办安定门国学文化论坛等。

同时，安定门街道还计划通过打造两条文化街和修缮文物古迹来发展旅游业，传播国学文化。在国子监旅游文化街上整合文物古迹，包括 190 间钦赐学舍、射圃、火神庙、郡王府等，并新建国学文化博物馆等当代文化旅游景点；在方家胡同旅游商业街上兴建国学文化旅游店面、文化室，展示、出售蕴涵中华传统文化的旅游商品，如古董、字画、茶、民间手工艺品等。

竖状元碑是为吸引游客（马上就访）

中国人民大学孔子研究院的彭教授表示：“相对于雍和宫来说，国子监孔庙平时的客流量很少，而且有相当一部分游客是外国人。有人提出要竖立当代高考状元碑，是想以状元文化来吸引游客，是一种经济运作方式。但是，元明清三代的进士碑是古代科举制度的产物，我们现在的学校越来越重视素质教育，学习并非是一味地攀比考试成绩。我个人对竖立当代高考状元碑持反对意见。但也有很多人认为让孩子参观状元碑，可以受感染，增强学习动力，这就要靠家长引导。”

《京华时报》2004年9月13日

这篇消息报道的安排，按照事实的重要程度依次排列。导语概括主题，第二段叙述事实产生的背景、意义，第三段叙述事实的作用和目的，结尾部分运用专家的看法对事实进行解释。这篇报道的线索如下：

导语　核心信息：孔庙内竖立历届高考状元碑

主体1　背景　意义：开展状元文化的学术研究

主体2　作用　目的：发展旅游业

结尾　专家意见：不同声音

再看下面一篇报道：

重庆原宣传部长张宗海被双开　收受贿赂腐化堕落

本报讯　记者从重庆市纪委获悉，近日，重庆市原市委常委、宣传部长张宗海因严重违纪违法被开除党籍、开除公职。

经中央纪委调查，张宗海在任职期间，利用职务之便，帮助雷某某获得和买卖股票谋取利益，收受雷某某所送贿赂人民币300万元；道德败坏，腐化堕落。

中央纪委常委会认为，张宗海的行为已构成严重违纪，受贿问题已涉嫌犯罪。根据《中国共产党纪律处分条例》及有关规定，中央纪委报党中央批准，中共重庆市委决定，给予张宗海开除党籍、开除公职处分。鉴于张宗海的行为已涉嫌犯罪，决定将其移送司法机关依法处理。

《重庆晨报》2004年8月7日

这是典型的倒金字塔，从文本上可以了解记者的思维流程：

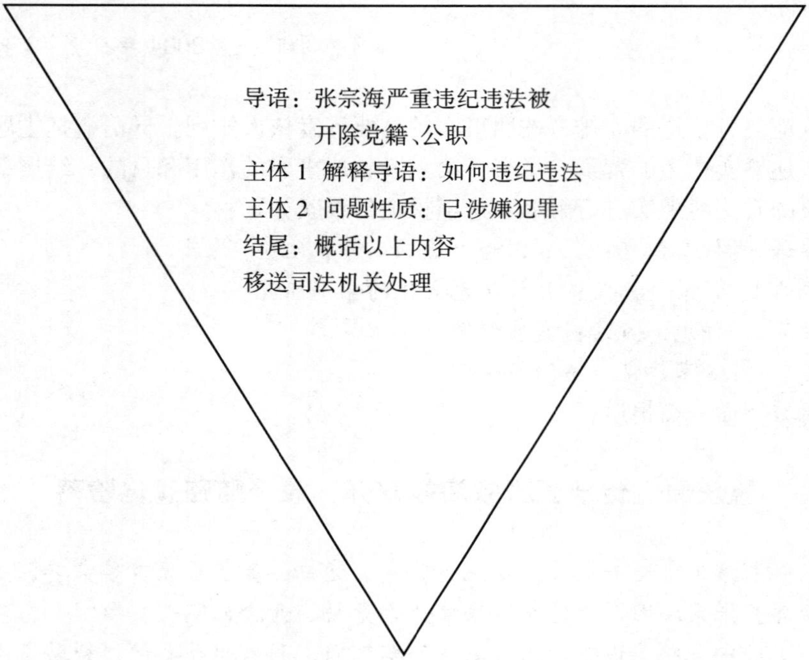

中方对赵燕被殴深感震惊并表强烈不满和严重关注

中新网 7 月 26 日电　近日，赴美从事商务活动的中国公民赵燕在美国尼亚加拉瀑布游览时，无故受到美方移民执法人员野蛮殴打，身心受到巨大伤害。今天（26 日），中国外交部领事司副司长邱绍芳紧急约见美国驻华使馆负责人，专门就此案向美方进行交涉。

据中国外交部消息，在获知此案消息后，中国驻纽约总领馆立即派员前往探望赵燕，向其提供协助，并照会美国有关部门表达严重关切。7 月 26 日上午，李肇星部长在同美国国务卿鲍威尔例行通话时，特别向鲍提及此案，要求美方立即调查这一严重侵害中国公民人权的事件，并严惩肇事者。

同日，外交部领事司副司长邱绍芳紧急约见美国驻华使馆负责人，专门就此案向美方进行交涉。邱表示，美国政府一贯声称重视人权，然而在尼亚加拉瀑布这样外籍游客众多的著名风景区内，却居然发生多名执法人员对一名无辜的中国女性粗暴施虐、严重侵害其人权的行为。中方对此深感震惊，并表示强烈不满和严重关注。

中方要求美方立即对此案进行认真、彻底的调查，依法严惩有关肇事人员，并及时向中方通报有关情况。

同时，中方希望美方切实采取有效措施，防止此类伤害自身形象、伤害中国人民感情的事件再次发生。

另外，外交部领事司亦再次提醒广大中国公民，在出国旅游时应提高自我保护意识。遇到意外事件时，及时与中国驻外使领馆联系，以便掌握主动。

中新网 2004 年 7 月 26 日

如果用线性方式表述可以使这篇消息的结构更清晰：

导语　事件重要性：中国外交部领事司副司长向美方交涉

主体 1　补充导语内容：中国领导人的态度

主体 2　中国官方的态度和要求

主体 3　事件性质

主体 4　中国的具体要求

主体 5　事件可能引起的后果

结尾　提醒中国公民防范措施

这条消息不适合于故事性结构，首先，它不具备故事性报道所具备的情节。其次，受众想最想知道的是中国政府对此事的态度和采取的措施。如果在报道时也设置一个场景，慢悠悠地描写景物，就有点绕弯子了，使用倒金字塔结构是恰当的选择。

5.2 金字塔式

金字塔式结构，也称“积累兴趣”式结构。与倒金字塔式结构相反，金字塔式结构上小下大，先从一点写起，一段比一段具体，一段比一段精彩，最后出现事件的高潮。这种结构形式的消息，能吸引受众一口气读完全篇。

金字塔式结构起源于英国，所以称英国体（the British style）。100 多年前，在英、美报纸上，这种新闻报道很常见。[1] 金字塔式分两种：第一，按新闻事件发生时间的先后顺序。时间要素是强调的重点。第二，按新闻事件进展由始到终的顺序。事件发生的先后顺序是重点。

特点：开头不马上进入高潮，把读者注意力慢慢引入高潮。

优点：条理清楚，现场感强，事件完整，故事性强。

缺点：开头平淡，不吸引人，耐心读到结尾才知结果。

1. 时间顺序式（又称编年体式）

时间顺序式，即按新闻事件发生的先后顺序组织材料的一种结构方式。这种结构方式符合人们的阅读习惯，读起来比较轻松。

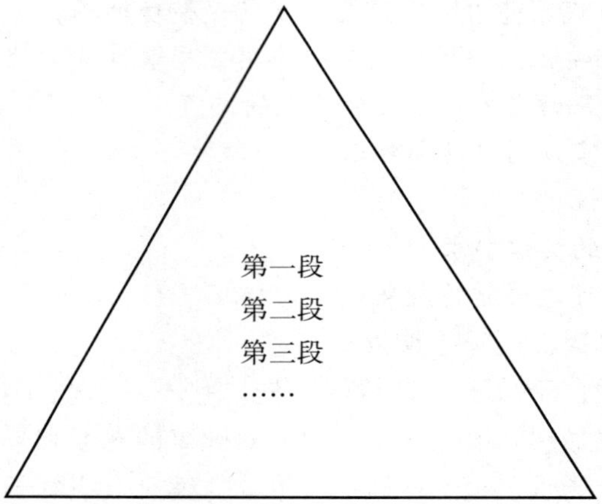

开学第一课

今天是9月1号，在社会各界的大力帮助下，遭受严重水灾的九江县江洲镇各中小学如期开学。（出洲头小学开学典礼实况，渐弱、混播）早上7点半，学生们就已聚集在每个帐篷学校前，举行开学第一天的升旗仪式。（国歌声、渐隐）虽然没有了美丽的校园，只是在帐篷教室中上课，学生们还是非常激动。江洲镇洲头小学五年级学生张伟说：（出录音）"学校被大水淹没了，我非常难受，我以为推迟一个月才能开学，没想到今天能在大堤上开学，我非常激动。"

令学生们更加激动的是，时针刚刚指向8点，国务院副总理李岚

① 程之行．新闻写作．台湾商务印书馆，1993. 128页

清、教育部长陈至立在省、市领导的陪同下踏上了江洲大堤，来到学生们中间，亲切的询问他们的学习、生活情况。在江洲中学初二年级帐篷教室，共和国教育部长陈至立还为学生上了一课，（出录音，掌声压混）“大家难忘今天这堂课，因为是在这么严重灾害以后，能够在帐篷里头上英文课，就说明我们国家、党和政府对教育的关心，否则，这么严重灾害就不可能准时复课，现在既然英文课能上，就说明什么课都能上，同学们应该珍惜，大家应该牢牢记住社会主义好，中国共产党好，人民解放军好，用我们自己的实际行动向他们学习，一辈子不要忘记今天这堂课怎么能够上来了，长大以后，好好为人民服务。”（掌声）这时，李岚清副总理接过陈至立的话茬，他说：“记住啊，教育部的部长给上的这一课，一辈子不要忘掉。YOU HAVE TO STUDY VERY VERY HARD（你们要十分努力地学习）。”

“好好学习，报效祖国。”（掌声，渐隐）

九江人民广播电台 1998 年 9 月 1 日

选自《第九届中国新闻奖作品选》新华出版社，1999 年

这条消息的标题是“开学第一课”，最主要的信息应该是国务院副总理李岚清、教育部长陈至立看望遭受严重水灾后九江县江洲镇各中小学时，陈至立为初二学生在帐篷里上英文课。但开头按新闻事件发生的时间顺序来写，最后才出现最主要的信息。这条消息可以这样表述：9 月 1 号开学——早上 7 点半升旗——时针刚刚指向 8 点，副总理李岚清、教育部长陈至立来到学生们中间。这种写法属于金字塔式思维方式。记者的思维流程是按照当天开学的时间顺序构思事件，同时也按照事件的发展顺序构筑故事。从写作思维流程来说，时间因素放在了第一位。

下面一条消息报道警察采取一次围剿黑车的行动，什么时间开始、围剿过程中的情况如何、结果怎样，事件的紧张程度可想而知，因此时间因素显得更重要一些，按时间安排结构不但可以使故事描写得条理清晰，而且使事件的进展波澜起伏。

“站住，黑车！”

10 日上午 9 点，烈日炙烤着大地，双龙山旅游墓园门前的鞍羊线上，车辆川流不息，一切都很平静，谁也不知道，一场围剿黑车的战斗就要打响。

9点05分，稽查人员的手机响起："车号辽C59989的桑塔纳车一会儿到。"瞬间，手机再次响起："辽C49092夏利到现场。"放下电话，稽查人员严阵以待，一时间空气仿佛凝结起来。

前方出现了目标——一辆红色桑塔纳。待到公路收费口时，车减速，稽查人员立即冲上前去："警察、客管处的，停车。"车刚停下，车钥匙就被稽查人员拔掉。可谁也没料到，顷刻间，司机用备用钥匙启动了车子。还没等车子加速，稽查人员迅速兵分两侧，把住车门，按住司机，强行熄火。

也就在此时，车号辽C49092号车出现在眼前，没过几招，司机束手就擒。只见两辆车子同是红色车身，但却没有出租车统一使用的黄杠标识。在下发了处罚通知单后，车子被迅速押送到扣押地。

稽查人员露出欣慰的笑容。"这两辆车没有任何营运手续，非法营运，属于纯黑车。"初战告捷，大家士气大振。

"再来！"队长老单发出了命令。队员迅速奔赴指定区域。

太阳像是故意在考验稽查队员，炙热地烘烤着大地，车内的温度计已显示温度高达摄氏45度。

9点43分，稽查人员手中的电话突然响起，"盯住辽C12603号桑塔纳。"

9点47分，辽C12603号车沿鞍羊线从腾鳌方向驶来。司机并没有发觉眼前的异常。

"一组包抄，二组断后。"在鞍羊线公路收费口，目标刚一减速，一辆稽查车迅速扑上前去，紧接着，另一辆车从目标后面包抄过去，封住了后路。见此情景，目标车司机一言没发，离开了驾驶室。

在稽查车上，稽查人员询问：

"有营运证吗？"

"没有！"

"你这样拉客违法知道吗？"

"违啥法，自家的车。"

稽查人员迅速开出了处罚通知单。稽查队长老单说，"这样的车，社会反响强烈，不抓不足以平民愤，等待它们的将是最严厉的惩罚！"

《鞍山日报》2004年6月11日

第一段交代上午9点"一场围剿黑车的战斗就要打响"，制造了气氛，留下了悬念。接着从9点05分出现情况，发现目标，司机束手就擒等情节一路写来，紧张激烈，扣人心弦。时间的穿插起到了很大的提示作用。

2. 事件顺序式

事件顺序式结构也离不开时间，但时间因素不是决定因素，事件的进展是决定因素。

聆听库民疾苦声

来凤在线消息　4月9日上午，居住在来凤县新峡库区河岸坎上的杨再新老汉家，来了几位“不速之客”。

“老人家今年多大年纪？家里有些什么经济收入？吃饭有没有困难……”一位戴着眼镜的来客还没有落座就开始问长问短。

双目失明的杨老汉闻声便接连诉苦：“老伴眼睛也是残废，49岁的儿子还是光棍，一家三口全靠吃库区补贴供应粮。”

目睹此情此景，来客心情沉重，掏出200元现金递给了杨老汉。

与杨老汉对话并捐钱的来客就是来凤县长黄树立。

拥有15个村民小组1 732口人的小河村，过去因建新峡电站，而淹没了村上水田1 000多亩，全村现有薄田瘦土455亩，多数库区农民靠吃低价供应粮艰难度日。

今年，小河村被省、州、县纳入扶贫整村推进范围，同时也是黄树立的扶贫联系点。此行已是第三次进村，黄树立对库区百姓的冷暖疾苦牢牢牵挂在心。

坐上机帆船，顺着岩壳路，翻过一座座山梁，跨过一道道田埂，黄树立先后来到杨友贵、杨正碧、姚友兰、杨长清、梁友云、杨顺友、黄国富等村民家中，拉家常，问冷暖，摸民情，话发展。

每到一户，黄树立总是关切地询问乡亲们：猪子喂了多少头，春荒粮食够不够吃，家庭经济收入有哪些等等。句句话语充满关切，不时还提醒乡亲们，一定要讲真话，心里想啥就说啥。

行路难，看病难，娃儿上学难。乡亲们在县长面前“实话实说”：村里15个组只有一个组通公路，没有卫生室，没有学校，孩子上学都要到十里之外的高洞、革勒走读，少数户干脆在两地集镇上租屋供娃儿们上学，难了家长，苦了孩子。

串门拉家常，“掏”出心窝话，聆听库民疾苦声，黄树立心情久久难以平静，深感政府欠库区老百姓的太多太多！他再三嘱咐驻村的县扶贫工作队：村情要摸准，贫困户要锁定，到户扶贫措施要落实，为实施好扶贫整村推进项目当好决策参谋，带着真感情为库区老百姓多办实事和好事，让库区农民的日子一天天好起来。

来凤在线 2004 年 4 月 13 日

这条新闻导语一开始就交代来了几位“不速之客”，主题并没有出现。接着询问双目失明的杨老汉。到第 5 段才交代来客的身份。接着交代背景。直到结尾才交代来客的目的：县长来贫困村里串门拉家常，聆听库民疾苦声。主题到结尾出现。这种写法以事件发展顺序为线索，时间要素只作为必备要素出现。

美联社的《我看见历史在爆炸》这篇现场报道着重强调事件发生的过程，按照事件的发生、发展和结果来写。直到报道的后面才介绍肯尼迪总统遇刺后住院、去世。

5.3 倒金字塔与金字塔结合式

倒金字塔与金字塔结合式写法是在导语部分按照倒金字塔式安排，把核心信息放在前面，主体部分按照时间或事件发展顺序写下去。

昨晚郑州发生一起恶性交通事故　　（引题）

白色皇冠拖着被撞伤者狂逃 众出租车怀着满腔义愤猛追

（主题）

（本报今日凌晨 1 时讯）　昨天晚上，郑州市街头发生了一起令人发指的恶性交通肇事案。至凌晨 1 时，受害者一死一伤。

昨晚 9 时 40 分许，在经一路与金水路交叉口，一辆牌号为豫 A54010 的皇冠 2.0 白色轿车，撞着了各自骑车行走的苏东海、苏磊父子。11 岁的苏磊被当场撞翻在地，被撞飞的小苏磊将皇冠车的挡风玻璃撞了一个破碎的大窝；他的父亲苏东海以及两辆自行车则被卡在汽车左侧的前后轮之间，逃跑的汽车拖着苏东海狂驰几百米远。目击人谭杰说，在夜幕之下，汽车不停地飞跑，自行车在马路上摩擦出一路火花。

9 时 45 分，准备在 10 时接班上岗的特巡一分队两位警察驾驶警车正在东明路电院加油站加油，看到了狂奔而来的皇冠车，立即追赶；此时，发现此情的行人、3 辆出租车、7 辆工具车在义愤之下，几乎一起加速对皇冠车围追堵截，终于在距商城路不远处将其逼停。

在警察的帮助下，苏东海被立即送上赶到的 120 急救车。小苏磊也被人送往省人民医院急救中心进行急救。司机立即被警察控制。

22 时 37 分，120 值班调度日志梅在电话中告诉记者：苏东海伤势严重，医护人员正在抢救。

11 时，记者在急救中心看到，苏东海被皇冠车拖拉得几乎体无完肤，从头到脚，伤痕累累。头发被鲜血浸透，右臂皮肤被摩擦殆尽。

12 时，在省人民医院急救中心抢救现场，记者看到，被用上呼吸器的小苏磊心跳次数在一点点地下降，他的呼吸已经完全停止。医生说，他的内脏已经破碎，颅内严重受创，这两种伤都是致命的。事实上，小苏磊已经死亡。孩子的亲属在抢救现场悲痛欲绝！近凌晨 1 时，记者在事故处理部门被告知，肇事车司机已经接受讯问。

《大河报》1997 年 8 月 25 日头版

这条消息的导语交代了六要素，是典型的倒金字塔结构。从主体开始到结尾以时间顺序描述事件的发展过程，叙述得清清楚楚。肇事者的车牌号码、车的颜色，目击者的所见等都描述准确，记者完全让事实说话，没有任何主观色彩，并且在当天该报还发表评论《愤怒之余的欣慰》。

这种写作思维适合于时政、灾难性等类型的新闻消息，受众一开始就想知道在哪，发生了什么事，结果如何等这些关键要素，交代之后再交代事件的来龙去脉，便于受众阅听。这种结构也便于广播、电视和报纸新闻的传播。

5.4 立体式结构

立体式结构是指文字与画面结合、单一事件与事件之外大量的背景等相结合的非线性文字报道模式。它是事件更丰富、报道更立体化的一种印刷媒体的消息报道结构。

与广播报道、电视报道相比，报纸缺少声、画的动态形象与生动，面对纷繁复杂的新闻事件时只能用线性描述，对客观新闻事件线性描述的抽象概括难免掺进主观的内容，这是报纸新闻报道的先天不足。为了争夺受众，也为了生存，报纸不得不另想办法，于是一种立体式消息报道结构应运而生。

英《太阳报》记者混进议会做服务生，带入假炸弹揭露安全隐患

假“人弹”给副首相倒茶

英国发行量最大的小报《太阳报》17日头版报道说，该报一名记者安东尼·弗兰斯近日将假炸弹偷偷带入英国议会下院，却没有被发现。

▲弗兰斯为副首相普雷斯科特倒茶的照片（上）。

在下院展示“炸弹皮包”

该报同时公布了一盘录像带，显示弗兰斯携带一个装有假炸弹和照相机的提包进入议会下院的情形。进入下院后，他展示了一个装有电池、电线、定时器和彩泥的盒子，并声称他所携带的装假炸弹的提包根本没有受到检查。

报道还说，今年8月，弗兰斯使用虚假的推荐信获得了在议会做服务生的工作，并曾为英国副首相约翰·普雷斯科特端茶送水。配合弗兰斯的文章，《太阳报》同时刊登了一幅弗兰斯正在为副首相倒茶的照片。此外，推荐信也没有被检查过。

恐怖组织“锁定议会”

英国议会下院领袖彼得·海因当日表示，《太阳报》记者偷携假炸弹进入下院证实了他对下院安全的担忧，暴露了议会安保“业余和过时”。他十分感谢《太阳报》记者曝光议会安全隐患的做法，他说：“《太阳报》曝光帮了下院的忙。在自杀式炸弹袭击者猖獗的现代，不仅大臣们处于危险之中，议会大厦的其他1.4万名工作人员也处于危险中。”

海因透露，有情报显示恐怖组织锁定英国议会作为袭击的重点目标。他在接受英国广播公司第四电台采访时说：“不久前，安全部门向我汇报说，他们获得的一些情报显示英国的‘基地’组织成员锁定议会（作为袭击目标）。”但是海因没有透露有关情报的细节。

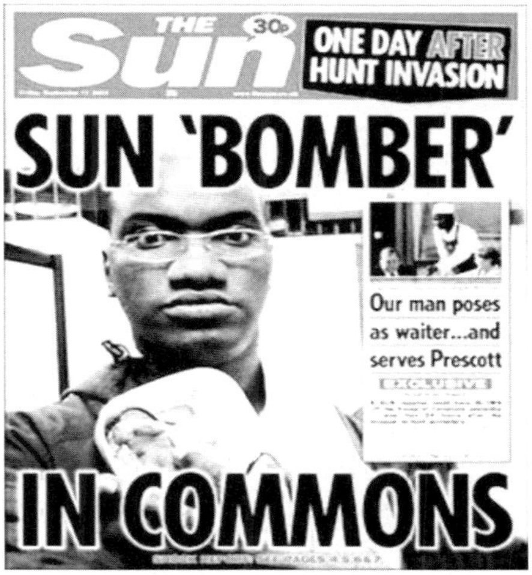

▲17日《太阳报》封面（上），大标题是“太阳报的投弹手”。

海因同时呼吁紧急改革议会安保架构，设立议会安全主管，由“一名具备先进的反恐和安全知识的现代专业人员”担任此职，以接掌传统的议会警卫队职责，主管议会安保事务。英国内政大臣布伦基特也表示支持海因的倡议，称议会安保工作需要“从中世纪跨越到21世纪”。

■弗兰斯报道摘录

到处走动

“我在议会下院工作期间，在大厦里通行无阻，没有人提出异议。”

带“炸弹”进大厦

“大厅里一个警察负责安检，他一摆手就让我进去了。我经过关卡后，他又按动电钮让我通过第二道旋转大门（穿过大门，弗兰斯走进男更衣室，这里离国会下议院的主会议厅仅20米）。”

如果是自杀式袭击者……

“16日中午，我在议会餐厅的露天阳台上为副首相约翰·普雷斯科特上茶。当时我离副首相不到60厘米，他对我的身份一无所知。如果我是自杀式袭击者，可以把他炸得粉碎。除了他，我还接近过北爱尔兰首席部长大卫·特里布里、国防大臣胡恩等。如果我是恐怖分子，我可以选择把爆炸装置安放在厕所或者我所工作的餐厅里，当然还可以把炸弹缠在腰间。”

■安全漏洞 这可是第三次了

这是英国议会今年发生的第三起严重安全事件。今年5月，首相布莱尔在议会下院接受议员质询时，两名争取离异父亲探视孩子权利的抗议人士向他投掷玉米粉包，其中一包击中布莱尔背部。9月15日，议会下院辩论禁猎狐兔法案时，5名反对禁猎的示威者闯入议会下院议员辩论现场。连日来，英国多家报纸都在连篇累牍地报道议会安全问题，英国政府正在考虑是否取消公众在议会外示威的权利，警方则呼吁对议会安全措施进行根本性改革。

《南方都市报》2004年9月18日

前一天，新华网2004年9月17日以《英小报记者携假炸弹进入议会 声称没有受到检查》为题作了500多字的单篇报道。第二天南方都市报根据新华网的消息进行了改写和整合，将零碎的背景资料集中后进行集合式报道。主要从四个方面报道：第一，以主干消息为主：用文字形式简明报道记者弗兰斯如何进入议会并为副首相倒茶的内容。第二，三幅大照片：弗兰斯为副首相普雷斯科特倒茶、弗兰斯出入议会的通行证、17日《太阳报》封面，大标题是“太阳报的投弹手”等照片。三幅大照片放在报纸显眼位置，尤其突出记者为副首相倒茶的照片。第三，单独突出两个背景材料：弗兰斯在《太阳报》上的报道摘录、英国议会今年发生的前两起严重安全事件回放。另外，以假“人弹”给副首相倒茶为主标题，大黑体字非常醒目。这篇报道起码有三个层次：一是主干消息；二是照片；三是背景。加上主标题，给读者不同角度的信息，也能让读者把信息一网打尽。

这种立体化结构在目前报纸新闻报道中并不少见，并且结构变化也是灵活的。下面这条消息纯粹是文字报道，采用了多种手法，报道效果大不一样。

跪地乞讨如此培训尊严何在 （主题）

让刚毕业的大学生跪掉“不好意思”，练出“厚脸皮”从事推销工作 （副题）

■跪地学生

“如果你们觉得我可怜，就每人给我1元钱”

■公司经理

“她就是我的侄女，今年16岁，刚才也跪了”

■各方反应

“营销不是靠脸皮厚和乞求就能作出成绩的”

■专家评说

“老板让员工当街下跪，是一种明显的侮辱人格的行为，其行为构成侵权”

“连做人最起码的自尊都没有了，还怎么做事呢！”行人们议论着。昨日14时许，长春市重庆路上演了这样一幕：每隔100米左右就有一名衣着整齐的年轻人跪地乞讨，4女6男共10名年轻人长跪不起，引起行人的非议——原来这是某公司的一种培训。

现场目击：10名年轻人跪地乞讨

昨日14时30分许，在重庆路某婚纱影楼门口，一名穿蓝衬衫、黑西裤、黑皮鞋的帅小伙双膝跪地，面前摊放着两枚硬币。围观的行人里三层外三层。他告诉记者，自己刚进公司准备做业务员，要成为正式员工必须经过一系列培训，在街上跪着乞讨是培训项目之一。目的是为锻炼员工“厚脸皮”，以利于今后的推销工作。在街上跪着乞讨是员工自愿的，他们要看自己能不能承受这种常人难以忍受的压力和挑战。而公司不会开除不接受此项培训的员工。

“下午4点前，我们必须回家，车费和晚餐费大约需要5元钱，如果你们觉得我可怜，就每人给我1元钱，我就要走了。”年轻人跪了一个多小时，见没人给钱，而不远处的另一位手里有了三四元，他有些着急。

“如果此时你父母看到你，你会怎么样呢？”记者问。

“我会告诉他们这是我的工作，我和街上那些人没什么区别。”男青年指着一些在人行道上卖冷饮的人说。

公司经理：把“不好意思”跪掉

15时许，行人和媒体记者越聚越多，一名穿白短袖的年轻人起身，活动活动腿，抱怨着：“都是你们搅和的，跪不成了，这下我成了新闻人物。”随后众年轻人聚到一起准备离开，但他们始终不透露自己和公司的名字。由于记者“跟踪”，一名女士走过来，她就是这些年轻人的老板——吉林省某网络工程有限公司经理李京花：“让员工在最繁华的商业街当众下跪，就是让他们把不好意思跪掉，敢于面对客户，我是做业务出身的。生活中有许多困难，我们必须面对，做销售不能有半点不好意思。”

记者注意到10名年轻人都跪在阴凉地，既然是锻炼，为什么不让他们到毒辣的太阳下呢？据介绍，这是员工自己的选择，李没有干涉。李京花介绍，她还拥有一家其他公司，这些是该公司新招聘的员工，他们是刚毕业的大学生，此次培训要让员工考虑到激烈竞争的生存环境。原来在员工跪地的时候，她不但为员工送来跪地的报纸而且一直在“监工”。

“您会让自己的孩子参加这种培训吗?”李京花指着一穿红色T恤衫的女孩：“她就是我的侄女，今年16岁，刚才也跪了。”女孩点点头，但表示自己已18岁。“才16岁，不去学校读书而是当街长跪，您觉得这样就能培养孩子的能力吗?”路人责问。“既然她没有能力读书，就要培养她一种技能。”李京花说。

各方反应：营销不是跪出来的

“跪地培训法”成了整条街上行人的“众矢之的”。从事市场营销工作6年多的岳女士认为，公司应该把精力放在提高员工的文化素质和综合能力上，而不应该让一些只有小学文化的人，靠脸皮厚从客户那“磨”来钱。她说：“我对这家公司的这种行为非常气愤，一名下跪的员工问她能否给他一元钱，我说不能，因为我不赞成你那种辱没人格的行为，自己都不尊重自己，怎么能赢得别人包括客户对你的尊重。”一名从事过业务员工作的中年男子发表看法：男儿膝下有黄金，营销不是靠脸皮厚和乞求就能作出成绩的，难道能力、耐力和毅力是靠跪出来的吗?

深圳市文仪科技有限公司销售部经理陈达说，李京花是该公司在吉林省的代理商，双方是各自独立的，他将与李京花沟通此事，但是没权力指责和批评这种培训方式。他表示，这种培训方式的确有些“过头”。

专家评说：如此培训已侵权

吉林大学哲学社会学院社会学系主任刘少杰教授认为，这种行为从侧面反映出一种恶劣的社会风气，对年轻人起到一种误导作用。从伦理道德上讲，中华民族有着光荣的传统美德，下跪是一种被看作屈服于别人的表现，老板让员工当街下跪，是一种明显的侮辱人格的行为，其行为构成侵权，即便员工的行为是自愿的，但在就业形势严峻的今天，由于老板和员工之间存在雇佣关系，在利益面前，员工也不敢反抗。上升到法律角度，如果员工提出指控，老板就要承担相应的法律责任。以此种行为来锻炼员工意志是不可取的。

《新文化报》2004 年 8 月 10 日

这条消息有五个层次：核心提示；现场目击；公司经理的意图；各方反应；专家评说。作为现场新闻，现场目击是消息的重点。围绕重点把各方面的看法集中报道，读者不仅了解到了事件本身，还了解到了各方面如何看待这件事，反映了一种什么样的社会现象，读者也能从中得出结论。这种立体化结构也避免了记者站出来发表看法的弊端，使事件报道更加客观。

5.5 故事式结构

故事式结构是按照新闻事件发生的情节线索贯穿下来，开头结尾均较完整。这种写法适合那些情节性事件，有过程，有细节。这种报道往往感染力较强。下面这条消息记者从现场看到的情况写起。四岁女孩街头讨药，围观的人给零钱，她捡了起来还给了送钱给她的人。妈妈解下围巾，在女儿原来的围巾上又缠了一圈。小佳瑞把手放在了母亲的脸上，轻声地说：“妈妈，你不冷吗?”在场的几位女士都被感动得流下泪来。

四岁女孩街头讨药

本报讯　11 月 11 日，记者在长春市文化广场见到了一份“乞讨广告”：李佳瑞，女，4 岁，支原体性肺炎，诊为哮喘。妈妈告诉我困难可以度过，但要有骨气，要有尊严！要“药”不要钱。小手推开好心人塞来的10元钱、出租车司机留下手机号随叫随到……与普通的乞讨者不一样的是，这个来自山东菏泽的4岁小姑娘，是和父母一起站在这里等待好心人援助的。

很多围观的人都看到，那些随便扔给李佳瑞的零钱，都被她捡了起来还给了送钱给她的人。记者赶到现场时，正好看到李佳瑞正用小手推开塞来的10元钱。上午10时，围观的群众越来越多，站在小佳瑞身后的母亲，为了不让小佳瑞受冻，解下了围巾，在女儿原来的围巾上又缠了一圈。这时，小佳瑞把手放在了母亲的脸上，轻声地说：“妈妈，你不冷吗?”在场的几位女士都被感动得流下泪来。

李佳瑞的妈妈吴凤臣告诉记者，小佳瑞前几天刚刚过完4岁生日。在她刚刚出生19个月的时候，就患上了支原体性肺炎。从此，小佳瑞就没离开过各种颜色的药片。吴凤臣告诉记者：“我们这是实在没法子了！要不咋忍心看着这么点儿的孩子上街乞讨。两年多了，这孩子也不知道吃了多少种药，也不见好。我们不要钱，就想找到一种最有效的药……”

4岁的小佳瑞已经认识很多字了，但因为肺炎的关系，小佳瑞说不了太多的话。在和记者说话的时候，小佳瑞喘了好几次。但是她依然不收好心人的钱：“妈妈说了，困难可以度过，要有尊严，要有骨气。我只要‘药’……不……要钱!”

记者在孩子“讨药”现场，听到了许多市民的心声。南关区的陈女士对记者说：“初见这个小女孩，以为是广场里拉人衣角要钱的小乞丐，后来知道不是，有心给她一些钱，但孩子根本不收，我认为骨气和尊严不应该加在一个4岁的小女孩身上。”一位出租车司机给李长柱留下了自己的手机号，说不管孩子什么时候去医院，只要打他的电话，随叫随到。

倔爸爸再难也不开口求人，小佳瑞只在打“钾”液时掉泪

在小佳瑞两个月的时候，全家就来到了长春。佳瑞的爸爸李长柱现在在西广场农贸市场上卖熟食。12日下午3点，当记者赶到市场的时候，他正在照顾生意。农贸市场里的人都认为李长柱很倔，从来不求人。在西广场农贸市场卖干鲜的陈先生对记者说，现在熟食生意不好做。李长柱每天赚点钱都给他姑娘看病了。就算再难，他也不开口求人。就是大伙主动塞钱给他，他也是不要。

《北京青年报》2003年11月14日

另外一种写法是导语使用倒金字塔式，先说出事件结果，然后从故事发生写起直到故事结束：

被刺两刀勇保安500米流血抓贼

本报讯　昨天凌晨，两男子在郑州市一家属院偷盗自行车时，被该院保安张海勇发现。搏斗中，张海勇身中两刀，仍穿大街越小巷，狂追500米将一个窃贼抓获。其后，张海勇被送到医院，闻听消息，众多市民前来献花捐款……

保安被连扎两刀

昨天凌晨0时10分，在省卫生厅家属院内，张海勇像往常一样巡逻，当他走到车棚附近时，突然发现有两个人正在撬自行车锁。“干什么的！”他大喝一声，并快步上前。

听到喊声，两人将张海勇围住，威胁他少管闲事。张海勇和其中一人扭打在一起，另一人掏出刀子，朝张海勇身上猛扎两刀后，两人迅速逃窜。

血流了下来，钻心的疼痛使他几乎晕倒……

500米外擒窃贼

“绝不能让他跑掉。”盯着窃贼逃跑的方向，张海勇追了过去。

鲜血浸透了衣服，但张海勇似乎忘记了伤痛，沿着纬五路拐到经三路追出200多米，因下雨路滑，他两次险些跌倒。眼看接近目标，窃贼突然转弯，向纬四路跑去。张海勇一边跑，一边大喊“抓贼”。

终于，在纬四路幼儿园门口，将一窃贼扑倒，至此张海勇已流血追赶约500米。几名群众和保安迅速上前，窃贼束手就擒，被扭送到派出所。张海勇被送往医院。

鲜花捐款献小伙

昨天上午9时，记者从省人民医院获悉，张海勇的臀部和腰部被三棱刀扎出两个伤口，经诊治，无生命危险。

11时许，省卫生厅有关领导和部分居民来到病房，他们送来鲜花慰问张海勇。据悉，22岁的张海勇是市保安公司直属五大队队员。“小伙子工作认真，乐于助人。”众人赞扬着他的品行。

随后，记者从花园路派出所了解到，被抓获的窃贼姓赵，年仅17岁，已被警方拘留。目前警方正追捕另一个窃贼。

张海勇的事迹感动了很多人，为让他早日康复，到当天下午5时20分，居民们已自发为他捐款550元。截至发稿时，捐款仍在进行。

《大河报》2004年6月16日

这条消息报道的故事完整，过程很清晰。昨天凌晨0时10分保安巡逻，发现有两个窃贼，大喝一声并快步上前，被连扎两刀，500米外擒窃贼，鲜花捐款献小伙，窃贼被警方拘留，捐款仍在进行。

5.6 散文式结构

散文式结构是指在消息写作中适当吸收散文写法。

散文式结构有三个特点：第一，有一条引出主题的线索；第二，不受倒金字塔式结构限制，开头没有导语；第三，描写事件现场、环境、人物轻松自然，娓娓道来。这种报道既有信息价值又有美学价值。

侗家厕旁议实事

3月柳州，龙潭湖畔，小雨淅沥。广西壮族自治区副主席李振潜与卫生部长陈敏章信步走近山坡上的一幢侗家“竹楼”。

竹楼墙上有副对联，上联是“男女有别来此行方便需认清去向”，下联是“大小均可入内得轻松请注意卫生”；横批“轻松山房”。

两人都笑了，原来这是公厕。身兼全国爱卫会副主任的陈敏章说：“这联写得风趣。不知‘内容’怎样？进去看看。”

进至厕内，陈敏章连声称道。认为它清洁，处理污水得当，地方政府为少数民族办了很好的实事，既解决了实际问题，又有远见。

陈敏章还说，厕所问题不是小事。肠道传染病的发生和流行，与粪便、污水的处理极有关系。有些沿海经济发展很快的地方，群众富裕后盖了很漂亮的新房，但却不考虑配套建上厕所，连外观也很不相称。有的渔村大兴土木盖了很气派的龙王庙，却不能集资盖个厕所。

卫生习惯的建立虽不是一朝一夕的事，但像柳州从教育、支持入手解决卫生习惯问题，就值得提倡。

《人民日报》1991 年 4 月 2 日

这条消息一开头就进入描写，颇有诗意。对联是全篇的引子，用得相当巧妙，慢慢引向主题，也使材料集中而不散乱。

下面这条消息散文手法更明显，开头和结尾互相映衬，按照倒金字塔式结构的要求，这样的写法叫重复，但散文式写法却写出了事实所包含的重大意义。

重庆不能忘记

6 月 5 日重庆电　6 月 5 日，对重庆人来说，是个不能忘却的日子。

整整 60 年前的今天晚上，日军 24 架飞机分 3 批连续 5 个多小时，轰炸重庆市区。渝中十八梯、演武厅（现瓷器街）等 3 处防空洞内，发生了震惊中外的大批避难民众窒息事件，伤亡人数在 2 500 人以上。

今天上午，记者前往当年演武厅防空洞悼念，山体裸露的入口处已被整修成一间 34 平方米大的房子，外墙上有重庆市政府在 1987 年立的"'六・五'隧道惨案遗址"的铭牌。房内正中，有重庆市各界代表献的 7 个大鲜花花篮；房内正面墙前，摆放着幸存、受伤者向志贤献给当年同伴的花圈，渝中区少先队员献给遇难者的花圈，两旁还摆放着一束束重庆百姓送上的花束。时近中午，还有不少群众前来沉思默哀，参观"重庆大轰炸"的图片展览。

今天上午，红岩革命纪念馆向公众首播历史纪录片《重庆大轰炸》。今年 4 月，红岩革命纪念馆的工作人员去北京搜集中共中央南方局的文物资料时，偶然发现了一批有关"重庆大轰炸"的历史纪录片。他们从这一大堆纪录片的原始资料中，精选出 51 分钟的内容，编辑制成了这部纪录片。片中可以看到，当年日军为了炫耀"战功"而拍下的向我重庆市区和平民投弹的真实纪录，没想到这在今天成了日本帝国主义侵华滔天罪行的铁证。

1938 年至 1943 年，日军对当时的中国战时首都重庆实施了长达 5 年半的战略轰炸，史称"重庆大轰炸"。据不完全统计，在此期间，日军实施了轰炸218次，出动飞机9 513架次，投放炸弹21 593枚，炸死市民11 889人，炸伤14 100人，炸毁房屋17 608幢，造成数万人流离失所。

上午9时57分，重庆市区上空响起了防空警报声，预选警报、空袭警报、解除警报分3次拉响，并试鸣了灾情警报。路人平静如常地购物聊天，没人往天空看上一眼。一位饱受日军空袭之苦的老人说，当年电力不足，还拉不响警报器。要时不时的抬头看观音岩上的红灯笼挂出来没有，挂起3个红球就表示日机临近了，赶快跑防空洞。记者闻声走出演武厅遗址，抬头见到墙上一面鲜红的横幅“不忘国耻 居安思危”，此时读来，觉得分外的贴切。

6月5日，重庆人民不能忘记！

人民网2001年6月5日

这条消息若去掉最后一句，事实就显得浅薄了，信息量也随之减少。

思考与练习

根据以下材料写一条倒金字塔式结构的消息。(标题自拟，400字左右)

事件：13岁女孩骑单车避让市长车队，不慎落水失踪。

时间：2001年10月31日下午

地点：宁夏吴忠市中宁县新堡乡七星渠黄湾桥

结果：女孩下落不明。宁夏自治区党委同意吴忠市委关于建议副市长王明忠停职检查的意见。自治区纪检委组成调查组正进行调查。

事情经过：10月31日下午，初一13岁的王萍骑单车上学，路经黄湾桥时，迎面遇到驶来的车队，桥面很窄，王萍准备下车躲避车队时，不慎连人带车掉入渠中。几次挣扎着浮出水面。当时，车队已全部停下，乘车的领导加司机有30余人在渠边观望，没一人下水救助，致使王萍失踪。

资料：

1. 车队人员：副市长王明忠及所辖五县（市）的县市长、农业局长、水保局长等。

2. 桥：宽3米，长13米，没护栏。桥下是灌水渠。水深约2米左右。

3. 桥头附近一村庄70岁的村民黄中德说，他目睹了这一情况。下午4时左右，他在院子里听到有人喊救命，出来一看，渠岸上有很多人望着水面，一个穿红衣服的小女孩浮出水面，又不见了。他骂道：你们这些当官的，谁也不知道学雷锋。

4. 王明忠说，我不会游泳，但组织人员救助，找不到工具，所以耽误了救人。我们也拨打了110……

5. 王萍所在学校的老师们听说后，纷纷赶到出事地点。十几位老师向下走了20多公里，仍没发现王萍尸体。

6

事件性消息

本章重点

- □ 动态消息的特点及基本写法
- □ 动态消息的客观叙事特点
- □ 动态消息的现场描写手法

事件性消息是指对刚刚发生和正在发生的事实的报道，其事物变动的时态是突发性和跃进性的。事件性消息有三个特征：第一，具有变动性特征。事件消息报道的内容一般来说是正在发展和变化着的事件，容易引起人们的关注。第二，具有故事性特征。因此事件性消息更具吸引力。第三，具有过程性特征。所以事件性消息的写作往往要求进行描述性报道，把事件的发生发展过程展现给受众。

事件性消息包括动态消息、特写性消息、简讯等。

6.1 动态消息

动态消息是指对国内外正在发生或新近发生的新闻事实进行及时报道的一种消息体裁。

从作用来看，在消息这个大家族中动态消息是一种最基本、最重要的消息文体。从使用频率来看，动态消息使用频率最高、最常用。从报道对象来看，只要有新闻价值的新鲜事实，无论大小都可报道。

6.1.1 动态消息的特点

1. 快速：时效性强

当今社会科学技术发达，信息传递速度不断加快，动态消息越来越显示出快速传播的威力。2003 年 3 月 19 日，美国总统布什于美国东部时间 10 点 15 分（巴格达时间二十日凌晨五点十五分）在白宫椭圆形办公室发表电视讲话，正式宣布对伊拉克宣战。对此世界各大媒体都在第一时间作出了报道。中央电视台、凤凰卫视等媒体连续不间断进行现场直播，随时发出最新的动态消息报道。

当前媒体竞争激烈，广播电视和网络等媒体的快速传播，使得报纸不得不加快传播信息的速度，遇到突发性事件和重大新闻，报纸纷纷出版号外，以最快速度向人们传递最重要最新鲜的信息。于是动态消息的时效性进一步加强。

2. 简短：一事一报

动态消息的内容单一，重点反映事实的动态和变化。一般一条消息报道一件事。

3. 客观：纯新闻

西方讲的客观报道指的就是动态消息的报道。动态消息要尽量保持事实的原汁原味，不加任何渲染和倾向性。

6.1.2 动态消息的写作

1. 展现事实现场，报道最新动态

动态消息在写作上最大的特点就是对事实发生现场的细致描写，通过现场的描写来展现事实的进展情况。如下面一篇报道：

今晨 5 时 49 分，第一架营运飞机稳稳降落跑道；今晨 7 时 09 分，第一架营运飞机完美滑向天空。（引题）

起飞！新白云机场张开巨翼起飞！（主题）

本报今天上午消息　记者程小琪、汪令来、彭卫报道：今晨 5 时 49 分，伴随巨大的轰鸣声，新机场迎来第一架营运飞机：由洛杉矶返航的南航波音 777 飞机，起落架稳稳地落在宽阔平整的机场东跑道，向前滑行——这一刻起，广州新白云国际机场开始与世界亲密接触。

80 分钟后，第一架由新机场起飞前往海口的波音 757 飞机，同样完美滑向天空——198 名旅客与“银鹰和朝霞一起飞翔”。广东机场集团总裁张春林激动地宣布：新老机场顺利实现一夜转场，白云机场成功进入新发展平台。

如此大规模机场的一夜转场，是中国民航史上的空前之举。此前，同样作为内地三大枢纽机场的北京首都机场只是扩建，上海浦东机场在长时间内则与虹桥机场一同使用。而白云机场，500 余架次飞机昨天还像往常一样在老机场起降；今天，这些飞机已如约翱翔在新机场上空。

白云机场太需要这样的约会。为了这一天，白云机场已等了 50 年。50 年来，白云机场历经 5 次扩建，年旅客吞吐量由 3 800 人次，发展到 1 600 万人次——高峰时，平均每 1－2 分钟就有一架飞机起降，在仅有单跑道时，这是公认的极限。

广州太需要这样的约会。为了这一天，广州已等了 12 年。改革开放后，白云机场的客货流已多年在全国独占鳌头。而1992年前后，受跑道等硬件限制，它首次显出力不从心，让广州及珠三角感觉空中运输的瓶颈。

正是这一年，广州人开始选址、规划，筹划新白云国际机场——这一中国民航史上规模最大的投资。

这也是新机场与全球航空网络的首次约会。世界最先进的行李处理系统、国内最先进的跑道和供油系统、内地最大的超级货站……新白云机场横空出世，显然已成为世界航空版图的一颗耀眼明珠。

在新机场正式启用的今天，走在恢弘的航站楼内，隐约能感觉到这种光芒。国内候机厅，全国绝大多数中等以上城市的名字，在广播声中此起彼伏；国际办票厅巨大的电子屏幕上，来自世界五大洲城市的21条航线的代号在不停滚动……新白云机场不仅立足广州，辐射珠三角，而且还会是促进整个华南发展的经济新引擎。

与新机场初次约会的激动，已写在每一位旅客和工作人员的脸上。先进的登机设备、美仑美奂的候机大厅，一些旅客用赞赏而好奇的眼神四下打量，而另一些旅客则忙着用手机拍照、相机留影……这一切似乎让他们觉得，为了这次约会，所有的辛苦和等待，值！

《羊城晚报》2004年8月5日

早晨5时49分新机场第一架营运飞机降落的画面被记者捕捉到了，当天在头版显著位置报道，可谓“快”。

由洛杉矶返航的南航波音777飞机，降落机场东跑道，向前滑行的这一刻，想到广州新白云国际机场开始与世界亲密接触，可谓“新”。

由这“第一飞”写到之前进行的一系列复杂的大规模的准备工作，写到如此大规模机场的一夜转场的空前之举，又写到广州白云机场50年的等待，12年的努力等，这些背景材料的运用把现场新闻衬托得有血有肉，把“第一飞”的政治、经济意义突出表现出来了。这是“活”。一共900来字，应该说是一条优秀的消息。

事实发生现场需要记者仔细观察，周围环境、当事人的神情状态等都要认真搜索，并及时采访现场目击者，尽可能多地得到新闻现场材料。

人坠“虎穴”中“老虎”吞人钱

昨晚，本报记者在旅游景点、菜场、游戏机房暗访发现——人坠

“虎穴”中“老虎”吞人钱。

10月26日，本报第7版刊发《这里的“老虎”在吃人》一文后，引起了不少市民关注，近日不少读者致电本报962288热线，反映在街头小店、菜场、网吧等地方发现不少赌博老虎机的身影，有不少中小学生沉迷其中。昨晚，本报记者再次暗访数个“虎穴”，进行了追踪采访。

昨天傍晚5时佘山索道商店

……

在登山索道的终点处，记者在索道商店一角见到了这台名为“超级神龟”的小型老虎机。

“这个怎么玩?”记者“请教”道，一旁的售货员立即热情地手把手教起来。这台老虎机是以1元硬币为筹码，游戏中玩家在10个图案下押注，一次一般能押5个图案。如果光点最后停留在所押注的图案上，就能得到相应的加分，每10分可以退还1元；否则硬币就被老虎机吃掉。

售货员透露，别看这机器小得不起眼，打起“持久战”，一样可以让人着迷上瘾，曾经有个游客就在这机器上一下子输了300多元。

昨晚6时泗塘菜场内

……

挤进人群，一名20岁左右的青年正右手飞快地选择自己的赌注，然后紧张地看着光点在各个奇特的图案间游动，手指还不停地敲击着赌博机面板。光点停下来，他沮丧地摇了摇头，低声咒骂了声，又把一枚1元硬币投了下去。

在离这些机器不到10米的地方，就是该市场的治安管理办公室，身穿制服的治安人员不时从机器前走过，却对这情景视若无睹。

昨晚6时30分田林游戏机房

在田林路1435号2楼的田林游戏机房西南角边，4个男青年正围着“空军1号”及“花季少女”2台“老虎机”玩得正酣。

……

《新民晚报》2004年11月29日

记者利用3个时间对3个地方的赌博老虎机现场进行暗访，采访了经营赌博老虎机的服务员，观察了正在老虎机旁赌博的中学生，把现场事实了解得清清楚楚。报道中服务员教记者如何玩，中学生当时的动作神态等情况都活灵活现地展示给了读者。

2. 展示事实原貌

动态消息对事实的报道既要善于撷取有新闻价值的事实，引起受众注意，又要展示事实原貌，让受众了解事实真相，这是动态消息报道应当特别注意的。首先，记者要有强烈的新闻敏感，能够很快发现生活中被一些表象掩盖的重大事件；其次，要努力将事实中的真实面貌揭露出来。

濮阳数十干部隐瞒身份申报“劳模”

本报讯　在今年的市级劳动模范及先进工作者评选中，河南省濮阳市数十名副科级以上领导干部隐瞒自己的真实职务，以工人、农民或专业技术人员的身份申报劳动模范称号，引起群众的不满。

4 月 21 日，濮阳市对准备表彰的市级“劳动模范”候选人进行公示。一些群众发现：不少领导干部以“工人”、“农民”身份申报；有的隐瞒自己的领导职务，以“会计师”、“农艺师”、“经济师”等技术职称申报。

经记者初步调查：在濮阳县推荐上报的 64 人名单中，至少有 20 人是隐瞒了真实身份的副科级以上领导干部。如县建委主任韩广勇，参评的身份是县建筑工程质量监督站工人；县工行行长刘晓辉，参评的身份是工行储蓄员；柳屯镇党委书记梅洪涛，参评的身份为武汉某公司支部书记；县地税局局长仇春振，参评的身份是县地税局会计师；县委办公室副主任史志典，参评的身份为县化肥厂工人；县委组织部副部长郭俊彪，参评的身份为县热电厂工人；县林业局局长刘世奎，参评的身份是林业局干事。台前县、范县的情况更严重。在台前县推荐上报的 22 人“劳模”名单中，隐瞒了真实身份的副科级以上领导干部竟然占一半以上。县直单位一把手就有交通局长、邮政局长、国土资源局长、公路局长、审计局长、国税局长、农业局长、计生委主任、人民医院院长等 10 人。看到交通局长杨继文为评“劳模”变成了筑路养护公司工人，当地群众讥笑说：如果筑路工人也能天天坐上小轿车，中国早就实现小康了。

据记者粗略统计，在濮阳市公示的 300 名劳模候选人名单中，有大约 20% 是以工人、农民、专业技术人员等虚假身份参评的副科级以上领导。这些明显弄虚作假的申报材料是如何通过层层把关的呢？濮阳县总工会副主席韩好义告诉记者，他们县分了 64 个指标，评选要求规定，经营管理者不能超过10%。全县光县直局委就有108个，各单位一把手都想参评，平衡起来很难。为了能多让一些领导参评，在操作过程中县里适当作了一些“变通”。“作为单位负责人，如果论社会贡献，确实比一般干部或专业技术人员要大，这也是正常现象。”韩好义说。

《河南商报》2003年4月27日（获第14届中国新闻一等奖）

单从濮阳市公示的300名劳模候选人名单中看不出什么，但群众的眼睛是雪亮的。记者根据群众的意见深入采访发现了背后的内幕，有大约20%的干部以虚假工人身份参评劳模。报道中披露了弄虚作假的干部的身份和如何弄虚作假的情况，直到把事实真相告诉人们。记者没有倾向性，既报道了群众的看法，也报道了濮阳县总工会副主席的看法，做到了报道平衡。

3. 叙述准确生动

叙述准确是动态消息的第一要义，事件发生现场的地理位置、当事人的姓名年龄、事件中的一些数字等都要准确无误。准确才能保证消息传递的价值。叙述生动不仅指语言，更重要的是能叙述出事件的动感，让人如闻其声、如临其境。社会性新闻、娱乐、体育新闻容易叙述生动，严肃性新闻同样可以叙述生动，关键是要能找到富有表现力的细节。

黑匣子里机长乘客齐惊呼

包头空难一遇难者家属因悲伤过度离世，东航已向首位遇难者家属支付赔款

本报讯　记者28日从东方航空公司“11·21”空难善后小组获悉，东航云南公司已向首位遇难者家属支付了赔款。目前，飞机黑匣子已经顺利破译。据京华时报报道，该报记者通过一定渠道了解到未经空难事故调查组确认的消息，驾驶舱语音记录器破译的声音中，机长只说了三句语气急促的话：怎么回事，怎么回事，怎么办。同时，在极短的时间内，许多人齐声发出“惨绝人寰”的惊叫声。据称，驾驶舱语音记录器留下声音的时间很短。

……

《南方都市报》2004年11月29日

这条消息报道灾难性事件不容易写生动，但记者发现了事件中的细节，黑匣子是静态事物，用“黑匣子里机长乘客齐惊呼”就把静态事物动态化了，形象可感。

4. 要有强烈的新闻敏感，准备连续报道

动态消息的最大特点是时效性强，这是其他报道所不及的。动态消息不是等事情结束才作报道，而是发现新的动态及时报道。因此，记者要时时关注事情的进展情况，快速追踪社会上发生的事实。动态消息要保持及时快速，最好的方法是化整为零，连续报道，直至事件结束。尤其一些重大事件如重大政治事件和突发性事件，刚刚发生就要及时报道。2003 年的伊拉克战争、南丹事件，2004 年的阜阳劣质奶粉事件、包头空难、陈家山煤矿瓦斯爆炸等事件，都是人们非常关注的，媒体记者奔赴现场及时报道了现场的进展情况，满足了人们的信息需求。如《新京报》2004 年 11 月 29 日报道《首个“性节目”明年开播：当事人戴面罩讲性故事》。性节目在中国来说是一个新鲜事，目的是让所有有性问题的人，能够走出来，讲出来，在专家的指点下，解决一些困惑和压抑。2005 年 1 月 1 日开播的节目，提前一个月作了报道，到开播那一天和开播以后的情况如何，记者应该继续关注，作及时报道和连续报道。

6.2 特写性消息

特写性消息实际上就是我们常讲的视觉新闻。穆青说：“所谓视觉新闻，无非是形象化、立体化，有典型细节、生动的画面，读来有声有色，使人能够具体地、形象地看到你所报道的事实的真面貌。”①

特写，最初是电影艺术领域中的一个术语。本意是指电影中突出地拍摄人的面部或其他局部、一个物品或其局部的镜头。特写镜头呈现在银幕上，可以造成强烈的视觉冲击和清晰的视觉形象，获得突出和强调的效果。

特写作为一种新闻报道文体，是指用特写镜头的手法，通过形象描绘来再现现实生活中富有特征的片段，给读者留下鲜明而深刻的印象。

---

① 学会写视觉新闻．新闻散论．新华出版社，1996. 279 页

6.2.1 特写的种类

特写有两种体裁形式，一种是快速简短，用特写镜头的手法报道现场事实动态的样式；另一种是篇幅较长具有可读性的报道体裁，可称之为特稿，或按传统称谓叫特写。前者属于消息类范畴，故称特写性消息，后者属于通讯的范畴。特写性消息比特写的时效性强，另外一个不同的是特写性消息重点写事件，有一些写人物的特写性消息，其重点还是写人物在事件中的动态和感受。

6.2.2 特写性消息的特点

特写性消息有以下三个主要特点：

1. 描写现场如临其境

特写性消息在报道新闻事实时，特别强调用描写的手法去再现报道对象。通过精心的描绘，渲染气氛，使其达到情景交融，使人如临其境、如闻其声、如见其人。

现场观察细致入微。特写性消息的现场感来自记者的现场观察，也就是说记者必须亲临现场，对现场发生的事件有完整细致的观察，得到的是第一手材料。仅仅由记者访问得到的而没有现场亲自观察的报道不能叫特写性消息。

再现报道对象的具体状态。具体的描写也是产生现场感的重要手法。一般报道以叙述的手法来报道事物的基本情况，特写则必须对报道对象的具体状态作真实的再现。如《惊心动魄十分钟》描写中石油川东北气矿 16H 井喷射、燃烧、咆哮的具体状态："4 条放喷管线的闸门立即同时关闭，正在放喷燃烧的天然气火焰立即熄灭，高压泵车轰然鸣响，泥浆迅速压入井口……"这里的关闭、熄灭、轰然鸣响、迅速压入等一连串的动词把制止井喷的现场很具体的描绘出来，动感非常强。

2. 突出局部，浓墨重笔

不像动态消息那样概括式的叙述，不是仅仅展示事件发展的过程，特写对报道的某些局部作突出的描绘，通过一个典型画面来反映事件，给受众一个强烈的印象。

典型画面往往是能反映事物特征的片断或事件发展的精彩部分。截取典型画面具体来说就是选取那些最有特征、最富表现力的细节。

3. 写形传神，追求"神似"

形，指事物的形貌；神，指事物的个性、特色。特写性消息在写事物形貌时不是泛泛而论、从头写到尾，它要画龙点睛，找出有特色的地方三言两语写出其本质特征，给人以可视性、可感性。

6.2.3 特写性消息的种类及写作

按报道对象来划分，特写性消息可分为人物特写和场景特写两类。

1. 人物特写

人物特写以人物为特写对象，要求绘声绘色地再现人物的某种行为或行动，以此来烘托现场气氛，传递现场信息。

阿翁女儿泪眼送父

埃及电视台转播员鼓励其坚强

2004 年 11 月 12 日，在开罗葬礼仪式上，苏哈和女儿再次出现在人们面前。苏哈苍老和憔悴了许多，已经 9 岁的扎赫娃则显出一丝成熟。但她们脸上完全没有了微笑和怯意，取而代之的是深深的悲伤。

在埃及首都开罗的烈日之下，4 匹黑色骏马牵引着阿拉法特的灵车缓缓前行，这对母女坐在一辆轿车中随灵柩车同行。靠近车窗的扎赫娃右手托着下巴，闭着眼睛，紧锁双眉，眼泪就要落下。苏哈伸出左手，抚摸着女儿的右手，双眼无力地下垂着……

灵柩车在开罗郊区的武装部队俱乐部的草坪上停下。各国前来吊唁的代表团成员以及埃及总统穆巴拉克已经在此等候。他们准备为阿拉法特举行葬礼，一起向这位为巴勒斯坦建国奋斗终生的战士做最后告别。

埃及国家电视台是唯一获准现场直播葬礼的电视台。直播过程中，电视台摄像记者给了苏哈和扎赫娃一个特写画面。

苏哈站在人群的最前排，一身黑色，头上带着黑色头纱，左手置于身前。望着丈夫的灵柩，她无法忍住心中的悲痛，眼泪夺眶而出。扎赫娃靠在母亲身边，也是一身黑色着装，但披着一件白色外套，望着父亲的灵柩，眼泪在眼眶中打转。母女俩紧紧地握着手。

在阿拉伯语中，“扎赫娃”是骄傲的意思。“扎赫娃”也是阿拉法特母亲的名字。

这时，传来了电视台转播人员的画外音："不要哭泣，扎赫娃。你的父亲从未哭泣过。他是一个坚强刚毅的男人。不要哭泣，扎赫娃。所有阿拉伯儿童今天与你共享你的骄傲和尊严。"

《南方都市报》2004 年 11 月 13 日

消息报道中也对苏哈在葬礼上的行动、神态进行了描写，但重点放在对阿翁的 9 岁女儿扎赫娃的描绘上："闭着眼睛，紧锁双眉，眼泪就要落下。""望着父亲的灵柩，眼泪在眼眶中打转。"描绘到此，特写专门设置了电视台转播人员的画外音的现场片段："不要哭泣，扎赫娃。你的父亲从未哭泣过。他是一个坚强刚毅的男人。不要哭泣，扎赫娃。所有阿拉伯儿童今天与你共享你的骄傲和尊严。"这个片段进一步将现场气氛推向了高潮，即使只读这段文字也会为之动容。消息中也写了事件现场概貌，如各国前来吊唁的代表团成员以及埃及总统穆巴拉克已经在此等候等，但非常简略，惜墨如金。

叙事如画，富有动感。人物特写重点在新闻人物，写作时可以灵活运用，也可以通过描写周围环境烘托现场气氛以显示人物的行动价值，使新闻更具可读性。新华社 2004 年 8 月 28 日的特写《刘翔横空出世》报道刘翔在 110 米跨栏决赛时的周围环境："距离比赛开始 10 分钟，刘翔静静地坐在起跑线前，目光投射在眼前十道高高的栏架上。110 米外，是那道醒目的终点线；身旁，是七个如狼似虎的强悍对手。"这样先设下铺垫，为下文埋下伏笔。比赛开始了，"一次无效，再一次抢跑后，刘翔第三次走向起跑线。他使劲地拍打着两肋和胸口，全力动员起体内最大的能量。"又一次铺垫，使比赛现场更加激烈。真正的比赛开始了，"慢镜头中，刘翔表情凶狠得令人恐怖。他一栏一吼，像是要把栏架踏个粉碎。""刘翔凶狠地大叫！刘翔高举'V'手型迅跑!! 刘翔在以 12 秒 91 的成绩，平了男子 110 米栏世界纪录后，身披国旗，兴奋地连声吼叫!!!"这些对人物神态和动作的描写栩栩如生，读着文字就像到了现场一样，起到了叙事如画的效果。

2. 场景特写

场景特写重在描写事件发生现场中最典型、最感人的场面，通过再现场面的状态、气氛、进展情况，展示出新闻事件的价值。

《新京报》2003 年 12 月 28 日《惊心动魄十分钟》中对关闭井喷的场景描写：

"昨日 9 时 36 分，中石油川东北气矿 16H 井已经喷射、燃烧、咆哮了 84 个小时。这时，压井命令下达，现场 89 名工程技术人员和工人立刻开始实施压井。4 条放喷管线的闸门立即同时关闭，正在放喷燃烧的天然气火焰立即熄灭；高压泵车轰然鸣响，泥浆迅速压入井口……井口，瞬间成为泥浆液柱与天然气柱相互顶压的战场。”

导语开始就展示了现场的宏大、紧张气氛，关闭井喷那一刹那更令人难以平静。直到最后才让人放下紧张的心情：“11 时整，现场发出最后告捷的消息：事故矿井压井完全成功！燃烧的烟雾渐渐散去，颤抖的群山重归宁静。”

场景特写的优势还在于它的历史保存价值，重要事件不仅为当时提供画面的可视感，还为后来提供宝贵的历史资料。如《共产党员刘胡兰慷慨就义》、《小平您好——北大学生的心意》、《难忘的时刻——小平同志会见最后一批外宾侧记》等精品特写，虽然已有好多年了，现在仍是了解当时历史的精彩片断。

幸存的马德里市民描述现场　　（引题）

那场景就像地狱一般　　（主题）

在月台等车去上班的公务员、50 岁的胡安·费尔南德斯说：“（爆炸后）我看到许多东西在空中飞舞，我不知道发生了什么，只是觉得太可怕了。”他还说：“人们开始哭喊着四处奔跑，许多人撞在一起。当我们赶到那儿时，又发生了一次大爆炸。我看到鲜血从那些人身体里飞溅了出来，然后他们就纷纷倒下了。”

一名救援人员说：“最惨的是，车厢里的伤者不断呼喊求救，而我们却无能为力。”另一名救援人员奥斯卡·罗梅洛则说：“很多人严重受伤，他们的身体被炸开了，腿都不见了。两节车厢已成碎片，许多尸体被埋在下面。”罗梅洛是在爆炸发生 1 小时后到达阿托查车站参加救援工作的，他说：“我们找到了一些幸存者，把他们抬上担架。这是我参加救援工作以来所看到的最惨的一幕。”

一位住在蒂奥雷蒙多车站附近的妇女对西班牙国家电台说：“那场景就像地狱一般，人们纷纷向阿托查站跑去，但他们过不去了。我还看到那些仍然在列车里的人正在挣扎。”这名妇女还说，她还看到地上躺着一名男孩和一个青年男子，看起来都快不行了。蒂奥雷蒙多车站离阿托查车站不远。

马德里市救援人员正全力以赴救治伤员。爆炸发生后，救护车司机恩里克·桑切斯开车前往圣欧亨尼娅车站接运伤员，该站离阿托查车站大约9.6公里。桑切斯说："有一节车厢完全被炸毁了。站台上到处都是人，我看到许多断胳膊断腿。那一幕太可怕了，我永远都不会忘记。"

42岁的当地妇女露兹·埃丽娜·巴斯托斯说："路上到处都是死伤者的血肉。火车成了碎片，我看到浓烟滚滚冒出，人们到处乱跑。就在我面前，一具尸体的头都没有了。我吓得大哭起来，一个大概只有3岁的小孩浑身是血地躺在我旁边。"

《新闻晨报》2004年3月1日

3. 特写性消息写作中最关键的一个问题

特写性消息虽是一种描绘性的新闻报道，但它要求透过画面，反映主题。与特稿不同之处在于特写性消息不是为描写而描写，而是通过画面再现反映社会前进的步伐，把握时代的脉搏。如著名的特写《经济学家赶集》，报道了薛暮桥对农副市场热闹繁华的兴致，反映出经济学家对市场的支持，肯定了农副市场的积极作用。《小平您好——北大学生的心意》通过对现场的描写反映了热血青年对小平同志改革开放政策的拥护。因此作为消息的特写应把握好写作的特点。

APEC 宴会惊人一幕：布什挺身"救"保镖

智利当地时间20日晚间，智利总统在首都圣地亚哥为参加亚太经合组织（APEC）第12次领导人非正式会议的21个经济体领导人举行欢迎宴会，美国总统布什的保镖遭到智利安全人员阻拦。双方发生推搡，布什冲进人群将自己首席保镖拽出，并带入宴会大厅。

当时，布什和夫人劳拉在严密警卫下搭车抵达宴会现场，不料这场本来轻松的晚宴却发生了一段不愉快的小插曲。当布什夫妇走进宴会厅以后，智利安全官员把专职负责布什安全的美国白宫特工处数名保镖挡在门外，但美国特工仍执意进入，双方就推推搡搡起来。

布什进去以后偕夫人劳拉与智利总统及其夫人合影。拍了几张照片以后，布什注意到了这一幕。他抛下其他三人，冲入人群伸手把首席保镖拽了出来，衣服袖口都出现了褶皱。心情本算愉快的布什在遇上这场小麻烦后，表情略显不悦。不过他还是马上恢复镇定，并把袖口抚平，和劳拉一起带保镖进入宴会厅。APEC 会议电视记录了这一幕。

参加APEC领导人非正式会议的各国和地区的领导人都出席了这场晚宴，中国国家主席胡锦涛在布什夫妇前面抵达会场，而俄罗斯总统普京以及香港特首董建华，则跟在布什夫妇后面入场。

对此，白宫副发言人说："智利安全官员想阻止特工处特工陪同布什总统。布什总统告诉他们，这些特工是跟他一起的，事件得以解决。"

《新京报》2004年11月22日

这是亚太经合组织领导人非正式会议期间发生的一幕，世界各大媒体纷纷报道。对布什总统如何冲入人群救保镖、救保镖时的神态、动作和之后表情、服饰的描写，反映出智利和本国领导人坚持原则不因此而搞特殊化的国际风范，维护了自己国家的尊严和形象。

6.3 简讯

简讯，又称简明新闻、短讯、快讯。有的媒体叫一句话新闻、标题新闻、信息快递等。它是事件消息中最快、最简洁明了的一种报道体裁。

6.3.1 简讯的特点

（1）新闻五要素可以不全，重点突出三个或四个要素，只写明时间、事件、人物就行了。一般不交代背景或不详细交代背景。

（2）受众获取信息方便简捷，一目了然。

（3）一般在200字以内。

6.3.2 简讯的使用范围

简讯一般在两种情况下使用：第一种是重大新闻或者受众比较关心的新闻，为了突出时效性先发一条简讯，然后再作详细报道或追踪报道。

上海市民首诉“政府信息不公开案”立案受理

8月16日，上海市民董铭走进上海徐汇法院，状告该区房地局“政府信息不公开”。此前，董铭因申请查阅岳阳路一处房屋原始产权资料被拒，她走上法庭要讨个说法。这是自5月1日《上海市政府信息公开规定》正式实施以来，首例市民状告“政府信息不公开”正式立案受理的行政诉讼案。

《中国青年报》2004年8月18日

第二种是非重大新闻，时效性不是很强，但有新闻价值和愉悦价值，往往作为简讯报道。

“猫女”现身

本报讯　8月3日，3名模特身着美国影片《猫女》中人物的装束参加该片在英国伦敦举行的首映式。这部影片由奥斯卡影后哈莉·贝瑞与好莱坞老牌女星莎朗·斯通联合主演。

《中国青年报》2004年8月5日

这条简讯属于娱乐新闻，报道中显示了时间——8月3日，人物——3名模特，事件——身着美国影片《猫女》中人物的装束参加该片在英国伦敦举行的首映式。最后一句简单交代了背景——影片中的主角，显示了其新闻价值。

6.3.3 简讯的种类

按区域划分有国际简讯和国内简讯。按报道对象划分有政治、经济、军事、科技、文化、教育、体育简讯等。目前使用较多的是按照区域划分。

6.3.4 简讯的写作方法

1. 内容有趣，富有吸引力

简讯往往选取那些有趣的内容，吸引人们阅读。如：

“哭吧”亮相南京

南京消息：听说过茶吧、酒吧，如今南京又有了一家哭吧。“想哭就哭出来，干嘛还要找个专门地方哭？”带着这些疑问，人们走进了这家“好心情”哭吧。

据了解，到哭吧计时消费，“哭”一个小时50元。

《新民晚报》2004年6月29日

这条消息不到100字，主要报道了南京出现了“哭吧”这件事，给人感觉到很新奇，吸引你继续看下去，并告诉人们这是一种商业行为，“哭”一个小时50元。

当前新闻报道故事化倾向比较明显，一些新闻报道尽管长但故事情节很吸引人，受众仍然爱看。在这种情况下内容缺少情节或者情节很简单的简讯，只有选取趣味强的内容才能吸引读者。

2. 快速报道，加强时效性

一些重大事件媒体得到信息后立即告知，然后作详细报道。如《人民日报》2003年9月16日一句话新闻：“2003年中国企业高峰会11月6日将在京召开。”这条简讯提前50天告知社会，时效性相当强。其他活动如重大体育比赛为了尽快告知社会，也往往成为媒体争抢新闻报道的热点，一些媒体先发简讯再进行详细报道。

3. 善于提取核心信息

简讯就是动态消息的导语压缩而成的内容，要求写出最关键的信息即可，有些简讯结构为两段，一般只有一段。如2004年11月30日中央电视点新闻联播中的两条简讯：

我国院士获得第三世界科学院农业科学奖

中国工程院院士、华中农业大学教授傅廷栋近日获得2003年第三世界科学院农业科学奖。傅廷栋院士培育出的新杂交油菜在世界各地被广泛种植。

中央电视台《新闻联播》2004年11月30日

这条简讯交代了谁——傅廷栋院士，时间——近日，事件——获得2003

年第三世界科学院农业科学奖，获奖原因——培育出的新杂交油菜在世界各地被广泛种植。这几项内容是最核心的信息，对于一般公众也就够了，至于傅廷栋院士何时开始研究、新杂交油菜在国内种植情况、亩产多高等，可以略去不报。

南岳衡山：雾凇奇观醉游人

在南下冷空气作用下，南岳衡山呈现出独特的雾凇景象。山下树木葱茏，山上却是一派冰天雪地的北国风光。

中央电视台《新闻联播》2004 年 11 月 30 日

这条简讯重点叙述衡山出现独特的雾凇景象，对爱好旅游者来说了解这些信息就基本满足了，其他信息不必详细叙述。

思考与练习

1. 现场采访，写一条动态消息。
2. 运动会上细心观察和采访，写一条特写性消息。
3. 采访身边的一位有成就的朋友，写一条人物消息。

7 非事件性消息

本章重点

□ 非事件性消息的基本特征
□ 综合消息的思维方式
□ 综合消息的主题提炼
□ 述评性消息的叙事方式

非事件性消息，指的是对刚刚发生的社会现象、社会问题、社会发展成就、可供参考的方法和信息等事实的报道。

非事件性消息主要有三个特点：

（1）行为主体宽泛。所报道的现象、问题、经验、教训的行为主体宽泛，也就是说，没有明确的行为主体。

（2）事实发生的时间、空间概念模糊。

（3）报道内容较广泛。往往是一条战线、一个系统、一个地区或几个地区的工作经验、教训、问题等。反映一种社会现象、一种规律。

7.1 综合消息

综合消息是对某一类事实或某一事实的侧面进行宏观性报道的一种消息体裁。它属于非事件性新闻，并且在非事件性新闻中数量最多、影响力最大。

7.1.1 综合消息的特点

（1）综合性强。不只是报道一个地方，往往综合几个地方。反映问题的面比动态消息宽，动态消息反映个别情况、个别地方的个别事件，综合消息反映的是总体情况。

（2）策划性强。一个主题下的多种事实。

（3）创意性强。报道的主题是记者根据平时积累发现的新闻线索。往往能给受众一种新的观念，容易引起受众注意。

（4）资讯性强。报道的内容不仅具有信息价值，而且还有可操作价值和资料保存价值。

（5）思维方式上，综合性消息多用归纳性思维。

7.1.2 综合消息的传播作用

（1）给政府、社会提供信息参考。（政府对综合性信息很关注）

（2）给受众提供资讯、服务内容。（市民关心）

(3) 给受众提供新的价值观念。(导向作用明显)
(4) 媒体竞争的重要战场。(独家报道)
(5) 记者施展才能的机会。(记者的发现)

7.1.3 写作综合消息的素质

1. 记者应具备较强的新闻敏感

与动态消息报道的新闻敏感不同，综合消息报道的新闻敏感不仅要求记者能够应对临时性、突发性事件，更要求他们通过长期积累、分析、总结，使自己的理论水平、政策水平、对各种情况的收集能力都有显著提高。记者储备了大量信息，对社会情况的变化就有可能产生联想，新闻敏感才可能由此产生。

2. 善于联系、比较

孤立的新闻事件反映的问题有限，如果把新闻事件通过横向和纵向比较就能显示其新闻价值。写综合消息特别注意对某个事实、某项工作、某个问题，作跨省、市，跨行业的比较分析，这样有利于正确地认识事物本质，发现新闻价值。

7.1.4 综合消息的写作技巧

1. 点面式写法

先从一个点即一个生动的事实或一件事写起，然后由点到面，引向主题。

我省交通图五年七变

本报讯　祖籍沧州的郑先生在沪经商数年，前不久他从上海返乡，连遇两个“没想到”。

一是石家庄到沧州的高速公路上舒适、快捷、干净的旅途让他连说：“没想到过去要走六七个小时的路现在只用3个小时。”

第二个没想到就是他离家前买的1996年版的《河北省地图册》已失去了作用，因为里面的河北交通图上，只标有京石和石太两条高速公路，而现在连沧州这个号称“交通死角”的地方都有两条高速公路穿过。

5月17日，记者特地从河北省测绘局要了一张2001年版的河北交通图送给了郑先生。原河北省制图院总工程师师云杰介绍说：“近几年，我省公路建设，特别是高速公路建设速度太快，交通图每年都要更新，有时一年要更新两次。从1997年到去年年底，河北交通图一共出了7版。”

对照新旧两张地图，我省高速公路飞速发展的步伐跃然纸上：从1996年底的“一横一竖”，到2001年底初步形成以北京为中心，石家庄、天津为枢纽，辐射10个中心城市和秦皇岛、京唐、天津、黄骅4个港口以及大同、阳泉两个煤炭基地的“两纵两横”开字型布局的高速公路主骨架，我省已建成高速公路13条（段）。

省交通厅有关负责同志说，为打破经济发展的“交通瓶颈”，我省近几年加大了公路建设投资，1997年到2000年几乎每年投资都近130亿元，从1996年到2001年底我省已完成公路投资639亿元，新增高速公路1 332公里。1999年全省高速公路突破1 000公里，跃居全国第二位，2001年，通车里程达1 563公里，继续保持全国第二。交通，正在成为我省国民经济的先行官。

省会到全省任意一个省辖市的车程均在6小时以内，目前我省路网平均车速已由1996年的30.2公里/小时提高到53.8公里/小时，“走高速”成为人们驾车出行的首选。

高速公路的快速延伸，带动了公路客运、货运的大发展和水平的提高。“高速直达”的出现，尤其激活了客运市场的一潭死水，也彻底改变了人们的出行观念。

这种伴随高速公路而生的新型陆路运输方式，以其及时、快捷的优势，吸引了大量客源，迫使“铁老大”放下了架子，民航降低了门槛。

截至今年3月，我省高级客运班车已达1 169辆，客座32 520个，配备空调、电视、卫生间等设施的“豪华大巴”，让人们体验的是先进的客运工具，“航空式服务”的出现，让乘客越来越深地感觉到当“上帝”的味道。

《河北日报》2002年7月11日（获第13届中国新闻一等奖）

先有一个生动的“点”。导语先用一个富有动感的事实：祖籍沧州的郑先生在沪经商数年从上海返乡连遇两个“没想到”。两个“没想到”正是报道的“点”：石家庄到沧州过去要走六七个小时的路现在高速公路只用3个小时，可见交通发展之快，1996年版的《河北省地图册》已失去了作用。这个“点”的发现很巧妙，能从一些细小的变化中发现大新闻。

逐步进入主题。“近几年，我省公路建设，特别是高速公路建设速度太快，交通图每年都要更新，有时一年要更新两次。从1997年到去年年底，河北交通图一共出了7版。”接着运用大量事实从调整结构、增加数量、方便行驶、促进经济发展等几个方面说明河北交通的快速发展。报道中的事实信手拈来，说明记者对全省交通行业情况的熟悉。另外这篇报道有三点值得借鉴：第一，记者在写作时找准了新闻和新闻事件的结合点：交通图变化快反映出高速公路的发展快，把新闻事实放在经济社会发展的大背景下来考察，显示出报道的价值和分量。第二，角度新颖，“高速公路飞速发展”这个新闻事实可以说记者毫不费力就可以掌握，而为了能够找到一个最佳的表现角度却不容易，甚至要花比发现新闻事件本身更大的精力。记者发现了“交通图变化快”这个新的角度，相信是经过一番深思的。第三，注重传播效果，找准群众容易接受的切入点。

如果仅仅就一般性成就报道也许读者不愿看，但从给群众带来方便角度写，百姓较容易接受。这篇报道的导语就从受众的感受写起。除了列举几个反映全省高速公路变化的必要数字外，将近一半的笔墨写了受众的感受：车速提高、公路客运带动整个客运市场的激烈竞争、出行越来越方便……把“交通建设成就”这个抽象概念，写成了让读者看得见、摸得着、感受得到的变化，增强了贴近性也提高了宣传质量。

成就报道是新闻采编工作中经常遇到的题材，真正写得让群众爱看却不容易。记者应当站在百姓的角度换位思考，了解百姓的接受心态。市场经济条件下人们更加关注自身的利益，宏伟的成就固然令人欣喜，可毕竟离受众还有一定距离。10个康居工程的竣工远不如告诉他什么时候能搬进三室一厅的房子更能引起兴趣。因此不妨站在群众受益的角度来报道成就，引发共鸣，增加感染力和可信度。

2. 纵深式写法

纵深式写法一般是通过一种事实的表面现象，向本质层层递进，直到完全反映出事实的内涵。

心理学调查显示：美国孩子比中国孩子爱笑

美国心理学专家琳达·卡姆拉斯9日在第28届国际心理学大会上指出，3周岁美国孩子的微笑要比同龄的中国孩子多55.6%。

她发表的《中美儿童发展》报告成为在此间举行的本届大会首批学术报告中最引人关注的一个，众多听众甚至挤满了报告厅的过道。

卡姆拉斯的结论来自对40多例中美儿童笑容的记录、比较和分析，以及对两国儿童心理及性格差异的深入研究。

《父母必读》杂志副主编徐凡说，当今中国的城市家庭大多为三口之家，独生子（女）是家里的掌上明珠，从小娇生惯养。然而，父母的溺爱和过度关注往往造成子女缺乏自理能力和人际交往能力，不知如何去关注、帮助和爱护周围的伙伴。他们对自身也缺乏足够的认知，容易产生对他人和社会的失望感。徐凡认为，"童年时的心理缺陷或情感残疾往往会影响一生的发展，而要弥补则须付出很大代价。"

美国河郡学院心理学与教育学教授卡萝尔·亨青格的研究表明，与美国儿童相比，中国儿童发生内向孤僻、焦虑和社交问题的比例分别高出92%、31.3%和138%。

"父母不应填充孩子的全部生活，即使是婴儿，也需要一定的独处空间。"徐凡说。

在中国，与生活上的大包大揽相伴随的往往是父母对孩子的"高期待值和高标准要求"。卡姆拉斯指出，中国父母在易发怒程度上要比美国父母高出26%，在严厉程度上则要超出52.2%。

河北师范大学心理学教授王欣指出："中国父母往往把太多的期望寄托在子女身上，望子成龙，望女成凤。殊不知，这样做往往会引起孩子的抵触和逆反心理，结果事与愿违。"

北京大学心理系教授孟昭兰认为，儿童的心理问题都是由父母、环境和社会造成的。很多孩子在遇到挫折时会变得更加孤独和内向，甚至走向极端。

亨青格教授呼吁：中国父母应给孩子更多的自由去选择自己的生活，而不要强迫孩子按照父母的意愿生活。

国际心理学研究证明：通过语言、表情等方式经常与孩子进行平等的沟通，对培养孩子的健康心理至关重要。

"不要一味对孩子进行批评、责骂和说教，而应多给他们一些笑容。"孟昭兰教授说。

新华社2004年8月9日

3. 对比式写法

综合性消息要突出新闻价值，其中的方法之一是对比。对比有两种方式，纵向和横向对比。横向对比是用此事实与彼事实进行对比，以显示此事实的新闻价值。纵向对比是历史对比法，通过现在的事实与过去的事实对比显示现在事实的新闻价值。

洞庭湖长大五分之一（主题）

三年增加蓄洪能力27亿立方米，

蓄水面积扩大554平方公里（副题）

洞庭湖变大了！经过3年规模空前的综合治理，洞庭湖面积扩大了1/5。这个自明清以来不断萎缩的湖泊，终于出现了历史性大转折。

12月25日，省有关部门的权威统计表明：1998年以来，我省已对220处阻洪堤垸实施了平垸行洪、退田还湖，洞庭湖蓄洪能力增加27亿立方米，扩大蓄水面积554平方公里。水利专家称，整治后的洞庭湖如果再遇到1998年那样的特大洪水，水位可平均降低0.1米。岳阳城陵矶的水文标尺上，凶猛的洪水再也爬不到令人毛骨悚然的高度。

长大了的洞庭湖别是一番景象。隆冬时节，记者在湖区采访看到，原来人丁兴旺的华容县小集成垸、汉寿县青山湖垸已无人迹。成千上万的白鹭、野鸭、天鹅在栖息、飞翔，成片的杨树在风中摇曳着，赶走了冬天的苍凉。

据史料记载，明朝嘉靖年间，洞庭湖方圆八九百里，号称“八百里洞庭”，洪水期湖面达6 000平方公里。此后数百年泥沙淤积，盲目开垦，致使“堤垸如鳞”。在实施综合治理前，这个长江水系重要调节湖泊的面积减少到2 691平方公里。湖面锐减，调蓄能力削弱，灾害频频发生，湖区人民深受水患之苦。仅以1998年为例，洪涝灾害造成的直接经济损失就达197亿元。洞庭湖失去了宝地的光彩，成为一块不得安宁的险地。

治理洞庭湖，还历史的本来面貌！1998年特大洪水过后，党中央、国务院对整治洞庭湖极为重视，投资70多亿元支持我省。改变单纯加高加固大堤的传统办法，实施以疏导为主的综合治理方略，湖区30个县（市、区）及大型农场实施了平垸行洪、退田还湖、移民建镇。广大群众对治理洞庭湖期盼已久，表现出极大的热情，使这项浩大工程进展顺利。3年中，湖区8.4万农户、30多万群众告别故地，实施大迁移，成为湖湘史上的一大壮举。澧县的澧南垸、西官垸是治理的重点地区，许多老人虽难舍故土，但更感谢党和政府让他们离开了"水窝子"。两个垸子7万多人的有序搬迁，实现了安居乐业。"平垸行洪还洞庭浩浩荡荡，移民建镇让百姓世代安康"，搬迁户新居门上贴的这副对联反映了湖区人民的共同心声。

人与自然在洞庭湖开始和谐相处。随着治理的深入，烟波浩淼的八百里洞庭再现人间。

《湖南日报》2001年12月26日（获第13届中国新闻一等奖）

这条综合消息从标题、导语到主体部分，多处进行对比。一个是现在与自明清以来对比，终于出现了历史性大转折。另一个是现在与1998年前相比，洞庭湖蓄洪能力增加27亿立方米，扩大蓄水面积554平方公里。另外报道中使用大量数据表明中央治理洞庭湖的决心和治理后的效果。这条消息报道的事实具有相当重要的新闻价值，由于使用对比手法，800多字报道把复杂的事实表述得简洁明了，可称得上一篇佳作。

4. 并列式写法

这种写法往往把事实分成几个部分，几个部分的事实从不同侧面说明一个主题，几个部分之间呈并列关系。如《南方日报》2004年7月28日的报道《大量专项资金遭挤占挪用，广东2003年度审计报告披露问题一堆，省府责成整改》，导语之后分为九个部分：3 702万元省专项资金被挪用发工资；5.36亿元地税违规；部分单位预算收支管理不严；九运会资产体育部门未妥善处理；人大议案办理资金被拿去装修买车；惠阳高州两外债项目还贷形势严峻；截留征地款小头给农民；路桥收费站普遍还贷困难；省政府已责成有关部门研究整改。这九个部分之间的关系是平行关系，都是围绕主题"大量专项资金遭挤占挪用"进行报道的。

7.1.5 综合消息的写作要求

1. 掌握材料要全面充分

综合消息涉及的内容多，写作时记者应全面地掌握报道对象的情况，弄清楚事实的来龙去脉，否则就综合不起来。一般说，要考虑报道对象的现实情况，还要了解其历史发展，既要掌握面上的情况，还要了解点上的情况。面上的情况要有综合性特点，点上情况要有一定的深度和典型性。

2. 在提炼主题上多下功夫

综合消息比动态消息难写，难在事实和时间的跨度大，写出特色不容易。关键的问题是，有了丰富的材料如何提炼一个好的主题，或者说如何提炼一个好的主题把材料统率起来。

3. 综合而不议论

综合是把分析过的对象或现象的各部分、各属性联合成一个统一的整体。综合往往以分析为前提，先有分析后有综合。在一般性文章中分析与综合是一种普遍的写作方法，但那种分析与综合议论色彩浓，主观成分多。综合消息中的分析一般是在写作之前进行，分析和鉴别材料，看哪些材料具有新闻价值，哪些材料能反映主题。在具体写作过程中表现为分类是否准确合理，材料如何传递有价值的信息。综合主要是记者对事实的客观叙述，不发议论。

7.1.6 近年来综合消息报道的两点变化

1. 时效性增强

一些综合消息像动态消息一样迅速、及时。主要原因是：第一，政府信息渠道畅通；第二，民间调查研究机构信息来源快速丰富；第三，媒体和记者新闻敏感加强，主动采访、观察社会，善于思考问题。

2. 报道观念更新

经验性综合消息稍有减少，社会观念、生活方式等方面内容增加。可读性增强。

7.2 述评性消息

述评性消息是指在报道新闻事件的同时对事实发生的背景、原因、结果、影响等，进行叙述与评说的新闻报道体裁。在我国的革命战争时期，这种体裁形式就已经在报纸上出现，并且发挥了积极的作用。最近几年，述评性消息越来越多。有关政治经济形势、一些敏感性事件、社会上发生的带有新观念、新风尚的事件等，纯新闻报道不能满足受众对事件发生的现象和背景的多层次需求，需要记者本人或采访有关人士对刚刚发生的新闻事实发表看法，帮助受众理解新闻事件。

7.2.1 述评性消息的特点

（1）述评性消息报道新闻事实是第一位的，首先满足受众的信息需求。

（2）述评性消息的叙事方法是就事论理。事即新闻事实，理即评论。在刚刚发生的事实的基础上用背景材料表达倾向性和看法。

（3）叙事方式：夹叙夹议。从报道的表象来看，叙述的事多，议论很少。从报道的本质来看，虽然只有一两句的议论，但显得更加重要。

（4）传播效果：述评性消息有明显的主观倾向。

7.2.2 与其他分析性新闻的区别

述评性消息可以跳出事实，直接说话（主观性强）。其他解释性消息则不能（客观性强）。

7.2.3 与新闻评论的区别

（1）新闻评论所用的事实不一定是新近发生、发现的，对时间要求可以宽一点。述评性消息中的事实必须是新近发生的。

（2）新闻评论对新闻事实的要求不一定完整、清晰，事实则可以是片段的细节性的，只要能说明观点就行了。述评性消息对新闻事实的要求则一定要完整、清晰。

（3）新闻评论的思维方式是：观点→事实→观点。新闻述评的思维方式是：事实中有明显的倾向性，或者事实→分析。

（4）新闻评论只有评论一种功能。新闻述评兼有报道和评论两种功能。

7.2.4 述评性消息写作

1. 先报道新闻事实，然后用背景材料对事实进行分析

这种写法在结构安排上很明显分为两个部分。

四川律师建议为孝道立法公务员录用应以孝为先

本报讯 （记者张立）“人孰能不老，百事当以孝为先！”日前，我市名叫李宗发的律师，慎重地向省人大提交了一份《四川省父母子女家庭关系规定》即《孝法》的立法草案建议稿。据他调查，对于如何尽“孝”，我国仅有婚姻法略有涉及。他希望，我省能为“孝”立法，让子女尽“社会主义亲情孝敬、奉养”义务，要求国家、社会继续弘扬爱老敬老的传统美德，维护父母不受子女不敬、暴力行为的侵犯。

“适当避让”不应让老人担心

“父母年满60岁或病、残，无生活来源的，子女应负全部赡养义务，支付给父母的人均生活费不得低于当地政府规定的最低生活费用或子女自己生活费用。”李宗发在该立法建议中提出，共同生活的，子女提供给父母的饮食标准不应低于其本身。此外，子女在合法权益受侵害时，也可“适当避让”，但这期间，应将自己的下落告知父母或相关亲戚朋友，避免父母担心。

公务员录用“孝”为先

“本省招收、聘用、晋升公务员、领导干部，必须审查其孝敬、赡养父母情况，并以此作为衡量审查其品行是否端正的第一前提。”根据这部《孝法》建议稿，对于谩骂、冻饿、凌辱、殴打、遗弃父母的，将终身不得录用和晋升。已改正并表现优秀的，需父母推荐，方可予以考虑录用、晋升，但不得优先录用、晋升。李宗发还建议，国家、社会要保护父母的合法财产。

李宗发还表示，乡政府、村委会、街道办事处、居民委员会等对辖区内亲情文明建设负有不可推卸责任。应将辖区范围内谩骂父母者记录在案，对谩骂父母两次以上或殴打、冻饿、凌辱父母者，应向有关部门报案或支持起诉。孝敬、赡养父母风气不好的，街道办事处等的基层领导干部不得连任、晋升或平调。

记者点评：让传统美德受法律保障

“尊老爱幼”是中国的传统美德。古往今来，子女对父母的“尊重孝敬”，已成为衡量个人道德品质高低的重要标准之一。但随着经济的不断发展，我们不得不承认，对利益的追求正不断地冲击着人们原有的道德观，包括“孝道”在内的传统美德也渐渐地遭到一部分人的“淡忘”——有道德的人不一定得到褒扬，而卑劣无德者也不一定受到应有的批评和否定。

现在，成都的一名律师振臂而起，建议为“孝道”立法，试图让这一传统美德得到法律的保障。这无疑是一种新的探索，尝试建立一种“惩恶扬善”、行之有效的赏罚机制，使“孝道”这一美德能在社会上得到普遍的遵行。

《成都晚报》2004 年 10 月 6 日

最后一部分“让传统美德受法律保障”是记者的点评。记者赞成为孝道立法。这种写法可以是记者点评，也可以请专家点评。专家点评比记者点评可能更有传播价值。

时事评论则是先有观点，然后根据观点组织事实。事实的数量也不少，但写作目的是为了证明观点。看下面一篇的时事评论：

美国大选决胜术：谁更会讲故事

“我们的故事到哪里去了？我们必须保存我们的故事！”十多年前，当克林顿刚刚当选、他的顾问们正在讨论政策取舍时，希拉里反复地提醒大家，克林顿从一个人口仅两百万的小州起步，最终打败了结束冷战、赢得海湾战争的老布什，关键是因为他能够向老百姓讲一个完整动人的故事：一个生长在贫困小州的穷孩子，了解老百姓的疾苦，要用手中的权力，帮助那些在生活中挣扎的人们。这个故事打动了选民，大家跟着故事的叙述走，不知不觉地把自己变成了故事中的一个角色，建立了和主人公的纽带。结果，名不见经传的克林顿入主白宫。希拉里想强调的核心是：不管制定什么政策，你不能忘记你最初叙述的故事，因为就是这个故事使你成为领袖。

总统大选，就是一个候选人向选民讲故事的过程。任何成功的总统，都能够把老百姓带进自己的故事中。里根在意识形态上是克林顿的敌人，但他的故事同样动人：让政府靠边站，让美国人民尽情地施展自己的聪明才智和创造力，享受属于自己的自由。布什这次成功地连任，也在于他有一个清晰的故事：美国处于恐怖主义的威胁之中，我会保证你们的安全，我绝不坐在家里挨打，我要领导你们掀翻对方的老窝、彻底消灭那些恐怖分子！克林顿曾评论说：“在这个充满危机的时代，我们宁愿错误而强硬，但绝不能正确而软弱。”布什保持了一个简单、完整、有力的故事情节，奠定了他的成功。

克里的失败，则在于他没有讲述一个完整的故事，选民不觉得能够进入他的故事之中，也不知道他将把自己带到何处。虽然布什的政绩一团糟，虽然大多数选民认为国家走在错误的轨道上，虽然克里赢了三场辩论，但最后他还是无法从布什手中拿到江山。

克里有许多机会。他的第一个机会是民主党全国代表大会。他的故事，就是他作为一个越战英雄的传记。这本来是一个很好的开始：国家正处于危机之中，一个年轻时出生入死的战士，再次勇敢地站出来保卫国家。但是，这个故事要讲下去，就要有个背景：我们的总统，该当兵打仗时却留在家里；当我们的军队将拉丹包围在阿富汗山区时，却不敢攻击，把活儿交给了昨天还是我们敌人的临时盟友——阿富汗军阀，结果拉丹逃命，我们却开始打起不相干的伊拉克来；现在，我们需要一个在沙场上见过血的勇士，领导我们的反恐战争！

但是，克里没有这样做。他坚持正面选举，反对恶意中伤对手，希望大家有些君子风度。但他似乎并不理解，不攻击布什，他根本就没有竞选的理由。他也低估了布什及其顾问们的老辣手腕。当克里公开呼吁布什尊重对手、停止负面选举，并把民主党全国代表大会上一些攻击布什的言论删掉时，布什却向手下人交代：我不会搞什么正面选举，我要把我的靴子踏在克里的脖子上！

本来，克里越战英雄的故事，已经使一些老牌的保守派评论员惊慌失措，公开承认对这样的故事没有招数对付。布什却不露声色，到了 8 月，号称独立于布什阵营的越战“快艇队老兵”突然发起对克里的诽谤性攻势，布什站在一边幸灾乐祸地看着克里刚刚开讲的故事被毁掉。

后来克里接受克林顿的建议，基本放弃越战的情节，开始强调自己的经济计划，对选民讲如何防止美国的工作外流，如何给老百姓提供医疗保险，同时摆脱了在伊战问题上含糊不清的立场，猛烈攻击布什在伊战上的失误。这一策略连连得手。进入 10 月，克里连赢三场辩论，势头压过布什。但是，在第三场辩论中，他误中布什的圈套，谈起切尼女儿同性恋的问题，正好给了布什炒作的机会。特别是在俄亥俄州，选民在经济上倾向克里的政策，在文化上极端保守，布什正巴不得把话题从经济上转到同性恋问题上。结果，克里的故事又没有讲完，在第三场辩论后，他在民调中反而看跌。应该说，没有那次失误，这次俄亥俄很可能就会拿下来，克里就会成为总统。

等到了投票前夜，克里的故事从越战、经济、医疗保险到伊拉克，断断续续，没有连贯的主题，没有完整的情节。这时，拉丹的录像却浮现出来，把人们的注意力再次集中在反恐上，等于帮助布什把自己反恐的故事讲到高潮。结果，布什不仅赢了选举，而且在老父1988年击败杜卡基斯之后，第一次赢得了过半数的选票，获得了选民真正的授权。

在美国这样草根式的民主社会中，最高权力实际上就是创造一个国家故事的能力。

《南方都市报》2004年11月5日

这是该报驻美特约评论员薛涌专栏文章。评论的观点非常明确，美国总统大选取决于谁会讲故事。然后列举了克林顿的大选胜出是会讲故事，布什大选胜出也是会讲故事，而克里的失败在于他不会讲故事，更在于他没有讲述一个完整的故事。结尾处归纳全文：最高权力实际上就是创造一个国家故事的能力。因此全文围绕观点展开，不像述评性消息那样分析评论为事实服务，而是事实为观点服务。这是两者的最大不同。

2. 亦述亦评，夹叙夹议，述中带出评

这种写法以叙为主，评的表现形式是根据新闻事实或借助背景材料进行客观分析，而不是记者站出来议论，这是写作中应该把握的重点。

选后台湾浮生掠影：生活变消极市场趋冷清

据台湾媒体报道，没心情上班的泛蓝选民，星期一还是勉强出门了，才到办公室，却又发现股市大跌，只好聚在茶水间或厕所门口“全民开讲”，抒发情绪。连订餐、唱KTV、买唱片、看电影的人都变少了，“哎，赢的人很低调，输的人吃不下啦。”

星期一是选后上班的第一天，很多泛蓝的支持者还无法摆脱几天来气愤、不平、失望、焦虑的情绪，人虽到了办公室，心却还系在“总统府”前。在机关服务已十余年的马先生，不时跑到隔壁有电视机的办公室，盯着有线新闻台的转播，每当聚集群众变多时，心情就一阵亢奋，又担心警方会采取强制驱离手段。

职员小岚昨天上班也心不在焉，在计算机上和朋友MSN线上聊天。现在网络上流传最广的两封邮件，一是“弹道图”，以漫画方式呈现如何只用一枪，就可同时打中吉普车玻璃及“总统”、“副总统”；另一封则是“枪击案破绽?”将CNN拍摄的画面和“总统府”公布的照片详细比对。

上班族“全民开讲”的内容还包括：“股市会跌多久”、“移民到哪一个国家比较好”、“下班后要不要去总统府”、“327要不要再去游行”等；反观平日讲话大声的“绿军”，此时反都异常沉默安静。

选后纷争甚至影响到餐饮业，北部、南部的饭店业者都发现，本周原本有些中大型餐叙、聚会、庆功宴，都取消或延后。如台北的西华饭店和高雄汉来饭店，本周都有部分的订席取消或延后；原本蓝、绿营本周预订慰劳参与竞选人员的聚餐，也纷纷取消。

没心情出门吃饭、也没心情煮饭的家庭，干脆在家吃水饺。“我们家已经连吃三天水饺了。”桃园的蒋先生说。

看电影、买唱片的人也少了。上周末原本预期投票日之后，会有电影票房及电影频道收视回稳的行情，却因民众关注蓝营抗争行动、盯住新闻频道而落空。电影院的票房因而下滑二至五成。

一片惨绿中，只有机场气氛热闹滚滚。中正机场美加航线大爆满，侨胞及台商投完票后纷纷返回居住地，日本及巴里岛热门航点因选前促销，3月底前载客率有九成以上。不过，4月起旅游换季、机票价格逐步调涨，股市与政情是否冲击旅游市场？航空旅游业还在密切观察中。

中国台湾网2004年3月24日

述评报道的是台湾选后第一天一部分民众的情绪、态度和社会上的反应。最突出的是每段的开头一句话，述与评融合在一起：“星期一是选后上班的第一天，很多泛蓝的支持者还无法摆脱几天来气愤、不平、失望、焦虑的情绪，人虽到了办公室，心却还系在‘总统府’前”；“选后纷争甚至影响到餐饮业”；“没心情出门吃饭、也没心情煮饭的家庭，干脆在家吃水饺”；“看电影、买唱片的人也少了”；“一片惨绿中，只有机场气氛热闹滚滚”。这些叙述是台湾选举后的事实，在叙述事实时把记者的倾向性融为一体，如气愤、不平、失望、焦虑、一片惨绿等都有这些特点。

述评新闻的写作尽管述多评少，但以从事实中提炼的看法、观点取胜。叙述时以新闻事实的客观性为依据，让事实说话，而不是推理得出的结论。

7.3 政府新闻报道

政府新闻报道指对地方政府工作、活动的最新事实报道。

政府新闻报道的是受众关注的重要内容，尤其是对本地政府的新闻报道，远远超出对其他新闻报道内容的关注程度。随着我国政治民主意识的加强，政府服务意识的增强，政治越来越透明，县、市级以上的政府纷纷建立政府发言人制度，定期或不定期向媒体和社会公布政府的工作情况、最新举措，诸如重大事件、政府预算情况、物价问题、市政建设、交通规划等，政府与社会架起了一座沟通的桥梁。政府新闻报道也越来越活跃，越来越受到社会和受众的关注。

7.3.1 政府新闻报道的范围、内容

政府新闻报道的范围包括：公安、教育、卫生、交通、财经、政法、妇联、共青团组织等部门的各项活动。

政府新闻报道的内容：颁布的各项法令、措施、规章、制度；批准财务预算报告、市政会议；领导人接见及其他活动；任命和罢免官员；各部门发布的调查结果；市政建设、社区建设、未来工作设想；就业率；犯罪率等。

7.3.2 政府新闻报道的意义

让公众了解自己。建立政府与社会之间的纽带，让公众及时了解政府是怎样工作的，怎样为百姓服务的。

纽带、沟通功能。公众了解政府，就可以向政府提出意见和建议，如市政建设、医疗卫生、交通道路、公共设施等经常发生问题，一些问题单靠规章无法解决，如街道乱贴广告的“牛皮癣”等问题，有关部门很头疼，如何解决，群众可以献计献策，为政府提供意见和建议。

7.3.3 记者如何与政府打交道

（1）建立联系。

记者要经常与政府各级部门的发言人联系，及时了解和掌握有关最新情况。

（2）定期或不定期到政府部门“工作”，与政府部门的工作人员一起上下班，观察有关线索。

（3）了解政府的有关纪律，知道哪些该报道，哪些不该报道。

报道时要和政府部门发言人沟通，征求他们的意见，做报道前的最后修改。

（4）参加政府有关部门的会议。

（5）勤奋。

尽量争取参加有关领导人的外出活动，及时发回报道。

7.3.4 政府部门如何与媒体打交道

随着社会的进步，政治民主化步伐不断加快，政府工作透明是现代社会发展的需要，让社会了解政府，有利于政府工作、决策等各项工作的顺利展开。

（1）建立新闻发言人制度，定期或不定期向媒体发布政府的有关情况。

（2）政府新闻发言人要按照规定真实客观地为媒体提供有关信息。

（3）政府领导人应定期或不定期在电视上与公众见面，主动介绍群众关心的问题。

（4）与媒体打交道应以普通人的身份，不应以高高在上的态度出现。

7.3.5 政府新闻的报道方法

（1）人情味。找出政府与群众的联系，政府的某项活动或决策与群众有何影响，哪些关系到群众的现实利益和长远利益。

（2）利用互联网。各级政府部门都建立了网页，那里有他们发布的各种文件、公告，从那里可以找到需要的信息，说不定是很好的报道材料。

（3）查找统计表、图表。那些枯燥的数据中可能有需要的信息。

（4）拜访政府办公室。办公室是人员流动最多的地方，也是信息集中地方。

7.3.6 政府新闻的写作

1. 叙述清楚政府便民举措的方式和内容，使百姓一目了然

一些关系到百姓居住、生活、安全、健康等问题的报道，要交代明白政府采取的具体措施、联系电话等，方便百姓查询。叙述过程中，不宜繁杂，要简单明了。如：

杨浦区开通市容卫生一线通

居民投诉五天内答复

晚报讯　如今杨浦区居民要反映市容卫生问题，只需拨打962151，全年365天24小时全天候有人受理。昨天记者从杨浦区2005年市容创建达标工作会议获悉，区市容环境综合管理投诉中心已正式成立，居民投诉一般5天内便可得到答复。

记者从杨浦区政府了解到，962151最早是房屋应急维修热线，如今已依次开通有奖举报公共安全隐患、市容投诉监督等功能，以方便市民集中反映生活中的“急难愁”问题。为了及时准确处理，敦促整改，在杨浦区市容局内特设投诉中心，并在各街道（镇）设立分中心，在每个居委会的门口也放置了市容环卫意见箱。

据杨浦市容局相关负责人介绍，除了建立投诉中心，在监督管理上还将落实“两个公开”。即将城区的50条重点道路和重点区域综合管理的标准和目标上网公开；将市容环卫行业“十项便民措施”上网公开，主动接受市民监督。例如杨浦区城市管理监察大队承诺，接到市民投诉后正常工作日半小时内，双休日和晚间1小时内到达现场处理。对他们的工作成效市民可进行网上评议。

《新闻晚报》2005年4月7日

报道的导语部分开门见山地交代了政府最近推出的一项措施，“居民要反映市容卫生问题，只需拨打962151，全年365天24小时全天候有人受理。”主体部分介绍了出台各项措施的背景和来龙去脉。

2. 迅速将政府部门最新信息告知公众

政府部门的信息一般带有权威性、全局性和指导性的特点，把这种信息报

道出来不但可以让群众知情，而且对于有关单位和部门也起到一定的启发警示作用，以利于及时调整规划，作出对策。

记者从太原市政府了解到：教育储蓄呈下降趋势

本报讯 今日，记者从太原市政府了解到，太原市教育储蓄从2004年开始呈现下降趋势。

中国人民银行太原中心支行对太原市教育储蓄呈下降趋势进行了分析：一是到期本金限额低，教育储蓄存入到期额度最高为2万元，此限额对于城市居民当前用在孩子教育方面的开支来说远远不能满足，因此不足以吸引广大储户。二是收益不大，教育储蓄虽然实行利率优惠，且不收利息税，但与近年来金融机构不断推进的形式多样的理财品种和国家债券来说，收益差距仍然较大。三是办理条件苛刻，程序繁琐。

《山西晚报》2005年3月16日

“太原市教育储蓄从2004年开始呈现下降趋势”是一条重要信息，将采取何种措施及时扭转局势是银行等有关部门不得不考虑的问题。

这类报道具有极强的政策针对性，报道的内容要经过认真核实，观点和有关数据等做到准确无误。

3. 围绕主题，写出现场发生的具有戏剧性的场面

政府新闻中会议新闻是一项重要内容，如何把政府会议新闻写活、写生动，避免枯燥的程式化写作不仅是个语言和表述问题，更重要的是记者的思维方式问题。要善于从纷繁的会议信息中找到具有新闻价值的东西，首先要求记者亲临现场，观察现场情况，发现现场会议的气氛。有时候一些细节可能成为很有价值的新闻。如下面一篇报道：

书记赋联话廉政

昨天召开的全市加强党风廉政建设干部大会，再次出现感人场面：松江区委书记杨国雄在交流发言中引用农民谚语：“种秧看上埭，盖屋看上梁”，自身不过硬，如何带班子？他还当场吟了一副对联：“钱多钱少都有烦恼，官大官小没完没了”，横批是“淡泊名利”。

听了这副对联，陈良宇同志也即兴赋联："民富民穷念念不忘，权大权小一样奔忙"，横批为"廉洁勤政"。他希望与会同志们都来对一联。

市公安局副局长程九龙的发言同样掷地有声：去年以来，市公安局先后查处违反"五条禁令"案件27起32人，其中23人被清理出公安队伍，追究领导责任42人。有同志担心，这样会不会影响上海公安形象？市局党委态度坚决："迁就一个人，何以服4万众！"公安机关是党绝对领导下的一支纪律队伍，执行纪律必须严格，才能确保政令畅通！

陈良宇再加一句：处理一个人，保护的是上海人民的利益。我们共产党人是有感情、讲感情的，但当感情与原则发生冲突时，重任在肩的共产党人无法把感情放在党和人民利益的原则之上。如果一点小事不处理，就会"小洞不补、大洞吃苦"，人民的利益孰轻孰重？带好队伍，宽是害、严是爱，台上台下的同志们一定不要辜负党和人民的期望啊！

走出会场，人们还在细细品味书记赋联话廉政的含意。

《解放日报》2004年7月22日

这篇报道把视点集中在上海市委书记陈良宇大会上插话赋诗的场面，廉政建设干部大会变成了交流赋诗大会，但是内容集中在干部如何"淡泊名利"为人民谋利益上，主题灵活集中，读来轻松活泼。

政府会议和政府活动大都比较严肃，规范化、程式性的内容较多，如果按照议程写下来可能没人看，要善于在会议中会议外，发现感人的事情，动人的故事，然后以故事情节为主线，让程式性的内容活起来。如中央人民广播电台的报道：

钱学森的三次激动

本台记者报道：

国务院、中央军委最近颁布命令，授予钱学森同志"国家杰出贡献科学家"荣誉称号，表彰他为祖国科技事业的发展作出的卓越贡献。

昨天下午，国防科工委等部门在人民大会堂隆重举行了授予钱学森同志"国家杰出贡献科学家"荣誉称号仪式。

中央军委副主席刘华清宣读国务院、中央军委的命令以后，在热烈的掌声中，杨尚昆主席授予钱学森同志一本红色荣誉证书，并把金光闪闪的一级英雄模范奖章戴在钱老胸前。

中共中央总书记、中央军委主席江泽民在仪式上讲话。他说，钱学森同志是一位具有高尚爱国主义精神，坚定不移地为社会主义事业奋斗的战士。钱学森同志是我国爱国知识分子的典范。我们大家都要向他学习。

会上分别宣读了李鹏总理、聂荣臻同志的贺信，高度评价钱学森同志的崇高民族气节和严谨科学态度。

（以下放录音：钱学森的三次激动）

“刚才各位领导和同志们都讲我钱学森怎么样，怎么样，那都是千千万万人一起劳动的成果啊！我钱学森只不过是沧海一粟。我渺小得很。真正伟大的是中国人民，是中国共产党，是中华人民共和国！”

“在今天这么一个隆重的场合，我的心情到底怎么样？我说老实话，我不很激动，那怎么回事？因为我这一辈子已经有了三次非常激动的时刻。”

“这第一次我很激动的时刻是在1955年。这时我到美国已经20年了。我到美国去的时候，心里只有一个目标，就是要把科学技术学到手，而且要说我们中国人可以达到科学技术的高峰。这是我的志向。（掌声）在55年夏天的时候，我被允许说是可以回国了，去向我的老师告别，手里带着一本我在美国写的刚出版的《工程控制论》，还有一大本我讲物理力学的讲义。我把这两样东西送到冯·卡尔老师的手里，他翻了翻这两本东西很有感慨地跟我说：‘你现在在学术上已经超过了我。’我一听他的话啊，我激动极了。（掌声）我钱学森在学术上超过了这么一位世界闻名的大权威！这一次我是激动极了！”

“在建国10年的时候，我被接收为中国共产党党员。这时候，我心情是非常激动的。我钱学森是一个中国共产党的党员了！（热烈掌声）这是我第二次心情激动。”

“这第三次心情激动，就在今年。今年读了王任重同志写的《史来贺传》的序。他在序里说，中共中央组织部把雷锋、焦裕禄、王进喜、史来贺跟钱学森这5个人作为解放40年来在群众中享有崇高威望的共产党员的优秀代表。哎呀！我一看见这句话呀，我简直心情激动极了。我说我钱学森呐，现在，我是劳动人民的一分子了，而且我与劳动人民中最先进的分子连在一起了！我激动得不得了！”

（长时间鼓掌）

（获第2届“中国新闻奖”二等奖）

这是最高规格的授奖仪式，中共中央总书记、国家主席、副主席、军委副主席等出席并颁奖，按照一般的会议报道，写完领导人的名字和讲话内容要点就结束了。那样的话传播效果会受到影响。这篇报道非常讲究技巧，在前面交代领导人出席授奖、讲话等内容，接着重点突出钱学森的三次激动。三次激动就是三个故事，不但不枯燥而且读来生动感人。

政府新闻报道，不仅是一种报道方式，还应该是一门学问。无论从操作上，还是理论研究方面，就目前来说这门学问还不够完善，需要进一步扩展、补充，使之成为一门具有操作价值和研究价值的学科。

7.4 消息报道的几种变化

7.4.1 报道观念的变化

1. 报道的主题有一定程度的公开化

主要体现在三个方面：一是舆论监督加强；二是在一定程度上政府信息增加了透明度；三是群众参政议政的权利意识逐步增强。近两年对重大新闻事件的报道尤其是对灾难性新闻如南丹矿难事件的报道得到了政府有关领导的肯定，从某种程度上说对地方一些腐败现象起到了一定的威慑作用。

中国的新闻舆论当前要解决的问题是政府、媒体、公众三者之间的关系问题。政府需要探索为舆论监督创造一个好的环境，媒体要在实践自己维权和自律的前提下认真履行监督的职责，公众应该认识到新闻只是据实报道，记者不是法官，媒体不是行政命令，更不是判决书。马克思说过：“报纸如果没有批评，就会变得萎靡不振。”列宁说过：“让政府时时受到本国舆论的监督。”邓小平也说过：“批评的武器一定不能丢，怕就怕人民群众鸦雀无声。”江泽民在“七一”重要讲话中强调：“要加强对党的各级领导干部的监督。”这种监督要坚持五个原则：一是要坚持服务大局的原则，二是要坚持出以公心的原则，三是要坚持真实准确的原则，四是要坚持适时适度的原则，五是要坚持有头有尾的原则。

2. 重要事件报道有一定的灵活性

2003 年 10 月 24 日宋美龄在美国逝世，当天中国重要媒体迅速进行报道，并对宋美龄的一生作出了客观评价。

宋美龄在美国去世　贾庆林发唁电表示深切哀悼

新华社北京 10 月 24 日电　全国政协主席贾庆林 24 日给宋美龄亲属发唁电，对宋美龄女士逝世表示深切哀悼。贾庆林并发表谈话说，宋美龄女士是中国近现代史上有影响的知名人士，她曾致力于中国人民抗日战争，反对国家分裂，期盼海峡两岸和平统一、中华民族兴盛。

贾庆林所发唁电全文如下：

宋美龄女士亲属：

惊悉中国近现代史上有影响的知名人士宋美龄女士逝世，我谨代表中国人民政治协商会议全国委员会表示深切哀悼，并向你们表示诚挚慰问。

中国人民政治协商会议全国委员会主席贾庆林

二〇〇三年十月二十四日

新华社 2003 年 10 月 24 日

除了新华社电讯外，《人民日报》和国内各地报纸几乎都转发了这则消息。

《中国青年报》2003 年 10 月 25 日刊发的本报记者采写的《宋美龄平静走完跌宕人生》文章，充分肯定了她投身全民抗战所做的工作。

南京《现代快报》2003 年 10 月 26 日的报道从五个方面肯定了宋美龄令人尊敬的地方：和平解决西安事变、为抗战胜利争援助、亲上前线鼓舞抗战士兵、推动民航发展、坚决反对“两个中国”。宁波的《现代金报》还回忆了宋美龄在溪口的生活。

对宋美龄这样的历史人物，我们过去一直习惯于脸谱化的评价方式。可以毫不夸张地说，上述这样的报道方式，在过去是不可能出现的。

细读这些报道，我们可以看出两个明显的特点：

一是抛弃了我们过去曾有过的某些狭隘的新闻价值判断标准，体现出了新闻报道极为可贵的客观性。二是对宋美龄这个人物的评价，已经跳出了评价历史人物的某种简单的极端的标准，完全从国家和民族的最高利益出发，体现出了一种宽阔的历史视野和恢弘的气度。这些细微之处的进步，也许是更重要的进步。

3. 受众意识普遍受到重视

社会发展和市场的需求，使得媒体不得不考虑受众的变化。不仅都市报、晚报，党的机关报在贴近实际、贴近生活、贴近群众方面也有了新的认识和突破，既尊重受众，又坚持正确的舆论导向，百姓爱看的、爱听的报道越来越多。

7.4.2 报道方式的变化

1. 更加突出核心提示、插题的普遍运用，讲究信息的可视性

如2004年8月6日《羊城晚报》的报道《广东省教育厅要求高校加强学生住宿管理　校外租房严令禁止》，三条核心提示醒目地映入读者眼帘：

■多数学生家长表示欢迎

■不少学生对此不以为然

■一些老师认为操作较难

这条消息的提示3句话30个字，分别把家长、学生和老师对校外租房严令禁止的态度明确地表现了出来，起到了核心提示的作用，方便了读者阅读。

2. 事件细节化，采访当事人的内容增多，现场感增强

动态消息集束化。除了新闻外还有专家解读、链接等多种背景材料，使得信息层次增多。

7.4.3 消息报道存在的几个问题

1. 片面追求时效性，新闻的专业精神受到挑战

专业精神——新闻从业人员的基本职业道德准则，包括真实性、必读性、社会责任等。

采访不到位，信息来源缺乏准确性，假新闻、不准确的新闻时有见报。大部分原因是记者的专业责任意识不够强。

2. 片面追求可读性，忽略了必读性

2004 年 7 月初某报的一条消息《东莞一公园悬挂告示牌“禁止外来工入园”》，该报道的照片上清楚地显示“外来人员”，标题和内容中却偏偏要说成“外来工”，有点断章取义、故弄玄虚。

3. 制造噱头

王蒙在“2004 文化高峰论坛”会议上作《为了汉字文化的伟大复兴》的发言，2004 年 9 月 4 日某媒体刊出《王蒙呼吁展开汉语保卫战》的一篇报道，王蒙批评说，他根本没提到展开汉语保卫战。

4. 当代大学生报道过分娱乐化

不少以大学生为对象的报道往往以偏概全，甚至还出现虚假的报道，多少损害了大学生的形象，如《大学生卖淫情况调查》等。《北京晨报》2004 年 12 月 15 日以《高校新闻娱乐化谁在作怪?》为题发表评论。评论说，杨振宁订婚事件成了最近媒体关注的热点。记者们在事件女主角翁帆的学校内外蹲守，专门找到她的家中“拜访”，报道二人生活的尽可能多的细节。所有这些方式，与娱乐新闻的报道几乎如出一辙。这种娱乐化的报道引起了高校师生的强烈不满。评论还说，高校的花边新闻成了媒体追逐的热点，10 多条有关高校的报道只有 1 条是科研报道。在 12 月 18 日新浪网的新闻频道上，记者搜索了关于高校报道的相关新闻，题目分别是：“杨振宁今日与未婚妻相会”、“大学生 6 年偷书 3 000 册”、“女大学生与男友分手跳楼”、“国际原子能机构在浙江大学设首个在华合作中心”、“研究生气球书写求婚宣言腾空而起”、“高学历者求偶观调查：女博士称为幸福自尊不足道”……有些报道的内容虽然存在，但不是大学主流。媒体报道新闻“以偏概全”的毛病在不同程度上误导公众对于大学生的理解。

思考与练习

1. 非事件性消息有哪些报道价值?
2. 综合性消息如何提炼主题?
3. 写作述评性消息应掌握哪些规律?
4. 仔细研究一份报纸一个星期的要闻，分析该报的报道特点。
5. 对比北京、上海和广州的消息报道，总结出当前新闻报道方式的变化规律。

通讯写作

8

通讯报道概论

本章重点

- □ 通讯报道的发展概况
- □ 典型报道对我国通讯报道的影响
- □ 通讯与消息的异同
- □ 通讯报道在写作上可以体现哪些风格

通讯是比消息更详细、写作手法更灵活的一种新闻报道体裁。

消息告诉人们发生了什么事。通讯告诉人们这件事是怎么发生的。深度报道告诉人们为什么发生这件事。

1871 年上海、香港和欧洲接通了有线电报，电报开始传入我国，中国的报纸开始刊登电讯新闻。1882 年 1 月 16 日，《申报》刊出该报北京访员从天津电报局拍发的电报，报道了清廷查办一名渎职官员的消息，这是我国报纸所登出的第一条新闻专电。消息用电报发送，篇幅较长的报道则通过邮政传递，所以通讯早些时候叫“通信”。后来通信改由飞机传递，改称为“通讯”。西方传媒上没有“通讯”这个概念，他们叫“特稿”（feature)，消息以外的具有可读性的长篇报道都称“特稿”。

8.1 通讯报道的发展

通讯这一体裁在我国报纸上出现较早，“《申报》早期的军事通讯，辛亥革命时期的纪实通讯，民国初年以黄远生为代表的解释性通讯都在当时产生过较广泛的影响。”① 辛亥革命以后，黄远生担任上海《申报》和《时报》驻京特约记者，并为《东方杂志》、《论衡》杂志、《东方日报》等撰写稿件，这时期发表了大量的通讯。宋云彬在《民初名记者——黄远生》一文中说：“我国报纸之有通讯，实在是黄远生开始的。”②

五四时期，通讯这种报道文体得到了进一步发展。十月革命以后，进步知识分子和青年学生更加关注世界形势的发展，不少报纸加强了海外报道，纷纷派记者去国外采访，他们不断从海外发回通讯，介绍国外的情况。如瞿秋白从苏俄发回的旅游通讯仅在《晨报》上就发表 48 篇之多。1920 年 11 月周恩来去法国勤工俭学，作为天津《益世报》的特约通讯员，自 1921 年 2 月到 1922 年 3 月，周恩来在《益世报》上发表专栏通讯 56 篇，约 20 万字。

若按传统分类方法，新中国成立以来我国的通讯大致分为五个时期：（1）典型报道时期（1977 年以前)；（2）大特写时期（1986－1992)；（3）现场短

① 方汉奇主编．中国新闻事业通史．第一卷，中国人民大学出版社，1992. 417 页

② 方汉奇主编．中国新闻事业通史．第一卷，中国人民大学出版社，1992. 1092 页

新闻时期（1989－1994）；（4）深度报道时期（1985－1998）；（5）调查报道时期（1999－21世纪初）

8.2 典型报道对我国通讯报道的影响

何谓典型？有两种具有代表性的解释：第一，具有代表性的人物或事件。用典型示范的方法推广先进经验。第二，具有代表性的，如这件事很典型，可以用来教育群众。[①] 这两种解释的共同点是“代表性”，目的是用来推广先进经验和教育群众，归纳起来也就是“榜样”。典型报道也就是对先进人物模范事迹的报道。

无论是报道观念、报道方式，还是写作思维、写作方法，典型报道对我国的新闻报道都有很大的影响。

1. 典型报道产生和发展的历史环境和自然环境

典型报道并不是我国报纸的发明，“典型报道的观念起源于19世纪初各派社会主义——共产主义的创始人。他们认为，只要人们理解了他们关于未来社会的美好理想，就会追求共产主义的理想。……树立典型和由报刊宣传典型的‘典型报道’观念，在19世纪20至40年代风行一时，典型报道成为社会主义报刊的主要内容之一。”其中包括美国的《纽约每日论坛报》，当时设专版报道美国共产主义移民区的典型经验。这个时期属于早期空想社会主义的典型报道。

20世纪初期由列宁复兴的典型报道。1917年俄国十月革命胜利后，列宁要求报刊通过生动的典型事例教育群众，号召向好人好事学习。列宁设想通过示范的力量建立没有交换的劳动公社，过渡到共产主义。

我国的典型报道明显的标志是在1942年延安《解放日报》改版后，“党领导的解放区报刊多次成功地运用典型报道，推动了大生产运动和对敌作战。”抗日战争时期的南泥湾大生产、狼牙山五壮士，解放战争时期的战斗英雄董存瑞等报道，都是成功的典型报道。

新中国成立以后的一段时间，在巩固党的领导和我国国民文化水平普遍偏

① 现代汉语词典．商务印书馆，1979．238页

低的情况下，典型报道仍然发挥了一定积极作用。黄继光、向秀丽、安业民、大庆、大寨等一些典型影响了当时一代人的思想。1963 年以后对雷锋的典型报道，加上毛泽东等领导人的题词，使典型报道走向了顶峰。雷锋这个人物典型成为当时家喻户晓的人物。文化大革命则把典型报道推向了极端，尤其是农业学大寨的典型“大寨”，文化典型“小靳庄”等经验给全国人民带来了历史性的灾难，在某种程度上影响了生产力的发展。当然不可否认这个时期仍有不少优秀的典型报道，如《县委书记的榜样——焦裕禄》等。

典型报道到了 20 世纪 80 年代中后期开始出现变化，即对典型人物报道开始进行较冷静的思考。这种思考是从对步鑫生的典型报道引起的。1983 年 11 月 16 号《人民日报》刊发了题为《一个有独创精神的厂长——步鑫生》的通讯，新华社编者按里这样写道：“浙江省海盐县衬衫总厂厂长步鑫生解放思想，大胆改革，努力创新的精神值得提倡……”1985 年起步鑫生管理的海盐衬衫厂效益大幅度下滑，1986 年，衬衫厂亏损。

1984 年初《中共中央关于经济体制改革的决定》尚未出台，我国的经济改革是“摸着石头过河”，没有现成的道路，城市经济体制改革急需可供借鉴的样板，步鑫生的大胆探索，使人们隐约地看到改革的方向。总书记胡耀邦再次批示：抓住这个指引人们向上的活榜样，对干部进行十一届三中全会以来党的路线、方针、政策的教育，统一思想，推动经济建设和整党工作。“榜样的力量”作为推动生产力发展的动力。

1988 年 1 月 16 日一家青年报上的《步鑫生沉浮记》列举了步鑫生的 11 条错误，其中有不少错误是 1984—1985 年就存在的，那时步鑫生的名气不大，为何不连他的错误一起客观报道出来，而采取回避甚至理想化的报道，使步鑫生的错误由小到大发展到无法挽回的地步？之后不少文章由步鑫生的报道引起对典型报道的观念开始质疑。这之前，1987 年第 1 期《新闻学刊》上陈力丹撰文《典型报道之我见》对典型报道进行了辩证分析，最后指出：“典型报道在一定程度上还是需要的，但要注意不要再强化典型报道观念，而是要逐步淡化它。[①]”至此，典型报道在通讯报道中神圣的观念开始动摇。

对典型报道的认识影响着通讯报道的发展，面对当代社会中涌现出来的先进人物究竟该如何报道，随着社会的发展究竟还需不需要典型？

2. 典型报道对通讯报道的贡献

新中国成立初期和以后的一段时间，我国的生产力水平相当低，文化水平普遍较低，当时社会的发展面临着巨大的困难，为了加速建设社会主义，解决

① 陈力丹自选集．复旦大学出版社，2004. 165 页

贫困问题，需要一种奋发向上的干劲和热情，需要一种榜样的力量作为人们的精神支柱，尤其是作为执政党指挥人们战胜困难的法宝。正是适应了当时社会环境的需要，英雄人物报道在中国活跃了半个世纪，这是一个值得注意的传播现象。简单回顾一下不同时期的典型人物可知一二：

20 世纪 60—70 年代：雷锋、王杰、焦裕禄、王进喜等；
20 世纪 80 年代：吴吉昌、栾茀、蒋筑英、罗健夫、张海迪等；
20 世纪 90 年代：徐虎、李素丽、孔繁森等；
21 世纪：任长霞、郑培民、周国治、牛玉儒等。

典型报道的宣传作用：歌颂战胜困难的勇气、颂扬具有高尚道德情操的中华民族精神，如雷锋毫不利己、专门利人的精神，净化了社会风气；焦裕禄以身作则带领灾区的百姓与自然灾害作斗争，增强了战胜困难的勇气，增强了民族的凝聚力；吴吉昌、栾茀、蒋筑英、罗健夫对科学的忘我态度，提高了人们追求科学、崇尚科学的精神；张海迪身残志坚的事迹，鼓舞了一代青年人为追求理想而不屈不挠的奋斗等。这些在中国的历史上都是值得肯定的。至于 21 世纪杨利伟的航天成功则鼓舞了人们的爱国主义精神；任长霞、郑培民把百姓的利益看作自己的事情，这种新一代基层和高层领导人甘为人民公仆的形象正是现代化建设所值得崇敬和赞扬的典型。

3. 历史上典型报道的负面影响

学术界对对典型报道的评价倾向于负面。评价的依据主要来自于两个方面的考虑：第一，阻碍了社会生产力的发展。历史上的典型报道带来的社会性灾难，影响了生产力的发展。如“农业学大寨”等典型报道给社会造成的经济损失是巨大的。第二，对人们价值观念的影响。典型报道所宣传的共产主义很快就可以到来的思想，与当代社会现实的矛盾，使人们在价值观念上产生了某些困惑，至今仍有抹不去的记忆。价值观念的影响主要表现在以下几个方面：第一，“神化”典型人物，过高估计了典型人物的作用，把典型人物当成推动历史前进的唯一动力。一个典型人物出来，国家领导一题词，各级领导必须雷厉风行，大张旗鼓地宣传呐喊，并且比较激烈和持久。第二，诗化、理想化典型人物。最典型的是 1970 年代初一篇报道《拉革命车不松套，一直拉到共产主义》，报道北京郊区的一位生产队长王国福的事迹，说王国福“身居长工屋，放眼全世界”，写他拉着沉重、贫穷破败的“车子”在长工屋内病逝。这种写法颇有讽刺意味，好像共产主义马上就到来。那“长工屋”和“革命车”与共产主义的距离实在太遥远了。这不仅是一种空洞的政治宣传，也给典型人物戴上了“理想”的光环。第三，对典型人物报道的绝对化。典型人物一好百好，没有缺点，永远都正确。即使有缺点也要掩盖起来。一旦典型人物出了什么问题，媒体又来口诛笔伐。

1980年初媒体对企业家步鑫生等进行了典型报道，1988年初步鑫生被免职，有人认为，当初媒体对步鑫生无原则的吹捧是他落入这般境地的因素之一。于是一些学者和媒体开始思考，报道观念与传播效果之间的矛盾问题。

4. 现代社会环境需要典型报道

既然在历史上典型报道有过许多的负面影响，那么典型报道还需不需要？尽管以前典型报道出现了诸多问题，但不完全是典型报道本身的问题，而是如何报道的问题，是报道理念和报道方式的问题。典型报道不可能再回到20世纪六七十年代那样追求“运动式”、“规模式”的效应，但作为一种新闻和文化传播现象仍然需要。

（1）明星得宠，“劳模”受冷落——社会文化发展的不均衡。

明星化、精英化时代更需要典型报道。《中国新闻出版报》副总编辑孙月沐2004年4月在《文汇报》上发表文章指出，一些媒体的明星化、精英化的报道，不仅表现在对演艺明星的追捧、炒作上，而且在体育、科学、经济报道中，也出现了明星化、精英化泛滥的倾向。现在的一些媒体报道中，明星、精英与人民群众的比例严重失调，各地此起彼伏的“超级女声”、“明星擂台赛”、“明日璀璨星”等各类造星秀中，不乏一些只有14－18岁的在校中学生，只要敢秀就有可能成为明星，只要敢秀有可能得到房、车、高额奖金。一些主持人煽风点火推波助澜，将一些青少年吹得飘飘然。当代的一些青少年对明星的名字如数家珍，对我国传统名著却不感兴趣。在有些大众媒体上，哪里还有什么普通劳动者、老百姓、人民群众的影子！即使有，也只是点缀、补白，或者干脆就是“陪衬”。这同样是在进行“典型报道”，不过报道的典型不是普通劳动者、老百姓、人民群众，而是明星、歌星罢了。①

（2）社会需要榜样，但更多的是以文化消费的面貌出现在社会上。

典型报道的实质是再现榜样的力量。青少年对明星的崇拜实际上是在寻求榜样的力量，青少年需要榜样，社会也需要榜样。当奥运会升起五星红旗，奏响中华人民共和国国歌时，国人无不情绪高涨，心情澎湃，这同样是榜样的力量。

当代青少年崇拜偶像与典型报道中的“榜样”完全不同，他们是以一种消费观念崇拜偶像，正像西方的政治问题娱乐化一样，不再当成一种政治性问

---

① 警惕媒体明星化取向．文汇报，2004－04－26

题而是看成一种商业性、娱乐性内容。这种现象不仅在青少年当中，在知识分子阶层中也颇有代表性。“传统知识分子以理性方式影响社会的情景，正由商业性的明星、歌星、影星、体育明星和政治活动家取代。由于人们对理性、真理、正义、价值、尊严感这些近代以来知识分子赖以生存的条件和基础的兴趣消失，知识分子的社会地位正在被取代。知识分子存在的大本营——大学也不再是文化的基地，不再是思想性生活的园地，也受制于‘消费性’社会和市场社会的一般原则：实用性、直接性、短期性。大学成为培训班，成为社会生产专用人才（商品）的工厂。传统意义上‘传道、授业、解惑’式的教育已经死亡，传统的名著和价值观念无人顾及和关注。”① 这是在市场文化强烈冲击下出现的现象，在这种冲击下，整个社会思想的中心价值观念也不再有支配性，偶像失去了光环，权威失去了尊严。而“市场文化由于功能和目标的规约，它并不主动攻讦其他文化，并不以斗争的姿态出现，甚至他的面孔相当妩媚和温和。”② 在这种文化背景下，典型报道“榜样”的力量必须重新定位，以适应社会变革和人们兴趣转移的需要，强化传播效果。

（3）现代化建设也需要榜样。

社会主义现代化需要坚持弘扬和培育民族精神、时代精神，在全社会形成共同理想和精神支柱。伟大的事业需要崇高的精神，崇高的精神支撑着伟大的事业。按照马克思主义的观点，在一定条件下精神可以变物质，精神力量可以转化为物质力量。崇高的精神具体在新闻报道中就是通过报道典型事件和典型人物的奋斗精神，鼓舞人们从事生活、学习和劳动。即使是法制社会，同样需要这种精神。抗美援朝的国际主义精神、“两弹一星”精神、大庆精神、抗洪精神、“神五”航天精神、奥运拼搏精神等代表了我们的民族精神。托尔斯泰说过，理想是指路明星，没有理想，就没有方向，就没有生活。把我国建设成为富强、民主、文明的社会主义现代化国家就是现阶段我国各族人民的共同理想。为了实现这个理想，我们应当增强对党和政府的信任，增强自立意识、竞争意识、效率意识、民主和法治意识，培养强烈的开拓和创新精神。典型人物一般来说是各行各业的模范人物，他们以实干建功立业，崇高精神通过平凡事迹而感人。发扬光大他们的崇高精神，弘扬代表时代发展方向的先进文化，营造劳动创造历史、劳动光荣的氛围，这也是被实践一再证明能产生振奋精神、鼓舞人心等积极社会效应的人文优势。新世纪新时代的广大劳模群体是与时俱进、丰满生动、可敬也可亲的。他们不仅与千千万万建设者、劳动者用智慧和

---

① 李小兵．市场经济与价值矛盾．我在，我思．东方出版社，1996. 5. 69－70 页

② 孟繁华．世纪狂欢——世纪之交的中国文化现象．中央文献出版社，2003. 5 页

汗水创造着人民的幸福生活和祖国的美好未来，也蕴含着喜怒哀乐、人之常情和丰富的内心世界。①

这些模范人物代表了时代的精神，是推动社会向前发展的动力，向他们学习是很自然的也是顺理成章的事。以前的典型报道尽管在报道观念和方式上出现诸多问题，但不能因此而废弃和否定这种报道方式，应该以发展的、一分为二的眼光对待典型报道。关键问题在于改变过去那种典型报道的观念。

8.3 通讯报道的发展趋势

1. 典型报道更加平民化、人性化

典型报道仍是通讯报道的一道风景线，报道观念、报道方式发生了重大变化，典型报道更加平民化、人性化。

首先，典型人物是人不是神，不再把典型人物写成高高在上的指挥者、统治者。

其次，把典型人物当成新闻人物，他之所以值得报道是因为具备了新闻价值特点。

典型是客观存在，典型与一般相对，有一般就有典型。既然是客观存在，新闻报道就是报道客观存在的事物。实际上从20世纪90年代中后期开始，典型报道就已经发生了很大变化。获第七届中国新闻奖的人物通讯《北京有个李素丽》，就是以一种平民化的报道理念和报道方式出现在社会上的。报道中这样写这位典型人物：

> 车厢里。人头攒动。
>
> 一位戴墨镜的乘客摸着朝售票台挤去。
>
> 她从挎包里掏出一个纸包，放在售票台上。
>
> “同志，你……”李素丽莫名其妙。
>
> “姑娘，我就爱听你说话。这几天，我觉得你的嗓子有点哑，这点胖大海是我专门给你买的，泡着喝吧。”

---

① “劳模”之星应成为媒体持久的兴奋点. 新华网，2004-05-06

车到站，乘客被扶着下车了。原来他是盲人。

盲人乘客心疼她，给她买药，还有大嫂给李素丽送荔枝保养身体，李素丽就是大家的。

选自《中国新闻奖作品选》（第七届）新华出版社，1998 年，第 27 页

李素丽既是一位典型，她代表了社会的一种文明，又是一位普普通通的人，她的一举一动都很自然，不是高高在上，而是融入群众之中，因为她就是群众的一员。这是一种无形的榜样，她默默地扎根在群众之中。

这种写法很自然，主要还不仅是写作技巧问题，而是记者扎实的跟车采访，耳闻目睹掌握了大量的现场事实。

2. 加强感染、鼓舞力量，去掉教化痕迹

媒体具有教育受众的功能。拉斯韦尔在《传播的社会职能与结构》一文中提出，大众传播媒介有三大作用："第一，环境监视；第二，协调社会各部分的关联以适应环境的变化。第三，社会文化世代相传。"这三种作用概括为："第一，岗哨；第二，论坛；第三，教师。"威尔伯·施拉姆等在《传播学概论》中说："查尔斯·赖特在《大众传播：功能的探讨》一书中，从社会学的角度勾画出对传播的看法时，在拉斯韦尔的三个范畴之外又增加了第四个功能——娱乐。"① 新闻媒介是大众媒介中最活跃的一部分，这四种功能同样适用于报纸。这四种功能还可以概括为：传播信息、引导舆论和提供娱乐。其中传播信息是最基本、最重要的功能。

媒体教育受众的功能是通过引导舆论来完成的，不是用教训式的方法来完成。人性化传播是当今媒体影响受众，引导舆论的传播方式之一。人性化就是淡化宣传和说教的成分，以人为本，体现人的内心真诚。通讯可以通过叙述故事和刻画人物来宣扬一种思想或信仰，宣扬一种道德和规范，这是中国特色新闻观的特殊的使命和责任，但不是为了责任而去报道一件事或一个人物。这种方法就是我们常说的通过轻松的话题达到启发人感染人的目的。具体来说可以从以下几点着手：

（1）新闻事件的故事性。

一个好的故事可以让人震撼。一个好的故事应具备两个条件：有社会价值和有阅听价值。具备了这两个条件，就可以吸引更多人、可以让人经久不忘。

社会价值体现在以当代感人的故事、生动的人物形象，歌颂那些具有民族

① 张隆栋．大众传播学总论．中国人民大学出版社，1993. 23－24 页

精神和时代精神的事件和人物。

伟大的事业需要一种精神力量作支持。实现社会主义现代化，发展先进文化，是一项伟大的事业，没有一种精神力量作支持，我们的民族就不可能立于世界民族之林。不讲理想，不讲精神，只讲物质享受，就会失去前进的方向，就会缺少凝聚力。改革开放初期，邓小平提出了革命加拼命精神；严守纪律和自我牺牲精神；大公无私和先人后己精神；压倒一切敌人、压倒一切困难的精神；坚持革命乐观主义、排除万难去争取胜利的精神等五种精神。当然每个时代都有每个时代的精神。每个时代的精神，都是人民群众在生活实践中的伟大创造。如新时期的抗洪精神、战胜非典的精神、“神五”航天精神等，都代表了新时代的精神。这种精神是鼓舞我们实现社会主义现代化的动力，需要我们真实反映和热情报道。

阅听价值体现在通讯应当通过有血有肉、生动感人的形象，真实地反映人民群众的爱国主义、团结统一、爱好和平、勤劳勇敢、自强不息的伟大精神；解放思想，实事求是的精神；勇于创新、知难而进、勇往直前的精神；艰苦奋斗、务求实效的精神。

（2）更加注重新闻人物的新闻性。

新闻性是通讯报道的前提和基础，否则就会失去写作价值。

（3）口号式、命令式的语言是当代人所不愿接受的。

交流式的沟通方式是全球文化发展的趋势。交流式是一种平等的表现形式，容易使人接受。

以往经常出现的“什么什么不能丢”，“要怎么怎么”，“应当怎么怎么”，“必须怎么怎么”等语气应坚决去掉，这些措辞可以在文件中使用，尽量不要在报道中使用。最近几年通讯报道中尽管明显的口号式、命令式语气少了，但以居高临下姿态向接受者发话的口吻仍不断出现。诸如“为官一任，振兴一方”，“把思想政治工作当事业干”，“艰苦奋斗的传统不能丢”等，这些仍是口号式也是教训式的口气，实际上仍是一种简单粗暴的“宣讲方式”，这种方式是打动不了读者的。真正要起到良好的宣传效果，宣传者一定要切实地转变观念，跟上时代的步伐。

3. 写作手法上大胆创新

（1）写作观念上，凡有利于社会主义现代化建设的先进文化都要敢于拿来。

人类文明的发展过程，是一个不同文化相互影响、相互融和又相互排斥、冲突的辩证发展过程。任何一个国家、民族的存在与发展都不可能是完全封闭、与世隔绝的，与其他国家、其他民族发生经济文化上的接触和交流，是一个国家或民族生存与发展的必然要求。随着历史的发展与进步，这种接触和交流在总体上呈扩大和增强态势。中华文化一贯具有开放的品格，中国历史上几次大的文化发展和文化创新都是文化开放的结晶。民族性是文化之魂，开放性是文化发展、创新的必由之路。因此，通讯报道不仅是传播中华民族优秀文化的阵地，也同样是传播外来先进文化的阵地。

通讯写作要改变传播观念，设法让更多的受众接受，仅仅固守于“阳春白雪”，不走进大众，发展道路将会越走越窄。从这个角度来讲，美国电影《花木兰》制作的创意值得借鉴。在中国传统文化里一直把花木兰描绘成一个勇敢善战的英雄形象，现代人据此去理解封建社会冲破男尊女卑的等级制度，会感到有点叙述的理想化。而美国电影却把她描绘成一个生活在人们身边很普通的人，很真实。这种处理符合现代人的接受观念，是观念的创新。

（2）形式上来一番改造。

通讯报道的写作手法本来很灵活，叙事、描写、抒情、议论等手法综合运用，记者可以放开手脚去写，但从形式上来看不够多样化，这主要是观念上不够开放引起的。如普利策获奖作品中的一些优秀特稿，记者在坚持新闻报道真实性原则的前提下，大胆借鉴文学、电影的表现手法，使特稿写得扣人心弦、引人入胜、可读性极强，这些手法值得参考。

4. 写作上可以体现风格

新闻是一种事实的报道，但客观事实是曲折复杂的，怎样去报道，用什么方式去报道，大有区别。新闻毕竟是一种精神产品，是客观事物经过记者的大脑思考、分析，然后才在笔下反映出来的东西。通讯报道不可能都像倒金字塔式结构那样模式化，相对于消息而言，通讯的结构安排较自由灵活。自由灵活的结构为记者报道事实留下了广阔的空间，便于记者把报道写得更有特色。

新闻史上的精品大都留下了记者的报道风格。黄远生的通讯具有写实的风格；徐彬的通讯具有浪漫的风格；李昭实夫妇的古典通信具有典雅的风格；周恩来的《旅欧通信》则是朴实严密的风格；范长江的西北通讯以知识见长；邹韬奋的通讯平易亲切；刘白羽的通讯气势磅礴；魏巍的通讯热情奔放；穆青的通讯细腻动人。①

不同媒体也能体现出独特的风格：《焦点访谈》针砭时弊；《南方周末》弘扬正义；《中国青年报》大胆开放……这些媒体已经形成了自己的报道风格，并且在读者中也已引起广泛的共鸣和好评。

报道风格不是故意玩华丽，而是尊重报道规律。显示报道风格，是媒体竞

---

① 周胜林．高级新闻写作．复旦大学出版社，1993. 45 – 46 页

争的需要，也是读者多层次的需要。报道风格不是抽象的，它体现在具体的环节中，记者在选择角度、提炼主题、叙述事件和描绘人物中都能显示出报道的风格。

8.4 通讯的种类和特点

8.4.1 通讯的种类

关于通讯的种类，比较一致的是分为四大类：事件通讯、人物通讯、工作通讯、风貌通讯等。

8.4.2 通讯的特点

事物总是在差异中显示其自己的特色，将通讯与消息相比较，可以把通讯的特点阐述得更加清楚。以下是通讯与消息的异同之处：

1. 相同之处

（1）都讲究时效性。

消息和通讯作为新闻报道的基本体裁，讲究新闻的时效性是两者的共同要求。消息的时效性要求更严格，通讯的要求稍宽松些，因为它需要深入细致的采访，获得大量的第一手事实材料。重要的新闻事件一般是先发消息，然后发通讯。

（2）新闻价值的要求相同。

都要求选择人们关心的具有社会意义的事件。消息重在事件，通讯不仅报道事件，而且通过对事件中的人物行为、思想等作较为细致地描写来体现新闻价值。

（3）都要求真实准确，用事实传递信息。

2. 不同之处

（1）表述方法不同。

消息的表述概括性较强，一般是简洁明快地概括叙述一件事，一事一报，有时甚至只报道一个片段，所以一般是粗线条的叙述，或者“压缩式”的叙述，让受众知道发生了一件什么事就行了。通讯的叙述则更具体、详细，常常报道事件的全过程，不但让人知道发生了一件什么事，还要让人们知道怎么发生、发生过程中有哪些有价值有意义的东西。所以通讯又是“详细的新闻”、“展开了的新闻”、“形象化的新闻”。

（2）写作的侧重点不同。

消息主要是写事，通讯则主要是写人。即使是事件通讯，也往往通过事件来写人物。

（3）思维方式不同。

消息主要用逻辑思维，而通讯主要用形象思维。所以，通讯的思维方式比消息更灵活，更开阔。

第一，通讯以叙述描写为主。

第二，通讯的语言富有文学色彩和政论色彩。

第三，作者的风格在通讯中更容易得到发挥，而在消息中作者的风格受到了某种限制（如客观报道，不发表看法等）。

第四，一篇通讯可以给受众树立一个“人物形象”。通讯所用的形象思维是建立在严格遵守新闻事实的原则之上的，与文学作品中的虚构完全不同。通讯不允许有任何虚构。

（4）结构形式不同。

消息通常要遵守一定的格式，按照导语、主体、结尾、背景材料等几个部分来写，通讯往往根据写作对象不同而采取灵活多样的结构。

8.5　通讯的叙事原则

1. 客观叙事

通讯是一种报道文体，它的任务和消息一样是传递信息。与消息不同的是，通讯传递的是更详细、更形象生动的信息，这是通讯的任务，也是它的本质属性。通讯报道问题的基本要求是客观准确，因此通讯中的过多的抒情和议论不符合报道文体的要求，也违背了通讯的本质属性。记者的“情”和“论”应通过事件或者第三方来表现，记者出面抒情和议论的“通讯”不是通讯而是报告文学。通讯中的抒情和议论来源于我国古代传统叙事文体的叙事风格。而我国的通讯在叙事手法上也较多地吸收了传统叙事文体的叙事方式。

（1）我国古代纪实性文体用事实说话的叙事原则。

我国古代纪实性文体如《左传》、《史记》等很明显地讲究用事实说话的叙事原则（我国新闻“用事实说话”的理论很大程度上来源于这里），也就是说，作者叙事的目的很明确，为了某种目的而叙述事件和人物。不过他们把自己的观点或倾向“藏而少露”，作者很少评论。孔子认为“我欲载之空言，不如见之于行事之深切著明也。”[①]“空言”，褒贬是非也。“行事”，当时所因之事。意思是站出来发议论还不如让事实说话更有说服力。比如《左传》中《郑伯克段于鄢》，没有说郑庄公孝与不孝，阴险还是宽厚，虚伪还是公正，而是通过事实把郑庄公的所作所为呈现在读者面前，让读者自己去判断。在《左传》里，作者的看法处理得相当巧妙，大多借别人之口表达自己的观点，如“子产曰”、“叔向曰”等。只在关键地方不得不说之处作者才画龙点睛式的述评。《郑伯克段于鄢》叙述到“大叔出奔共”时作者才出面：“书曰：‘郑伯克段于鄢。’段不弟，故不言弟。如二君，故曰克。称郑伯，讥失教也，谓之郑志。不言出奔，难之也。”[②] 作者这段述评也是以《春秋》里的一句话作为由头引发出来。“郑伯克段于鄢”6个字是引用，后面的内容既是解释也是评论。可见当时作者在发表评论时注重尊重历史。不过应该指出，我国传统叙事中有不少名作有相当高超的叙事技巧，叙事叙人时作者隐藏得很巧妙，但叙事到了结尾或者中间作者无法忍耐自己的“压抑”情绪，司马迁常用“太史公曰”，直接发表评论，左丘明则用“书曰”、“君子曰”等典籍引出自己的意见。

这种叙事原则在我国通讯中得到了延伸。从20世纪初荒原省的《北京通讯》到后来周恩来的《旅欧通信》；从邹韬奋的《萍踪寄语》到范长江的《中国的西北角》，一直到60年代穆青的《县委书记的榜样——焦裕禄》等，都可以找到我国古代叙事文体让事实说话的印记。

（2）报道文体应该尊重客观叙事的原则，抒情和议论要惜墨如金。

通讯也需要客观叙事，那么它与消息的区别在哪呢？在于故事更生动，事件更详细，细节更吸引人，人物行动更具有感染力。通讯不特别强调抒情和议论，最好让报道中的人物站出来抒情和议论，这样更真实、更有报道价值和宣传价值。即使出于故事的需要，记者也要特别谨慎使用。

---

① 史记·太史公自序．卷一百三十，3297页

② 古文观止（上）．中华书局，1978．3页

2. 形象描绘

形象描绘是通讯写作的主要手段。2002 年度第 13 届中国新闻奖获特等奖的由新华社采写的通讯《公仆本色——追记湖南省委原副书记、省人大常委会原副主任郑培民同志》一文的开头就开始描写：

> 2002 年春节，一封特制的信寄到了湖南省委。一张剪过的红纸作为信纸，寄信人为它精心装饰了金边。
>
> 信中写道："敬爱的首长，1990 年你不辞劳苦亲自爬上了我们崇山峻岭上的苗寨视察，访贫问苦，你是第一个能深入到我们海拔 1 700 米高山陡坡上的省委亲人……"
>
> 这封字迹不太工整的信发自湖南的西部——湘西土家族苗族自治州凤凰县米良乡叭仁村。
>
> 收信人：郑培民。

这篇报道选择一个村民寄给郑培民的信这个细节作为开头，入笔巧妙。共 4 个自然段，用描写手法起笔，到第 4 个自然段戛然而止，给读者描绘出了省委书记在平民百姓心目中的形象。信中的"你是第一个能深入到我们海拔 1 700米高山陡坡上的省委亲人"则是百姓对这位高官的最高评价，也充满着一个平民百姓对省委书记的崇敬之情。4 个自然段基本上是描写，其中那位百姓信中的内容是亮点，几句朴素的语言把郑培民这位省委领导的形象描绘得可亲可敬。

3. 事、理、情结合，恰当议论，画龙点睛

通讯的表述方式比消息灵活，在客观表述事件和人物行动的同时，可以适当插入一些抒情议论文字，起到画龙点睛的作用，同时也增强报道的感染力。《百姓心中的丰碑——追记公安局长的楷模任长霞》：

> 4 月 14 日 20 时 40 分，当任长霞为侦破"1·30"案件从郑州返回登封途中突遇车祸因公殉职后，登封"黑幛白花漫嵩山"，"城巷尽闻号啕声"，仿佛一夜之间出了无数诗人，使整个山城涌动着诗的潮水，哀的旋律。4 月 17 日，14 万群众自发为她送行，其哀其痛，其悲其壮，撼天动地，千年历史的古城登封前所未有。
>
> 一个眉清目秀的柔弱女子，一个到任仅 3 年的公安局长，何以能在这么短时间内赢得 60 多万百姓的如此爱戴、如此尊崇?!

“其哀其痛，其悲其壮，撼天动地，千年历史的古城登封前所未有。”是记者在叙述到14万群众自发为她送行时的一句点评，记者受上面的事实所感染，喷发而出，叙、议、抒情结合，自然流畅，几乎分不出哪是叙述、哪是议论和抒情。

在叙述到任长霞的儿子对母亲的“埋怨”时，记者写道：

> “为了让妈妈到医院来看我，也好让她借机休息一下，我故意在医院里多呆了几天，可直到我出院，妈妈也没顾上来看我一回。妈妈从来说话算数，可这次却永远地失信了……”任长霞的儿子卫辰尧一边讲述一边痛哭。
>
> “要用百分比打分，你给妈妈多少分？”卯卯沉思了片刻：“顶多80分，因为她陪我的时间太少了！”
>
> 又一个80分！面对同样的问题，长霞的丈夫给了她同样的分数！
>
> 记者的泪水夺眶而出……是的，只有完美的神，没有完美的人！

面对任长霞的丈夫和儿子的评价，记者无法自已，“只有完美的神，没有完美的人！”这句话脱口而出，像是自言自语，又像是在安慰任长霞的丈夫和儿子。没有把英雄人物写成完美的神，真实可信，又惜墨如金，可谓点睛之笔。

思考与练习

1. 我国的通讯报道有什么特点？
2. 通讯报道在新闻报道中的地位和作用？
3. 典型报道是应当淡化还是应当改进报道方式？

9

事件通讯

本章重点

- □ 事件通讯写事见人
- □ 事件通讯写事小中见大
- □ 灾难性事件的报道意义及价值

事件通讯就是详细深入地报道具有新闻价值和社会意义的事件的新闻体裁。

事件通讯的题材广泛，各行各业，各条战线，凡是社会中有报道价值的新闻事件都可作为报道对象。

9.1 事件通讯的特点

1. 事件完整

事件通讯叙述事件不是片段性的，而是完整地叙述和描写事件的发生、发展、变化、结果的全过程，给受众展示一个完整的新闻故事。

2. 事件条理清晰

（1）理清线索。

比较单一的事件较好把握，按时间顺序叙述即可。对一些头绪较多的事件，叙述时要特别注意多头绪之间的分和合，事件如何开端，如何分成多头绪多线索叙述，又如何将它们合为一体等。

（2）交代清楚事件因果关系。

报道的事件是“果”，但“因”也一定要注意交代清楚，一个结果，可能有一个原因，更多的情况是可能有多个原因。

（3）核心是人。

事件通讯以记叙描写事件为主，但事件的核心是人，事件实际上就是人物行动的全过程，事与人是互相联系的。事件通讯的写作，要求既见事也见人。

9.2 事件通讯的新闻价值与接受效果

1. 选取具有可读性的事件

（1）把事件编织成详细的故事。

事件通讯就是把新闻事件编织成详细的故事。“编织”故事是一门写作艺术。通讯写作的目的是除了让受众知道事实的真相外，还为人们叙述有意思的故事，即故事里的故事。有“意思”在信息社会里显得更为重要。

第一，网络时代，信息如洪水般泻来，传统媒体只有将新闻写得“有意思”才能吸引受众。

第二，信息时代，工作节奏加快，社会竞争激烈，人们在工作之余愿意在轻松休闲中享受信息“快餐”，那些“有意思”的故事容易被人们接受。“没意思”的东西往往无人理会。因此，记者不仅要善于发现，还要善于“编织”。编织故事，实际上就是巧妙地叙述故事。编织的艺术，也就是叙述的艺术。

故事拒绝套话。一有套话，故事就没味了。我们现在的报纸头版的套话太多，一大堆不必要的官衔介绍，一串串令人生厌的陈词滥调，真正到了人们感兴趣的地方却不写了。

故事的威力在于感染，感染的力量比说教的力量作用大，尤其对当代的年轻人。一些媒体总是出于好心，怕别人不理解，一件事还没叙述完，就急急忙忙要表态，就急不可耐要抒情。其实，叙述事件的基本功在于先把事件叙述得有意思，人们愿意听、看、读。愿意，才是接受的前提；愿意，才能起到潜移默化的作用。这种潜移默化的感染本身就是宣传，并且效果更好。故事如果为了宣传去编织，它的客观性难免会受到质疑。因为新闻的价值在于提供事实。

事件通讯当然是写社会生活中的事。过去我们强调写具有重大意义的事件，这当然是没错的。不过，这只是事件通讯要写的部分内容，而不是全部。百姓身边每天发生许许多多的故事，这些故事对百姓来说恐怕更感兴趣，因为百姓身边的事更容易接受。

事件通讯中的故事应多一些人情味。网络时代的报纸和期刊的发展趋势是，新闻在写作和制作上，更多采用特写和人情味浓的表达手法，直截了当的传统手法恐怕不再是主要的报道手段。这不仅仅是操作层面的变化，也是写作观念的变化。这种写法使新闻读、听、看起来更具故事性和戏剧性。在现代信息社会，受众选取信息的空间大，自由度也大，谁的新闻更吸引人，谁就会成为市场的赢家。也就是说，新闻价值的选择权在受众手中，而不是在政府或媒体手中。因此，人情味的新闻写作方法，将是未来通讯写作的主要手段。

人情味写法种种：从家庭的故事写起；从交友的活动写起；从个人的爱好写起等，这些人们关心的小事可能会引起受众的极大兴趣。

（2）事件。

事件是故事从某一状态向另一状态的转化。也就是说：事件是一个过程，一种变化。通俗地讲，在故事中，事件就是行动。（行动是由某一人物发出的，所以事件通讯离不开写人。）

例：

A 小明病了。

B 小明住医院了。

C 小明没有亲戚和朋友。

D 只有一个人来给小明送饭。

以上这四个叙述句中，ABD 都属于事件，它们都展现了一个行动，一个过程，构成了叙事事件序列中的一个环节，如图所示：

—	—	—	结局
A	B	D	

C 不是叙述事件链条上的一环，也没有展现小明或其他人的任何行动，仅仅揭示了小明的某种性质或属性，在叙述学上，可称之为描写。（描写属于审美范畴，新闻叙述中，描写不可或缺，应属于审美信息的范畴，此处不赘。）

上述四项叙述中，ABD 都可以用画面来表示其行动的流程，如 A，小明病了，或许晕倒在地上，或许在床上辗转反侧，或许痛苦呻吟等。但 C 无法传达给受众，因为它没有动作，不具有可操作性，因此不是一个事件。

（3）故事。

一个故事至少包括两个事件，这些事件构成一个序列，这个序列必须有某种可续性。可续性的意思是，故事中的事件必须安排得能够激起受众的兴趣，使他们渴望看到且能够看到下一步将会发生什么事，某一人物、某个场面将会发生什么变化，矛盾如何解决。通讯叙事中，正是事件的结果，才促使受众饶有兴趣地看、听、读下去。正因为如此，某些连续报道才吸引了众多读者。

时间：通讯中的时间有两个作用。一是显示事件是何时发生的，即时效性；二是系连性，即时间在事件叙述中起联系作用，事件与事件之间通过时间联系起来，使故事成为一个整体。第一个作用能表明事件的新颖度，这是新闻的灵魂。第二个作用表明事件产生的内在逻辑性，这在那些法律性新闻叙述中，作用尤为明显。因为事件的每一个细节、每个细节与另一细节的联系，可能显示出案件的某些性质。

空间：空间是联系事件的又一因素。在中国的叙事传统中，空间因素占重要的地位，空间叙述手法也很活跃，诸如“花开两朵，各表一枝”等在通讯的叙述中常用。著名事件通讯《为了61位阶级兄弟》主要采用了这一手法，叙述空间不断转换，故事情节扣人心弦。

2. 以叙述和描写事件为主，写事见人

事件是人完成的，写事离不开写人。与人物通讯不同的是，事件通讯的写人是为了介绍事件的过程、结果和意义。人物通讯的写人是为表现人物的行动，通过行动表现人物内在的思想。人物通讯写人的行动、语言、神态等，写得很详细、具体；事件通讯写人物的行动、语言、神态一般都很概括。

试比较两者写法的不同：

第14届中国新闻奖获奖通讯，人民日报2003年4月15日刊发的《广州市第一人民医院护士长张积慧日记——对抗“非典”难忘那46个日日夜夜》：

我正在购物，手机响了……

2003年2月15日星期六

11点30分，我正在购物，手机响了。医院护理部冯秀兰主任在电话里说：医院要成立一个非典型肺炎的病区，院领导班子正在讨论具体操作方案，已决定抽调你病区的护士们去支援，请立即回医院，并通知所有休息的护士。

中午1点，我赶到医院。这时，护士们也陆续从四面八方赶来了。

2点，冯秀兰主任来到我们中间，向大家说明这个病区主要是收治被传染的医务人员，市卫生局指示我们医院，要用最好的技术力量，使他们得到最完善、最彻底的治疗和护理。这让我们看到了这一新岗位的分量。

3点，我们12个护士迅速分成5个小组，开始计划、做单、领物。各路人马迅速出动，大到呼吸机，小到大头针都一一考虑到。从器械仓、杂物仓、供应室、被服仓、药库，我们一车车地搬运物品，往返都是跑步前进，直到晚上9点多钟，我们才拖着疲惫的身躯回到以前病区的办公室，此时已经没有力气多说一句话了，一脸的疲态，一身的尘埃，这才想起坐下来喝口水，吃点饭。

这篇通讯采用日记体写法。这则日记中写了一个护士群体，护士长——

我，冯秀兰主任，12 个护士。写这些人物时，也曾描写了他们的外貌神态——拖着疲惫的身躯，已经没有力气多说一句话了，一脸的疲态，一身的尘埃。几句话概括，画龙点睛式的，没有展开详细描写。不过这里应当指出的是，寥寥几笔，写得很真实，摒弃了过去写模范人物只是正面歌颂的模式。因这是在非常时期，突如其来的非典事件人们根本没有心理准备，正在购物突然被紧急召回医院，一脸的疲态，一身的尘埃是很正常的现象。如果写这些护士一脸的笑容，满怀信心，那倒有些不正常。这里的描写主要突出事件，写一个群体遇到这样重大事件时，团结奋战、忘我工作，把个人的得失放在第二位，最终制服病魔的感人的事。

人物通讯的写人则是通过人物的外貌、神态、动作，以及周围人们的看法，从不同角度刻画人物的精神世界：

> 两年多时间，郑培民跑遍了全州 218 个乡镇，住过 30 多个乡镇。这只是一个粗略到乡镇、尚不包括村寨的统计。除去在省里州里开会、办公需要的时间，在“开门见山”的湘西，这是一个没有喘息之机的数字。
>
> 妻子去湘西看他，一进屋，地上扔的是一双粘满泥巴的胶鞋，唯一一套出国时置办的西装，在柜子里已被虫子蛀满了洞。郑培民拦住要帮他刷鞋的妻子：天天都要穿，一出门，还是要粘泥的……在湖南，常常会听到人说：“培民书记是我的好朋友。培民书记像我的好兄长。”
>
> 说这话的人大都是普通百姓。该有多么深厚的感情和多么平等的关系，才能让他们自信地将一个省委副书记称为自己的朋友？
>
> 《公仆本色——追记湖南省委原副书记、省人大常委会原副主任郑培民同志》《人民日报》2002 年 10 月 14 日

这几段先描写郑培民的行动——跑遍了全州 218 个乡镇，住过 30 多个乡镇，表现他的勤政。接着从妻子的眼中看他的景象——一双粘满泥巴的胶鞋，唯一一套出国时置办的西装，在柜子里已被虫子蛀满了洞，表现他的为民。最后用百姓语言——培民书记是我的好朋友，体现出与群众的亲密关系。通过几件事，写人物的行动、人物的思想。这样，人物的形象自然地显现出来。

3. 小中见大，显示其新闻价值

事件通讯要从小角度切入，选取让人记忆犹新具有形象感的事件。有时新闻事件的细节影响着受众对整个通讯是否真实的看法。这里想举一个通讯

《珍贵的财富——王树理离任小记》作为分析对象：

> “12 月 21 日，庆云县委书记王树理卸任离开庆云时，小心翼翼地把一个装有 1 700 封人民来信的箱子搬到车上。在他看来，这是一笔宝贵的财富”。①

这一段话并未显示出时间与事件有什么逻辑关系。作者的一篇写作体会道出了实情：“12 月 22 日上午，记者拨通庆云县委宣传部电话得知，王已于昨日离开庆云”。② 记者的“体会”说明，12 月 21 日那天王树理离开庆云时，记者并未在场。既然未在现场采访，怎知王树理在搬运信件时“小心翼翼”呢？可能记者听王树理亲口讲的。既然是亲口讲的，作品中未直接引语。况且，行动的发出者描绘行动本身，也缺乏实证性，可信度值得怀疑。这里，时间对事件的内在逻辑起着举足轻重的作用。

9.3 事件通讯的种类与写作

事件通讯的种类各种著述说法不一，从新闻事件发生性质来划分大致有以下四种：政治性事件、社会性事件、灾难性事件和文化性事件等。

9.3.1 政治性事件通讯

政治性事件通讯是指对重要政治活动的通讯报道，如新华社的《肩负继往开来的使命——党的十一届中央委员会诞生记》，《人民日报》的《为了世纪大阅兵》，《深圳特区报》的《东方风来满眼春——邓小平同志在深圳纪实》等；影响国内外的重大工程项目的报道通讯，如新华社的《征服自然造福子孙的壮举——写在两江河截流之际》等；由于体制、法制、作风、道德上的因素导致群众生活和经济上造成重大损失和不良影响的事件报道，如弄虚作

① 大众日报，1997－12－23. 引自中国新闻奖作品选. 第八届，199 页

② “珍贵的财富”采写体会. 新闻知识，1998（11）

假、贪污腐败、买官卖官等。这些是国家和人民最为重视和关切的事件。

政治性事件通讯写作要注意三点：第一，选取重要的事件，重要的事件本身就具有社会影响力和传播价值。第二，对政治事件的叙述描写尽量客观。第三，写活政治事件中的人物。

东方风来满眼春——邓小平同志在深圳纪实

南国春早。

一月的鹏城，花木葱茏，春意荡漾。

跨进新年，深圳正以勃勃英姿，在改革开放的道路上阔步前进。

就在这个时候，我国改革开放的总设计师、各族人民敬爱的邓小平同志到深圳来了！

在我国社会主义现代化建设的关键时期，小平同志的到来，是对深圳特区最大的关怀和支持，是对深圳人民最大的鼓舞和鞭策。

一

1月19日上午8时许，在深圳火车站月台上，几位省、市负责人和其他迎候的人们，在来回踱步，互相交谈，他们正以兴奋而激动的心情等待着……

来了！远处传来马达的轰鸣声。接着一列长长的火车徐徐进站。时钟正指9时整，列车停在月台旁边。

一节车厢门打开，车站服务人员敏捷地把一块铺着红色地毯的长条木板放在车厢门口。

不一会，邓小平同志出现了！人们的目光和闪光灯束都一齐投向这位领一代风骚的伟人身上。

他，身体十分健康，炯炯的眼神，慈祥的笑脸，身着深灰色的夹克、黑色西裤，神采奕奕地步出车门。他的足迹，在时隔8年之后，又一次踏在处于改革开放前沿的深圳这块热土上。

下车后，邓小平同志满面笑容地同前来欢迎的广东省委书记谢非、深圳市委书记李灏、市长郑良玉一一握手。

……

二

……

听了汇报后，小平同志和省市负责人作了较长时间的谈话。

小平同志充分肯定了深圳在改革开放和建设中所取得的成绩。然后，他说，要坚持党的十一届三中全会以来的路线方针政策，关键是坚持“一个中心、两个基本点”。不坚持社会主义，不改革开放，不发展经济，不改善人民生活，只能是死路一条。基本路线要管一百年，动摇不得。

小平同志又说，要坚持两手抓，一手抓改革开放，一手抓打击各种犯罪活动。这两只手都要硬。打击各种犯罪活动，扫除各种丑恶现象，手软不得。

小平同志思路清晰，记忆力强。他谈笑风生，有时一两句幽默的话语，引得大家发出一阵阵笑声。在场的省、市负责同志聚精会神地聆听他老人家的谈话，不时还插上几句。谈话气氛轻松活跃。

小平同志侃侃而谈。他还谈到中国要保持稳定；干部和党员要把廉政建设作为大事来抓；要注意培养下一代接班人等重大问题。

在谈话中，小平同志强调要多干实事，少说空话。他说，会太多，文章太长，不行。谈到这里，老人家指着窗外的一片高楼大厦说，深圳发展这么快，是靠实干干出来的，不是靠讲话讲出来的，不是靠写文章写出来的。

……

四

1 月 21 日，是华侨城建设者永远难忘的日子。这一天，小平同志到这里的中国民俗文化村和锦绣中华微缩景区游览。

……

小平同志说，走社会主义道路，就要逐步实现共同富裕。共同富裕的构想是这样提出来的：一部分地区有条件先发展起来，一部分地区发展慢点，先发展起来的地区带动后发展的地区，最终达到共同富裕。如果富的愈来愈富，穷的愈来愈穷，两极分化就会产生，而社会主义制度就应该而且能够避免两极分化。解决的办法之一，就是先富起来的地区多交点利税，支持贫困地区的发展。当然，太早这样办也不行，现在不能削弱发达地区的活力，也不能鼓励吃“大锅饭”。

他接着说，不发达地区又大都是拥有丰富资源的地区，发展潜力是很大的。总之，就全国范围来说，我们一定能够逐步顺利解决沿海同内地贫富差距的问题。

当深圳市长郑良玉汇报到在发展经济的同时，把社会主义精神文明建设搞好时，小平同志说，只要我们的生产力发展，保持一定的增长速度，人民的精神文明建设也可以搞上去。我们完全有能力把社会主义精神文明建设搞好。

小平同志还谈到要尽快把经济建设抓上去。他说，有条件的地方要尽可能搞快点，只要是讲效益，讲质量，搞外向型经济，就没有什么可以担心的。

……

六

……

今天，小平同志同省、市负责人作了重要的谈话。

小平同志说，改革开放胆子要大一些，敢于试验，不能像小脚女人一样。看准了的，就大胆地试，大胆地闯。深圳的重要经验就是敢闯。没有一点闯的精神，没有一点“冒”的精神，没有一股气呀、劲呀，就走不出一条好路，走不出一条新路，就干不出新的事业。不冒风险，办什么事情都有百分之百的把握，万无一失，谁敢说这样的话？一开始就自以为是，认为百分之百正确，没那回事，我就从来没有那么认为。

李灏说，深圳特区是在您的倡导、关心、支持下才能够建设和发展起来的。我们是按您的指示去闯、去探索的。

小平同志说，工作主要是你们做的。我是帮助你们、支持你们的，在确定方向上出了一点力。

小平同志还指出，社会主义的本质，是解放生产力，发展生产力，消灭剥削，消除两极分化，最终达到共同富裕。证券、股市，这些东西究竟好不好，有没有危险，是不是资本主义独有的东西，社会主义能不能用？

允许看，但要坚决地试。看对了，搞一两年对了，放开；错了，纠正，关了就是了。关，也可以快关，也可以慢关，也可以留一点尾巴。怕什么，坚持这种态度就不要紧，就不会犯大错误。

在谈话中，小平同志还谈到了：现在建设中国式的社会主义，经验一天比一天丰富；在农村改革和城市改革中，不搞争论，大胆地试，大胆地闯；我们的政策就是允许看，允许看，比强制好得多，等等。

《深圳特区报》1992 年 3 月 26 日

这是“左”倾思潮四处泛滥，人们心头充满了疑云，中国正处在经济改革的十字路口的关键时刻，小平同志以 80 岁的高龄毅然南巡，发表重要谈话，推动了改革开放的车轮。这篇报道的政治价值不言而喻。记者是唯一一位全程跟随采访的文字记者，得天独厚的条件，使记者有幸记录了小平深圳行的重要事件，从事件中透露出小平讲话的重要精神。

记者跟随采访是从 1992 年 1 月 19 日到 1 月 23 日，发表时间是 1992 年 3 月 26 日。事隔两个月的原因是上面精神“暂不作公开报道”。3 月 22 日，《南方日报》以《小平同志在“先科”人中间》为题，报道了小平视察深圳的消息，记者眼睛一亮，意识到可以公开见报了，于是连夜赶稿，到 24 日写成了 1.1 万字长篇通讯。3 月 26 日报道在《深圳特区报刊》登后，当天的《羊城晚报》几乎全文转载，28 日上海《文汇报》、《中华工商时报》全文转载，30 日《光明日报》、《北京日报》全文转载，新华社也于当天全文播发，还配发了消息。接着全国省市区的主要报纸相继转载。4 月 2 日，《参考消息》在头版位置头条报道了《外电外报评中国报道邓小平深圳之行》，编发了美英日三国重要媒体对此事的反应。4 月 1 日即将访日的江泽民总书记在会见日本驻华记者时，被问到对此报道的评价时答道：“邓小平同志视察南方时的重要讲话，早已在全党和全国传达。现在发表邓小平同志视察深圳的报道，可以使全国人民更好的了解他的谈话精神，以便全面地贯彻落实。”1993 年 3 月到 5 月，作者陈锡添作为中国新闻代表团副团长应邀访美。在被问及“邓小平先生已没有职务，他的话为什么还有这么大的影响”时，陈锡添答道：“这是因为，曾作为中国主要领导人之一的邓小平，在中国长期革命和建设中建立了显赫的功勋，在中国人民中享有崇高的威信，加上他的谈话高瞻远瞩，实事求是，对中国的改革开放和现代化建设有很大的指导意义。”

从这篇通讯报道传播的重要性和广泛性来看，记者报道了重大的政治事件，通过邓小平深圳纪实，传递出了坚定的经济改革信念和实事求是的思想。这就是这篇报道的分量。其次，客观报道使这篇通讯生辉。作为报道体裁，通讯应遵循客观报道的方式，客观叙述新闻事件和新闻人物。本文运用客观叙述的手法，很自然地传递出了重要的信息，并没有因为议论抒情少而降低报道的重要性，反而觉得从叙述的事件、人物活动、人物语言中，反映出领袖人物内心真实的一面。

在客观报道方面，有三点值得借鉴：第一，按照时间顺序安排事件。第一部分：1 月 19 日上午 8 时许邓小平到达深圳，乘车观赏深圳市容，一边与省市领导人交谈。要求多搞点“三资”企业，不要怕。第二部分：1 月 20 日上午 9 时 35 分，参观国贸中心大厦，听取省市主要负责人汇报。谈到多干实事，少说空话。第三部分：到深圳先科激光公司参观。与公司人员谈到版权问题。第四部分：1 月 21 日上午 9 时 50 分，来到中国民俗文化村。嘱咐陪同的深圳市长经济建设要搞快点。第五部分：1 月 22 日上午 9 时 45 分，深圳仙湖植物园游览。第六部分：1 月 2 日下午 3 时 10 分，在宾馆接见深圳市几套班子负责人并发表讲话指出：改革开放胆子要大一点，敢于试验，不要像小脚女人一样。第七部分：1 月 23 日上午 8 时 30 分离开深圳去珠海，临别时叮咛深圳市委书记李灏：你们要搞快一点！其次，通讯按照时间和地点的转换，把事件叙述得完整清晰，同时把小平的谈话自然的带出来。读不出谈话的“讲话”痕迹。再次，报道中大量的细节运用使事件更加生动，让人们了解到伟人的生活情趣。如与女儿邓楠的关于邓颖超是哪儿人的对话，在植物园观赏“跳舞兰”后笑着说：“是，很像个姑娘在跳舞。”刘华清副主席介绍广州军区司令员朱敦法中将说，淮海战役中是个连长。邓小平笑着说，“那时他还是个娃子哩。”这些生活化的语言，透出伟人的风趣与平易近人。

此文有两处议论和抒情显得多余，有因辞害意之病。

> “当小平同志离开旋转餐厅下到一楼大厅时，大厅的音乐喷泉，随着优美的乐曲，喷出图案多变的水柱和水花，蔚为壮观。一楼到三楼，站满了群众，黑压压的一片。人山人海，秩序井然。人人心花怒放，个个喜笑颜开。这是多么令人难忘的时刻！人们为有幸能一睹小平同志的风采而激动万分，也为小平同志的身体健康、精神饱满而无比高兴。”

这是小平同志在深圳国贸大厦参观时的情景，记者看到“站满了群众，黑压压的一片。人山人海，秩序井然。人人心花怒放，个个喜笑颜开”时，激情澎湃，来了一句“这是多么令人难忘的时刻!”的抒情，这句话真是多余，如果去掉这句话，叙述思路很自然，加上这一句，打断了思路，读起来不自然。结尾的地方，记者已经有一大段议论，“小平同志来到深圳，使深圳进一步涌起改革开放的春潮。小平同志在这里发表的许多重要谈话，对深圳的改革开放和建设，对整个社会主义现代化建设事业，都有着重大而深远的意义。”作为点睛之笔，已经够了，但记者还嫌不够，再加上一段：

> “敬爱的小平同志，我们衷心祝愿您健康长寿！深圳人民一定沿着您倡导的有中国特色的社会主义道路奋勇前进!”

作为一万多字的报道，已经把小平同志的谈话以及活动记录下来，还要添上口号式的语言，有点画蛇添足。

叙述、议论和抒情的结合要起到叙述事件或人物的作用，不是专门为了议论和抒情。近年来，大段的议论和抒情已逐渐减少，客观叙述的成分逐渐增多。议论和抒情的作用不仅仅是多少的问题，关键是需不需要。多余的议论和抒情宁愿不要。

9.3.2 灾难性事件通讯

灾难性事件属于突发性事件，是人们预想不到的也不愿意发生的事件。这种事件可能是自然因素，如SARS、地震、洪水等事件的发生。也可能是人为因素造成的，如洛阳大火、南丹矿难事故、阜阳劣质奶粉、杀人等事件。

1. 灾难性事件的报道意义及价值

（1）纠正对灾难性事件报道的错误观念。

中国历史上有“谶纬”学，总是把天灾人祸与社会政治生活相联系。在这种观念的支配下，有人总认为事故不能报道，或者少报道。原因是灾难性事件报道多了容易给社会“抹黑”，“不利于安定团结”等。但是天灾人祸经常发生，因此媒体不得不采取另一种方法，负面新闻正面报道，这实际上是一种陈旧的观念。

（2）及时报道有利于政府决策。

灾难性事件已经发生，后面的问题就是查清事件真相，找出事故原因，惩办责任人，吸取教训，以免此类事件再次发生。1985年7月8日《工人日报》的通讯《渤海二号钻井船翻沉说明了什么》，报道了事件中的官僚主义、违背科学规律、渎职失职的现象，对各行各业都有巨大的警示作用，起到了良好的社会效果。1987年5月大兴安岭森林大火，《中国青年报》的三篇通讯《红色的警告》、《黑色的咏叹》、《绿色的悲哀》，从不同的角度，不但详细地描述了这场大火怎么烧起来的，而且还叙述了人与社会、人与自然的关系，更为重要的是涉及到管理体制的问题。2001年1月31日《南方周末》的报道《追问洛阳大火》，展示了这场灾难的详细过程，追问事件的原因和影响，起到了警示社会的作用。2001年8月7日新华社的《弥天大谎是怎样破灭的——广西南丹“7·17”透水事故调查日记》、2004年4月19日《半月谈》《劣质奶粉吞噬生命之花——阜阳农村婴儿“大头怪病”追踪》等通讯报道，描写过程都很详细，起到的正面作用相当显著。这些通讯报道推动了舆论监督工作的正常运转，也推动了我国信息透明的民主化进程，信息公开是民主执政的第一步，信息公开才能保证舆论监督的有效性。

（3）负面新闻正面报道不利于查清事件的真相。

负面新闻正面报道不利于公众了解事件真相，灾难发生时展示给受众的往往是赞扬声，事件本质的东西往往被掩盖了，这种报道的错误观念只起到暂时转移视线的作用，对促进事故的查清、解决都不利。客观报道灾难性事件是对公众观念的一种引导，引导公众正确认识事件的危害性和严重性。公众与管理层是一种互动关系，媒体应该尽量地促成这样一种良性的互动。

（4）媒体“公正介入”力戒炒作，避免渲染血腥暴力情节。

首先，报道的出发点不是为了自己的商业利益进行放大式的炒作，媒体的出发点应该是社会公益和正义。其次，尽可能以客观公正、平衡的方式进行报道。有些细节可以经过过滤处理。

（5）灾难报道越来越透明。

近两年灾难报道越来越多，报道题材越来越广，非典、禽流感、火灾、爆炸、空难、矿难等有关重大公共安全突发事件经常见诸媒体，不但在国内受到公众、社会和政府的关注，也受到海外舆论的关注，这反映出政府执政理念的改变，社会生态环境的宽松。《羊城晚报》2004 年 12 月 16 日以《灾难报道越来越透明，折射政府执政理念改变》为题刊发报道，分析了灾难报道越来越透明的几点主要表现：第一，突发事件报道更有人情味。央视今年的突发事件报道比过去更注重有人情味的细节，更关注普通百姓在事件中的状态以及与他们切身利益紧密相关的内容，而不再过多报道官员如何指导事件处理之类的空洞内容。报道认为，这种变化源自政府提倡的“以人为本”的理念。第二，问责突发事件彰显“双敢”精神。每次重大突发事件被报道出来以后，往往还伴随着政府对事件原因的深入调查以及对事件责任人的严厉处罚。使干部“问责制”成为大众熟知的新词汇，也令不少在职干部发出“以后日子越来越不好过了”的感慨。突发事件报道近年来发生的巨大变化，是党和政府执政能力不断增强的体现，也必将对党和政府执政能力的进一步提升起到积极的推动作用。

2. 灾难性通讯报道的写作要点

（1）交待事故发生时间地点及灾难造成的后果。

（2）写明引发事故的原因。

（3）描述事故现场，这是报道事故的最重要依据。

（4）描述事故发生的过程，这是灾难性通讯报道写作详细的部分。

（5）目击者描述。

（6）知情人介绍情况。

（7）准备连续报道，不断逼近事件真相。

弥天大谎是怎样破灭的

——广西南丹“7·17”透水事故调查日记

7月17日凌晨3点30分，广西南丹县龙泉矿冶总厂拉甲坡矿、龙山矿海拔负150米的巷道里，几十名矿工，瞬间在一场并非偶然的透水事故中丧生。当死难者含冤躺在黑暗的矿洞深处时，地面上，漠视安全生产的个体矿主，迅速开始了一场黑暗的交易，他们炮制出一个弥天大谎，试图逃过法律的惩罚。

但是，几十名矿工的生命岂能用金钱一抹了之？在党中央、国务院和广西壮族自治区党委、政府的高度重视下，经过中央、广西组成的事故调查组的调查，现已初步查证有81人在这次事故中失踪，估计已全部遇难。金钱炮制的弥天大谎终被戳破，撒谎者即将受到法律的严惩！

在调查这一事故的日日夜夜里，本社记者目睹了谎言炮制者的狡诈、死难者家属的悲愤和调查、抢险者的艰辛、智慧和无畏。

8月1日

一场大雨将南丹县大厂镇拉甲坡的林木洗得一片苍翠，在张着黑色大口的矿窿周围，一片平静。

记者随调查组深入到拉甲坡矿矿道2 000多米处，没有发现什么异常，这里温度高达40摄氏多度，氧气稀薄，调查组无法继续深入。记者又就这里有无发生事故采访了拉甲坡矿的众多矿工，矿工众口一词：我们不知道，我们都是刚来的。

“没有死人，也没人受伤。如果发生了事故，矿工家属早就围在矿窿前了，哪会有这么平静？”拉甲坡矿矿长黎家西信誓旦旦。

除黎家西外，拉甲坡矿的几名管理人员：副矿长韦肯格、办公室负责人陈洪彪、安检科长苏锦等，面对调查人员的问讯，都矢口否认矿上曾经发生伤亡事故，他们说，自从全国开展整顿市场经济秩序以来，矿山从5月下旬就已经停工了。身为安检科长的苏锦更是一问三不知，连半个月前发生的事情都说“记不清了”。他告诉调查人员：“我这个安检科长是口头任命的，不管事。”然而就在问讯室对面墙上的“安全生产”宣传栏上，还赫然写着“安检科在苏锦科长的领导和广大员工的共同努力下，展开了卓有成效的工作，取得了良好的成绩……”

……

8月2日

黎家西第一个承认发生事故。

经过一天半时间的智斗，到今天下午5时50分，在公安人员凌厉的心理攻势前，昨天还拍胸脯保证没有死人的黎家西败下阵来，承认了“7·17”事故的经过，并交出了失踪者及赔偿名单、住址：7月17日凌晨3时30分左右，拉甲坡矿海拔-150米水平以下的3号工作面、8号工作面以及9号工作面的3号面突然涨水，迅速淹到海拔-110米水平，当晚拉甲坡矿的260名矿工分别在8个工作面作业，其中约有80名左右的矿工在被淹的3个工作面作业，除部分管理人员和9号面部分未下到工作面的矿工外，其余均失踪。

交代完后，他叹了一口气：“说出来，就轻松多了。”

同时，公安人员也成功地找到了失踪人员家属。

记者随外围调查组来到宜州市德胜镇都街村，村里有4人在这次事故中失踪：韦海生和他的儿子韦灿军、姐夫韦振平以及覃文体。

幸存者韦海鸥是死者韦海生的弟弟，他给记者讲述了死里逃生的一幕：

“我们同在龙山矿（龙山矿毗邻拉甲坡矿，同隶属龙泉矿冶总厂，两矿的矿道在山底相通）打工，同一个班组。7月17日凌晨3点50分，我看到有大量的水涌入，水是从拉甲矿方向涌过来的，不到一分钟，第二工作面已经灌满了水，并顺着斜道向第二平台涌上来，我想去救下面平台的亲属，已经来不及了，就和同在第二平台的两位工友拼命往外跑……”

逃生的韦海鸥于7月18日下午回到家，把噩耗告诉嫂子韦美丹；20日，龙泉矿冶总厂黎东明派小舅子黄国亮等把死者的家属接到金城江河池中学对面的华林酒店，分别协商抚恤金问题，当天韦美丹得到13万元，韦振平的妻子得到51 500元，覃文体家属得到5万元，并被告诉说回去后不许乱讲。7月30日，龙山矿几人来到村里，拿了苹果、烟酒，并对死者家属说：“有什么要求，可以向矿里反映，千万不要跟记者说，如果曝光出去，矿井被封了，你们就找不到尸骨了！”

在韦海生简陋的家里，记者看到了龙山矿送来的6瓶已被喝干了的“沙河王”酒。韦美丹捧着丈夫、儿子的相片，与年迈的婆婆抱头痛哭。

韦美丹向调查组拿出了韦海生与龙山矿2001年5月24日签订的协议书，协议书上注明"如果矿工因公死亡的，龙山矿一次性补贴死者家属2万元，龙山矿不再承担任何经济和法律责任。"

……

8月3日

……

外围调查组对集中控制的龙泉矿冶总厂管理人员包括总经理、矿长、负责安全生产的安全科长在内的共20人进行了讯问，他们供认矿井中发生了透水事故，淹得很厉害，从－150米到－160米一直淹到了－100米左右。被控制人员交代，他们给每个失踪人员家属赔偿5万至6.5万元不等，总计赔付了392万元。

龙山矿矿长黎启乐这枚"钉子"终被拔掉，上午，他仍企图避重就轻，只承认这个矿死了4人，到下午3时，他终于顶不住，交代了龙山矿死亡人数为17人，并交出名单。至此，"7·17"事故矿方交代失踪人员为76人。

黎启乐说："隐瞒不报，是害怕政府封矿，封了矿井，就无利可图了。只要给了家属抚恤金，就可以堵住家属的嘴。"

对被讯问者提供的76名失踪人员，公安人员火速通知失踪人员所在县的公安局，全力进行核查。

……

8月4日

今天外围调查工作取得明显进展，据负责外围调查的公安部门查证，矿方提供的76名失踪人员名单中，已查证62名失踪人员家属获得了赔偿金。

井下调查工作受阻：事故现场位于矿底深处，地形复杂，积水多，水温高，抢险队仍未能找到一具尸体。

拉甲坡矿道长约4 200米，矿道内分8级斜坡；龙山矿矿道长约1 600多米，分为7级斜坡。两个矿的矿道最低处均为海拔负150米左右。据负责抽水、抢险、搜索的井下调查组组长、广西壮族自治区煤炭工业行业管理办公室主任郑兆安介绍，抢险人员只能到达海拔－100米的水面，距离遇难者尸体可能所在的－150米处矿道底部，尚有100米左右的淹满水的斜坡巷道。矿内水面水温高达摄氏40多度，抢险队员根本无法抵达海拔－150米处。只有把矿道的水抽干，才有可能找到尸体。

据测算，矿道内全部积水约30万立方米，现在是雨季，每天约有1万立方米的水涌入。由于巷道狭窄，摆放不了太多的抽水设备，8个窿口现在加起来每小时只能抽出1 046立方米，今天凌晨零时到下午5点，共抽了17 782立方米，目前水位已降70厘米。按这个进度，要把水抽干，大约需要15天左右；现在还不知道矿井下是否有地下暗河，如果有，抽水将更艰难。

记者看到，8个窿口都在日夜不停地抽水；南丹县抽调了45名干部负责抽水，24小时坚守窿口值班。调查组正在加紧研究更快的抽水方案，把现有的抽水设备全部用上，再多调剂一些抽水设备，集中人力、财力、物力，想方设法加快抽水进度。

由国家经贸委主任李荣融率领的中央调查组今天来到南丹察看了发生透水事故的拉甲坡矿，听取了王汉民的事故调查汇报。李荣融说，党中央、国务院时刻关注此次事故，事故调查工作要以秒计算，要不惜代价，尽快把水抽干，一定要把事故弄个水落石出，要对党中央、对人民负责。

……

8月5日

龙泉矿冶总厂总经理黎东明、副总经理韦家农、拉甲坡矿矿长黎家西、龙山矿矿长黎启乐、拉甲坡矿安检科长苏锦等14人被刑事拘留。

记者采访了韦家农，他交代，7月30日，他赶到龙山矿召开管理人员会议，20多人参加，韦家农在会上安排任务，统一口径，会后管理人员按韦家农的布置，分头去做矿工的工作，威胁说：从企业和南丹的利益，也从个人的饭碗考虑，谁也不准说出去！

在拉甲坡矿办公室，记者看到墙上悬挂着“龙泉人准则”，其中第四条是“要实事求是，不要弄虚作假”。真是莫大的嘲讽！

……

8月6日

……

经过2天时间的抽水，下午4时，抽水工人在龙山矿海拔－116米处，发现一个颅骨，这是南丹发生透水事故以来首次发现失踪人员的尸体。下午8时，抽水工人又发现一具骨架。因为矿井温度过高，浸泡时间过长，尸体已经腐烂，面目无法辨认。

记者看到，龙山矿旁搭起了一个灵棚，人们正按照壮家习俗祭奠死者。逝者已不能复生，留给生者的，是无尽的悲痛……

新华社 2001 年 8 月 7 日

南丹“7·17”矿难是我国第一个首先由记者揭露出来的重大事故。媒体对南丹矿难事故的报道极大地提高了人们对舆论监督作用的认识，同时表明新闻记者在当代舆论监督中的独特作用。

这是较早的一篇通讯报道。重点描述了南丹“7·17”透水事故发生后有关部门和人员如何隐瞒不报的过程。2001 年 7 月 17 日，南丹发生特大透水事故，遇难者为 81 人，事故的直接原因是，在拉甲坡矿井下 9 号井标高 166 米平巷的 3 号作业面，由于实施违章爆破引发了事故。事故发生后，当地政府的一些人和矿主串通一气，隐瞒事实真相，阻碍记者采访。7 月 27 日下午，新华社广西分社副社长杨维成接到关于南丹矿难的举报后，分社领导打电话向河池地区和南丹县领导查询此事，均被告知并无此事。尽管如此，分社还是向总社作了汇报，并组织文字、摄影、网络、摄像记者等 6 人小分队，连夜赶往南丹事故发生地。到达矿区后，穿着迷彩服的护矿队员拦住小分队。矿长黎家西矢口否认有事故发生。记者虽发现了疑点，但无法查实。总社领导指示要深入调查，副社长杨维成带小分队二次赶到南丹……

报道采用日记体写法，从 8 月 1 日到 8 月 6 日，按时间顺序展示了有关部门和人员玩弄骗人手法的伎俩，向社会和民众报告了事实真相。报道后在社会上引起了强烈反响。

其次是这篇报道采访了各方面的当事人和证人，掌握了大量第一手的内幕材料，说服力极强。然而新闻报道却遇到异常强大的阻力。8 月 1 日记者的采访艰难重重：

记者随调查组深入到拉甲坡矿矿道 2 000 多米处，采访了拉甲坡矿的众多矿工，矿工众口一词：我们不知道，我们都是刚来的。

“没有死人，也没人受伤。如果发生了事故，矿工家属早就围在矿窿前了，哪会有这么平静?”拉甲坡矿矿长黎家西信誓旦旦。

拉甲坡矿的几名管理人员：副矿长韦肯格、办公室负责人陈洪彪、安检科长苏锦等，面对调查人员的问讯，都矢口否认矿上曾经发生伤亡事故。

8 月 2 日记者继续深入采访，在公安人员的配合下，打开了攻守同盟者的心理防线：

在公安人员凌厉的心理攻势前，昨天还拍胸脯保证没有死人的黎家西败下阵来，承认了“7·17”事故的经过，并交出了失踪者及赔偿名单、住址。

接着记者乘胜追击，采访不断深入，终于挖出了真实的猛料：

记者随外围调查组来到宜州市德胜镇都街村，村里有4人在这次事故中失踪：韦海生和他的儿子韦灿军、姐夫韦振平以及覃文体。

幸存者韦海鸥于7月18日下午回到家。20日，龙泉矿冶总厂黎东明派小舅子黄国亮等把死者的家属接到金城江河池中学对面的华林酒店，分别协商抚恤金问题，当天韦美丹得到13万元，韦振平的妻子得到51 500元，覃文体家属得到5万元，并被告诉说回去后不许乱讲。

7月30日，龙山矿几人来到村里，拿了苹果、烟酒，并对死者家属说：“有什么要求，可以向矿里反应，千万不要跟记者说，如果曝光出去，矿井被封了，你们就找不到尸骨了！”

外围调查组对集中控制的龙泉矿冶总厂管理人员包括总经理、矿长、负责安全生产的安全科长在内的共20人进行了问讯，他们供认矿井中发生了透水事故，淹得很厉害，从负150米到负160米一直淹到了负100米左右。被控制人员交代，他们给每个失踪人员家属赔偿5万至6.5万元不等，总计赔付了392万元。

从报道中可以看出，记者采访之艰难。正是这种艰难的采访，才客观地报道了事实真相。

2001年8月4日，人民日报以《广西南丹矿区发生重大灌水事故，初步认定70多人死亡》为题，报道了此次矿难事件。

2001年8月底，当媒体连续报道发生在广西南丹特大透水事故之际，有人支持媒体的报道，也有不同的声音。8月27日当天的《人民日报》在要闻版“人民论坛”上，刊发了题为《假如媒体缺席》的言论。言论认为，此次媒体对事故的报道，“很大程度上是因为有了一种让媒体公正介入的秩序”。《人民日报》这篇言论立即引起媒体关注，纷纷转载。《羊城晚报》以《事故曝光不可怕，媒体沉默才可怕》为题，当天就在头版位置转载了这篇言论。

2001 年 8 月 31 日《焦点访谈》栏目中播出南丹矿难事故调查的全过程。

9.3.3 社会性事件通讯

社会性事件通讯是指反映有代表性的社会现象、社会问题、社会风气的事件通讯报道，如社会上的真善美、假恶丑等。

社会性事件通讯通过事件表达出社会意义，这种事件在社会上具有代表性和典型性，报道事件的意义在于认清事件的重要性和严重性，以促成社会关注和对问题的解决。其写法有以下几种：

1. 描述性写法

描述性写法重在对事件发生现场、事件中人物的行动及语言的描写，从而显示出事件的意义，所以对事件细节的捕捉是通讯写作的重要一环。

总理为农民追工钱

10 月 24 日下午 5 时许，三峡库区腹地蜿蜒起伏的山间公路上，几辆面包车正从万州区向云阳县城方向疾驰。

此刻，坐在汽车里的中共中央政治局常委、国务院总理温家宝望着车窗外一一闪过的田野，若有所思。上午 11 时许，他和随行的国务院有关部门负责人飞抵重庆万州后，就开始走访移民。万州是三峡库区最大的移民区，搬迁人口 25 万。在三峡工程进入三期建设的关键时期，移民安置至关重要。在连续走访了多户移民后，温家宝感到：尽管移民的居住条件有了较大改善，但长远生计仍需好好谋划，库区经济要加快发展。

汽车在行驶。夕阳洒向一片片硕果累累的柑橘林，圆圆的柑橘犹如千万盏小灯笼在墨绿的树叶里熠熠闪光。温家宝想：三峡库区农民的情况不知道怎么样?

当行至距云阳县城约 40 公里处时，温家宝看到公路附近隐约可见几处农舍，当即要求停车：走，去看看村里的乡亲们。

沿着一条高低不平、十分泥泞的狭窄小道，温家宝带领着随行人员向公路下边掩映在一片葱茏竹林中的小村庄走去。

跨过几条水沟，穿过几片相连的橘园和竹林，十多分钟后，几间略显陈旧的农舍出现在眼前。

这是云阳县人和镇龙泉村 10 组——三峡库区腹地一个偏僻的小

山村。

“老乡，我们能在你家坐一会吗?”

温家宝向正在院子里吸烟的一位农民和气地问道。

刚从田里干活回来的村民曾祥万挽着裤腿、赤着带泥的双脚正在歇息。闻听招呼，他抬起头来，简直不相信自己的眼睛。他赶紧迎上前来，紧紧握住温家宝的双手：“总理，过去我只是在电视上见过您，真没想到今天您会到我们这么偏僻的村子里来。”

“温总理到我们村子里来了!”正在田里干活的村民们，闻讯纷纷拥进曾家小院。

看着老老少少一院子的村民，温家宝显得十分高兴：“乡亲们，快都坐下，咱们一起聊聊！我很想知道你们村子里的情况。”

家里有几口人？粮食够吃吗？养的猪好卖吗？柑橘多少钱一斤？水库蓄水后土地还够不够种？孩子们都能读上书吗？上学一年要花多少钱？农村电费降了多少？家里有几个人在外面打工？移民补偿拿到没有……

温家宝面带微笑，一一询问村民们的生产生活情况。望着总理亲切和善的面孔，村民们的拘束一下子烟消云散，你一言，我一语，与温家宝拉起了家常。

小院里不时传出的阵阵笑声打破了村里的宁静。

不知不觉间，半个多小时过去了。温家宝对龙泉村10组的基本情况已有了大致了解。这时，他问村民们：“大家还有什么困难？有什么需要我们做的?”

“总理，我想，我想说说我家里打工的事。”一直坐在温家宝左侧的农家妇女熊德明有些腼腆地说。

温家宝总理侧过身对她说：“你说吧。”

这时，坐在旁边的重庆市委书记黄镇东也鼓励熊德明：“有什么事只管对总理照实说。”

熊德明说，现在农民的收入主要靠打工，村里大多数劳力都在云阳新县城搞建筑，一年收入有五六千元左右，但是在修建新县城中心广场阶梯的过程中，包工头拖欠农民的工钱一直不还。她爱人李建明有2 000多元钱的工钱已拖欠了一年，影响娃儿们交学费……

听着熊德明的叙述，温家宝神情顿时严峻起来。

“听说政府把修广场阶梯的钱拨下去了，但是包工头们扣着民工的钱不发。”曾祥万接过话头说道。

温家宝双眉紧锁，沉吟片刻后说：“一会儿我到县里去，这事我一定要给县长说，欠农民的钱一定要还！”人群中立刻响起热烈的掌声。

“谢谢总理！”刚才还有些腼腆的熊德明，此刻高兴地叫了起来。

接着，温家宝对随行的干部语重心长地说，“现在老百姓的好多事情，在一些领导干部看来都是些不值一提的小事，可对老百姓来说，却是大事。天天坐在办公室里，不到农民家里看一看，坐一坐，怎么能知道农民的困难呢?”

天色渐暗，丝丝寒气隐隐袭来，但村民们心中却暖洋洋的。温家宝和村民们一一道别，并愉快地提出和乡亲们合影留念。这时，乡亲们都抢着和总理握手，刚才还兴高采烈的熊德明却直往人群后面躲。

“别跑啊——”，温家宝快步上前和她握手道别。这时，熊德明扬了扬双手，不好意思地说：“我刚割了好多猪草，手太黑太脏。”但总理丝毫不理会，仍紧紧地握了握熊德明粗糙的双手。

暮色中，坐进汽车里的温家宝突然看到村里的乡亲们正跟在后面，向汽车走来。他马上又走下汽车，握着村民们的手再次道别。人群中，一些村民眼里闪动着泪花。

华灯初上，汽车驶进云阳县新城。温家宝心里仍想着龙泉村乡亲们的事。一见县里的负责人，他就追问起农民务工工资被拖欠的事。

县里负责人说：“确有其事。主要是因为一些包工头没有把钱发到农民手中。这事我们要认真处理，一定给村民一个满意的答复。”

当天夜里 11 时多，熊德明和丈夫拿到了拖欠的 2 240 元务工工资。

《重庆日报》2003 年 10 月 27 日

这篇通讯报道的拖欠农民的工钱一事，是一种普遍的社会现象，事件本身具有代表性。温家宝总理到重庆万州三峡库区最大的移民区走访，遇到了农民反映拖欠工钱问题，指示当地县长马上解决，“当天夜里 11 时多，熊德明和丈夫拿到了拖欠的 2 240 元务工工资。”

报道中注意抓住“小事”，以小见大。总理听了农民熊德明的反映后说：“在一些领导干部看来都是些不值一提的小事，可对老百姓来说，却是大事。”

报道中的细节运用是这篇事件通讯的成功之处。如温家宝听了农民熊德明的反应后“双眉紧锁，沉吟片刻后说”；温家宝与熊德明握手告辞时发现熊德明跑了，“别跑啊——”，温家宝快步上前和她握手道别。这时，熊德明扬了扬双手，不好意思地说："我刚割了好多猪草，手太黑太脏。"但总理丝毫不理会，仍紧紧地握了握熊德明粗糙的双手。这些细节很自然地反映出总理与农民的亲密关系。另外，总理关心拖欠农民工钱的事，给社会上尤其是给领导以警示，新闻价值也随之而出。

2. 剥笋式写法

这种写法往往以新闻线索作为写作起点，随着采访的深入步步逼近，直到彻底暴露事件的真相。

2004年9月27日南京师大音乐学院逼迫女生陪舞事件发生后，10月27日《新周刊》以《南京师大音乐学院逼迫女生停课给视察领导陪舞》为题详细报道了事件的全过程，此文采用剥笋式写法，先报道学生和任课教师的反映，接着报道学院领导的反映，然后叙述校方领导的解释，直到事件真相大白。

10月8日中午，南京师大仙林校区东四栋学生公寓楼门口，记者约见了音乐学院2003级舞蹈编导专业班的班长舒丽和另外3名女生。舒丽说，一切都是从接到那个"紧急通知"开始的。

9月27日中午，正在午休的舒丽突然接到班主任刘理老师的电话："学院楮书记要你下午到她办公室去一趟，有重要任务布置到你们班。"

下午3点，舒丽如约来到学院二楼书记办公室。学院党委副书记楮慧平向她分派了任务："你下午带全班女生陪上面来的领导唱唱歌、跳跳舞。"

"你们一定要服从学院安排，这是校长办公室分派下来的，也可以说是校长布置的，你向全班女生讲明这一点，必须要去！他们现在正在参观学校，马上要去。"

舒丽别无选择，身为班干部的她应该尽力为学院领导分忧。

据了解，最先向音乐学院下达这项紧急"陪侍任务"的是南师大校长办公室主任朱毅，但面对记者采访时，他"一脸无辜"。

"不错，这个任务通知确实是我亲手布置下去的，但我只是奉命行事。"朱毅向记者强调。

"领导等候多时"。教授无奈提前下课。

而音乐学院党委副书记楮女士提供给记者的说法同样也声称是来自于朱毅："朱主任要求音乐学院一定要完成任务，他强调说其中有高层领导干部。"

记者在采访校长办公室负责人朱毅时屡次问及，朱含糊其词地说：“是参加党校学习的一些领导，其间也有以前的校友。”

朱毅主任向记者承认，要办好一所大学必须要与社会各界建立广泛的、千丝万缕的联系，也需要社会各个层面给予支持和帮助。他坚持认为：“即便是从爱校的角度出发，学生为学校的发展尽点义务也在情理之中。”

陪舞学生、校方领导、学院领导的反映足以证明了事件的真实性。学生和老师的愤怒，校方“官员”的麻木，让人们看到了社会上腐败现象对一方净土的大学校园的侵蚀已经到了引起全社会关注的程度。

这篇通讯对责任方及受害者都作了详细报道，不但事件的发生发展和结果的脉络清晰再现于世，而且叙述尽量做到了客观、平衡。

3. 自述式写法

自述式写法主要是以事件中人物的口吻叙述事件经过，因为是第一人称，叙述的过程性强，能自然地把读者带入现场。另外自述式写法娓娓道来，故事性强，富有吸引力。请看：

八个男人换回来的一个生命

——大舜号唯一女性幸存者董颖的自述

在危难之际，男人依靠自己的体力与死神搏斗；女人要靠自己的冷静，更需要男人们的帮助。昨日，在烟台市牟平区一家医院里，大舜号幸存者中唯一的女性董颖，无限深情地向记者描述了数日前的素昧平生的男人们用自己的生命把她从死亡线上救回来的经历。

两粒晕船药片使我保持清醒

我叫董颖，是黑龙江省齐齐哈尔市人，今年26岁。“大舜号”出事前，在青岛市帮人卖服装。24日那天，我和姐妹解芳想到大连玩，本来买了中午的快船票，但因风大取消了，于是临时改乘“大舜号”。

大约下午4时半，警铃第一次拉响了，我们穿上了救生衣。我在甲板上一直呆到7时半，尽管穿了棉袄、棉裤，我冻得连站都站不住了，所以又回到了客舱过道。过道里已经挤满了人，由于船摇晃得很厉害，许多人都被撞得头破血流，80%的人在呕吐，地上一片狼藉，臭气熏天。9时左右，我也开始晕船，想吐，旁边坐着一位带女儿的中年妇女递给我两片晕船药，吃完以后，我才慢慢清醒过来。这两片晕船药使我在逃生的关键时刻得以清醒，可算是救了我的命。

男人们纷纷把生路让给妇孺

在逃生过程中，船上的男人们都纷纷把生的希望留给妇女儿童，把死的结局留给自己。我，就是这种人性光辉照耀下的最大得益者。

我和解芳是黑龙江人，没坐过船，更不知救生衣为何物，两位素昧平生的大哥走了过来，让我俩别紧张，并分别为我俩系好救生衣，而他们的救生衣还没有穿上呢！其后，不论是在船舱里，还是在过道上，男人都自动自觉地让出一条路，以方便妇女儿童们先行一步到达甲板上。

“大舜号”倾斜后，船舱内一下子就被海水淹没了。4名男乘客一边安慰我们，一边采取各种手段和方式，打碎钢化玻璃船窗，而当玻璃窗破碎之后，第一个逃出的并不是男人们，而是我董颖！

我看到了一条橡皮救生筏，上面的男人拼命地伸出手，但是风高浪急，我费了九牛二虎之力也没法爬上去，旁边一个准备登筏的男人，毫不犹豫向我游来，与筏上者一道，将我弄上去了。可是，一个巨浪，将海里那位大哥卷走，给我留下了此生无法抹去的残酷记忆。

救生筏上只有我和一位金大哥，由于风浪太大了，救生筏根本无法靠近海军“686”救援船。在黑暗、寒冷、无助的茫茫“死亡之海”上，我放声大哭起来，金大哥安慰我说，不管结局如何，他也一定会尽全力帮助我，因为我还年轻，而他已经年过半百了。

救生筏随风浪盲目地漂啊，漂啊，终于看到岸上的灯光了。我们好激动啊！没想到，一个巨浪打过来，将救生筏打翻了，当时我一直紧紧抓住筏绳不放，但与我相依为命的大哥却被无情的巨浪卷走了……

不久，我回头一看，已经到岸边了，而且岸边有个人，我用尽力气叫“救命”。他跑过来想拉我，但没拉住，我又被海水带回到海里。

过了一会儿，我又被冲上了岸边，为了不再被冲回去，我赶紧解开缠在身上的缆绳。我的手已经不听使唤，费了十几分钟才解开。这时腿已经冻僵了，我拼命向岸上爬，正好找到了一个木桩，刚抱住木桩，先前拉我的那个人就跑过来了，问了好几句话，我没回答就昏过去了。医生告诉我，幸亏是一位老人及时发现，否则我肯定被冻死在海岸上了。

贺大叔解开大衣把我裹在他怀里

11 月 26 日上午，病房的门被推开了，进来一位满脸皱纹的老人，他的眼神里满是关心和慈祥。我立刻意识到他就是那天救我的人。大叔走过来，一边问我的病情，一边将一大袋水果放在桌子上，在我再三请求下坐在我的床边，向我讲述了那天晚上他救我的全过程。

老人名叫贺传永。11 月 24 日晚上 12 时多，58 岁的贺大叔首先发现了救生筏和我，连忙赶回家叫弟弟开上手扶拖拉机来救人。在车上贺大叔用羽绒服包住我，并把我抱在怀里，使我不被冻坏。

后来，有人告诉我，一共有 6 名难友坐筏听由巨浪推打来到云溪村的海边，都一一获救了，其他难友当然也非常非常感激云溪村的村民们。如果没有村民们，逃过大海劫难的人，也不一定能够生还。

《广州日报》1999 年 12 月 1 日（获第 10 届中国新闻奖二等奖）

除了通讯的导语之外全是事件中的主人公董颖的自述。读者跟着叙述者的思路走下去，与叙述者一起紧张激动。

报道的构思一开始就立足于形象化的故事，“八个男人换回来的一个生命”，整篇通讯写了 3 个故事：两粒晕船药片使我保持清醒；男人们纷纷把生路让给妇孺；贺大叔解开大衣把我裹在他怀里。通讯写“大舜号”在海上失事后，危难之际，船上八个素昧平生的男人如何用自己的生命把一女性从死亡线上救回来的故事。文中细节颇生动感人，但读起来轻松自然，毫不费劲。报道的成功与记者善于组织故事有关。

《八个男人换回来的一个生命——大舜号唯一女性幸存者董颖的自述》的叙述思路：

结构	核心内容	叙述方式	叙述角度	叙述思路	叙述功能	写作技巧
导语	危难之际男人们把她从死亡线上救回来。	概叙	幸存者描述	事件起因	引出人物	记者议论
主体一	两粒晕船药片，保持清醒。	描写	幸存者口述	故事开始	再现现场	进入情节
主体二	两位大哥帮忙系救生衣；让出一条路让妇女儿童到达甲板；一个男人让出救生筏；巨浪把那人卷走；口述者被一位老人救出。	描写	幸存者口述	故事展开1	再现真情	进入高潮
主体三	贺大叔解开大衣把我裹在他怀里。	描写	幸存者口述	故事展开2	延伸故事	高潮渐去
结尾	6名难友被村民救出。	概叙	幸存者口述	故事结束	人物离场	尾声

这篇通讯报道的成功有4点值得总结：

第一，负面新闻正面报道的成功范例，报道中描写了几个感人的故事，通过故事再现了当时现场人们在危难之时的真情，留下了宝贵的资料。

第二，记者的叙述除了开头有几句议论外，主要通过再现现场的事件向社会展示了危难之时人们纷纷把死亡留给自己，把生命让给别人的可贵品质，人物的精神完全通过行动展示出来，这些普通的小人物作出的伟大创举，是时代精神的主题。记者并没有刻意追求“轰轰烈烈”、“宏大的场面”，这是报道观念的变化。记者也没有追求单一宣传式的抒情和议论，只是通过几个故事客观地叙述和描写，这是报道方式的变化。

第三，围绕事件写人，没有脱离事件去表现人物，在事件发展中动态地表现人物，而不中断事件发展。同时写人一般都是简笔勾勒，没有像人物通讯那样去对人物作过多精雕细刻，而是集中叙述事件。

9.3.4 文化性事件通讯

文化性事件通讯是指那些有关政治文化、社会文化等方面的事件通讯。如社会民主、信息透明等内容。这些内容往往围绕公共知识分子的活动、访谈事件展开，在社会上能造成较大影响。另外，演艺界、影视界的明星名人的活动事件也成为报道热点，因此这方面的通讯大量涌现。

文化性事件的文化价值：这些事件的消费价值很明显，如有趣味性、故事性等优势，可以填补人们的休闲空间。更重要的是它有一种观念的导向作用，通过一些文化事件的报道，在感染中给人以熏陶，人们自觉和不自觉地进行选择，或接受或欣赏。

文化性事件的新闻价值：社会上关注的人物或事件，受众对此类事件具有很强的阅听兴趣。

余秋雨：封笔是为反盗版

“我已经宣布不再写了。如果哪一天你们发现市场上又有一本‘余秋雨著’的新书，就肯定是假的。”

昨晚，近日因“封笔之说”在整个文化界闹得沸沸扬扬的著名学者和散文作家余秋雨出现在中山大学的一个礼堂里，对他提出“封笔”的真正原因作了一番解释，也为自己的“封笔”留下了余地：在设定的三个条件成立的前提下将重新再写。

不过他认为，这三个条件恐怕在他有生之年也不可能全部实现。

摆脱平庸关键要懂选择

“年纪越大受到社会的控制力就越强，大学时期是最能把握并控制自己整个生命质量的锁钮。”

面对台下一群风华正茂的大学生，曾长久浸润在高教系统中的余秋雨表现出他洋溢的深情和真诚：“我做了多年的老师，我想首先告诉你们的是，我是通过真正的‘苦读’才走到今天的。你们要忙的事情确实很多……但是人的生活质量需要自己选择。大学是最能把握并控制自己生命质量的锁钮。”余秋雨说，在这个社会上，大多数人都难以摆脱平庸，而一些人认真修炼就是为了摆脱这种平庸。“在校园里每一天你都面临选择，只有作出优化的选择，生命质量才会得到大大提高。”

余秋雨不讳言，对现有文明看不到前途的他认为“有着难以逾越的障碍”，他把克服悲观情绪的希望放在年轻一代身上。

"不申辩不代表我不坚持"

"在我们现在的文化领域里，破坏的成本远低于建设的成本。有一段时间我不申辩，因为我的话语系统和他们距离太远。"

近年来在文化界遭遇的风风雨雨和诸多争议，余秋雨认为他采取的是一种不抵抗、不申辩的态度，但这不代表他不坚持。"虽然很多人攻击你，你想反驳，但你发觉你的话语系统和他们距离太远，这时你手里即使有100条理由，但你发现，也许自己要到讲粗话的程度才能和他对上话——这样我就选择'不讲'。这种'不讲'包括不与其和好，也不求人调解，不会多愁善感而发愁，于是我写书，走我的路。就是那句话：走自己的路，让别人说去吧。"

余秋雨认为，这种喜欢攻击自己不认识的人的风潮和时代终将过去。"在现在中国文化领域中，建设机制和创造机制都太薄弱，但破坏机制却很强大，甚至一个人在建设，100个人在批判。我希望那些喜欢批判的人把主要精力放在建设上，不要在骂骂咧咧中度过一生。无论是对文化建设和自身道德建设而言，我都看不起只讲破坏不讲建设的文化人。"

"我再写要有三个条件"

"我已经宣布不再写了。如果哪一天你们发现市场上又有一本'余秋雨著'的新书，就肯定是假的。盗版一天得不到遏制，我就不再写书了。"

对于甚嚣尘上的"封笔之说"，余秋雨说更准确的提法应是"我不再写书了"。为什么不写了？他说一是写得够多了，完成了我的人生抛物线。二是因为盗版。

"论盗版，我想我的书应该是全国第一。"说到这里余秋雨略带无奈，"最近我发现很多根本不是我写的书却挂上了'余秋雨著'。什么《夜雨苍茫》、《放歌四海》、《北方盲流调查录》，还有一些黄色小说，他们知道我的书喜欢起什么名，看起来就像真的一样，但都不是我写的。""所以我不再写了，也就意味着今后如果还有任何'余秋雨著'的新书就肯定是假的！这是我为阻断盗版万不得已的措施，盗版一天不遏制，我就不再写书了！"

那是否永远不写呢？余秋雨说也未尽然，在三个条件成熟时他说不定会再写——“一、当疯狂的盗版得到初步遏制；二、当诽谤、诬告、侮辱真正成为被判刑罚款的罪行时；三、当媒体发布谣言后立即纠错，并向受害者道歉时。”

渴望享受“有价值的空闲”

……

他认为，“一切都是忙出来的，惟有文化是闲出来的。”他希望自己能“享受一种有价值的空闲”，“知识分子如果能保持一种独立、自由、松散的人格规范和行为规范，可能会给中国文化带来另一种色调。当然，年轻人不应这样做。”

……

刁钻问题“围攻”余秋雨

昨日余秋雨的论坛在中大掀起一股风潮，几百名有幸拿到票的学生、老师以及媒体记者将中大善思堂挤得水泄不通，学校还专门安排了投影电视在会场外进行“现场直播”。现场除了中大学生外，还有不少从华南理工大学等其他高校赶来的学生。论坛结束后，中大学生抓紧机会，向余秋雨提出自己的问题，一些问题更是“刁钻”得让余秋雨都难以作答。

问：旧书授人以德，新书授人以技术。当代的学生很少机会接触传统文化经典，这是不是现代年轻人道德堕落的主因？

答：我不主张从古籍里寻找道德，实践比读书更重要。在挪威，我曾在街上见到很多挪威青年将自己打扮成乞丐模样，细问才知他们其实是为贫困儿童募捐。发达国家年轻人这种慈善性质的实践方式很让人欣赏。一边实践，一边学习道德文章，才会有成果。

问：您自传的题目叫《借我一生》。如果我把我的一生借你，你将做些什么？

对于这个问题，余秋雨自己都有些始料不及：这是一个美丽、让我感动的构思。当一个历尽沧桑的老师听到学生这样的提问，真是感动得不知如何作答。我只能说，我希望所有人都让自己快速成为一个懂得中国传统文明的世界公民。

问：在中外历史上，不少知识分子虽然成就显赫，但私人生活却很糜烂，这涉及知识分子的个人操守问题。在这样的情况下，您认为一个普通学生还能“聆听知识分子的教诲”吗？

答：生命是真实的，知识分子也是人，必定也有缺陷。大家应该想想，向你们提供了这些知识分子“缺陷”素材的人，是否也用别人的缺点掩盖了自己的虚伪？有些人就是专门靠“挖掘”大师的缺点维生。

……

《广州日报》2004 年 10 月 26 日

《新京报》于 2004 年 7 月 22 日报道了《余秋雨宣布封笔归隐，将出版自传〈借我一生〉，表示将退出文化圈，不再参与文化活动》后，媒体纷纷转载。2004 年 10 月 25 日余秋雨到中山大学演讲，《广州日报》进行了采访报道。余秋雨是一位公众人物，近年来频频出现在媒体上。他的《文化苦旅》一书发行量大、传播面广，其本人在当代社会具有相当大的影响力，他的出场往往能形成新闻。

文化性事件通讯在于报道出一种文化的精神、文化的价值，使人感觉到文化潜移默化的力量。

在这篇报道中余秋雨成了事件的焦点。他谈知识分子的人格，论盗版，谈文化建设和自身道德建设，谈文化人，谈‘苦读’等，都引起了一群风华正茂的学子们的极大兴趣。尤其是谈到读书要下功夫，谈出了他对文化的追求。

文化性事件通讯还在于报道出人物之间的观点碰撞，这是当代文化的一个特点。

在回答学子们的提问时，余秋雨始料不及。

问：旧书授人以德，新书授人以技术。当代的学生很少机会接触传统文化经典，这是不是现代年轻人道德堕落的主因？

答：我不主张从古籍里寻找道德，实践比读书更重要。在挪威，我曾在街上见到很多挪威青年将自己打扮成乞丐模样，细问才知他们其实是为贫困儿童募捐。发达国家年轻人这种慈善性质的实践方式很让人欣赏。一边实践，一边学习道德文章，才会有成果。

这样的回答也许并不圆满，但接下去的提问却让这位名人感到突然：

问：您自传的题目叫《借我一生》。如果我把我的一生借你，你将做些什么？

对于这个问题，余秋雨自己都有些始料不及：这是一个美丽、让我感动的构思。当一个历尽沧桑的老师听到学生这样的提问，真是感动得不知如何作答。我只能说，我希望所有人都让自己快速成为一个懂得中国传统文明的世界公民。

余秋雨的回答也许很诚恳，学子们还是步步紧逼，问题越来越刁钻：

问：在中外历史上，不少知识分子虽然成就显赫，但私人生活却很糜烂，这涉及知识分子的个人操守问题。在这样的情况下，您认为一个普通学生还能“聆听知识分子的教诲”吗？

答：生命是真实的，知识分子也是人，必定也有缺陷。大家应该想想，向你们提供了这些知识分子“缺陷”素材的人，是否也用别人的缺点掩盖了自己的虚伪？有些人就是专门靠“挖掘”大师的缺点维生。

应当说，这篇通讯的信息量不亚于一篇重要政治事件报道的信息量。学子们的提问和余秋雨的回答反映了两代人不同的文化追求和文化观念，有共同点也有不同点。这是由当代文化背景决定的。当今的市场文化未免失之浅薄，它只能解决浅薄的人生问题，并不能造就深厚博大的中国现代文明。现在的整个精神生活领域，从公共生活到爱情、婚姻等都变得赤裸裸。这种短期行为使人们的生活产生了种种危机。这种危机需要回答，对话是一种好方式。因此，文化事件通讯将会蓬勃发展。

思考与练习

1. 应该选择哪些题材作为通讯的报道对象？
2. 事件通讯写作应该注意些什么问题？
3. 社会性事件通讯报道的重要意义有哪些？
4. 文化通讯报道的传播价值是什么？

10

人物通讯

本章重点

- □ 人物通讯分类的科学性
- □ 先进人物与传播效果
- □ 当代人物通讯的报道理念

人物通讯是用来展示新闻人物事迹与形象的一种新闻体裁。人物通讯的报道对象主要是那些能体现时代精神的先进人物、新闻人物等。

报道先进人物是社会主义新闻媒体的一项重要任务。以前新闻媒体成功报道了雷锋、焦裕禄、张海迪、孔繁森、李素丽等先进人物，近两年的任长霞、郑培民、周国知、牛玉儒等先进人物都是通过通讯报道走向社会走向人们心中的。因此对先进人物的宣传报道是新闻媒体的使命。

人物通讯以先进人物和丑恶人物为主要报道对象，同时也关注对一些有争议的人物或正处于转变中的人物的报道，这些人物可统称为新闻人物。近几年以贪污腐败的人物作为报道对象的人物通讯增多，这些报道是对时代的某个侧面的真实记录和反映，丰富了人物通讯的内容。

10.1 人物通讯的类型

1. 先进人物

先进人物是代表时代发展方向的英雄人物，这些人物的身上集中了劳动人民的本质特色，尤其是他们身上闪烁着时代精神的光辉，报道他们的事迹，能够鼓舞广大人民群众的斗志，推动历史前进。这方面的代表作有：1963 年 1 月 8 日《人民日报》的《县委书记的榜样——焦裕禄》；1989 年 8 月 28 日《光明日报》的《钱学森——中国人的骄傲》；1995 年 4 月 6 日新华社的《领导干部的楷模——孔繁森》；1996 年 10 月 4 日《工人日报》的《北京有个李素丽——21 路公共汽车 1333 号车跟车记》；2003 年 10 月 14 日《人民日报》的《公仆本色——追记湖南省委原副书记、省人大常委会原副主任郑培民同志》；2004 年 6 月 3 日《人民日报》的《百姓心中的丰碑——追记公安局长的楷模任长霞》；2004 年 10 月 9 日《光明日报》的《大山公仆颂——记优秀共产党员、一心为民的基层干部周国知》；2004 年 11 月 28 日中央电视台的《本色牛玉儒》等。

2. 反面人物

人物通讯中的反面人物一般指那些贪污腐败、蜕化变质、对社会有害的人。这些事例报道出来有助于人们更清楚地认识他们的内心深处，以警醒社会。如 1993 年 8 月 27 日新华社的《国法不容——禹作敏犯罪纪实》；2004 年

2月13日新华社的《铁证如山——山东省人民检察院公诉王怀忠案纪实》；2004年7月13日《新京报》的《江苏省原组织部长“双规”前后》等。

3. 新闻人物

新闻人物包括有创造精神的精英人物如公共知识分子、有改革精神的企业家和明星等；有争议的人物，如一些既具有借鉴性又有思考性的人物等；平凡人物，如一些普通人，做出了有益于社会的事情和具有真善美品格、乐于助人、赞助社会的人等。这些人物虽然不是社会上树立的典型，但都有一个共同点就是其事迹具有新闻价值，能成为社会谈论的话题，对人们有一定影响。

10.2 关于典型人物的典型性问题

1. 典型材料

（1）典型材料的属性。

典型，即代表性。典型材料，即具有代表性的材料。人物通讯写作中往往使用典型材料来表现人物和叙述事件。典型材料具有以下几个属性：从新闻价值方面衡量，典型材料具有普遍意义，能显示出报道对象的重要性，因此具有更高的新闻价值；从认识论方面看，典型材料能折射出事物的概貌，能透过现象看本质；从审美角度看，美的事物往往是功利的、典型的。典型材料中，美的素质往往更集中、更强烈，也更具有感染力。

典型材料的局限性。典型材料本身存在着以点带面的特点，因而同时也存在着不全面的特点，即它反映的只是事物的局部而不是全体。第一，典型以外的事实可能得不到真实的反映。第二，如果对典型材料的性能的强调超过了极限，可能会出现负面效应。

（2）怎样处理典型材料。

应从个性出发去寻找共性，而不是从共性出发去寻找个性。个性，即具体的、活生生的“这一个”，与其他人不同。因为在社会生活中，每个人都有其个性特征，与其他人不一样，个性特征才是真正的“自我”，真正的自我才是真实可信的。

共性即大家共有的特征。共性对于表现一般的事物可能有用，它能概括事物的一般特征，但它缺少特殊性。共性是在个性的基础上产生的。若以共性去寻找个性，就容易犯概念化的毛病，因为你得先设计一个模式，让典型材料符合这个模式。倘若这样，这样的典型材料表现出来的人物就会是“类型化”的人物。比如，以往报道英雄人物的通讯，往往是模式化的“典型材料”和“类型化”的典型人物，这样的典型材料缺乏“个性”特质，这样的典型材料所反映的英雄人物，也给人一种高不可攀的感觉。

2. 典型人物

（1）写入通讯中的人物一般来说都具有代表性。

（2）不具有代表性的人物，只要有新闻价值，人物的活动具有故事性，同样也可以写成通讯。

如2000年8月23日，广东省东莞市发生了这么一件事：一位被判15年徒刑目前正处于假释期的失足青年叶灿辉，在一辆中巴上看到歹徒抢劫，他上前阻止并与歹徒搏斗，被歹徒连捅数刀而死。对于这样一个人，有的媒体进行了多次报道，有的媒体却并不在意。其实，要从新闻传播的功利性来说，叶灿辉的情况同样具有功利性，他能影响一批失足青年，也能影响社会上的其他人。作为典型报道不太合适，但作为新闻人物应该可以。

（3）典型人物与“人物形象”。

“人物形象”，是记者在原有的“表象”的基础上提炼出来的新人物，与表象（生活中的人物）有一定区别。区别在于，记者的观念和对表象的综合认识已渗入其中。也就是说，人物形象中已有记者的影子。这个时候的“人物形象”，从新闻写作规律来说，处在真实与否的危险境地。如果记者把握不好，往往会把提炼出来的“人物形象”主观化、情感化，甚至会想象化。其结果是写作成了“塑造”。所以人物通讯还是不提“人物形象”为好。

典型人物与普通人。“典型人物”也是社会中的成员之一。之所以成为“典型人物”，是因为他们做了某些突出的事情，有突出的表现。在写典型人物时，既要写出他们突出的一面，又要写出他们普通人的一面，即普通人的普通环境。

3. 典型人物的语言

（1）语言最能表现人物的个性。

（2）如果让典型人物都讲一种类型的语言，就没有人物个性了。

没有个性的典型人物，往往会出现概念化的痕迹，会变成概念化的人物。概念化也就失去了典型的意义。

（3）典型人物的语言应是原始语言，可以选择，但不能“彩排”，更不能任意拔高或“润色”。

4. 典型人物的性格

（1）典型人物也同样生活在充满矛盾的社会之中，他们的思想、行为也不是直线发展的，同样有认识过程，有矛盾反映。

（2）写出他们矛盾的性格、矛盾的举动，不但不会削弱典型人物的正面效果，而且会使其更丰满、更真实。

10.3 人物通讯中的感情色彩

通讯不仅满足受众的认知需要，也满足受众的情感需要，即通过叙述人物的行动、语言、心理活动来感染人，以提高受众的阅读兴趣和审美情趣。

人物通讯中的情感色彩分两种：一是客观性情感，二是主观性情感。

客观性情感，记者不直接出场，通过叙述事件、描写环境等表现出来，也就是让叙述或描写的对象出场以抒发情感。叙述的对象——人：让人物的语言、行动表达情感；叙述的对象——物：寄物于感情；叙述的对象——环境：通过自然环境的恶劣或美丽来感染受众。

主观性情感，记者直抒胸臆式的叙述或描写。以第一人称出现的通讯，这种情感流露的方式较多。

情感因素在西方的特稿中并不少见，但西方记者大都是用客观情感表达，不直接站出来抒发情感。如获 1997 年普利策新闻奖的特稿《裁判的儿子们》，文中叙述一位棒球裁判怎样面对家庭悲剧的故事。其中有一段：

> “父母祈望骨髓移植能为迈克尔换来时间延长他的生命。迈克尔在学校干得一年比一年好，病发作的次数也越来越少。每年，父母都要去看望小约翰的墓地。几个月前，正值棒球赛季临近尾声，他们在坟上种上了一棵红枫和一棵垂枝的铁杉。”
>
> 选自《普利策新闻奖·特稿卷》新华出版社，1999

西方新闻在情感运用方面很讲究节制，不滥用。他们更多的是讲究人情味和幽默，较少抒情或不抒情。

由于传播学的引入，近几年国内人物通讯在主观情感的运用上有所减少，但有不少老毛病如议论多、抒情滥等问题依旧存在。

10.4　当代人物通讯的报道理念

在我国媒体的各类通讯中，人物通讯占据着突出的位置。半个多世纪以来，人物通讯在弘扬先进、教育民众、净化社会风气、增强民族凝聚力等方面显示出强大的生命力。改革开放以后，我国的民主化进程加快，新一届政府提出“权为民所用、情为民所系、利为民所谋”的执政方针，在这种大环境下，人物通讯报道发生了巨大的变化。细心看看今天的报道，人们就会发现，“高大全”式的英雄人物形象悄然隐退，可亲可敬可爱的先进人物越来越受到老百姓们的欢迎。真实可信的先进人物越来越多，与老百姓的距离越来越近，先进人物开始回归“真我”。人物通讯越来越显示出对社会广泛的影响力和亲和力，人物通讯报道也正朝着富有生活味、大众味、人情味的平民化方向发展。

1. 人物类型多样化

长期以来人物通讯报道的对象只是单纯的英雄人物和模范人物，改革开放以后开始向社会“普遍存在”的人群转移。20 世纪 90 年代以后，以普通人，特别是社会弱势群体为报道对象的平民化人物通讯唱起了主角。下岗工人、山村教师、贫苦的农民、无助的流浪儿、重病求医的患者、捡垃圾的城市边缘人等都可以成为报道对象。同时，以腐败为内容的反面新闻人物也加入了人物通讯家族，进入百姓视野。《中国青年报》的冰点人物报道以平视的角度再现普通人的生存状态。这些形形色色的主人公没有骄人的业绩，没有很好的机遇，甚至说不出任何在传统意义上可以值得写上一笔的先进思想和时代精神，相反，他们倒是有太多的叹息和困惑。如《带着技术上天堂》写的是一个老技师的绝活无人继承的苦恼；《五叔五婶》讲的是湖南湘西土家族自治州的一对土家族夫妇，为供两个儿子读书拼死与贫困抗争的故事。类似于冰点人物报道，不少媒体的版面中开设了人物专版，报道对象非常广泛。比如现在报纸的版面上既有报道名人、先进人物的栏目，也有报道普通人的“凡人写真”，“人生驿站”、“我的故事”、“与你同行”、“边走边唱”等栏目。其中凡人奇事、凡人凡事所占比重最大，这些普通人的故事，代表着一定的社会阶层，展现出一定的生存状态，感悟到一定的人生内涵，很能吸引读者视线。《广州日报》的“口述实录”，报道的也都是普通人的人生经历，它以普通人中体现和传承的人性的真善美打动了广大受众的心灵。

最近两年，人物通讯报道的平民视角非常明显。越来越多的普通人以各自不同的方式，对国家的经济、法治与社会发展，发出了自己的声音，汇成了巨大的力量。在主流媒体的人物通讯中，我们记住了杨利伟、钟南山等英雄，也记住了一连串普通人的名字。如扳倒了省委书记的科级干部郭光允；民间防艾人士高耀洁、朱进中；在湖南涟源矿难中写下欠款还款名单清清白白做人的农民矿工聂清文；就孙志刚案上书全国人大常委会，建议对《收容遣送办法》进行违宪审查的许志永三博士等等。人物通讯报道的平台越来越宽广，越来越走向普通民众。

典型人物至少包括两方面的典型即正面与反面。我们习惯于把典型人物当作先进人物来理解，忽略了另一方面。这当然和我们的报道理念有关。其实当代社会观念多元化，社会发展多层次，人物也不仅仅只是两极，还有中间人物如热点人物、冰点人物和平凡人物等。这些不同类型的人物组成社会人物图，正是这些千千万万的人的奋斗才筑起了社会主义大厦，推动了社会前进。当然，先进人物是一面旗帜，一种典型，是社会发展的方向，但五颜六色的人物才是社会发展的真实景观。

人物类型多样化有利于人物通讯的发展。典型人物固然是新闻报道的主要对象，因为典型人物身上有着高尚的品质，典型人物的精神有利于推动社会向前发展。但还有一些其他类型的人物也从不同的方面和角度影响了社会。

人物类型多样化有利于人们参考更多的人物行动和思想，人们自觉不自觉地从中吸取营养，促进人的素质的现代化。

2. 报道理念平民化

用什么样的视角去看待或优秀、或平凡、或值得怜悯、或应当受谴责的人物，这是报道理念的范畴。20 世纪 80 年代以后，人们的思维方式、生活方式和价值取向都发生了巨大的变化，人们不再简单地绝对地看待问题分析问题，人本思想逐渐成为主导。这些变化反映在人物通讯上，表现为将报道对象当成一个真实的、立体的、多元的社会人来观察、描述和评判，也就是说报道理念发生了变化，人物通讯日渐逼近新闻的客观性。具体体现在以下两个方面：

对先进人物的报道理念实现了从英雄到普通人的转变。在过去的人物通讯中，特别是在极“左”年代，先进人物就像是不食人间烟火的神，他们没有爱情、亲情，没有内心的矛盾，说的都是豪言壮语，想的全是社会理想。这些先进人物失去了正常人的思想特点和行为特征，千人一面的脸谱化报道令读者反感。自从改革开放以来，这种现象得到扭转，一大批生动感人的人物通讯脱颖而出。先进人物既有无私奉献的社会精神，又有正当的个人价值的追求；既有坚强的性格，又有普通人的内心矛盾。例如，新华社记者鲁兵在写女排姑娘时，既写了女排姑娘一定要夺取世界冠军的高远理想，日复一日顽强训练的坚强意志，也写了她们伤痛时的眼泪，失败时的脆弱。训练场上，当她们趴在地上起不来时，姑娘们甚至想到了死！这篇生动感人的人物通讯深受读者喜爱。在报道抗“非典”英雄钟南山时，媒体没有把他神化，一方面突出了他作为一个医务工作者的勇气、智慧，一方面也写出了他面对“非典”疫情诸多的无奈和焦虑。

揭露反面人物的报道理念也经历了从魔鬼到普通人的转变。反面人物在过去的报道中就是坏蛋形象，而且一坏到底，既不报道他们美好的过去，也不报道他们为社会做过的有益事情，更不深入剖析他们由好变坏的社会环境。文中的主人公似乎与生俱来就从头坏到脚。要么是自甘堕落贪婪成性，要么天性凶狠不可教化。到20世纪90年代以后，媒体舆论监督的力度加大，以人物通讯的形式对反面人物的报道数量增加，同时也扭转了把人“魔鬼”化的理念，而把他们当作犯错误的人、犯罪的人来看待。不仅报道他们的犯罪事实、凶残和肮脏的灵魂，也报道他们犯罪时的心理冲突和相关的社会环境及他们的昨天。例如，对沈阳大贪慕绥新、马向东的报道除揭露他们令人发指的腐败行径之外，还报道了他们灵魂的忏悔。马向东说：我从小父母就去世了，我是和姐姐相依为命的，是党和人民把我养大的，但是我掌握了一些权力以后，对党和人民犯下了严重的罪行，我现在是追悔莫及，对不起党组织对我的培养教育，也对不起沈阳人民对我的信任。慕绥新曾说，我信了一辈子共产党，我从小就想当好人，没想当坏人，现在我变成坏人了，我是一个悲剧呀。这些人物通讯立体地显示了人物的多面性，读者更容易从中受到警示从而达到报道的宣传效果。

3. 先进人物平民化

先进人物的平民化是指记者把先进人物作为人而不是神来报道。站在接受者的立场上审视先进人物。先进人物平民化除了报道理念的转变之外，还有个写作技巧的问题。主要表现在如何展示人的人生曲线和内心世界方面。

首先要贴近时代、贴近生活，写出真实的人物。社会在发展，时代在前进，中国正处于市场经济时代，人们的思想观念、审美情趣也在不断变化，如果还是一味地报道那些“毫不利己，专门利人”、“只讲奉献，不计报酬”，不食人间烟火的先进人物，很难引起现代受众特别是青年一代思想上的共鸣。而那些奋发向上的人生理想，审时度势的人生选择，勇于维权、勇于承担责任的人生态度则更符合时代要求，更贴近社会生活的实际，更能对社会产生影响。

因此，就算是报道先进人物或是名人，他们的生活理念也必须切中社会话题，才能吸引广大受众的目光。如1996年获第7届中国新闻奖特别奖的两组人物通讯，一组报道上海水电修理工徐虎，一组报道北京售票员李素丽。两组报道共同的特点是：写普普通通的岗位、普普通通的服务工作、普普通通的人，看来平凡无奇的一举一动和一言一行中蕴藏着崇高的精神和巨大的震撼力。作品的成功就在于，记者没有给主人公贴标签、戴高帽，而是通过深入采访写出了生活中活跃在人们身边的朴素无华的典型细节，以此来表现人物。徐虎背着几个小小的修报箱，每天早出晚归走街串巷上门服务，干着平凡琐碎又脏又累的工作；李素丽在车厢里，面对来自四面八方相识或是陌生的乘客，永远保持微笑，伴随着优美的语言、提供周到的服务。这些细节，有情有景，绘声绘色，使人物可亲、可信、可敬。记者以跟车的方式追踪李素丽的行动足迹，以普通乘客的身份体验李素丽的优良服务，读起来与平民百姓的距离很近，觉得李素丽就是一个普通人，然而她的精神、行动却是感人的、真实的。

其次，深入实际深入内心，写出人物个性。写人物如果没有个性、没有特点，人物形象在读者心中就立不起来。新时期的人物通讯特别注重深入人物的内心世界，捕捉人物的典型事例、个性语言、生活细节，凸显人物个性。如人物通讯《烧不毁的美》，作者郭梅尼通过对残疾青年徐效钢的深入观察，不仅将徐效钢内心世界不断升华的过程展现了出来，也将一个人外表的缺陷和内心的美丽展现出来。

回归真我的先进人物有利于对先进人物事迹的宣传。近一两年的典型报道的方式有很大变化，注意从百姓角度写典型人物，收到了较好的效果。如任长霞去世后登封市14万群众自发为她送行。任长霞的事迹报道后很多网友纷纷留言发表热情洋溢的看法，如一位网友说，这么多年从未有过真正的感动，今天你让我懂得了什么是轻，什么是重。另一位网友说，你，是一座丰碑，在人民的心中巍然耸立。你，是一座山脊，用你的脊梁撑起华夏的身躯。还有一位网友说出了好多年都没有听到的话：任长霞死得重于泰山。牛玉儒事迹报道后网友也踊跃发表看法，认为牛玉儒事迹感人，牛玉儒是群众的好干部。这些报道和反应说明两点：第一，典型人物，尤其是那些身为领导干部的典型人物，他们的职务决定了他们必须为百姓服务，做人民的公仆。但从平民百姓的角度报道这些人物容易让人们接受和理解。第二，典型人物首先具有新闻人物的特点，如果不具有新闻价值，可能在群众中不会形成热点。

4. 英雄人物，仍然是百姓心目中的楷模

“雷锋出国了”，英雄人物少了，贪官多了，这只是某一时期的暂时现象，并且这种现象有着深刻的社会原因和文化背景。但从社会发展来看，无论什么社会，都会有英雄出现。尤其是社会大变革时期，大潮推出英雄人物是很正常的事，关键是怎么报道英雄人物。这里不妨引用2004年12月15日《焦点访谈》播出的《时代英雄》片段：

主持人：人们常说改革开放的年代是英雄辈出的年代。2004年快要过去了，回首这一年，又有哪些人给我们留下深刻的印象呢？最近，我们采访的时候很多人提到了这样一些名字，比如任长霞、牛玉儒等等。他们说，今年以来，这些人的名字给自己留下了深刻的印象，让自己深深地感动和受到启迪。

记者：这一年里哪些人给你留下深刻印象？

群众：任长霞印象比较深。

群众：许振超。

群众：在科技里面应该是马祖光，他是中国社科院的院士，我看了报道，应该是很受鼓舞的。

群众：牛玉儒，这是最近我们电视台一直在宣传的党的好干部。

这是记者采访到的群众语言。它透露出的信息是，英雄人物在人们心目中仍有相当重要的地位，英雄人物形象是群众心目中可尊敬的形象。英雄人物的那些为人民、为事业、为工作的精神在今天这个时代仍然鼓舞着人们。如群众这样评价被追授为全国公安系统“一级英模”的任长霞：

登封市民：你要说任长霞任局长的好处说不完。

登封市民：压了多年的案一直没有解决，十几年都没有解决，人家来了办了几大好事，尽是办好事。

登封市民：她来了以后，社会治安明显有好转。

……

陈德明（湖北省武汉市公安局警务督察室主任）：作为我们的公安工作来说，本身最大的宗旨就是为人民服务，这是第一条；第二条我们在执法方面也是执法为民的思想。

唐建平（陕西省西安市公安局站前分局政委）：通过学习，加强我们的队伍建设，更好地为人民服务。

……

百姓对牛玉儒的评价：

群众：你要说牛书记牛玉儒这个人，知道，好官，没的说。

呼市群众：没过两天，这个路就变了，砖也换了，你看这路现在铺得确实不错，挺宽阔、挺平，老百姓走着也踏实，人们挺怀念牛书记。

……

一条来自山西的留言说：作为党的干部，只要心里装着百姓，为人民办实事，人民就会拥护你，牛玉儒同志做到了这一点，他将活在人民的心中。另一条短信说，牛书记离我们而去，但他的精神永远值得学习，尤其是那些在工作岗位上的党员干部。一条来自吉林的短信说，牛书记是一面镜子，人民公仆都应该在这面镜子前照一照，看看自己差在哪儿。呼和浩特的群众说，纪念牛书记最好的方式是：实际行动。

这篇报道是真实的采访内容，正如报道中所说的，我们现在所处的是一个英雄辈出的时代，像许振超、牛玉儒、马祖光、任长霞他们，就是我们这个时代的楷模。其实，我们每一个普通人都可以从中寻找到力量的源泉和精神的支撑。任长霞、牛玉儒、马祖光等人虽然职业不同、地位不同，但是都有一个共同点，那就是为我们的国家、百姓踏踏实实做事情。正因为如此，人们才尊敬他们、佩服他们，并深深地记住了他们。记住了他们，就是一种精神力量。

10.5 人物通讯的写作

1. 通过人物的事迹报道人物形象

典型人物也好，新闻人物也好，无论多么伟大，他们的事迹和行动才是最有力的证明。恩格斯说过，判断一个人当然不是看他的声明，而是看他的行为；不是看他自称如何如何，而是看他做些什么和实际是怎样一个人。俄国作家契诃夫一再强调，最好还是避免描写人物的精神状态，而应当尽力使人物的精神状态能够从他的行动中得以表现。人物通讯尽管是写人，只有写出人物做了哪些事情才能显示出人物的精神面貌。《百姓心中的丰碑——追记公安局长的楷模任长霞》中写了这么几件事：任长霞到登封接任公安局长后就带领大家坚决打击没人敢碰的以王松为首的涉黑团伙，保一方平安；关爱百姓，对一罪犯的小孩的关心和对一名孤儿的悉心照料；舍小家为大家，忙公事无暇照顾自己的孩子。2004 年 11 月 27 日新华网的通讯《平民书记——党的好干部牛玉儒亲民爱民故事》写了三件事：青年教师云瑞军希望调到一所学校任教，在办理手续上遇到了困难，写信给上级部门，信送到牛书记手里，牛书记仔细阅后批示有关部门按正常程序解决了这位教师的调动问题；高淑香的丈夫蒋华荣文革期间被打成现行反革命，多次上访要求获得正常的待遇未果。高淑香把信递给牛玉儒，他在身患绝症的最后时日批示解决了此问题。高淑香说当时牛玉儒一点没有推脱，没有把她推到信访部门，也没有交给秘书。他不像许多当官儿的，遇到这种事，总是能推就推；另外一件事是牛玉儒总爱私访大街小巷和菜市场，出租司机说以前呼市大街小巷的人行道铺的都是滑溜溜的彩砖，每逢雪雨天气，人走上去净摔跟头。牛书记到呼市后，人们把这个问题一反映，便都换成又吸水又防滑的青砖。从这么一件小事，就可以看出牛书记对老百姓的关心。

人物的事迹很多，典型事迹最能反映出人物的精神境界。上面所举事例都很有典型性，从一个侧面反映了当代先进人物的行动、思想和追求，是我们的宝贵财富，是人类的精神遗产。

2. 避免描写人物的精神状态，通过人物行动展示人物风采

1979 年 4 月 7 日，《凯利太太的妖怪》以其“高度的文学性和创造性”荣获普利策首届特稿奖。作者富兰克林说：“我尝试把契诃夫的叙事理论用到新闻里。”①

富兰克林说的契诃夫叙事理论指的是契诃夫 1886 年 5 月 10 日《写给亚·巴·契诃夫》信中谈到的：“千万不要用俗套开头。最好还是避免描写人物的精神状态；应当尽力使得人物的精神状态能够从他的行动中看明白。……不必追求人物的众多。重心应当有两个：他和她。”② 这里“避免描写人物的精神状态”的意思是人物的精神是看不见的，写出来也是作者自己的体验和推测。“人物的精神状态能够从他的行动中看明白”意思是说，无论人物精神境界怎么高、人物多么伟大，完全看他怎么去做，而不是作者说出来的，行动是思想精神的最好表现。

契诃夫还有一段关于写人物的对话，“只要老实一点就行了：完全撇开自

① 戴维·加洛多．多人译．普利策新闻奖特稿卷，1999. 17 页

② 契诃夫论文学．人民文学出版社，1958. 27 页

己，不要把自己硬塞到小说主人公身上去，哪怕只把自己丢开半个钟头也好。你有一个短篇小说，那里面一对年轻的夫妇在吃一顿饭的工夫里老是接吻啦、哼哼唧唧啦、胡闹啦。一句正经话也没有，一味的轻飘飘！你不是为读者写它。……你写它，是因为你自己觉着这种扯淡有意思……”① 普利策获奖作品《凯利太太的妖怪》的写作对人物通讯写作有两个最重要的启示：叙事怎么叙——时空的转换；人物怎么安排——行动中展示。

通讯不能像文学作品那样塑造人物形象，而更多是通过人物的行动来表现人物的精神境界。我国古代的历史名著《左传》和《史记》中对人物的写法很值得借鉴。如《史记》中写韩信的一段话：淮阴屠中少年有侮信者，曰：“若虽长大，常好刀剑，中情怯身。”众辱之曰：“信能死，刺我；不能死，出我胯下。”“于是信孰视之，俯出胯下，蒲伏。一市人皆笑信，以为怯。”② 司马迁于“屠中少年……众辱之”和“一市人皆笑”的场面中，细致而有层次地描写韩信当众受辱时的动作：“孰视”、“俯”、“出胯下”、“蒲伏”，八个字像特写镜头般地把韩信推到读者眼前，给人留下深刻印象。读完后面韩信统领千军万马奔沙场的场面，再回过头读此处韩信的难堪与屈辱，实在是令人回味。《领导干部的楷模——孔繁森》中有这样一段叙述：“雪花在凛冽的寒风中狂飞乱舞。一会儿工夫，大家都变成了雪人。人们穿着大衣，还是感到阵阵发冷。脸、手和脚都被冻得失去了知觉。孔繁森看到一位藏族老阿妈把外衣脱给了在风雪中哀嚎的小羊羔，自己却在零下 20 多摄氏度的严寒中冻得瑟瑟发抖，他的眼睛湿润了。他用手捂着脸，强忍着不让泪水流出来，猛地转回到越野车上脱下自己的一套毛衣裤，递给了那位老阿妈。老阿妈伸出已经冻僵的双手，接过那还带着体温的毛衣，嘴唇颤抖着久久说不出一句话。”这是孔繁森考察灾区的一幕情景。“眼睛湿润”、“捂着脸”、“强忍着不让泪水流出来”、“猛地转回到越野车上”、“脱下自己的一套毛衣裤”、“递给老阿妈”，一连串的动作写出了孔繁森此时此刻的心情，他不仅关心藏民，同时也感到自己的责任重大。

《本色牛玉儒》中写牛玉儒对工作的态度通过他的行动来展现：

> 牛玉儒似乎永远有使不完的劲。即便病重，也不例外。
>
> 工作人员计算过：他在呼市工作 493 天，除去住院治病 3 个月，竟 200 多天出差在外。

---

① 契诃夫：写给亚·巴·契诃夫（1883 年 2 月 20 日）. 契诃夫论文学. 人民文学出版社，1958. 8 页

② 淮阴侯列传. 中华书局，1959. 2610 页

工作日志这样记载：2004 年 3 月 20 日上午，从呼市转机北京至成都，午饭后与有关部门负责人洽谈；

21 日上午飞深圳，再驱车珠海，下午考察企业，晚饭后返深圳；

22 日上午，在深圳考察两家企业，午饭后转机北京到银川，晚 10 点考察银川亮化工程；

23 日上午考察银川城建，与市领导座谈；午饭后赴乌海市考察，连夜坐火车返呼市；

24 日上午，向市委汇报出行收获。

5 天 5 座城，南北两万里。牛玉儒从此多了一个绰号“空中飞人”。

这叫无声胜有声。用行动表现人物的精神风貌最有说服力，也能使人物的形象在行动中自然而然地站立起来。

3. 通过语言描写人物

古人云：言为心声。人物通讯虽然不把人物语言作为重点报道内容，但人物是活生生的人物，要行动总要说话，言语中可体现人物的内心世界和思想境界。另外，语言可以使通讯活起来，如平时讲的“闻其声，如见其人”就是说的语言的功用。在《韧性的战斗——访著名科学家高士其》中，高士其在说到自己的名字时有这样的话：“去掉人旁不做官，去掉金旁不要钱。”两句话反映了一位科学家的性格和追求。通讯《李润虎的几幕人生》中李润虎回答：“人家说雷锋都出国了，你还傻？精神都滑坡了，你还攀？我习惯我该做的事，我心甘情愿”，这是李润虎的军人性格。

《公仆本色》写组织上准备调任湘潭市委书记郑培民往偏僻的湘西土家族苗族自治州任州委书记，与郑培民谈话。刚一谈起去艰苦地区工作的重要性，郑培民笑了：“请直说吧。”平级调动是“从米箩里跳到糠箩里”。郑培民一上任就问：“哪个村子最穷啊？”随后，就去了叭仁村。这些语言很简单，郑培民回答得痛快、直率，准备做郑培民思想工作的话也没有必要说了。

在抗洪中，当地政府无法照顾书记的生活，最后想送点礼物表示一下。一句很重的话从素来温和的郑培民嘴里扔出来：“老百姓遭了那么大的灾，你们还要表示什么?!”《平民书记——党的好干部牛玉儒亲民爱民故事》写牛玉儒的语言很有特色，一天，退休工人蔡桂兰到自家附近的东瓦窑菜市场买菜。无意中看到一个人戴着墨镜在市场里转，很像牛书记，不由得叫出了声：“牛书记!”牛玉儒一下看见她，赶紧示意她小声点。牛玉儒说：“别叫我牛书记，大家听见了围上来不好。我就是随便看看，你就叫我牛老弟，我叫你蔡大姐，好不好?”一位书记自称牛老弟，可见他与百姓的关系。他经常对下面的干部们说：“老百姓是最不容易的!”这语言真正体现了党的干部的形象。难怪网民在网上惊呼这样的干部太少了。

成功的语言描写能使受众闻其言如见其人。鲁迅认为语言描写能达到使读者由说话看出人来的效果，这样人物就会自然而然地立起来、活起来了。

4. 以人为本，关注人的生存环境——人物通讯如何让人感动

人物通讯报道有宣传的责任，因为媒体本身有教化功能。但这种宣传不是直通通地去教育别人，而应当在传播信息的同时感染人、鼓舞人，更人性化一点，这样才会起到较好的宣传效果。

尊重读者，不要把读者当成傻子。如何尊重读者？描写人物时一定要像契诃夫说的“老实一点”。《平民书记——党的好干部牛玉儒亲民爱民故事》中讲牛玉儒亲民爱民，不是高高在上给平民施舍，而是通过两位退休老工人讲述亲身经历的故事，记者在“他知道老百姓不容易——两位退休老工人讲述的故事”一节中这样写道：

> 去年7月的一天，蔡桂兰到自家附近的东瓦窑菜市场买菜。无意中看到一个人戴着墨镜在市场里转，很像牛书记。她大为惊讶，几步赶过去仔细一看，果然是他!
>
> 蔡桂兰是内蒙古第二毛纺厂退休工人，2003年因社保问题曾多次到市委反映意见，也找过牛玉儒，所以她认得牛书记的样子。蔡桂兰不由得叫出了声：“牛书记!”牛玉儒一下看见她，赶紧示意她小声点。牛玉儒说：“别叫我牛书记，大家听见了围上来不好。我就是随便看看，你就叫我牛老弟，我叫你蔡大姐，好不好?”
>
> 回到家后的蔡桂兰，不停地在屋里转。女儿很奇怪，说：“妈，你咋了?”蔡桂兰自言自语地说：“我头一次见这样的书记，他管我叫蔡大姐”。
>
> 如今和许多退休工人坐在一起说起牛玉儒，蔡桂兰眼圈红了：“他可真是咱老百姓的平民书记!”
>
> 牛玉儒关心群众，尤其重视解决群众反映的实际问题和困难。他经常对下面的干部们说：“老百姓是最不容易的!”

市委书记在菜市场里转，本身就体现了踏踏实实为民办实事，不说空话的作风。更何况当有人认出时赶紧示意她小声点，说自己随便看看，“你就叫我牛老弟，我叫你蔡大姐。”牛玉儒没把自己当成官，而当成了普通百姓。

在解决百姓的实际问题时，牛玉儒更是显示出了他对百姓的真诚：

今年58岁的高淑香原是呼和浩特市机床厂的统计师。丈夫蒋华荣文革期间被打成现行反革命，遭到很多迫害，曾多次上访要求获得正常的待遇未果。2001年丈夫因病去世。从此，高淑香接替丈夫不断上访。几年来，高淑香兜里揣着上访信，有空就去呼和浩特市委、市政府反映情况。信访部门接待她许多次，但一些遗留问题始终没有得到实质性解决。

2003年12月25日，高淑香再次来到呼市政府大楼，她看见大厅门外停下一辆轿车。"看样子是某位领导回来了"，高淑香转头迎了上去。

"是牛书记！"高淑香回忆当时的情景说，"我把信递给了他。他接在手里，边走边问我几句情况。到电梯门口时，他已经把信从信封中抽了出来，说了句'我先看看'。"

多少次上访没有进展的高淑香，这次把信交给了市委书记，心里感觉很踏实。

"后来我知道，牛书记当天就在信上作了批示，责成有关部门专门解决我反映的问题。尽管因种种原因，我的问题还解决得不彻底，但我仍然十分感激牛书记。"高淑香说，"我把信递过去的时候，他一点没有推脱。他没有把我推到信访部门，也没有交给秘书。他不像许多当官儿的，遇到这种事，总是能推就推。"

从现在的普遍现象来看，市委书记很容易推辞这样的事，有些地方领导把这些事称为"闲事"，但牛玉儒"一点没有推脱"，"也没有交给秘书"；最终解决了这件事。通讯中记者没有抒情和议论，而是原原本本地把事情写出来，让人觉得真实可信，人物形象和蔼可亲可敬。

通讯如果为了描写而描写，千方百计刻画人物形象，可能要出问题。获第8届中国新闻奖二等奖的通讯《珍贵的财富——王树理离任小记》有一点为描写而描写的痕迹，给人感觉不太真实。通讯不长，全文如下：

12月21日，庆云县委书记王树理卸任离开庆云时，小心翼翼地把一个装有1 700封人民来信的箱子搬到车上。在他看来，这是一笔宝贵的财富。

1992年9月，王树理出任庆云县委书记。上任两月后，他在写给全县人民的一封公开信中，恳切希望大家对自己的工作提出批评和建议。5 年过去了，王树理共收到批评、建议甚至骂娘的信 1 700 件，这对他正确决策警示自我起了很大作用。今年 8 月中旬，东辛店乡农民张林海给王树理写信，反映自己在乡里收提留款时受到粗暴对待，要求他抓一下干部作风。8 月 19 日，王树理把张林海请到自己家中，向他道歉，并表示要加强干部作风教育。县里处分了负有责任的干部，并以此为戒，建立制度促进干部作风转变，赢得了群众好评。几年来这个县建水库、修公路、种枣树等大的决策，都是倾听群众呼声后做出的。

12 月中旬，王树理得知自己将要离任到省里工作，如数家珍般把这些人民来信逐一整理，剔除表扬性信件，把批评、建议性信件分类编号，装入上任时带来的盛方便面的纸箱里。离任时，他谢绝了一切宴请、馈赠、旗匾，留下所有不属于自己的东西，唯独这箱信件，他决定随身带走。

与同志们道别时，王树理充满感情地说："庆云的父老乡亲和同志们在我任职期间提出的批评和建议，是对我的爱护和支持，我终生难忘。以后我将经常翻看带走的这些来信。时刻铭记群众喜欢什么、拥护什么，厌恶什么、反对什么，反思过去、鞭策自己，更好地为党为人民工作。"

这是一篇有新闻价值的报道。可取之处有二：第一，作者善于留心生活。"去年 12 月上旬的一天，并没有带任何采访任务的记者赶到庆云县，得知县委书记王树理在家，便到他办公室与其闲聊"，听说王要调往省直一部门任职，王无意中谈到，走时要带走 1 700 封批评性的群众来信，并说，"这是珍贵的财富，我要'享用'终生。""记者眼睛一亮，这是一条不可求的新闻线索。"① 第二，选择报道的角度很新。记者"与王树理座谈时，他除了说临走带走群众来信外，还说了另外几件事情：对办公用品已列出清单，留下一切不属于自己的东西；公开申明谢绝一切宴请，走访了一名帮扶的孤儿，并留下 300 元现金……"多可报道的事件，记者只选取了"带走群众来信"的材料，应该说记者慧眼识新闻。

但从这篇报道中也发现一些不足之处。其一，过分注重描写，给人以华而不实的感觉。报道第 4 段写王书记"如数家珍般把这些人民群众来信逐一整

① 留心生活．用心反映——采写《珍贵的财富》的体会，新闻知识，1998（11）

理，剔除表扬性信件，把批评、建议信件分类编号，装入上任时带来的盛方便面的纸箱里”，“1 700 封信”可谓数目不小，能将这么多信“如数家珍般”逐一整理，可见王树理记忆惊人。可是家珍超过了几百件就难记得那么清楚，何况 1 700 件？就算是档案管理员面对 1 700 封信也谈不上“如数家珍般”，何况整天忙于工作的县委书记？其二，想象的成分多。报道说，“12 月 21 日，庆云县委书记王树理卸任离开庆云时，小心翼翼地把一个装有 1 700 封人民来信的箱子搬到车上。”此处的“小心翼翼”的描绘令人生疑。因为“12 月 22 日上午，记者拨通庆云县委宣传部电话得知，王已于昨天离开庆云”，那就是说，王树理离开庆云时记者并没有去现场采访，那怎么知道是“小心翼翼”呢？可能是 22 日王树理到记者站座谈时自己所讲。如果是这样，应引用被采访人的原话为宜，若不是，则不能凭想象。其三，概括绝对化。报道说，“离任时他谢绝了一切宴请、馈赠、镜匾……”的确，王树理“清廉”可见一斑。但他要异地就任，即使公款他不去，亲朋好友宴请也不去？记者逐一调查过？显然有点“宣传”痕迹。其四，一些地方不合乎逻辑。报道说，“留下所有不属于自己的东西，唯独这箱信件，他决定随身带走”。群众来信如果写给王树理本人的当然可以带走，如果写给县委的应留组织作参考，既然是“珍贵的财富”，何必要自己带走？

10.6 负面人物通讯写作

在时代的大潮中涌现出许许多多的英雄人物，也出现了不少的负面人物。负面人物，也即反面人物。对负面人物的报道同样是新闻报道中一项不可缺少的任务。如 1980 年 11 月 21 日新华社的《在被告席上》、1981 年新华社的《历史的审判》、1993 年 8 月 27 日新华社的《国法不容——禹作敏犯罪纪实》等；再如有关对陈希同、成克杰、赖昌星事件的报道等；还有最近两年的河北省原常务副省长丛福奎贪污案，河北省原省委书记、省人大常委会原主任程维高贪污受贿案，阜阳市原市长肖作新夫妇巨额贪污受贿案，湖北省原省委副书记、省长张国光严重违纪违法案，辽宁省原副省长刘克田贪污受贿案，沈阳市原市委副书记、市长慕绥新和原市委常委、常务副市长马向东贪污案的报道等。

1. 对反面人物的报道主要是揭露其罪行

反面人物的劣迹可能很多，写作要抓住关键性的事实，反映出人物的本质。但也不能因人物丑恶而把他们说得一无是处。

如人民网2001年6月18日《沈阳市原市长慕绥新贪婪面目大曝光》的报道，抓住慕绥新腐败的根本问题——大搞“形象工程”，整篇报道围绕“政绩市长”如何一步步走向贪婪而展开：

沈阳市原市长慕绥新贪婪面目大曝光

6月15日，中纪委、监察部在京通报了沈阳市原市长慕绥新严重违纪、违法案件，彻底揭开了这位权倾一时并被赞誉为“政绩市长”者的真实面目，其从权力与威望巅峰的跌落，给我们留下沉痛的教训。

慕绥新落马后，善良的沈阳市民难以置信，因为在他们的心目中，慕是一位“政绩”非常不错的市长。的确，曾经罩在慕绥新身上的光环十分耀眼。

1997年，时任辽宁省主管政法、建设等工作的副省长慕绥新，在“依法行政、廉洁奉公、牢记宗旨、报效人民”的“誓言”中，走上沈阳市市长岗位。

上任伊始，慕即开始大搞“形象工程”，一是修建了百里环城公路，二是建成百里环城水上带状公园。以后，进一步加大城建力度和规模，完成了包括交通主干道、立交桥、广场、草坪在内的一大批项目，为市容增添不少亮点。为此，慕曾成为舆论关注的焦点，并于1999年荣获了联合国颁发的“人居奖”。

沈阳市民没有想到，在慕市长这些“显赫”政绩的背后，却是惊人的腐败行径，慕绥新通过城建大搞权钱交易，疯狂敛财。慕在城建及房地产开发中为违法开发商大开绿灯，擅自违规为个体房地产商审批项目，致使国家巨额税费流失。据知情人士介绍，沈阳和大连去年批租出去的土地面积相近，大连收回土地出让金17亿，而沈阳只收回7 000万元。国家的税费流失使人触目惊心。

据《中国工商报》披露，慕绥新的妻子平晓芳最近交代了慕让其转移的巨额钱物：其中美元79万元、港币10万元、人民币97万元。另有名贵手表34块及其他大量贵重物品。此外，检察机关经对慕前妻贾桂娥的住处搜查，起获折合人民币1 000余万元的现金及大量贵重物品。据贾交代，这是其与慕在婚姻存续期间的共同财产。据悉，这些巨额财产，也仅是慕绥新非法所得的冰山一角。

慕绥新不仅贪婪成性，在平时工作和生活中也是一个极其蛮横、缺乏修养且奢华的人。据报道，他经常在一些会议等公开场合训斥部下，常把“你他妈的”挂在嘴边，稍有不顺心就扬言要“撤你的职”、“罢你的官”。其身上的衣服全都是高档名牌，外出要下榻五星级宾馆，住豪华总统套房。

更有甚者，他常与“黑道人物”称兄道弟，频繁交往。沈阳特大黑社会性质犯罪集团头目刘涌曾宣称，他管慕绥新叫“大哥”，曾亲手送慕数万美金。

作为一市之长，慕绥新置沈阳市许多身处困境的国有企业于不顾，置全市60多万下岗工人、60多万离退休人员的艰难处境于不顾，大搞权钱交易，私欲恶性膨胀，党性丧失，落得身败名裂，发人深思。

巨贪胡长清曾在“自供状”中说：“我当上副省长之后，就好像小猫关进牛圈里，天马行空，来去自由。”言外之意即是：失去监控的权力就是腐败的温床。

慕绥新一案再次警示人们：建立自上而下的监督机制，从体制上解决腐败，才能真正铲除掉滋生腐败的土壤。

人民网2001年6月18日

2. 通过大量事实报道以警示后人

报道负面人物的主要目的不仅仅停留在揭露上，重要的在于通过报道负面人物的所作所为以警醒后人，让后来人不要重蹈覆辙。

2004年6月16日《新民周刊》的通讯《贪财好色原贵州省委书记刘方仁“落马”始末》，报道了刘方仁身为高级领导干部的三大犯罪事实：利用职权为他人谋利、收受贿赂和贵重物品以及道德败坏等。在报道刘方仁利用职权为他人谋利，自己从中收受贿赂时，列举了大量事实，让人们了解到这位高官是如何腐败堕落的：

——1996年初，贵州某建设集团公司总经理刘某（现在押）为获得贷款请“刘书记”帮忙，“刘书记”当场便给中国银行贵州省分行领导打了电话，旋即，“通天”的女老板就这样一下子拿到了500万元贷款。

——2000 年初，刘某和其子廖某在贵阳开发某花园房地产项目。项目的建筑面积有 6 万平方米，可是刘氏母子动起歪脑筋，希望建筑面积再翻一番，由 6 万平方米增加到 11 万平方米，这样就可以大幅度地提高利润。刘某要求对规划进行修改，但按城市建设规定，贵阳市规划局一直不予同意。于是，刘某找到“刘书记”帮忙，见规划局方面拖而未决，“刘书记”不高兴了，“一发力”就使该项目获得通过。

为感谢“刘书记”的帮助和支持，刘某某、廖某先后送给刘方仁 149 万元。2000 年，就在刘方仁大谈“西部大开发”并且频频“下乡、下最困难的基层考察指导脱贫工作”的同时，他的一次胃口更大的“吞噬动作”开始了。

我们现在根据 2003 年 5 月中旬中纪委下发到贵州省局级机关的那份关于刘方仁收受刘志远 500 万元巨额贿赂的补充文件，可以知道这 500 万元背后掀开的正是 3 年前的这场幕后交易。

揭露这样贪官的行为不仅让人愤怒，也让人警醒、沉思。警醒后认识到伸手必被捉。

3. 通过大量事实报道探讨滋生腐败的根源，杜绝腐败源头

探讨贪官存在的生态环境，以利于采取措施预防腐败，杜绝腐败源头，这是负面人物通讯报道的一项重要任务。

《北京青年报》2004 年 12 月 10 日的报道《从原湖北省长张国光落马案反思吏治腐败》：

原湖北省委副书记、省长张国光，昨天以受贿罪被一审判处有期徒刑 11 年。法庭审理查明，张国光在辽宁任职期间，利用担任沈阳市委代理书记、书记、辽宁省委副书记的职务便利，接受请托，为沈阳一家公司获取银行贷款和承揽装修工程，为马向东等人在职务晋升等方面谋取利益，收受贿赂共计价值人民币 57 万多元。

张国光获罪，是因为他身为国家工作人员，利用职务上的便利，接受请托，为他人谋取利益，非法收受财物。但如果把张国光案仅仅看成一起受贿案，未免又过于简单。

早在今年 2 月，经中共中央批准，中央纪委决定给予张国光开除党籍处分的时候，有关方面就初步查实，张国光原来是三年前震惊全

国的沈阳“慕马案”背后的关键人物。原沈阳市市长慕绥新、常务副市长马向东，都是在张国光的一手提拔之下出任要职，而慕、马二人又分别提拔了沈阳市烟草专卖局局长周伟、市政府副秘书长迟若岩等一帮心腹干将。在张国光、慕绥新等人的影响下，辽宁省、沈阳市一度跑官要官、买官卖官成风，形成了一个个盘根错节的关系网，以至于在“慕马案”的贪官排行榜上，人们看到了包括市长、常务副市长、法院院长、检察院检察长、财政局局长、税务局局长、土地局局长、物价局局长、烟草专卖局局长、建委主任、国资局局长……等要员在内的一份长长的名单。幸亏张国光到湖北任职时间不长即东窗事发，否则，他会不会继续“为官一任，带坏一方”，还真是难以预料。

故此，张国光受贿案尽管涉及金额不算太大（与成克杰、胡长清等巨贪相比，张国光受贿的57万多元不过是“小巫见大巫”），但背后反映的是跑官要官、买官卖官的吏治腐败问题，其性质非常严重。张国光、慕绥新、马向东等人给辽宁和沈阳政坛造成的恶劣影响，也许只有原安徽省副省长王怀忠、原阜阳市市长肖作新、副市长李和中（以及市委组织部长、宣传部长、市委秘书长、市计委主任等一干头头脑脑）给安徽和阜阳政坛造成的灾难性后果可以与之“媲美”。

人称“王坏种”的原安徽省副省长王怀忠有一句名言：“只要你能搞出政绩就算你能，你就能上，但关键不是让百姓看到政绩，而是要让领导看到政绩。”与他的“政绩观”相对应的，是他在买官卖官方面“勇于开风气之先”。在他任行署专员时，上级某领导的儿子结婚，一个副专员送了5万元，另一个副专员送了10万元，他一出手就送了20万元。有人用一条流行的手机短信形容王怀忠的官场处世哲学：“单位是一棵爬满猴子的大树，向上看全是屁股，向下看全是笑脸，左右看全是耳目……”大大小小的王怀忠、张国光坚信，自己的前途和命运掌握在上面的手中，自己必须小心翼翼地看上面的“屁股”行事，而他们下面的“猴子”又学着他们的样子，一个劲儿地堆着笑脸往上面的“屁股”贴……这就是吏治腐败的秘密，也是传统吏治的一大悲剧。

王怀忠、张国光等人导演腐败大案、窝案的惨痛教训，以及越来越多的地方进行官员任前公示和扩大官员直选范围等改革实践一再证明，只有大刀阔斧地改革传统的干部管理和选任制度，强化普通公众在干部考核、选任、罢免等环节上的发言权和影响力，才能从根本上动摇王怀忠、张国光们的处世哲学，改变他们的行为准则，避免吏治腐败的悲剧。

这篇报道没有停留在事件本身，而是透过事件看到了体制的重大缺陷。从根本上避免吏治腐败必须大刀阔斧地改革传统的干部管理和选任制度，让民众来选举自己的父母官。

4. 负面人物通讯应注意的问题

负面人物，尤其是一些贪官和罪大恶极的犯罪分子，一般都是劣迹斑斑，罪恶滔天，所作所为罄竹难书。对一些犯罪细节应防止描写过细、渲染过度，否则会成为一些居心不良者作案的技术指导。如腐败分子权钱交易、权色交易细节记录等，可以采取略写的方法处理。再如一些凶杀现场惨状特写、刑事案件作案过程描写太滥也会给社会带来诸多负面影响，尤其是给青少年成长造成精神污染、教唆犯罪等。再次，媒体对这些报道不应一哄而上，轮番轰炸，造成烧、杀、抢、淫现象的强势，给人们造成一种片面的印象："官员没几个不贪"，"富人没几个好东西"。客观报道不隐瞒事实真相，但也不是片面追求轰动效应而掩盖社会真实。

10.7 人物通讯的结构

通讯的结构比消息自由灵活，结构安排可以灵活多样，不拘一格。

1. 开头

开头要围绕主题给全篇定下主调，并吸引读者继续读下去。

（1）概括式。

概括式的开头一般是从人物诸多的事迹中概括出最有代表性的事实，这些具有代表性的事实能概括人物事迹的本质。

平民书记——党的好干部牛玉儒亲民爱民故事

牛玉儒上任不久曾表示，我希望自己能和百姓保持亲近、亲密的关系，而不是做一个高高在上的领导。

在呼和浩特当市委书记一年多，牛玉儒经常步行或自己乘出租车在大街小巷、居民社区等地方“随意走走”，发现过许多与百姓生活有关的问题，也与许多普通市民都有过直接的接触。在这些普通百姓眼里，牛玉儒是他们的“平民书记”，是他们感到亲近的“好领导”。

“平民书记”是通讯的标题，也是全文的主题，开头直接引用牛玉儒自己的话“希望自己能和百姓保持亲近、亲密的关系，而不是做一个高高在上的领导。”接下去一段概括牛玉儒当市委书记一年多的实际行动。牛玉儒自己的话和牛玉儒深入百姓中间的行动概括了牛玉儒事迹的本质。这样的开头为全文定下了基调。

（2）描述式。

通过一些细节从侧面描写人物，突出主题，故事性强。

如新华社的《公仆本色——追记湖南省委原副书记、省人大常委会原副主任郑培民同志》的开头：

2002 年春节，一封特制的信寄到了湖南省委。一张剪裁过的红纸作为信纸，寄信人为它精心装饰了金边。

信中写道：“敬爱的首长，1990 年你不辞劳苦亲自爬上了我们崇山峻岭上的苗寨视察，访贫问苦，你是第一个能深入到我们海拔 1 700米高山陡坡上的省委亲人……”

这封字迹不太工整的信发自湖南的西部——湘西土家族苗族自治州凤凰县米良乡叭仁村。

收信人：郑培民。

故事写的是一位村民在春节寄给郑培民一张剪裁过的红纸作为信纸的特制信，表达对郑培民的深情厚谊。

（3）介绍式。

开头简单介绍人物的基本情况，使读者对人物有一个大致的了解。《人民日报》2004 年 6 月 3 日的通讯《百姓心中的丰碑——追记公安局长的楷模任长霞》的开头：

任长霞，1964 年 2 月 8 日生于郑州；1983 年 10 月从河南省人民警察学校毕业后分配到郑州市公安局中原分局工作，先后任预审科民警、预审科副科长、法制室主任；1996 年 10 月任郑州市公安局法制室副主任，1998 年 11 月任郑州市公安局技侦支队支队长；2001 年 4 月调任登封市公安局党委书记、局长。曾获全国“五一”劳动奖章、中国十大女杰、全国三八红旗手、全国青年岗位能手、全国优秀人民警察等荣誉。

2. 主体

主体部分的安排根据内容来定，但主要是写好人物的事迹。人物的事迹很多，最好归纳成几个方面。《公仆本色——追记湖南省委原副书记、省人大常委会原副主任郑培民同志》围绕着主题安排了 6 个部分：重任、真情、砥柱、考验、家风、呼唤。从他上任湘西土家族苗族自治州州委书记开始写起，写他如何为边远地区的百姓谋福利，如何与当地百姓做朋友，到去世后百姓对他的怀念等。全文的写作基本上是根据他的工作历程展开的。主体是通讯的最重要的部分，是决定通讯是否成功的关键。因此主体部分应投入更多精力，精心策划，反复修改。

3. 结尾

(1) 留下余味式。

结尾寄情于景，表达对人物的深情怀念。如中央电视台《“本色”牛玉儒》的结尾：

雁过留声，人过留名。

郁郁葱葱的大青山，海海漫漫的土默川，苍凉悠远的科尔沁草原，风景如故。唯有人们对这片山川哺育的儿子的怀念，依然如同大黑河一样绿水长流，绵绵不绝……

央视国际 2004 年 11 月 28 日

(2) 直抒胸臆。

人物的事迹感人至深，记者自然而然地抒发感情，以增强文章的感染力。如《公仆本色》的结尾中，记者用第二人称夹叙夹议，直抒胸臆：

倒下的郑培民，擎起来的是精神上的火炬。你经常念叨的四句话：“大浪淘沙，警钟长鸣，不忘宗旨，永葆本色”，已经变成了你的精神遗产，时时地被人们享用着。

不需要更多的语言描述你，不需要更多的词藻雕琢你，郑培民，你让人们记住了：天地之间，曾经有过这样顶天立地的共产党人！

不过这种直抒胸臆的方式要谨慎运用，不可滥用。

（3）自然结尾。

随着人物事迹的叙述的结束，文章自然结束。好处是：戛然而止，干净利落。

《平民书记——党的好干部牛玉儒亲民爱民故事》的结尾：

呼市联运出租司机张惠珍眼含热泪说："呼市人民为啥这么爱戴牛书记？因为他心里有咱老百姓啊！有一次，我看到牛书记指着盲人道上的电线杆，批评管城建的领导说：'盲人道上的电线杆不拔掉，这不是害人吗？与其让盲人骂我，还不如我先骂你们！'这事可能不大，但我真的很感动。"

（4）议论式结尾。

大德无碑，大道无形。谁心里装着百姓，百姓就把你刻上心碑！历史就这么公道！

《百姓心中的丰碑——追记公安局长的楷模任长霞》

思考与练习

1. 英雄人物是否该淡出公众视野？
2. 典型报道该如何报道？
3. 写英雄人物事迹应注意哪些问题？
4. 仔细阅读教材附录的几篇人物通讯，探讨英雄人物平民化写作的技巧。

11

工作通讯

本章重点

- □ 工作通讯的报道内容
- □ 工作通讯的写作思路
- □ 工作通讯的舆论监督作用

工作通讯是报道工作中的经验或问题，从中找出某些规律性的东西，以此指导、推动实际工作的报道文体。

11.1　工作通讯的报道内容及文体特点

1. 工作通讯的报道内容

（1）报道各种生动、典型的事件或事实，介绍某项工作中的先进做法和经验。

（2）批评和揭露实际工作中存在的问题，研究解决这些问题的思路或对策。

（3）反映工作中某些带倾向性的苗头，及时提醒有关部门和单位引起重视。

2. 工作通讯的文体特点

（1）针对性强。报道某项工作中的先进做法和经验，以利于推广。报道实际工作中存在的问题，以研究解决这些问题的思路或对策。

（2）时效性强。通过反映工作中某些带有倾向性的苗头，及时提醒有关部门和单位引起重视。

（3）运用大量背景材料说明某些经验、问题或有倾向性的苗头的重要性、严重性和危害性。

11.2　工作通讯的写作思路

工作通讯的写作思路主要在于抓住两条线索，第一条线索是在报道工作中存在的问题时要抓住带有普遍性、根本性的问题，以便于及时修正；第二条线索是在报道工作中的经验时要抓住规律性的东西，以利于指导面上的工作。

1. 舆论监督，及时纠正工作中的重大失误

（1）工作通讯的报道价值在于及时发现工作中存在的某些现象，并根据这些现象提出发人深思的问题。

（2）工作通讯的报道效果在于以事实服人，做到实事求是。不但准确叙述出事实的原貌，而且能透过现象看到本质。请看《人民日报》的报道：

安徽淮北市去年几个大的招商项目接连搁浅：号称亚洲最大的高尔夫球场工程奠基已一年多，如今工地成了荒地；据说要投资30亿元的“温哥华城”在挖了4个大坑后，也没有了下文——

决策为何连连失误

安徽淮北市的人民路，过去是条不出名的市郊马路，去年却出了一番风头。淮北市民被告知，路东和矿山集镇塌陷区将建起亚洲最大的高尔夫球场，相距不远处，还要建起投资30亿元的“温哥华城”，淮北这座煤城将彻底改变其工业城市的面貌，成为一个供人们休闲旅游的“绿色家园”。然而时隔半年，“绿色家园”成了半拉子工程，打基础留下的大坑像是几个深深的问号，至今静静地躺在那里。

淮北是我国五大煤矿基地之一，过去地方经济对煤电产业的依赖性很强。着眼于淮北的未来，当地提出了城市转型的思路：建设一个现代化的工业、商贸、旅游城市。为实现这个目标，淮北积极招商引资，发展开放型经济。

然而，几个大的招商项目接连搁浅，让人不能不重新审视城市的转型之路应该怎么走。

画在纸上的绿色家园

2000年，北京一家民营公司找到淮北市有关领导，希望在淮北建一个亚洲最大、世界第二的高尔夫球场，称为新世纪生态家园高尔夫6+1球场。项目直接投资30亿元，间接投资超百亿。面对这么大的外来投资，淮北人喜出望外，像接待贵宾一样，先后6次接待这家公司的董事长和公司决策人员，并划出9 800亩土地，承诺以每亩10元的价格给投资商，供他们在距市区10公里的矿山集镇塌陷区兴建6个连体国际锦标型球场，在市郊人民路东段建一个公益性娱乐球场。

2001年4月，该项目举行了规模空前的启动仪式。谁知工程奠基至今一年多，工地成了一片荒地。而安徽省国土资源厅至今没有收到这个项目的用地许可申请。

高尔夫球场工程搁浅，成为街谈巷议的话题时，有人又介绍来一位加拿大客商，带来的项目计划是，建设一个国内一流的生态住宅区，包括国际会展中心、五星级酒店、国际新闻发布中心、豪华公寓及其他公共配套设施，取名为“温哥华城”。眼看投资巨大，淮北市又决定辟出4 150亩建设用地，将其列为“重中之重”项目，希望3年内初步建成，2001年10月之前，先建一个别墅群。

淮北有的是煤矿塌陷地，但许多已复垦，种上了庄稼，要实施这两大工程，许多已经复垦的土地贡献了出来。“温哥华城”的建设需要郊区余庄、梁庄、暗楼村的部分土地，当地居民给予全面配合。任圩镇的农民眼看着100多亩齐膝高的芝麻、豆子被推土机铲去。去年8月11日，“温哥华城”一期工程——别墅苑举行了奠基仪式。然而到10月，这个工程挖下4个大坑之后，就动不起来了。记者日前在工地上看到，4个大坑在太阳下暴晒，其中一个占地近20亩的大坑，灌满了水，周围杂草丛生。钢筋水泥基础已打了一半，一些裸露在外的钢筋，锈迹斑斑。

命运坎坷的招商项目

淮北是个有190多万人口的地级市，城镇居民人均可支配收入5 000多元，农民人均纯收入2 200多元，该地区知名度较高的旅游景点不多。在这里建亚洲最大的高尔夫球场可行性何在？多少人会来此玩高尔夫？在一次新闻发布会上，有记者提出这个问题。答复是：可以建飞机场，请东南亚的大财团老板开着私家飞机来淮北打球。此语一出，引来哄堂大笑。

同样，建设高档的“温哥华城”，在淮北有多大的销售市场？

不切实际的项目，从一开始就埋下了坎坷的伏笔，这样的结果，做可行性研究报告的时候都分析到了吗？其实，这些工程开工后，外商并没有再投入多少资金，而是用这些土地进行“再招商”。前不久，记者遇到“温哥华城”工地上的一个留守人员，他说，这工程去年10月就停工了，挖坑的钱还是市里拿的呢。

不该付出的“学费”

暗楼村有几个自然村所在地被确定为塌陷地，决定搬迁至现“温哥华城”工地处。但“温哥华城”的建设占用了这些农民的宅基地，面临房屋倒塌危险的农民还没有找到新的安身之处。

这些项目还没有上马前，淮北的宣传广告早已铺天盖地。一年内，淮北举行了3次规模较大的活动，做广告，请明星，开新闻发布会，花费谁也说不清。有知情者说，仅几个新闻发布会和奠基仪式，就超过200万元。当地一些干部的说法是："外商出面，淮北拿钱，捞个虚名。"

在淮北采访时，许多人对我们说，搞经济工作，难免会有失误，我们也允许决策者付一些学费。但如果是为了追求影响和"政绩"，人民是不愿意承担这笔学费的。淮北的市民告诉我们，群众心里自有衡量干部政绩的一杆秤。去年淮北市人大常委会对副市长进行述职评议，有32名人大常委出席会议，负责这些引资项目的副市长不称职票达到16张。

几个招商项目的流产和搁浅，如今已引起淮北市委、市政府的高度重视，他们痛定思痛，认真总结经验教训，开始走一条务实的招商引资之路。最近一段时间，淮北开展了热烈的解放思想大讨论，市里领导提出，在加大招商引资力度的同时，要对每一个项目进行充分论证和调研。据悉，市里正在启动南洋工业园，将有制衣、新型建材、机械制造、电子等行业的50家外商投资企业进驻淮北。

人们期待淮北转型成功。

《人民日报》2002年5月29日（获第13届中国新闻奖）

从写作上来说，这篇通讯有以下几点特色值得学习和借鉴：

舆论监督、实事求是，真正起到了治病救人的作用。据介绍，稿件见报后，在社会上引起了强烈反响。安徽省委领导对该文章表示赞同，省委宣传部领导充分肯定了这篇报道，并要求淮北市委组织干部学习讨论这篇文章。安徽全省干部群众对这篇报道给予好评，一些地方领导表示要引以为戒。淮北市的领导专门找到作者，接受批评，并妥善解决了类似问题。之后，淮北的招商引资工作正常进行，成效明显。这篇报道在新闻界、理论界也引起很大反响。上海《报刊文摘》头版头条予以转载，新华社、《工人日报》等10多家媒体以此为题发表评论。新华社、《经济日报》、安徽人民广播电台等媒体的同仁给记者站或报社来电，认为《人民日报》刊登的这篇舆论监督稿件高出一筹。此事还成为一个案例，被一些党校课程引用。有学者撰文认为这是一篇有深度、力度的舆论监督稿。

主题重大。报道披露了安徽省淮北市某些领导为了"政绩工程"，盲目决策、挑选一些不切实际的招商引资项目上马，投资30亿元的'温哥华城'在挖了4个大坑后没有了下文，造成了难以挽回的损失，令人民群众失望和不满。

叙述集中。报道紧紧围绕投资后的效果展开叙述。“2001 年 4 月，该项目举行了规模空前的启动仪式。谁知工程奠基至今一年多，工地成了一片荒地。而安徽省国土资源厅至今没有收到这个项目的用地许可申请。”“又介绍来一位加拿大客商，建设一个国内一流的生态住宅区，包括国际会展中心、五星级酒店、国际新闻发布中心、豪华公寓及其他公共配套设施，取名为‘温哥华城’。”“仅几个新闻发布会和奠基仪式，就超过 200 万元。”“100 多亩齐膝高的芝麻、豆子被推土机铲去。”“淮北是个有 190 多万人口的地级市……该地区知名度较高的旅游景点不多。在这里建亚洲最大的高尔夫球场可行性何在？多少人会来此玩高尔夫？”报道从投资到毁坏大面积的庄稼，从新闻发布会到奠基仪式，再从本地的地理位置到旅游前景，用大量的事实说明，决策者完全是“政绩工程”意识，根本没有考虑人民群众。

事实材料丰富。报道抓住了关键的事实，写得细、写得深、写得透。把事情的开始、进展、结果和危害程度等写得清清楚楚。这篇报道写得如此集中、重心突出，这是和记者深入细致的采访是分不开的。记者曾先后两次到淮北，排除重重困难，跑工地、进农家、拍照片，采访干部、外商、工人、农民等 150 多人，收集了大量材料，历经两个多月才成稿。采写过程中，编辑部与记者进行了多次具体沟通，并精编此稿。由于有了足够的投入，因而写出的稿件主题集中，行文简练、明了。仅 2000 来字，就将当地领导机关决策行为失误这一重大而复杂的问题写得清清楚楚。

2. 善于发现工作中有创造价值的事实和有规律性的经验，指导今后的工作

工作通讯不是工作总结，因此不像总结那样重在回顾过去。工作通讯的价值在于善于通过有新闻意义的事实反映出工作中的创新性和针对性；它也不像总结那样叙述工作过程，工作通讯重点着眼于结果，然后对结果进行画龙点睛式的概括归纳。

壮丽的发展诗篇——从数字看上海巨变

13 年，在历史的长河中只是弹指一挥间；但 13 年，却给上海这座城市带来了令世人为之惊叹、为之眩目的变化。党的十三届四中全会以来，在以江泽民同志为核心的党中央领导下，上海人民锐意进取，开拓创新，挥笔写下了壮丽的发展诗篇。

一、经济总量增长 2.6 倍，人均 GDP 跨越新台阶

经济总量是反映一个国家和地区综合经济实力的关键性指标。

1989 年，上海的国内生产总值（GDP）为 696.54 亿元，而到了 2001 年，已经攀升至 4 950.84 亿元，按可比价格计算，总量规模扩大了 2.6 倍，平均每年的增速达到 11.3%。而上海的人均 GDP 也水涨船高，从 1989 年的不足 1 500 美元上升到了 2001 年的 4 500 美元。根据世界银行的划分标准，上海已经从下中等收入国家水平，跻身上中等收入国家水平，跨上了一个新的发展平台。

经济的全速发展离不开深刻的变革和大胆的创新。13 年来，上海以浦东开发开放为龙头，从全国改革开放的后卫移位至前锋，年均发展速度超过同期全国水平 2 个百分点。一系列率先改革之举开启了上海大发展的闸门：率先开始国有资产管理体制改革、率先建立国家级要素市场、率先进行就业和社会保障制度改革、率先推行国有土地的有偿使用、率先实施投融资体制改革……思想解放成为上海巨变的源头活水。

二、第三、二、一产业比例“28.8∶66.9∶4.3—50.7∶47.6∶1.7”的变迁，折射出上海城市的转型

1989 年时，上海还是一个以工业为主的工商业城市。经过 13 年的发展，上海已经成功转型为一个经济中心城市。这从上海的产业结构变化中可以得到有力印证：1989 年，第二产业可谓独木撑天，它占了整个 GDP 总量的三分之二；而到 2001 年时，第三产业已经后来居上，反超第二产业 3 个百分点。

无须罗列太多的数字，人们可以从所见、所闻、所感当中品出这种转型的剧烈。陆家嘴金融贸易区崛起的现代化楼宇，正是现代服务业在上海崛起的标志。要素市场、银行、保险公司、证券公司、咨询机构、律师事务所、风险投资机构……云集申城，资金流、信息流、技术流、人才流、商品流奔涌聚散，显示出蓬勃的生机。而工业的转型也同样剧烈。今天成为上海工业第一支柱的电子信息产品制造业在 13 年前几乎还未起步。2001 年，六大重点发展行业（电子信息产品、汽车、石化、精品钢、成套设备、生物医药）实现的产值已经占了整个工业的半壁江山。

三、全社会固定资产投资 13 年增长 8.3 倍，城市建设从还债型向发展型转变

这 13 年间，上海固定资产投资的增幅远高于 GDP 的增长速度，2001 年，全市的投资总量高达 1 995 亿元，而 1989 年时仅为 215 亿元。巨额资金的投入为上海建设经济中心城市搭起了骨骼框架。

如果说在“八五”时期，上海的城市建设主要是还历史欠账的话——缓解交通紧张、改善公用设施等是主攻方向，而到了“九五”和“十五”，则根据上海建设“四个中心”的定位，开始了与世界一流水平的对话。“申”字型高架道路完成之后，一个连通长江三角洲的高速公路网已经铺开；63 公里“十字加半环”的轨道交通刚让市民初尝现代化交通设施的便利，另外220 公里轨道交通又开始大规模地建设；电话交换机容量从 1989 年的 57.6 万门扩充到 2001 年的 738.5 万门，告别打电话难没多久的市民现在讨论的是宽带、数字电视、移动上网等诸多新名词；浦东国际机场、洋山深水港等一系列枢纽型设施的建设更是大大延伸了上海的辐射半径。

四、吸引外资 13 年增长高达 40.7 倍，外贸进出口总额增长 6.8 倍，经济运行从相对封闭转向全方位开放

……

五、城市居民人均可支配收入实现从千元级到万元级的跨越，人民生活从温饱型转向比较富裕的小康型

……

六、市区人均居住面积从 6.4 平方米到 12.5 平方米，上海正向宜居城市迈进

……

七、从一张“报纸”到一个“房间”，上海的绿意浓了

过去，人们在形容上海缺乏绿化时惯常的比喻是，每个人拥有的绿地还没有一张报纸大（1989 年市区人均公共绿地面积为 0.96 平方米），而到 2001 年底，上海每个市民已拥有 5.56 平方米的绿地，相当于一个小房间的面积。赏心悦目的大型绿地，温馨雅致的小区绿地，已经成为上海人的休闲好去处。

大面积泼绿，映射的是上海整个城市生态环境的改变。1998 年以来，上海每年的环保投入都在 100 亿元以上，每个市民都可以从日益变清的黄浦江、苏州河水，日益增多的蓝天白云当中掂量出上海环境建设的力度。迈向国际大都市的上海，将是一座可持续发展的城市。

八、99 到 211，每万人拥有大学生数的变化见证了上海科教事业的发展

……

《解放日报》2002 年 9 月 28 日（获第 13 届中国新闻奖一等奖）

这篇通讯从八个方面报道了上海的快速发展。写法是由实到虚——数字是实实在在的事实，变化是虚，即通过数字看出哪些变化，经过概括和提升，从数字看出价值所在。如从经济总量增长的数字看到了思想解放成为上海巨变的源头活水；从吸引外资 13 年增长的数字看到了经济运行从相对封闭转向全方位开放等。这种概括来源于数字，因此不空泛也不像论文那样理论性太强。

通讯在运用数字方面有两点值得借鉴。第一，运用数字全面、客观、精确，几乎囊括了大都市建设的方方面面。从人均可支配收入到人均居住面积，从绿化面积到科教兴市等全方位、立体化地展示了上海形象。第二，运用比喻、描写等手法将数字写活。如写绿化，从一张报纸到一个房间，上海的绿意浓了；每个市民都可以从日益变清的黄浦江、苏州河水，日益增多的蓝天白云当中掂量出上海环境建设的力度。这样数字就不枯燥了，而是变得有声有色了。

11.3 工作通讯报道的变化

1. 人本意识、环保意识增强

工作通讯报道中对“工作”内涵认识范围扩大，不仅仅局限于党政机关、企事业部门，或者某一行业、某一领域的工作，社会上的某种现象、某些问题也可以透视出工作中的政策贯彻执行情况、工作方法等问题，如拖欠工资是一种较普遍的社会现象，《重庆日报》的获奖通讯《总理为农民追工钱》是一篇事件通讯，但也反映出地方政府工作中存在的问题。《文汇报》的《让鸟儿自由飞翔　请放下手中猎枪》讲的是环保问题，大篇幅报道一些人残杀洞庭湖上的珍鸟，贩卖珍鸟和餐馆饭店猛吃山珍的现象。导语和结尾部分才谈到如何采取措施保护候鸟。但同样也是工作通讯。从上面的两个例子我们可以看出，工作通讯报道范围在逐步扩大，促进了工作通讯报道的繁荣。

2. 服务意识、法制意识增强

舆论监督性通讯增多，报道中对工作中的失误思考加深，一些突发性事件通过记者的深入采访，发现事件的背后实际上是工作中的失误造成的。获第 14 届中国新闻奖的通讯，《黑龙江日报》2003 年 7 月 28 日刊登的《举步维艰的秋林集团有老总级人物 19 人 秋林老总何其多?》报道了哈尔滨秋林（集团）股份有限公司经营举步维艰，原因是拥有一个庞大的“老总”队伍。2004 年 11 月 24 日东方航空公司的一架飞机遇到紧急情况滞留在广州白云机场，《羊城晚报》2004 年 11 月 26 日头版报道《东航滞留广州 乘客终于飞走，事件背后的问题引起强烈关注：服务上不去，怎么竞争?》，显然从突发性事件背后看到了工作中存在的管理薄弱问题。

思考与练习

1. 如何突出工作通讯的舆论监督作用和指导意义?
2. 近年来的工作通讯报道有哪些变化?
3. 工作通讯的写法应如何创新?

12 风貌通讯

本章重点

□ 风貌通讯的报道形式和报道范围
□ 风貌通讯如何写“变化”
□ 风貌通讯的文体发展

风貌通讯是指着重描绘社会变化、时代风尚及风土人情的报道。它一般反映新貌、抓住特色、点面结合、开阔读者视野，增长读者知识，给人以现场感和美感。

在我国新闻写作史上曾出现过不少优秀的风貌通讯。如瞿秋白的《俄乡纪程》、《赤都心史》，邹韬奋的《萍踪寄语》，周恩来的《旅欧通讯》，范长江的《中国的西北角》，潘非的《海外掠影》等都是新闻名篇。

从某种意义上说，风貌通讯应该叫“文化通讯”。

12.1 风貌通讯的基本特征

风貌通讯的报道形式比较丰富，见闻、巡礼、侧记、散记、纪行、掠影、游记、印象记等都属于风貌通讯。

风貌通讯在表现题材上比其他通讯更加广泛多样。第一，反映一个地区、一条战线或一个单位发展变化的新气象、新面貌；第二，报道重要的建筑工程、展览会等内容；第三，介绍旅游风光，赞颂革命历史文物和名胜古迹；第四，反映异国他乡的社会现状和风土人情。

风貌通讯的特点主要体现在以下两个方面：

1. 全景式

风貌通讯大多以全景式的介绍来报道对象，给人以“概貌”的感觉。

将那些能反映报道对象特点的具体事物、场景、精彩片断和侧面，与报道对象全貌结合起来，让读者既能了解报道对象的全貌，也能看到报道对象的细微之处，以形成立体化的认识。

2. 突出“新”

风貌通讯在于描绘出时代的风貌和社会日新月异的发展。主要用对比衬托的手法。这种对比通常是从多方面进行的，在对比的两面中，旧的一面只是给新的一面起陪衬作用，只是表明面貌变化的起点，目的是为了突出新貌，展现出时代的变动。如《今日白帝城》就是在描述今日新貌时，穿插一点过去的背景，形成一种反差，让人感觉到惊人的变化。

12.2 风貌通讯的写作

1. 通过典型事实反映全貌

概貌不是概念化的叙述，也不是面面俱到，而是记者通过所见所闻和所采访的典型事实反映某地某事的全貌。

《河北日报》2001年5月31日的通讯《挺进中原》报道麦熟季节，河北省约有1.1万台收割机及3万多名麦客跨过黄河，参加到跨区机收的行列的情景。记者用白描、反复、排比等手法，展示了一幅燕赵麦客驾驶一台台联合收割机挺进中原参加麦收的壮观图景。开头这样写道：

> 一台联合收割机开过去了，又一台联合收割机开过去了，像南飞的雁阵，像南下的兵车，他们跨过漳河大桥、黄河大桥，一路向南，再向南，而后四面八方散开，驶进一望无际的麦海。

开头写出了场面的宏大、开阔，像万马奔腾的战场，给人以气壮山河之感。开头的作用不仅在于引出下文，更重要的还在于吸引读者。

风貌通讯要写出特点，要求记者深入采访，仔细观察，找出事实的特征，立体化地反映某地的风貌。

《挺进中原》的作者深入到跨区作业现场采访，注重描写当代麦客的风采。作者观察到这些“农民部队”虽气势庞大，但装备各异：

> 公路上隆隆开过的是联合收割机，麦田里纵横驰骋的是联合收割机，有新疆-2、北京-3，福田谷神等，黄色的机篷，绿色的帆布，这是一支没有统一装备的农民部队。

机器装备并非整齐划一，人员组合也各有特色：

> 其父子、夫妻参战和亲戚朋友混合编队的情形是对中国联产承包责任制的最深层的诠释；其一幅幅流光溢彩的风景、场面，越是远距

离地观望，越是有诗情画意！越是令人感动！

2. 选准角度，重点写“变”

风貌通讯主要写事物的发展变化。发展变化正是时代的特点，但是写好变化要善于找到一个好的角度。如果角度选不好，写出来没有新意，也容易雷同；而角度选得好，不但主题集中深入，而且读来生动深刻。

方寸工资条　折射沧桑变

以工资为主要收入的工薪族每月都会领到一张小小的工资条。你可能都没时间来在意它，但如果把它跟 10 年前、20 年前甚至 50 年前的工资条放在一起，你就会感觉它的变化实在太大了。

张先生不久前整理房间，偶然发现了一张泛黄的 1990 年的工资条。那时候，张先生刚大学毕业参加工作，工资条上的工资总额只有 203 元。不比不知道，一比吓一跳：一直在原单位工作，现在工资条上 8000 元的月薪，是过去的 40 倍！

数额

过去三年买辆单车

现在一月抱回彩电

据统计，1980 年以前广州市职工年平均工资徘徊在 700 元左右，1980 年突破 1 000 元，工资改革后的 1987 年突破 2 000 元，1995 年突破 10 000 元大关。今年上半年，广州职工平均工资为 11 633 元，平均每个工作日工资收入约 95 元，比改革开放之初 23 级干部一个月 63 元的工资还多。

当过知青的王姨 1979 年回广州参加工作，第一个月工资 24 元，连八毛钱的雪花膏都嫌贵，存了三年的钱才买下一辆自行车。王姨说：“去年我女儿参加工作第一个月工资就有 3 000 元，能买两台彩电了，抵得上我过去挣几年哩。”

2001 年有关统计显示，广州市职工平均工资达 22 141 元，比上一年增长 16.0%。居民消费结构升级特征日益显现，居民用于食品支出占消费性支出的比重由上年的 42.6% 下降为 40.0%，以住宅、汽车为代表的新消费热点正在启动。

如今，人们手中的工资条都已经是电脑流水打印的长长一张纸条，上面列有“固定工资”、“奖金”、“社会保险金”、“公积金”、“代扣税”等各种项目，五花八门令人眼花缭乱。

内涵

过去出自大锅饭

现在凸现市场味

回忆起当年的工资条，李伯乐呵呵地说，1950 年时的所谓“工资条”是用复写纸复写的，只有职工姓名和工资总额两项，而当时实行供给制，工资总额是将供给下发的东西折算成钱的；到了 1952 年实行折实单位制，按照一人一天生活所需的物质折成现金；1954 年便开始定级，直到“文化大革命”结束时，工资条上都是只有工资总额一项。一位老会计回忆说，1985 年按照国家部署，广州进行了工资制度改革，在基本工资之外，多了奖金、职务补贴等项目，同时，长期以来“白住”公家房的人也开始缴纳房租、水电费了，这在单位工资条上都有所体现。

广州一会计师事务所所长李女士也说，几十年来，经过社会一系列改革和工资制度本身的改革，通过工资调节形成了激励机制，奖金除了完成任务的基本奖金之外，超额还有提成作为奖金。

项目

过去生老病死靠单位

现在失业退休找社保

上世纪 90 年代，大部分广州人工资条上开始多了社会保险金、公积金和代扣税等项目，并且社会保险金、公积金、代扣税的缴纳数额也在不断增长，从最初的几元钱，直到现在数百元钱甚至上千元。有关负责人介绍：“除了职工个人按缴费基数计缴的社保费用外，国家和单位还要按规定比例替职工交纳社保费用。例如养老保险中，国有企业、城镇集体企业、外商投资企业、国家机关、事业单位、社会团体，单位缴纳 20%，个人 8%，而私企、个体工商户、自由职业者、非本市城镇户口员工，新参保的私人注资总额超过 50% 以上的区街集体企业、乡镇企业、外资企业，单位缴纳 11%，个人 8%。这笔由双方共同筹集的费用，编织了保障职工基本生活的安全网。”

再拿工资条上公积金这一栏来说，每个月单位都会帮你代扣代缴，到时买房、翻修、租房，只要符合条件你就可将自己和单位共同缴存的公积金余额提取出来，还可用它来贷款。随着福利分房结束和货币分房的推开，现在广州人工资条上由单位扣的房租水电一栏不少已经空缺，取而代之多了上百元的住房补贴、租房补贴等，房改已经用货币化的方式在工资条上反映。

目前工薪阶层已经成了个人所得税的纳税主体。上世纪90年代以前，工薪阶层难以达到800元的起征点，纳税的人还寥寥无几；随着职工工资的大幅提升，越来越多工薪族的工资条上纳税一栏已不再是空白。

经常忘记到财务室拿工资条的林伯说，在单位干了几十年，以前每个月总是盼着到财务部门领工资，一分一毫，会计都会找到零钱给你，工资也是放到写着姓名的信封里。但自从工资存到银行，就只有到用钱的时候，才会去查询、取钱。

广州市政协经济委员会副主任陈美玲告诉记者，近10年经过不断改革调整，人们的工资结构变得复杂了，而且工资的领取方式也有了很大的不同。以前单位发工资是发现金，大概在上世纪90年代，广州在全国率先进行了职工工资的银行划账。去年开始广州市的政府行政人员开始财政统发工资，公务员的所得税征收也动起真格来。

《广州日报》2002年8月8日

这篇通讯从小小工资条上看到了职工工资的大幅提升，反映社会发展的巨大变化。角度很小，但很新颖。张先生1990年的工资条工资总额只有203元，现在工资条上已有8 000元的月薪，是过去的40倍。通讯不仅停留在工资增加的现象上，而是进一步挖掘，发现工资变化内涵在于“过去出自大锅饭，现在凸现市场味”。从工资条上的各个项目上看到：“过去生老病死靠单位，现在失业退休找社保。”这些反映了经济发展和体制改革带来的社会进步。

3. 通过写人来展示风貌，并在展示风貌中展示人的风采

风貌通讯不能只写风景而忽略了写人，作为报道，着眼点还是写人。通过人来展示风貌，通过写人让通讯活起来。

近两年，风貌通讯注重从写人物来反映一个地方的变化。

《西藏日报》2003年10月26日的通讯《在狮泉河镇务工的牧民》这样写道：

这几年西藏各级政府千方百计引导自然条件差、经济落后的地区的牧民走出去寻找致富门路。一些牧民的思想骚动起来，不满足于仅有肉和奶的单调游牧生活，想多挣些钱，过上和内地人一样的生活，于是他们放下了牧羊鞭，从传统牧区来到了狮泉河镇。尽管他们在这里的工作辛苦，工资又低，而且也不是经常能找到工作，但他们坚持着。他们能从牧区走出来就是进步——超越传统的进步——像当年中国开始改革开放农民离开土地走进城市一样。

先写西藏政府千方百计引导牧民致富，接下去写牧民们进城后的思想状态。写牧民们的性格则反映出狮泉河镇的当代风貌：

这些人仍保留着牧民粗犷豪迈质朴的性格，感情奔放。喧闹的狮泉河大街虽不是牧民们跳舞的场所，但并不影响他们放歌。他们在大街上转悠时，不管男女不经意地就唱了起来，不是那种小声哼唱，而是放开歌喉喊出他们的祖辈喊了几千年的牧歌，那种节奏自由、悠长高亢的高原牧歌。他们唱得那样的纯真，那样的自然，没有丝毫的造作与修饰，是内心的直白和呼唤，唱到高兴时还长袖飞舞而不在乎周围的人是否在注意他们。

牧民在找工之余也不忘在大街上喊出节奏自由、悠长高亢的高原牧歌，把牧民们粗犷奔放的性格表现得淋漓尽致，这既是狮泉河镇也是西藏的地区风俗。狮泉河镇的发展繁荣对前来打工的牧民的观念也有很大影响，尽管有些商品现在还不能进入他们的生活，但这种“吸引力”却影响着他们的观念，为他们指出了追求物质文明的方向，促使他们不断地去努力。从另一个方面反映了小镇的变化。

《挺进中原》中写那些麦客们的风貌：“他们或站在平台上，或坐在割台上，赤着胸，袒着怀，紫黑的脸上挂着灿烂的笑。”结尾引用一位青年机手即兴在麦田里吟诵的诗：“蛙鼓，蝉唱，金鸡啼，组成中原会战的啦啦队；太阳，星星，小南风，伴随着我们的收割机日夜兼程。”语言和动作中透着乡土气息，人物和环境的交融分明是一幅幅乡村风景画。

风貌通讯的品种当前越来越少了，主要有三个原因：第一，风貌通讯不像事件通讯尤其是灾难性事件那样容易产生轰动效应，它属于较“静”的一种体裁，字里行间透着一种生活气息。能写出事实中的生活气息并且写得既有趣又有价值，不是一件容易的事，记者需要有扎实的文化功底，还要善于运用创造性思维去采访与写作。优秀的风貌通讯往往能成为长久的阅读精品甚至传世之作，忽视风貌通讯的报道与写作的倾向应当纠正。第二，风貌通讯更加注重人物描写，向特写靠拢。如《河北日报》2001 年 5 – 6 月报道的麦客系列通讯《赶路的人》和《五月拾“穗”》，《西藏日报》的《在狮泉河镇务工的牧民》等。看起来好像是特写，其实仍然是风貌通讯，只不过融入了特写手法，加强了对人物的描写。第三，风貌通讯更加注重社会变迁，关注人的生存状态，向工作通讯靠近。如《经济日报》马秀莲的《在延安的山村里——下乡采访笔记》，报道了老少边穷地区近年来发生的巨大变化，但仍存在着赤贫状况和扶贫政策基层落实难的问题。变化与问题都写得实实在在。这篇通讯的价值主要在于发现了问题，而不在于写出了变化。包括这篇报道之后延安电视台的系列报道《黄河流过的村庄》，说它们是工作通讯或风貌通讯都可以。不过这种写法向风貌通讯的写作提出了一个问题，即写变化不仅仅只写成就，还要关注当地的生态环境、人们的生活状态等，使风貌通讯更具时代感。

思考与练习

1. 如何看待当前风貌通讯这种体裁形式和报道方式的变化？

2. 风貌通讯的写作形式如何与时俱进、不断创新？

3. 下面是《经济日报》记者马秀莲写的一篇著名通讯，曾在全国引起反响。摘选的是原文的第一部分，仔细研究一下这部分内容，探讨一下这类通讯是属于工作通讯还是风貌通讯？风貌通讯应如何发展？

在延安的山村里

——下乡采访笔记

延安，是我心向往之的革命圣地。当然，我也知道，尽管发生了天翻地覆的巨变，但延安的经济还不发达，尤其是农村生活水平还不高，这正是我们要大力为之呼与鼓的。抽时间到那里住上一段时间！

地方接待的同志将我安排在延安东北部紧挨黄河的延川县。这里的自然状况、生活水平和文化背景，在陕北都比较有代表性。为了工作方便，下乡干部小贺陪同我，兼作翻译。

出了延安，前往延川。我开始知道什么叫黄土高坡。未曾绵绝的山，裸露着大片大片黄色的肌肤，一星半点的绿，不过是其上的一点点缀。公路旁的沟谷，蜿蜒着一条快干涸的黄泥的浊流，上面卧着的石头，如刀削一般的条条缕缕，十分苍厉。这就是河。

人们在一切可以种植的地方进行耕植，而其实很难看到一块平坦的地方。在此黄土高坡，60%的土地都是大于25度的坡地，并不宜于种庄稼。99.9%的耕地都是旱地，靠天吃饭，而延川又十年九旱。并且，产量是极低的，所种的麦子与谷子，亩产通常只有百把来斤。

我想起了在南方的家乡苏湖地区，肥沃的土地，常常一望无际。春天的时候，麦子青青，油菜花如云似锦地开放；到秋天时，一望无际里则都是沉甸甸的稻穗，飘着醉人的香味。

北方的河与南方的河不曾相见，它永远不会懂什么是南方的清流；南方的河未曾与北方的河相见，它也永远不会知道它北方兄弟的浑厚。

北方的庄稼地，未曾与南方的相遇，它委实不知道，世界上还有那么肥沃的土地和丰茂的庄稼；而南方的庄稼地也未曾与北方相遇，它委实不知道，在那么贫瘠的地方，人们为什么还要择此而栖，并种植庄稼？

农民张德——殷实人家的追求

黄土上，不同年龄的人，对这黄土的感情是不一样的。

达连沟村张德老汉就属于热爱黄土的一类。张德家就在书记的下首。五口新窑，亮亮堂堂。一头骡子从屋旁的棚屋中探出头。

屋内墙壁刷得粉白，挂着一只新自鸣钟。地下铺着砖，炕沿砌着瓷砖。炕对面倚墙，依次放着缝纫机、箱子、长桌。桌上搁着电话和一台旧黑白电视机。屋角放有液化气灶，是女儿出嫁时女婿买的。

这时是下午四点，正是山里人吃饭的时间。他们通常在三四点才吃午饭，稍事休息后等五点太阳不太辣时，继续下地。

在小矮方桌上，有馒头、小米稀饭，另有两小碗腌咸菜盐渍韭菜，放在一只酱色的长方形托盘里。女人又要盛饭又要开西瓜，又说：“看你们住的，我们这儿就像驴子住的。”然后就坐上炕，吧嗒吧嗒地说开了。男人张德坐在炕角只顾自己吸烟，烟是一块五一包的“延安”。

从女人的话里得知，家里分得六口人的地，约有20亩，但三个女儿都出嫁后，也没调整。如今家里只剩夫妻俩，和刚刚初中毕业闲在家里的宝贝儿子。合作化结束后刚有点粮吃，顾不上修窑；新窑是1997年箍的，2000年修了瓷砖，粉了石灰。五口窑花了4.6万元，借了1万多。这两年收成不景气，也还不上。“我们才50岁，有能力赚，我们慢慢赚。”女人一点不担心。然后又说收成不景气，主要因为天旱。前年枣还卖得两千多元，去年只有一千多元了。价格也下来了。前年卖1.4元一斤，去年只有9毛3分。今年更不抵事，枣挂果时正逢天大旱，旱得果都挂不上。至于卖枣，也不出门去卖，到时会有三轮开到村里来，谁来卖谁。听得出来，说到收入，女人没有往实里说。

问到负担问题，女人找出一个红本本，说，给我一个本本，我们俩都不识字，他们填多少钱，就交多少钱，具体内容我也不知。不过，镇里的集资一般只有几十块钱。村里不收提留。交得最多的是农特税，去年是270元，天旱，没钱交，今年退耕还林就被抵扣掉了。然后又责怪老伴：“他老实，得多少，说多少，实!”报多了，农林特产税自然也交得多。老头也不搭话，只顾吸烟，一脸和颜悦色。

该下地了。拿着镰刀，肩上搭着绳子，老汉下地去给驴子割草。小外孙扛着撅头，兴高采烈地跟在后边。儿子不愿去，被我们拽着才去。

地在村头，要走十五分钟的山路。

那是一块坡地，规则地种着不到一人高的小枣树，树下长着沙打旺（也叫沙棘）。显然，这是一块退耕还林地。老汉指着沙打旺说：“这是公家给的种让种的。种子可以卖钱，对水土保持也好。”

老汉矮小的身子高一脚、低一脚穿行在稀疏的枣树间。时不时地抬头和我聊两句：“你看劳动人民好不好!”这地方的种地人，爱称自己是劳动人民或“受苦人”。

问老汉最远去过什么地方，说就到过延川县城，连延安也没去过。“没空去。去也没事。”

此时，面孔白净的儿子蹲在坡上首，手中把玩树叶吹着口哨。“你愿意像你爸这样干活吗?”我问他。“不愿意。”儿子呵呵地笑。

“他就想闲！饭吃不上!”父亲不屑地说。

儿子却在上首发表了一通高论：“老百姓比干部好。冬天早晨不用出山。中午可以在家睡觉。天旱，出门也没事干，就在家歇着。”儿子从没摸过地里的活。初中毕业不想念了，去学了几天厨师，不愿干，回来就闲在家里。

我问老汉："你最大的心愿是什么？"这话仿佛勾起老汉甜美的心事来。他在枣树下的黄土坡上斜身躺下，头枕着刚刚割下的丰收的果实，身下是他一辈子都未曾离开过的黄土。夕阳灿烂柔和，他的神情也仿佛有些醉了。

"最想的就是把现在的光景过好，多赚点钱，把借的债还上。"

"现在好不好呢？"

"不能说好，也不能说不好。比上不足，比下强点。"

"那怎么才能把光景过好呢？"

"做事呗，现在的指望就是这枣树，其他也没干头。"他沉醉地看着坡上遍植的枣树。

《经济日报》2002 年 4 月 15 日

13

速写　素描　花絮

本章重点

- □ 速写、素描和花絮的共同特点与不同之处
- □ 速写、素描和花絮的作用
- □ 速写、素描和花絮的写作技巧

13.1 新闻速写

速写是绘画中的一种手法，即用碳条、铅笔、毛笔在短时间内快速勾勒出人或物的主要特征的一种绘画方法。

新闻速写就是借鉴速写的绘画方法，用快速捕捉和简笔勾勒的手法迅速描绘出事物或人物的主要特征的新闻报道体裁。

1. 新闻速写的特点

(1) 真实而有趣。

与绘画速写和文学速写不同的是，新闻速写不能虚构，完全是真人真事。绘画速写和文学速写则允许虚构。

(2) 简洁而不枯燥。

新闻速写主要是勾勒事件或人物的主要特征，对其全过程进行压缩，描绘其轮廓，寥寥几笔，惟妙惟肖，重在神似。就像街头速写画，匆匆几笔，大鼻子小眼睛，活龙活现。

(3) 快速而富有历史价值。

新闻速写虽然不算是新闻报道中的重型武器，但写出来的作品却能保存久远，成为重要的史料。

2. 新闻速写的写作

(1) 快速捕捉对象的特征。

新闻速写和动态消息一样，时效性特别强。一般要求记者现场采访观察，立即写出稿件，很快报道出去。比如重要会议现场、重大事件现场，记者必须具备倚马可待、笔走龙蛇的本领。下面是一篇场面速写：

有一种精彩让我们振奋

——孙犁塑像落成暨天津日报大厦前厅前广场启用仪式速写

昨天的风很大，气温也很低，改造一新的天津日报大厦前广场却呈现出一派生机勃勃的景象，9 个红艳艳的灯笼高挂在碧蓝的天空中，新落成的大厦前厅晶莹剔透，宛若一座美丽的宫殿，在冬日的阳光下，闪烁着银色的光泽。广场上，一代文学大师、杰出报人孙犁先生的汉白玉塑像终于在这里落成了。

昨天下午，市领导和文学界、新闻界、孙犁先生的亲属从四面八方冒着严寒赶来，刚刚在全国女排联赛中夺冠的天津女排的姑娘们也应邀来到大厦前。当市委副书记刘胜玉揭开覆盖在孙犁塑像上的红绸时，用汉白玉雕成的大师塑像尽现在人们的面前。在雪白的荷花环绕中，背靠太行山的孙犁先生一如他生前那样，以深邃的目光望着这座他熟悉的城市和他度过了53载春秋的天津日报社，依然那么亲切地面对着他的同仁晚辈们。在塑像下的黑色大理石基座上，中共中央政治局委员、市委书记张立昌题写的“孙犁同志”四个字栩栩如生。揭幕后，天津日报的四位女记者向塑像献上了美丽的花篮，五彩纷呈的鲜花使得整个广场充满了温暖的气息。市委常委、市委宣传部部长肖怀远发表了热情洋溢的讲话，天津日报报业集团社长、总编辑张建星在致辞中激情澎湃，正如他为孙犁塑像撰写的铭文中所说的那样：“八册文集，十种散文。从《荷花淀》到《曲终集》，孙犁的笔力在于他以平静的文字和故事，展现的是一个民族、一个政党、一个作家在残酷战争岁月中的良知和良心……”

揭幕仪式之后，来宾们饶有兴致地步入了由著名建筑师周恺设计的崭新的大厦前厅。这是一座圆锥形全钢玻璃幕墙结构的大厅，与37层天津日报大厦天衣无缝地融成一体。

入夜时分，无数的街灯亮起来了，天津日报大厦变成了一座通体透明的灯光组合。从前广场到前厅，从喷泉、水幕和各种灯光设施，到广场上刻有“天津日报”字样的取自蓟县重达16吨的中上古代叠层巨石，再到凝重的孙犁塑像和他身后的37层大厦，所有的灯光连接成耀眼的光链，在夜空中晶莹闪烁，成为天津城一道独有的风景。一位来宾感慨地说道：天津日报大厦面貌的变化，其实是一种精神的变化，一种壮志的体现。正如我们英雄的女排姑娘，代表的是那种顽强拼搏、永不满足的进取精神。

《天津日报》2003年1月29日

这篇速写实际上写了两个方面的内容：孙犁塑像落成仪式和天津日报大厦前厅前广场启用仪式，地点都是一个地方，孙犁塑像就坐落在天津日报大厦前厅前广场。记者把重点放在孙犁塑像周围的环境上：9个红艳艳的灯笼高挂在碧蓝的天空中，新落成的大厦前厅晶莹剔透，宛若一座美丽的宫殿，在冬日的阳光下，闪烁着银色的光泽。广场上，一代文学大师、杰出报人孙犁先生的汉白玉塑像终于在这里落成了。接着转向对孙犁塑像的描写："在雪白的荷花环绕中，背靠太行山的孙犁先生一如他生前那样，以深邃的目光望着这座他熟悉的城市和他度过了53载春秋的天津日报社，依然那么亲切地面对着他的同仁晚辈们。""市委书记张立昌题写的'孙犁同志'四个字栩栩如生。"天津日报报业集团社长、总编辑张建星在致辞中激情澎湃，正如他为孙犁塑像撰写的铭文中所说的那样："八册文集，十种散文。从《荷花淀》到《曲终集》，孙犁的笔力在于他以平静的文字和故事，展现的是一个民族、一个政党、一个作家在残酷战争岁月的良知和良心……"

铭文中的几句话简要地概括了孙犁一生的文学成就，写出了孙犁的性格特征。整篇速写快速流动的写作特点很鲜明。

（2）抓住细节，令文章生辉。

新闻速写主要写轮廓，但细节也不可少。特写用细节往往精雕细刻，速写用细节一般点到为止，不做铺陈。

朱总理速写之个性总理

●**古训铭心**：朱镕基最喜欢这样一条古训：吏不畏吾严，而畏吾廉；民不服吾能，而服吾公。公则明，廉则威。

●**情深义重**：朱镕基对母校清华一往情深，从不题词的他为母校写下"水木清华，春风化雨；教我育我，终身难忘"的题词。

●**自话脾气**：朱镕基这样评价自己的脾气："看到一些事情没有办好，老百姓对我们有意见，我心里着急啊！我脾气不太好，可能得罪了一些同志，请大家多多包涵。但我只批评人，绝不整人。"

●**人生信条**：朱镕基说："我的信条是独立思考。"

●**最爱鲁迅**：朱镕基喜欢读文学名著，在中国现代作家中，最喜爱鲁迅、巴金、茅盾的作品。

●**超级戏迷**：据说，朱镕基唱起京剧来不但字正腔圆，有板有眼，而且会拉着京胡给自己伴奏。

总理轶事

性情中人

怒斥"豆腐渣"工程、为商鞅洒泪、高呼"我爱香港"、长久眷恋母校……

动情处，或开怀大笑，或拍案震怒，似这般，谈笑间樯橹灰飞烟灭，朱镕基用他的机智幽默化解了一个个棘手问题，又用他的非凡气度塑造了一个极富个性色彩的高级领导形象。

朱镕基，他的性情、他的政绩、他的一言一笑，将被人们长久记忆。

婉拒改名

北京流传着一段关于朱镕基名字的故事。

话说朱镕基的“镕”字，在中国目前的电脑字库中没有，用电脑写稿时，打到“镕”时，都要写成“容加金字旁”，非常麻烦。有和朱镕基相熟的记者和他开玩笑，叫他改名，把金字旁改成水字旁，给大家行个方便。朱镕基对此建议大不以为然，他称自己名中的“镕”字，是铸就之意，而“镕基”就是铸就基业，他要为中国的富强铸就基业。如果改成“溶”字，不就把基业给“溶”掉了？绝对不行。

提拔“仇人”

朱镕基不苟言笑，表情严肃，严于律己，对干部的要求很严格，如果被他发现工作上的毛病，批评起来十分严厉。对于自己的严厉，朱镕基认为是“江山易改，秉性难移啊！”

但是，朱镕基批评起来虽然严厉，却从不整人。还在他任国家经委副主任的时候，手下的一位处长越级向国务院领导错误地报告了朱镕基工作的失误。朱镕基知道之后狠狠地批评了这位处长。不少人以为这位处长的前途完了，但谁也料想不到的是，正是这位处长，后来被朱镕基提拔为某局的副局长。

对此，朱镕基解释：这个人工作负责任，而且敢打我的报告，尽管报告失实，但他是从工作出发的，不应该影响对他的使用。

上海罢宴

朱镕基任上海市长之初，亲自主持制定《干部廉政守则》，严禁请客送礼。

一次，上海某家大公司挂牌开张，特邀党政领导社会名流前往剪彩祝贺。庆典结束，主持人宣布“备有薄酒，请各位来宾务必赏光”。朱镕基也去了，当他步入大门往厅堂里放眼一望，两道眉毛倏地蹙紧了：豪华宽敞的大厅里，摆了近百桌宴席，身穿艳丽旗袍的女招待侍立两侧，高杯小盏，琳琅满目……

朱镕基神色严峻地往大门口一站，不怒而威。热情的主人也感觉到了气氛不对。然而事已至此，也只好硬着头皮邀请朱镕基到主宾席就座。朱镕基拒绝了，要求主人为他和秘书准备一份工作餐，而且，让服务员拿来一张小桌，就放在大厅的墙边上吃。紧跟着，面带愧色的客人一一不辞而别，剩下的客人见状，也纷纷放弃了这顿丰盛的宴席而改进工作餐。

尊重工人

1994 年 12 月 10 日下午，时任副总理的朱镕基来到苏州机床电器厂视察工作。当他走到装配工汤建美跟前同她交谈时，女工微笑相迎，但没有像平时人们常看到的立即站起、上前握手那样的场景。

由于汤建美一直坐着，加上她面前的操作架较高，挡住了几位记者的镜头。电视台的一位记者急了，对女工喊道："你站起来嘛，站起来回答朱副总理的问题呀！"女工恍然大悟似的很快站立起来。于是，一阵"咔嚓"、"咔嚓"的快门声骤然响起。然而，人们立即发现朱镕基比较谦和的脸上陡然增添了几分严峻，他正色道："不，她不应该站起来，应该坐着，是我打扰了她！"紧接着，又补充道："她如站起来，就违反操作规程了！"说着，他温和地用手示意女工坐下。

为师一诺千金

朱镕基曾任清华大学经济管理学院院长，他当上总理后，一次到清华讲话，一位学生递上一张纸条，希望朱镕基谈谈如何解决企业的亏损和虚盈问题。朱镕基念了纸条，认真地回答："这是我现在面临的最大难题，我希望半年之后对同学们有个说法。"

事隔半年多的一天，朱镕基果然来到清华，向学生们介绍大家所关心的国有企业转变经营机制、扭亏增盈等问题的解决办法，谈了国家经济形势和问题的对策。他用行动兑现了半年前向清华师生许下的诺言。

拒开"国际后门"

"请问朱总理，能不能帮我办一本中国护照？"2002 年 4 月 19 日，朱镕基访问土耳其时，一位土耳其青年向朱总理提出了这样的问题。在场的人们都被逗笑了。

这位青年还说："我曾经到过中国，中国人民对土耳其人非常友好，我还很喜欢吃中餐，我热爱中国。"

人们在好奇地等待着朱总理的回答。朱镕基仍是"秉公办事"："你热爱中国，希望了解中国，这非常好。要吃中餐，首先要学会使用中国的筷子，学会了之后再来跟我谈‘申办护照’这件事。”

出访一路“送礼”

“我给你们每位部长送一台彩电，看看中国的彩电是不是又好又便宜！”2002年8月下旬，出访摩洛哥的朱镕基给摩洛哥政府的部长们送了一份“厚礼”。

这份礼物送得别有深意。因为中国政府正积极鼓励和推动两国企业界人士的直接交往和合作。朱镕基风趣地说：“我们的彩电便宜得一塌糊涂。我们的彩电企业到这里合资办厂，可以给你们省下很多外汇，既改善了贸易关系又开拓了市场。”

批美国麦克风

1999年4月初在华盛顿的访问中，朱镕基两次批评美国麦克风“不是最先进的”。

第一次发生在白宫的联合记者招待会上。当时朱总理正在回答一名记者提出的有关“中国威胁论”的问题，朱总理说，你们美国是世界上最大的发达国家，你们拥有的核武器数量是中国的几百倍，武器装备是世界上最精良的，高科技是世界上最发达的，手段也是最先进的，你们还担心什么？话至此处，麦克风突然出了点小毛病，喜欢幽默的朱镕基不忘开个玩笑，他说：“可是你们美国的麦克风不是最先进的。”此言一出，台下哄然大笑。

第二次则发生在美中关系全国委员会等7家团体为朱镕基举行的晚宴上。当时，朱镕基正谈到中国准备向美国进一步开放电信市场时，宴会厅内的麦克风碰巧又出了毛病，朱镕基再次风趣地说：“你们美国的麦克风确实不是最先进的。”这时，周围有人说：“麦克风是从欧洲进口的。”朱镕基乐了，他说：“看来，我们作出的加强与美国在电信事业方面的合作的决定还是正确的。”话刚说完，周围的人又乐了。

铁腕外交绵里藏针

朱镕基回答记者为何在美中关系出现新矛盾之际访美

“我是不想来的，是江主席让我一定来。江主席是中国的NO.1（第一号人物），我当然要服从江主席的命令。”

“我不想来美国的原因是担心被美国人打得鼻青脸肿。美驻华大使尚慕杰临行前告诉我，回美后将做好被打得鼻青脸肿的准备。尚慕杰还特意给了我一个善意忠告，要我到美国后一定要‘笑脸常开’。我当时回答尚慕杰说：‘你是美国人，都可能被打得鼻青脸肿，我是中国人，我担心我的笑脸会变成血脸。'”

“刚才在克林顿总统的办公室看到了林肯总统的肖像。我想当年林肯总统为了保持美国的完整，反对独立和分离，不惜使用武力，我们应该向林肯总统学习。”

1999年4月8日访问美国期间，朱镕基绵里藏针地回答一位香港记者关于台湾问题的提问

驳斥流言妙语机锋

“我刚才跟尊敬的市长夫人谈话时，她问我，你们打算怎样庆祝50周年国庆？我告诉她说，我们今年要搞一个盛大的阅兵式，将要展出中国最新式的武器，但这些武器是中国制造的，不是从美国偷来的。尊敬的市长夫人建议说，你们应该在导弹上面贴一个广告，'Made in China, not in U. S. A.'（中国制造，不是美国）。这是个Good idea（好主意）。”

1999年朱镕基访美期间巧妙地回击了指责中国偷窃美国导弹技术的流言

“我不敢保证中国的统计完全没有水分，因为没有哪个国家能保证这一点。不过，我相信中国经济7%的增长率是真实可信的，因为去年国内的财政收入增长了14%，这可是真金白银，没得假的，全部都装进了口袋（指国库）的。”

朱镕基在博鳌亚洲论坛上回答外国记者质疑中国7%的GDP增长率有水分

寄语学子慷慨立言

“所有会计人员必须做到'诚信为本，操守为重，坚持准则，不做假账'，不屈从和迎合任何压力与不合理要求，不以职务之便牟取一己私利，不提供虚假会计信息。”

“我很少题词，因为我的字写得不好，但是我为3个国家会计学院亲自写下4个大字'不做假账'。我希望每一个中国国家会计学院毕业的学生，永远都要牢记这四个大字！”

2002年11月朱镕基莅港出席世界会计师大会时谈及中国会计业

“你若是出去工作，你可能会成为一只公鸡，公鸡是斗士；但你若留下来的话，你就可以成为一只母鸡，母鸡可以生蛋。”朱镕基任清华大学经济管理学院院长时深情挽留自己的学生姜旭平留在清华园，做一名普通的教书匠

大家风范热语招商

“中国政府有200亿美元的储备金在这家银行，中银本息也有超过300亿美元的储备金，所以这家银行是不会倒闭的。”“若大家对这家银行服务感到不满意，可以写信给我，我将撤这个行长……不过，如果大家觉得银行的服务好，也要写信给我，好让我及时提升他。”

1993年5月，朱镕基在中国银行加拿大分行开业仪式上讲话

“听说今天的演讲会入场券是1 250美元一张，我不知道我今天的讲话值不值这些钱?”“你们愿意到中国来开银行，我们表示欢迎。但不要来得太快。来得太快，你们赚不到钱不要埋怨我。”

1997年9月22日，朱镕基在香港参加世界银行和国际货币基金组织第56届会议回答如何让更多的外国银行进入中国

铁面总理　闲话幽默

“我很喜欢开玩笑，但常有人不理解我的幽默。比如前不久在北京开人大会时，我对湖南代表团讲，不要再挪用农业资金，损害农民利益，谁再这样干，我就砍谁的头。我不过是开玩笑这样讲，结果《农民日报》却当真报道出来，香港一些报纸也跟着登。后来我在记者会上说，我不承认要砍人家的头，那是破坏民主，违反法制人权，将问题国际化。第二天，香港的报纸却说我讲了话又不承认。这些报纸是不是缺乏一点幽默感?”

1993年5月，朱镕基出访加拿大，他的连珠妙语，令西方国家的政治家和新闻界大开眼界。

悲情：怒斥“豆腐渣”

1998年8月，被传媒作为“固若金汤”的正面典型广泛宣传的江西九江长江大堤轰然倒塌，朱镕基紧急飞赴九江。九江的决堤，使他勃然大怒。

他怒斥：“你们不是说固若金汤吗? 谁知堤内是豆腐渣！这样的工程要从根查起，对负责设计、施工、监理的人员都要追查。人命关天，百年大计，千秋大业，竟搞出这样一个‘豆腐渣’工程、‘王八蛋’工程。腐败到这种程度怎么了得? 历史是不容欺骗的!”

娱情：美国戏语

1999年4月10日，朱镕基与美联储局主席格林斯潘见面，会后格老二话不说，只对着记者举起大拇指，但朱镕基在晚宴上，却讽刺格老经常过问中国事务，例如建议企业与社会保障制度分开，又建议

银行与不良贷款分开。

他戏谑："欢迎美国参与改革，就像格林斯潘先生参与我们的改革一样。"

1999 年，朱镕基访美期间还当着美国众记者的面幽了克林顿一默。

他揶揄："我作为总理，去年 3 月 17 日刚刚上任，开这样的记者会是第一次，我正心跳加速。我没有他（克林顿）有经验，他对付你们是很有经验的，我没有。因此，如果我说错了话的时候，请你们笔下留情，隐恶扬善。"

伤情：看《商鞅》落泪

1996 年岁末，朱镕基在北京看话剧《商鞅》，为剧情所动，潸然泪下。商鞅以惊人的勇气掀起改革之潮流，终为顽固派羁绊，车裂而死。以古衡今，令朱镕基慨叹不已。

当时，朱镕基面临的最大的难题，也即我们整个党所面临的最大的考验，还是一个国有企业的问题。在即将过去的 1996 年，国有企业仍无振作之迹象。预算内企业的净销售利润率降低到历史最低点。国有银行已经开始清理国有工商业的不良债务。政府手里的钱本该从企业来，国企靠借钱过日子，政府就只好靠借钱度日。

外界评价："这样一个人（指朱镕基），如若不是为情所动，有感而发，能够泪洒剧场么？中国的事情，看清楚已经不易，做到就更难。如果你是在做别人不敢做的事，那就要准备好了：不仅吃苦，还要伤心。"

动情：我爱香港

在香港面临严重经济困境，民众信心几近涣散之际，朱镕基在多个公开场合力挺香港，更高呼"我爱香港"。

他承诺："我们也将继续、始终竭尽全力，动用我们一切可以动用的资源和手段，促进香港的繁荣和稳定。"

他鼓气："有什么好怕？我告诉董特首，你去年不是有 600 多亿、700 亿财赤，今年大概也是这个数目吧。你不是还有 2 700 亿储备吗？你这个'赤字特首'，跟我这个'赤字总理'比起来还差得多呢！"

"你 3 年以后花光财政储备，你怕什么？你到中国发 50 年长期债券，我第一个带头买，我相信中国人民也会和我一起买。"

他提醒："若香港搞不好，不单你们有责任，我们也有责任，香港回归祖国，在我们手里搞坏，我们岂不成了民族罪人？不会的！”

深情：情系清华

不少人认为朱镕基是一个严肃的人，很少看到他的笑容。实际上，他很重感情，对母校清华大学更是一往情深。2001 年 6 月 6 日他出席辞去清华大学经济管理学院院长的告别会，深情地说：“再见了，我永远是一个清华人。”

他评价：“清华不仅是一个为学的地方，还是教人为人的地方。”

他回忆：“我非常敬佩朱自清先生的为人，很喜欢听他讲话。虽然他写很好的文章，但是不会讲话。我敬佩他为人的那种廉洁和谦虚。我们也很喜欢去张奚若先生家里，坐在地上，听张先生纵论天下，大骂国民党。我的共产主义信仰就是在那时候建立的。”

他理解：“清华有自己的精神，至于这精神是什么，需要在座的诸位回答。我的理解是：追求完美！”

他教导：“每个清华人都负有责任，建设这个国家。为学，要扎扎实实，不可沽名钓誉。做事，要公正廉洁，不要落身后骂名。”

妙语连珠

朱镕基给予外界的最突出的印象，乃是“铁面无情”。美国《新闻周刊》说他是“中国最厉害的老板”。中国新闻社则说他“从‘右派’到中共中央政治局常委，其跨度之大，非坚忍不拔之人莫能过也”，还说他“敢说，因为他说的是心里话，是真话，不是八股老套”。

《南方都市报》2003 年 3 月 6 日

这篇速写像小说一般精彩，全文基本上都用细节描绘。如朱镕基名字的故事、上海罢宴、提拔“仇人”、尊重工人、美国戏语、看《商鞅》落泪、拒开“国际后门”等，把一国总理朱镕基描写得入木三分。描写人物性格较有难度，记者抓住几个能反映朱镕基性格特征的细节，使人物形象自然地立起来了。如九江决堤后飞抵现场，面对“豆腐渣”工程他勃然大怒：“你们不是说固若金汤吗？谁知堤内是豆腐渣！这样的工程要从根查起，对负责设计、施工、监理的人员都要追查。人命关天，百年大计，千秋大业，竟搞出这样一个‘豆腐渣’工程、‘王八蛋’工程。腐败到这种程度怎么了得？历史是不容欺骗的！”这就是朱镕基，这就是朱镕基的性格。这篇速写不仅是精品，也有历史保存价值。

13.2 新闻素描

新闻素描是指用朴素自然的方法，客观地描写新闻事实的一种报道文体。属于描写性消息的一种体裁，一般都把它归为通讯中的一个文种。

新闻素描是从绘画艺术中借鉴而来的。绘画艺术中的素描讲究形体、结构、明暗、动态等特点，显示事物原貌。

1. 新闻素描的特点

新闻素描、新闻特写、新闻速写都以描写为主要表现手法，但各有不同。

（1）新闻素描冷静地描绘出新闻事件或新闻人物的原貌，不像特写那样放大片段集中描绘。

（2）新闻素描讲求层次丰富。

它不像速写那样简笔勾勒，以少见多。新闻素描写长处也写缺点，写成绩也写存在的问题。

（3）新闻素描通过描写，再现新闻事件发生的过程和场面。

2. 新闻素描写作技巧

（1）描写朴实。

新闻素描不用华丽的词藻，只须老老实实地进行本色描绘，再现人物或景物的原貌即可。

伊新闻部长萨哈夫成为电视明星

本报讯　身为伊拉克新闻部长，穆罕默德·赛义德·萨哈夫每天都要例行公务，在巴格达举行新闻发布会，或宣读政府声明，或澄清不实消息。开战两周多来，这位伊拉克的“铜牙铁齿”人气飙升，不仅成为全球“电视明星”，还培养出一批“追星族”。

萨哈夫每日明星秀

4月3日早些时候，西方媒体纷纷报道美军“兵临巴格达城下”。时隔不久，萨哈夫就出现在电视镜头前，表情镇定地奚落了美国电视网的报道：“他们（美军）在伊拉克根本没有立足之地。我们会用子弹和鞋来欢迎他们。”如此“妙语”赢得喝彩一片。

在一些阿拉伯国家，萨哈夫例行的新闻发布会被称作“萨哈夫秀”。一位叫泽纳布的黎巴嫩小学女教师对法新社记者说：“他透露的消息常常被证实是真的。他对待美国人的方式，对美国人傲慢自大态度的反击，让我很受鼓舞。”28岁的埃及摄影师穆罕默德·法蒂是个标准“萨迷”。他说，他每天等着萨哈夫用刺激性字眼来嘲笑美国人。

修辞力量来自经典

美联社记者列举了萨哈夫常用的“俗”词：“雇佣兵”、“歹徒”、“蠢货”、“小丑”等。其实萨哈夫并非“只会骂大街的俗人”，他早年教过英文，当过8年外交部长。他为何“俗不可耐”，甚至“破口大骂”呢？萨哈夫本人最近接受采访时也对自己的用语作出一番解释。他说：“非常抱歉，我使用这样（粗俗）的语言。对于那些用炸弹来轰炸我们人民的罪犯来说，侮辱是不够的。”约旦新闻协会负责人穆罕默德·阿迪卜·杜穆赫则评论说：“萨哈夫不过是在玩一种战争游戏。美国士兵可以在他们的导弹外壳上书写辱骂萨达姆·侯赛因的字眼，您还能指望伊拉克人什么呢？”

对于“萨哈夫现象”，许多阿拉伯国家的报纸不仅大幅报道，还撰文分析。总部设在伦敦的沙特报纸《中东日报》4月3日刊登了一篇题为《“战斧”式导弹轰炸巴格达，萨哈夫导弹震聋联军耳》的文章。黎巴嫩《使者报》专栏作家费萨尔·萨勒曼则在文章中分析说：“电视观众对萨哈夫说的内容其实并不太感兴趣，他们只是特别想听一听他那有趣的词语。”

西方媒体对萨哈夫也另眼相看。路透社4月1日撰文说，伊拉克在美伊宣传大战中占据上风，而作为伊拉克政府代言人，萨哈夫功不可没。法新社记者希克马特·谢伊夫评论说：“（他）喜欢嘲讽，有知识分子的气质，虽然语言略显粗俗，却在受过良好教育的人群中相当有市场。”的确，萨哈夫精通语言，即便骂人的词，有些也是从经典的阿拉伯文学作品中征引的。

《京华时报》2003年4月5日

美伊战争使伊拉克新闻部长萨哈夫成了全世界明星。报道中描写萨哈夫的形象时抓住他作为一位新闻发言人的特点——能言善辩，他奚落美国电视网的报道：“他们（美军）在伊拉克根本没有立足之地。我们会用子弹和鞋来欢迎他们。”美联社记者列举了萨哈夫常用的“俗”词：“雇佣兵”、“歹徒”、“蠢货”、“小丑”等，从另一个方面描绘了萨哈夫发言时的立场和态度。报道中还引用法新社记者希克马特·谢伊夫的评论：“（他）喜欢嘲讽，有知识分子的气质，虽然语言略显粗俗，却在受过良好教育的人群中相当有市场。”把萨哈夫的形象描绘得很贴切。

（2）过程描写。

新闻素描有时为了让受众了解事件的梗概，也描写过程，但对事件过程的描写比较简要。如《羊城晚报》2004年3月27日的新闻素描《卖唱公车》这样写道：“日前笔者乘坐256路公交车去天河北。上车后乘客不多，只见车厢里有位女孩正在自弹自唱歌曲，乘客们安静地坐在位置上欣赏。女孩每唱完四五首歌，便走向乘客收费，给不给、给多少都由乘客自愿。边乘车边听歌，倒也令人耳目一新。”

这个事件的过程很简单，女孩在公车座位上自弹自唱——唱完四五首歌——走向乘客收费——给多少自愿。这种写法很简约、干净，读起来很有趣，让人了解了广州大都市的一道风景。

格鲁吉亚第一夫人是位荷兰才女

1月4日，格鲁吉亚民族运动党领导人萨卡什维利在总统选举结束后不久即宣布自己已赢得了选举胜利。人们注意到，在萨卡什维利宣布当选的消息时，他那位长着绿色眼睛、笑容可掬的荷兰妻子桑德拉·罗埃洛夫斯脸上绽出了灿烂的笑容，她用深情的目光凝视着沉浸在胜利中的丈夫。此时此刻，桑德拉以她那谦逊、得体的举止以及那迷人的笑容赢得了格鲁吉亚民众的心，获得了她的新同胞们的尊敬和拥戴。

用多种语言表达谢意

现年35岁的桑德拉精通多国语言，是位投资咨询专家。在家中，她是位贤妻良母，现在又成了第一夫人。桑德拉还被格鲁吉亚人视为那场推翻谢瓦尔德纳泽的“玫瑰革命”的总设计师，是协助丈夫登上权力顶峰的幕后动力。在萨卡什维利竞选总统的整个过程中，桑德拉一直坚定地站在丈夫的身边，在地铁和村庄向人群问候，甚至还在一次电视聊天节目中弹起了电子琴。

当萨卡什维利宣布自己获得总统选举胜利的话音刚落，他就招呼妻子走上讲台说几句。桑德拉拿起话筒，用英语向支持者表示感谢，接着又用流利的格鲁吉亚语表示了感谢，她的一席话令在场的记者感到兴高采烈。也许是受到丈夫的暗示，桑德拉又相继用法语和俄语发表了即席讲话，感谢选民的大力支持。

为共同理想走到一起

据悉，荷兰才女桑德拉1993年在法国斯特拉斯堡学习国际法律时与萨卡什维利相遇相识，共同的理想让他们走到了一起。当时，桑德拉曾打算前往索马里从事救济工作，而充满激情擅长劝说的萨卡什维利则说服她随自己前往纽约，继续他在哥伦比亚大学的深造。不久，他们便喜结良缘。

当萨卡什维利回格从政时，桑德拉也跟随他一起来到了格国，并且相继在红十字会和荷兰领事馆工作过。她天资聪颖，很快学会了格鲁吉亚语，而且还学会了当地的方言，以旋风般的速度获得了新同胞的认可和尊敬。一位72岁的前经济学家科巴拉德兹说，“她是一位富有才华的女孩，她来到格鲁吉亚，能够如此神速地学会我们的语言。你可以看出，她像她的丈夫一样是位坦率的人。”

已成为格妇女的偶像

现在，桑德拉一方面在照料她的幼儿埃杜阿德，同时还指导外国公司如何在格投资，她还经营慈善基金会，帮助照顾孤儿院和养老院里的无依无靠的人。

由于桑德拉的长相天生易上镜头，这为她增色不少，令她的声望大增。在格妇女中，桑德拉已经成为一位名人，她的穿着和生活方式都成了城市妇女津津乐道的话题。即使是些通常特别具有男子气概的格国男同胞们，也都对她顶礼膜拜，佩服得五体投地。55岁的律师马萨什维利说，“她是一位非常可爱的女人，她能与人们很好地交流，她也非常端庄文雅。”

通情达理的贤妻良母

桑德拉在保持她荷兰式的自由自在风格的同时，仍默守着格国的家庭价值，这给许多格鲁吉亚人留下了深刻的印象。在最近一次接受俄罗斯媒体的采访时，桑德拉说，她丈夫的工作意味着他没有什么时间顾家。她说，“但是他为自己儿子、为他的国家所做的是如此的重要，因此我们都能够原谅他。”

桑德拉还说，虽然他的家人现在可以搬入政府的豪宅内，但她仍将继续住在第比利斯市中心自家简朴的公寓里。对格鲁吉亚人来说，长期以来他们已经习惯了当官的挥霍老百姓的钱财，过着奢侈的生活，而桑德拉这番话语让人感到耳目一新。不禁使格鲁吉亚人更增添了对萨卡什维利决心铲除腐败，吸引外资和融入西方的信心。

对于格鲁吉亚人来说，桑德拉的许多表现反映了神圣的“格鲁吉亚之母”卡特莉斯·德巴的优秀品质。她那巨大的雕像俯视着第比利斯，一只手端着一碗酒欢迎朋友，另一只手握着一把出鞘的剑抵挡着敌人。对朋友热情相待对敌人毫不留情是格鲁吉亚人最欣赏的风格。

《江淮晨报》2004 年 1 月 9 日

13.3　新闻花絮

重大新闻事件中的一些趣闻，称之为花絮。花絮的篇幅不长，但报道的内容既有信息价值又有审美价值。

1. 花絮的作用

（1）烘托作用。

它不是新闻事件中的主要部分，但却对新闻事件的传播起着侧面的烘托作用，帮助人们理解新闻事件。

（2）观赏价值。

是媒体尤其是网络媒体竞争的一种手段，网络媒体通常以这样的信息吸引受众。

（3）文化价值。

花絮能反映出媒体的文化特点。比如反映记者采访过程中的专注，媒体对一些花絮的取舍，能反映出其文化视野和政治视野。

2. 花絮的写作技巧

（1）以小见大。

花絮选择的大都是一些细节性的事件，事件虽小，但却能反映出很有意义的问题，让人读后经久不忘。

两会花絮：一套衣服重十斤　穿上要花半小时

29岁的王恋是贵州民族学院音乐系的声乐教师，也是贵州代表团最年轻的代表。3月5日清晨，这位容貌清秀的苗族姑娘身着民族盛装，一出现在人民大会堂外的东广场，就受到了媒体的围追堵截，不停地“谋杀”着老记们的“胶片”。

这套衣服十分精美，光是上面的银珠、银铃、银片、银泡等装饰物就超过300个，衣服的制作是纯手工的，花费了差不多一年的时间。王恋告诉记者，按照苗族的习惯，这套衣服本来一年中只在过节跳舞的时候穿一次，现在因为参加两会，一年要穿两次了。

鲜为人知的是，为了把美丽展现给全国人民，王恋事实上受了不少的“苦”。“这套衣服的重量有10多斤，要穿上它需要花半个多小时，走路的时候实际上很难受。”王恋告诉记者，“我曾经犹豫是不是要把它带到北京来，但是最终还是带来了。虽然，穿着它参加会议会受些苦、费些功夫，但是一想到能够把我们苗族人和贵州人的风采展现出来，我就感到无比的高兴和最大的幸福。那些苦与这种幸福相比，算不了什么。”

《人民网北京》2004年3月6日

2003年的“两会”是国内外记者的重点报道对象，但对那些会场之外有价值的“小事”，记者也不放过。报道中写贵州代表中一位身着民族盛装的苗族姑娘的一套衣服重10斤，穿上要花半小时。这套衣服一年中只在过节跳舞时穿一次，为了展现苗族人的风采，这位姑娘最终还是把这套衣服带来了。通过这件“小事”描绘了苗族人的当代精神面貌。

（2）风趣幽默。

花絮往往是大事件大场合中的“边角料”，其目的是给人以轻松愉悦之感，因此选择题材时要注重选择那些有意思的话题和细节。

记者提问失之交臂

在两会记者招待会上提问，显然是各家媒体都引以为荣的事。

第一场招待会一散场，著名的王小丫就“抓”住了姜恩柱，但好像没说上话。昨日，这位《经济半小时》的当家花旦终于从从容容地提了个问题。

但昨天早早端坐第一排抢占有利地形的一个哥们就没那么好运气了。期间他至少给“点名的”何绍仁打了两次暗号，何想来跟他也是认识的，却很轻地笑了一下，随即把脸转向另一边。

在倒数第三个问题的时候，“点名的”终于把大手指向了这位老兄的方向。他很快地起身，不料话筒却被递给了侧后方一人，顿时脸上通红一片。

《人民网北京》2004 年 3 月 6 日

王小丫“抓”住了姜恩柱从容提问，一个哥们反遭“转脸”、被“戏弄”，读来很有趣。

（3）言简意赅。

花絮一般行文较短，三五十字、一两百字均可，根据主题而定。下面这条花絮很短，内容却很丰富。

女翻译打翻茶杯盖

同声翻译是件公认的大难事，就算是为全国两会记者招待会配备的翻译昨天也出了错。

这位年轻的女翻译先是把农业部长答问的“第三点”译成了“SECOND”（第二），接着把用英语自报家门的道琼斯通讯社记者翻译成“道琼斯指数记者”，未几又把“中国经济时报”径自省略成“ECONOMYTIMES”（经济时报）。

会议接近尾声，主席台上传来一声清脆的玻璃碰撞声——女翻译把茶杯盖给打翻了。

《新快报》2003 年 3 月 11 日

思考与练习

1. 怎样采写新闻速写和新闻花絮？
2. 进行一次采访活动，认真观察现场，写一篇花絮。

14

专　访

本章重点

- □ 专访前的准备
- □ 选好写作“由头”
- □ 突出人物个性
- □ 写好现场气氛

专访是针对一些专门问题或事件，对有关人物进行访问的及时性报道。原来只是一种采访手法，后来发展成通讯体裁中的一种文体——访问记。由于专访的不断发展，现在这种文体慢慢演变成独立于通讯之外的一种文体。

1839 年美国《纽约先驱论坛报》创办者贝特首开记者专访总统先例，创立问答式访问记。

意大利女记者奥利亚娜·法拉奇专访过几十位国家元首，包括中国的邓小平，被称为“世界第一女记者”。

中国新闻史上，最早进行专访的记者是黄远生。

解放以后，我国的专访内容相当丰富，如，巴金发表在 1952 年 4 月 11 日《志愿军报》上的《我们会见了彭德怀司令员》。

20 世纪 80 年代以来，专访在中国新闻报道中蓬勃发展，精品不断出现。如 1980 年 11 月 7 日《山西日报》刊登肖云儒的《“真想延安”——访丁玲》，1984 年 8 月 16 日《新华日报》的《袁伟民纵横论英雄》，1986 年 8 月 27 日《羊城晚报》的《董文华和她的“十五的月亮”》等。

20 世纪 90 年代以来，专访形式多样。主要有四个特点：名人专访增多；探讨性专访增多；社会问题专访增多；网络专访增多。如近几年新浪、搜狐等网站不断推出的名人专访，媒体老总、编辑、记者专访，明星专访等相当活跃。这些专访的点击率也相当高，传播影响很大。如 1995 年 12 月 1 日《中国文化报》刊登的赵忱的《满怀信心担重任，团结港人创明天——访香港特区第一任行政长官董建华》。

14.1 专访的特点

专访是一种纪实性报道，它的特点集中体现在一个“专”字，专门人物、专门事件或专门问题。除此之外，专访讲究特色，即能吸引受众、引起人们注意。

1. 针对性强

针对性主要是指受众在一个时期内较关注的问题和人物。如非典时期访问医学专家；科学上取得重大成果时访问有关的科学家；重大体育比赛期间访问体育明星和教练；广西南丹矿难事件发生后对有关记者、法律和社会界权威人士进行的专访等。这些专访既回答了受众急需了解的问题，又具有很强的新闻价值。

2. 报道时机的选择要恰当，发挥专访的传播效果

有些事件或人物已经过去很久了，可能不被人们注意，有些则是一年一度的有规律性的活动，如每年的植树节、记者节、教师节、妇女节，还有纪念活动等。这些都要抓住时机，提前准备，迅速安排。如为纪念冯玉祥诞辰100周年，1982年9月15日邓小平接见了冯玉祥的子女。《羊城晚报》反应迅速，当天就发表了对冯玉祥的女儿冯达理的专访。1982年9月22日，前国民党要员陈济棠之子陈树柏来华讲学，陈树柏向往祖国统一，来讲学时正是《廖承志致蒋经国信》发表不久，《羊城晚报》再次抓住机会，以《度尽劫难兄弟在，相逢一笑泯恩仇》为题进行了专访报道，在全国引起了重视。时机选得好，新闻价值也就突出，也会引起社会关注；时机把握不好，则不但不能显示新闻价值，而且可能会吃力不讨好。

3. 权威性强

选择的访问对象一般都是某一方面的专家或有特殊成就的新闻人物，他们的话语带有一定影响力和号召力。在纪念邓小平诞辰100周年之际，新华社记者于2004/年7月14日对美国前国务卿基辛格进行专访，2004年8月8日发表《专访基辛格：邓小平是20世纪最伟大人物之一》的报道，发挥了很好的宣传效果。2004年10月8日法国总统希拉克抵达北京，在希拉克总统开始此次中国之行之前，中央电视台派出了采访组前往法国，希拉克在总统府爱丽舍宫接受了记者水均益的专访。希拉克抵达成都后，东方时空栏目播放《专访法国总统希拉克》，既配合了对希拉克访华的报道，也给法国文化年正在中国举行的活动增添了浓浓的文化气氛。

14.2 专访的类型

专访的类型一般分为三种：人物专访、事件专访和问题专访。

1. 人物专访

人物专访的访问对象一般是新闻人物、明星或英雄人物。有的既是英雄人物也是新闻人物，如杨利伟等；有的既是新闻人物也是人们心目中的偶像，如

余秋雨等。这些人物的出场一般都具有新闻效应，能成为新闻的兴趣点。如凤凰卫视2004年9月30日对主持人窦文涛的专访：《文涛雄辩天下：总有一种力量让我们泪流满面》；中国新闻研究中心2002年9月11日采访《21世纪经济报道》主编沈灏，题目为《在新闻纸里传达一种商业精神》；新浪网2003年11月10日专访记者陈峰，《必须把孙志刚案的真相告诉人们》。而《羊城晚报》2004年4月19日的专访《大国民当怀彬彬大雅之风，当今国人应具备怎样的襟度？阮次山先生给出八个字：自信、宽容、雍雅、关怀》，则围绕着这位著名专栏作家、香港凤凰卫视首席时事评论员的经历和对社会、时事政治的见解而展开：

愿年轻人心里有把火

记者（以下简称“记”）：我们在不同场合看到或听到您的表达，诸如“以我毕生所学贡献中国”、“要为中国人做点事情”等，都发现您一直非常强调“中国心”，为什么呢？

阮次山（以下简称“阮”）：因为我觉得从历史角度看，我们中国面临的国际国内环境，都可以说是从秦始皇以来最好的时期！我1992年跟江泽民主席见面时就这样说。中国在后冷战时期，处于非常有利的稳定条件下，这是中国最棒的一段历史，向外发挥影响力，对内不断改善经济。我以前有个笔名叫“浮云子”，是取“浮云游子”之义。所以对于我们这些曾生活在海外的人来说，自己的祖国繁荣昌盛所带来的激动是无以言表的。从1984年以后，中国的不断发展更使我发自内心的爱国热忱不可阻挡。

所以我觉得，在中国的发展过程中，要尽自己的一份力量。我很幸运，既了解外面的世界，也了解中国目前所处的地位及其在中华历史转折中的象征，如果能把这个体会跟大家分享，会有很大的满足感。所以我从1989年第一次回国给大学生演讲直到今天，每一次跟大学生交谈，都强调把一颗中国心“落实”：希望现在的年轻人手上拿个火把，象征责任、荣誉和爱国，心里要有一根蜡烛，代表对四周人的关怀和感恩。希望年轻人把这些薪火相传，传给身边的人、传给未来的孩子、传给世界。

2. 事件专访

主要介绍有报道价值的某一新闻事件，即通过专门访问某一事件的当事人，介绍这一事件的有关情况。事件专访虽然也是采访人物，但重点在于追述事件。《新京报》2004 年 7 月 15 日的《专访王幸福》就是围绕河南农民王幸福自费秘密调查 230 多起“暴力抗税”事件展开的。王幸福自费秘密调查 230 多起“暴力征税”事件发生后，引起全国反响，被称为“当代农民维权的代表”，当地干部群众对其看法不一，专访中他讲了为什么搞这样的调查、宜阳税收工作的变化、村民叫我“民间信访局长”等几个方面。2004 年 6 月 12 日央视《面对面》以《刀文兵：主审马加爵案》为题专访马加爵案的主审法官刀文兵，专访主要是针对马加爵案以及马加爵背后的故事进行的。新浪读书 2004 年 9 月 16 日对作家王海鸰的专访是针对其小说《中国式离婚》受到社会关注这件事而专门安排的访问。

3. 问题专访

问题专访主要是针对社会上某一事件或某些热点问题的看法进行专门访问。被访者一般是专家学者或事件当事人、知情者，他们对事件或问题有独到的见解和体会。这类专访往往对某一问题谈得较为深入，给受众的启迪性较明显。《羊城晚报》2004 年 7 月 18 日刊登的专访《文化素养是做学问的第一步，国际数学大师、世界数学最高奖——菲尔兹奖得主丘成桐畅谈开阔视野宏观视角对研究的重要性》重点谈如何做学问。丘成桐 1983 年获得数学界的诺贝尔奖，此次应邀访问中山大学，他的谈话自然很有号召力和权威性。搜狐网 2003 年 11 月 10 日对《21 世纪经济报道》北京新闻中心主任马腾、田毅的专访，主要针对《21 世纪经济报道》的定位、内容和经营理念进行采访。《中国青年报》2004 年 8 月 23 日《告诉你一个高尚而纯粹的人——大型口述历史纪录片〈百年小平〉主创人员访谈录》的目的在于：近日在中央电视台第一套节目黄金时间热播的大型口述历史纪录片《百年小平》，在观众中引起强烈反响。“口述历史”这一样式首次走进反映重大题材的文献电视片，这一新鲜的解读方式让人耳目一新。一百多位亲历者不加修饰地“口述历史”，其平实质朴的述说产生了震撼人心的力量，从而牵引着我们从生活的原生态走近小平真实、伟大而平凡的内心世界。这篇专访的内容主要是主创人员是如何构思的，如何用“口述历史”的解读方式让纪录片获得如此好的收视效果。

14.3 专访的写作

1. 选好写作“由头”

由头的原意是可作为借口的事，此处指的是新闻采访的原因。专访一般是访问人们所熟悉的人，既然人们已经熟悉了，为什么还要专访？这是因为一些名人在今天又有了新闻，这些新闻就是写作“由头”。抓住由头，可以使原来的背景材料再活起来，这也叫新闻资源的再生。如王鲁湘是凤凰卫视中文台高收视率节目《纵横中国》的总策划，人们早已熟知。前不久《新周刊》杂志社主办的“2003 中国年度新锐榜”在上海举行了颁奖典礼，王鲁湘被评为“年度知道分子”。《新快报》2004 年 3 月 4 日发表《王鲁湘：试探文人价值的知道分子》的专访。作为一名学者型的主持人，王鲁湘在专访中谈出了对文化的新见解：城市应有个性和文脉；东方人有自己的审美观；美女就是生产力；选美满足了人对美的需求，美丽产业已成为重要产业等等。从他的感言中可以看出，他是一个以吸纳和传播文化为生活目标和追求的人。这些观点和看法很有新闻价值。《新京报》2004 年 7 月 20 日的专访《“我是名人，一个不名一文的人”》采访的对象是魏敏芝。1998 年，13 岁的魏敏芝出演张艺谋电影《一个都不能少》中的山村女教师，从而成为公众人物。今年参加全国统一高考，总分为 463 分，超出文科本科三类分数线 5 分，被西安外国语学院西影影视传媒学院编导专业录取。今年 7 月 1 日，刚刚参加完高考的魏敏芝与妹妹魏聪芝来到《河北日报》实习。截至 7 月 13 日，她已经发了 5 篇新闻稿。《河北日报》还为魏敏芝开通了一条“魏敏芝热线”，并建立了魏敏芝“个人主页”。魏敏芝再次成为公众人物，7 月 13 日，魏敏芝接受了《新京报》记者电话采访。这篇专访又一次成为读者关注的报道。

2. 突出人物个性

人物个性也就是人物的性格特征。只有抓住人物的性格才能把人物写活，这也是最能显示人物专访写作特色的地方。人物性格的形成与其本人的成长经历、社会阅历、个人追求、特殊环境等方面有关，可以根据人物的不同特点从他们的某一两个方面写起。《湖南日报》2004 年 5 月 5 日的专访《陈圆中下岗后，连遭丧夫、再离婚等大变故，靠卖冰棍、摆夜宵摊，拉扯大了两个孩子，如今还买了新的铺面和住房。她的体会是——厄运并不可怕》则从人物下岗后连遭不幸，屡遇坎坷写起：

我天生有点小残疾。上世纪90年代初招进湘乡运输公司一个下属厂，不到一年，厂里全面停工，我下岗了。公司照顾性安排我到搬运队，不久又下岗了。但比起后来的几次巨变，这些不幸根本不算什么。

1992年初夏，丈夫突发急病去世。家里一贫如洗，儿子5岁、女儿1岁，只会喊妈妈。我想，无论如何也要活下去。我起早贪黑，拖着病残的身体走街串巷卖冰棍。一根冰棍可赚3分5厘钱。中午太阳最毒的时候，一些卖冰棍的人到荫处歇凉去了，我就钻这个空当多卖几根。一天赚上三四元钱，多的时候七八元钱，糊了一家人的口。冬天没人吃冰棍，我就做了一辆板车，把家里的煤灶、锅碗等装上，拖到城区广场卖夜宵。白天把菜料备好，晚上就熬通宵。一天下来，我累得浑身散架，还要操心两个孩子的一日三餐。渐渐地吃夜宵成了风气，我一天赚二三十元，慢慢还了欠账，有了余钱。

1995年，我再次与人组成家庭。原指望从此好好过日子，但这一梦想又破灭了。我恨苍天为何总是捉弄我。我与对方离了婚，发誓要靠自己把孩子养大，过上好日子。

后来，我借钱买了一个10平方米的门面，白天做炒菜，晚上搞夜宵。讲卫生，讲口味，讲诚信。店面虽不大，生意还不错。一次，一名客人把一只装有3 000多元钱和重要票据的提包遗失在我店里，我千方百计联系上他，把提包还给了他。后来，他成了店里的常客，还带来不少回头客。

生意好了，我一个人忙不过来，就请了一名下岗姐妹来帮忙。每月包吃包住发350元工钱。如今，我儿子参军了，女儿也考上了重点中学，自己又购买了新的铺面和住房，生活算是有着落了。再回头想想，我觉得：厄运并不可怕，只要自己不认命、不低头，就一定会雨过天晴。

笑对逆境

俗话说：人生不如意事常八九。人的一生中，不可能总是一帆风顺。成功可以在顺境中实现，也可以在逆境中获得。顺境固然有利于事业的成功，逆境却能磨砺人的意志，激发人们正确审视自己及周围环境，克服困难，顽强进取。

> 厄运并不可怕，可怕的是意志薄弱经不住厄运的考验。逆境和顺境其实是一块铜板的两个面。如果能正确面对逆境，明白了成功的必备条件、认识到自身的不足之处，就会选择利用好客观条件，避开不利的因素，提高自身的素质，挖掘内在的潜能，就一定能把逆境转为顺境。紧扼厄运咽喉的陈圆中，不就柳暗花明、苦尽甘来了吗！

这是一篇自叙式专访，叙述者不是以记者的身份而是以被访人的方式出现，这种方法可以缩短篇幅，使报道更加精练。

专访紧紧抓住下岗女工陈圆中对逆境不认命、不低头的性格。陈圆中天生有点小残疾，丈夫突发急病去世，家里一贫如洗，儿子5岁、女儿1岁。她起早贪黑，拖着病残的身体走街串巷卖冰棍，养活了一家人，慢慢还了欠账，有了余钱。再次与人组成家庭又遭离婚打击。但她并没有倒下，凭着顽强的意志，不懈奋斗，终于有了回报。她说，厄运并不可怕，只要自己不认命、不低头，就一定会雨过天晴。

3. 写好现场气氛

人物专访不仅仅是一问一答式的思维模式，它要求把人物置身于采访现场，使观众有身临其境之感。如《羊城晚报》2004年4月19日以《大国民当怀彬彬大雅之风，当今国人应具备怎样的襟度？阮次山先生给出八个字：自信、宽容、雍雅、关怀》为题报道了对凤凰卫视名嘴阮次山的专访。报道中写现场两个学生窃窃私语引起了阮次山的注意，于是出现了下面一段精彩的描写：

> 在签名售书现场，两个学生在窃窃私语——一个说，阮先生的名字“次山”很像日本人，长得也有点像；另一个赶忙制止，说：“嘘！快别这么说，阮先生会生气的。我已经查过了，金元之际的诗人元好问的名就是次山。至于长相，我倒觉得他更像列宁！”
>
> 阮先生好像听到了这番议论，他拿着话筒对大家说：“去年我到俄罗斯，普京总统说我一定要去列宁墓看看，我开始还不明所以。后来去瞻仰列宁遗体，我吓了一大跳，心想：‘我怎么躺在那儿了?!’”

中学生的窃窃私语，阮先生的幽默回答，使现场气氛更加轻松活跃。

《新京报》2004年7月20日《“我是名人，一个不名一文的人”》被访人魏敏芝，在1998年时只有13岁便出演张艺谋电影《一个都不能少》中的山村女教师，现在考取了大学，是一位19岁的青年，采访中不时显出河北人的爽朗性格，现场气氛加强了对人物的表现力：

在采访中，魏敏芝不时发出爽朗的笑声。与记者的谈话会因偶然的一句玩笑所岔开，并为此讨论半天。然后，她就说“专业点”，重新开始对话。“我得给你多说点，要不你赚不了稿费，就不能请我吃饭了。”魏敏芝在电话的另一头笑着说，“否则你就完蛋了。”

她的口头禅是“死定了”和“完蛋了”。在说自己倒霉的时候，她用“死定了”；在说别人倒霉的时候，她说“完蛋了”。她还自称是一个绝对善良、做事很用心的乖女孩。

魏敏芝考取影视学院编导专业，入学前在报社做实习记者，自言拍电影《一个都不能少》改变了自己的命运。

谈话被一句玩笑岔开之后，她就说“专业点”，重新开始对话；口头禅是“死定了”和“完蛋了”。这些是通过人物对话时的习惯来显示现场情况。

描写现场的目的是为了突出主题，《“我是名人，一个不名一文的人”》中的魏敏芝在采访时的语言动作表现了她通过拍电影《一个都不能少》，改变了自己的命运，使她对前途更加执著地追求。《大国民当怀彬彬大雅之风，当今国人应具备怎样的襟度？阮次山先生给出八个字：自信、宽容、雍雅、关怀》中阮次山面对大学生议论自己的长相很像列宁时的诙谐回答，则体现出名嘴的宽容与豁达。

4. 开头与结尾的安排要自然

根据媒体的不同，专访的开头需要灵活运用。一般来说报纸的专访开头与结尾讲究呼应，结构安排紧凑严密。电视专访和网络专访一般自然开头和结尾。

报纸专访的开头与结尾：

例如《羊城晚报》的《大国民当怀彬彬大雅之风》的开头先介绍人物和交谈动机，像唱戏一样先展示舞台背景：

交谈人物：阮次山

著名专栏作家，香港凤凰卫视首席时事评论员。生长于台湾，后赴美国深造，纽约大学政治研究所博士班研究生。以阅历丰富、见解独到而著称。

曾出任中国广播公司新闻编制组组长及英文《Taiwan News》副社长兼总编辑，其专栏文章以不同形式在世界多个国家的报刊刊出。

在其主持的《时事大参考》及《风云对话》中，他访谈各国政要人士。

交谈动机

前天，数百名热心读者赶到广州购书中心来“追星”——他们从中午就排队候场，为的是到了下午两点，能够一睹阮次山先生的风采。

阮先生如期而至，黑西服黑衬衫，在有鲜亮条纹的领带点缀下，严肃而不失亲和。阮次山此次来广州，是为了近期推出的《阮次山看天下》丛书系列的前两本——《和战——两岸世纪之问》和《冷和——中美世纪之惑》进行签名售书。

《羊城晚报》早在1990年代初就在《国际新闻》版陆续刊发过阮先生的多篇时评，是内地最早与阮先生建立联系的媒体之一，因此他与晚报的记者一见如故，并欣然接受了我们的独家专访。

这样的开头不至于突兀，让读者徐徐进入阅读状态。

结尾则是一个有趣的故事，签名售书现场两个学生在议论阮先生的名字和长相时，阮先生好像听到了这番议论，他拿着话筒对大家说：“去年我到俄罗斯，普京总统说我一定要去列宁墓看看，我开始还不明所以。后来去瞻仰列宁遗体，我吓了一大跳，心想：‘我怎么躺在那儿了?!’”这个结尾生动有趣，给在场的人和读者留下鲜明的印象，也照应了开头，使报道浑然一体。

网络专访往往以实录的形式，开头结尾要交代一些程式性的内容：

例如新浪读书2004年9月16日《中国式离婚》实录（上)》的开头：

主持人：各位新浪网友大家下午好！非常高兴在今天下午请到了著名作家王海鸰女士来到新浪网做客，新浪嘉宾聊天室欢迎你，网友也非常欢迎你，等待你的到来。

王海鸰：谢谢。

主持人：您平时上网吗?

王海鸰：平时不上网，到网上只是发稿子。

主持人：您平时获得信息通过什么渠道?

王海鸰：还是报纸。

主持人：王女士的作品非常引人关注，所以今天我们把她请来谈新作《中国式离婚》。网友也留了很多的问题，有谈作品的，也有咨询的，可见婚姻是大家非常关心的话题，关于爱情、关于婚姻，网友们都有很多话要说，王女士也有很多独到的体会跟我们分享。非常欢迎你来做客。

王海鸰：谢谢。

主持人：在我身边有一位记者朋友。

李冰：我是《信报》文化对话栏目的主持。

主持人：非常欢迎您，有一位美女坐在身边，我感觉很有底气。

我们先说《中国式离婚》通过故事的形式揭示了中国很多现象，大家都想问您如何想到写这样一本书，在准备的过程中自己是怎样考虑的？

以聊天开头也以聊天结尾：

主持人：很希望还有时间再探讨这个问题，但是已经到时间了，我们的访谈就要结束了，非常感谢各位网友的在线参与，看得出来你们对王海鸰作品的喜爱和关注，包括王老师您写这个作品的题材确实太能打动人了，或者是引起共鸣了。有非常多的网友在讨论各种各样的问题。非常感谢您来这里做客。

王海鸰：我也谢谢这么多热情的网友。

主持人：希望这个聊天能让您休息一下。

网友：其实上网聊天是一种放松的状态，希望您来聊聊天，多放松一下。

王海鸰：谢谢。

主持人：同样非常感谢李冰。

李冰：谢谢。

思考与练习

1. 专访前应做哪些准备工作？

2. 专访写作中如何写出现场气氛？

3. 选择一位采访对象，做一次专访写作训练。

4. 推荐书目：[美] 爱德加·斯诺《西行漫记》，生活·读书·新知三联书店出版社，1979。

5. 研究案例：仔细阅读下面一篇专访，分析记者是如何描写现场和采访对象的神态的。

马加爵专访：悟出“生命中最重要的是情”

4 月 26 日，在马加爵被一审宣判后的第三天，该报记者在昆明市第一看守所独家采访了马加爵。

亡命天涯的恐惧

“在三亚逃亡的日子，睡得着觉吗?”记者问。

“睡着过，但不踏实，很容易惊醒。还梦见过那几个受害者，梦醒后，很害怕。”马加爵说。

马加爵告诉记者，2 月 28 日，他看到了通缉令，感到害怕，但不想自首。

在法庭上，马加爵说曾经有个人两次问他是不是马加爵。

“他问你，你怕不怕?”记者问。

“不怕。”马加爵说。

“为什么不怕？你不怕他去举报你吗?”

马加爵笑了笑，他用了“释然”这个词来形容他当时的心情。

“既然有人来问你是不是马加爵，有没有想到跑?”记者问。

“没有，无所谓了。”

“有没有想到会侥幸逃脱?”

“逃是逃不过去的。”马加爵说。

“在三亚都想了些什么呢?”记者问。

马加爵表情明显沉重起来，说：“想大学时跟他们（受害人）在一起的生活，想家人。”

在法庭上，马加爵说在三亚买了复读机和十盘磁带，想录音后寄出去，但是只录了两盘。

“为什么没接着录?”记者问。

“当时想录完十盘磁带寄出去后，就去滥杀无辜，后来不想干这种事，就没再录音。”马加爵说。

“生命中最重要的是情”

有媒体报道说，马加爵最喜欢的一句歌词，是王菲的“一百年前，你不是你，我不是我，一百年后，没有你也没有我”。当记者说起这句歌词时，马加爵想了想说：“好像有这么一句歌词。”

“这是你最喜欢的歌词吗?”记者问。

马加爵连连摇头说不是。

“那你现在怎么评价这句歌词?”记者问。

"一般歌词都没有什么意义。"马加爵告诉记者，他最喜欢的是许巍的《温暖》，旋律很优美。

"这首歌有什么含义吗?"记者问。

"没有。"马加爵说。

"那你为什么会这么看重'温暖'这两个字，是不是跟你的心境有关系，身在他乡，思念家人，思念朋友?"马加爵点点头。

记者问是否上诉，马加爵很坚决，说："不上诉。"

4 月 24 日下午，昆明中院对马加爵一审宣判完毕，马加爵被押解出法庭时，他的姐姐在旁听席上大声喊叫："你一定要上诉，这样我们能多见你几次。"

"那天宣判时，你姐姐在法庭上喊的话你听见了吗？有什么感受?"记者问。

"我听见了，当时心里很难受。"马加爵说。

"上诉，时间不是又延长一点了吗?"记者问。

马加爵很难受，说不出话来。

"你想去承担自己行为的后果，是吗?"记者问。

马加爵点了点头。

"你想对同龄人说些什么?"记者问。

"希望他们好好珍惜自己，不要触犯法律。"马加爵说。

"经历这么多事，你现在觉得生命中什么是最重要的?"记者问。

"生命中最重要的是情。"马加爵说。

《人民法院报》2004 年 4 月 27 日

深度报道

15

深度报道

本章重点

- □ 深度报道的种类及特征
- □ 深度报道的写作方法
- □ 深度报道的未来走势

15.1 深度报道的含义

深度报道的英文名称是 In-depth reports，西方国家将其称为“大标题后的报道”、“大报道”。著名报人普利策在论深度报道的雏形调查性报道的意义时指出：“如果人们想要和世界上的罪行、邪恶和灾难作斗争，他们必须知道这些罪行，因为这些罪行和灾难正是在揭密的基础上才得以滋生的。”将隐蔽在“秘密”处的东西揭示出来，暴露在公众面前，正是深度报道早期的主旨所在。

美国学者沃尔特·福克斯写道：“在广播电视的时代，记者只是简单地叙述发生了什么事实，只是简单地交代新闻报道中最主要的事项；在电子时代，新闻报道中需要意义与背景，而提供这些内容的工作便获得了一个特别的称谓：解释。”① 美国新闻学家埃德温·埃莫里和迈克尔父子认为：“老式的客观报道坚持对说过的话和做过的事情作纯事实报道，它受到一种新的观念的挑战，深度报道基于这样一种信念：如果真正要讲新闻真实性的话，读者需要把一些事情的前因后果说清楚。”②

下面是两个比较有代表性的关于深度报道的定义：

运用解释、分析、预测的方法，从历史渊源、因果关系、矛盾演变、影响作用、发展趋势等方面报道新闻的形式。③

通过系统的科学材料和客观的解释、分析，全面深入地展开新闻内涵的报道形式。④

我们认为，深度报道是指客观、冷静、富有思辨性地描述重大新闻事件和社会问题，追踪其来龙去脉，揭示其实质意义和发展趋势的一种深层次的报道方式。

深度报道最早起源于 20 世纪五六十年代的美国。当时面对电视挑战，报

---

① ［美］沃尔特·福克斯．新闻写作．新华出版社，1999. 14 页

② ［美］埃德温·埃莫里．美国新闻史．新华出版社，1982. 490 页

③ 新闻学大词典．河南人民出版社，1993. 153 页

④ 宣传舆论学大词典．经济日报出版社，1992. 238 页

纸开始注重读者的兴趣，注重挖掘新闻背后的故事。深度报道应运而生。

在我国，深度报道大致崛起于 1987 年以后，1987 年被称为“深度报道年”。到现在，深度报道的发展更趋繁荣和成熟，广泛渗入到广播、电视等媒体中，不再为报纸所独有。

不过，必须指出的是，目前一般认为，深度报道并非一种新闻体裁，而只是一种报道的方式。

15.2　深度报道的种类及特征

1. 深度报道的种类

按文章体式分为：单篇型和集合型两种。

按报道方式分为：调查性报道、解释性报道、连续性报道、系列性报道、专题性报道等。本书采用报道方式分类法。

2. 深度报道的特征

（1）重要性。

首先是题材重大，其报道对象多为重要的、与受众利益密切相关的事件或问题，或为社会各界关注的热点，多为社会热点透视、大众话题评说。其次是意义重大，富有强烈的现实针对性和时代感，要求满足实际工作和广大受众的需求。

（2）完整性。

表现在大时间、大空间、宏观的、微观的、多侧面、多角度、全方位，既回顾过去，又剖析现在，也预测未来。

（3）深刻性。

它通过对大量丰富的材料进行深度加工，有分析，有思辨，也有预测，挖掘新闻背后的新闻，揭示事物（事件）深层的、发人深思的内涵与本质。

（4）综合性。

前面已述及深度报道并非一种独立的体裁，而只是一种报道方式，各种体裁均可作深度报道，多种体裁的融合则更适于作深度报道。深度报道的综合性往往表现为体裁的综合、手法的综合、内容的综合等。

（5）知识性。

提供大量的背景材料，涉及古今中外各类学科知识，以满足受众需求。

15.3 深度报道的写作方法

1. 选题重大：拨动社会最敏感的神经

选择重大题材，确立重大主题。

深度报道的选题包括关系到国计民生的问题、社会生活中迫切需要解决的问题、人民群众普遍关注而又迷惑不解的问题等，即社会中的热点、工作中的重点、受众关注的焦点。这就需要记者及时、敏锐、准确地判断社会、经济发展进程中出现的必须加以解决的矛盾，揭示出问题的实质。

2. 视角独特：发现幕后的新闻

独特的视角是深度报道的生命。独特在何处？独家事实、独家视点、独家分析、独家背景、独家人物，也就是别人想不到的事件，别人想不到的问题。否则媒体将会被众多的信息淹没。

1987 年《中国青年报》先后发表了《红色的警告》、《黑色的咏叹》、《绿色的悲哀》三篇连续性的报道，从引起大兴安岭火灾的表面原因——职工违反操作规程，到火灾背后的官僚主义弊端，对灾难进行了深层次的揭露。

《南方周末》的《追问洛阳大火》，追出了管理体制问题。

孙志刚案件报道揭露出了收容制度上存在的弊端。

南丹矿难事件查出了领导集体隐瞒不报的丑闻。

3. 爆出关键性材料：写出社会良知，增强舆论监督的功能

深度报道要求对新闻事件进行全方位的透视、多角度的考察。具体来说，要对新闻“六要素”中的“为什么”（why）和“结果”（how）进一步深化，重在以今日的事态核对昨日的背景，从而说出明日的意义来。

时间——说明现在又要追溯过去，还要预测未来；

地点——既要报道现场情况，又要兼顾其空间的延伸；

人物——要采访当事人、目击者，又要采访其他直接间接的有关人员；

事件——既要撷取典型的、关键性的材料，又要搜集丰富的有关新闻事实的其他细节。实际上，深度报道的重点放在为什么（why）上。深度报道是全面、完整、动态、立体地反映事实，写作时应避免片面、零碎、静止和平面化

的毛病。

4. 表达自由灵活，语言风格多样

深度报道与一般新闻报道在表达方式上也有不同。它既有直接叙述，又有主观议论，通常夹叙夹议、边述边评，既可用思辨性的语言揭示事物的本质，也可用抒情性的议论发表作者的见解。但不宜过分地表现主观意识，更不能用议论代替事实。

在语言上，深度报道既要求准确、朴实，又要求生动、形象；既可写得庄重严肃，又可写得轻松活泼。语言风格可以多样化，但也应避免追求庄重严肃而变得“面目可憎”、追求轻松活泼而变得“花里胡哨”。

5. 深度报道篇幅一般稍长

深度报道一般来说篇幅较长，但也并非都要写成长篇大论，可大、中、小结合、并举。深度报道之所以崛起，从某种程度上说，是因为新闻之求新、快、短，而有深度、厚度和有影响力的作品又不多。短而空不好，但片面追求虚假的“全”和“深”，搞“假、大、空”的深度报道更没有必要。

15.4 我国深度报道的发展概况

实际上早在1921年，正当西方报纸上流行深度报道之初，周恩来便提倡重大新闻事件报道要“溯其源、求其真相、判其出路”，他认为：“现象一日千变，简单之消息，每与前后矛盾，缺乏有系统之排列及有条理之叙述，故长篇通讯终不可少也。”① 这大概也是我国最早提倡深度报道的理论。1956年，穆青在《为了备忘》一文中指出：“目前实际工作中许多严重的问题都不是孤立的，从一件很小的事情上，如果我们深入了解一下，往往就会发现一系列亟待改进的重大问题，就会从个别的现象，发掘问题的本质。可惜我们过去的许多报道往往停留在表面的现象上面，缺乏一种追根究底的精神和高度的责任心。”“选择一些重要问题，无论是促进新生事物的成长，或者是对落后事物的批评，追根究底组织连续的报道，我想我们的新闻报道的力量也将会更加

① 转引自：时统宇．深度报道范文评析．新华出版社，2001．4页

有利。”①

1987 年《中国青年报》关于大兴安岭特大火灾的报道《红色的警告》、《黑色的咏叹》、《绿色的悲哀》（人称“三色报道”），获当年全国好新闻特等奖、全国绿色好新闻奖，并被收入人民文学出版社《1987 年优秀报告文学集》等多种文集，中国新闻学会为此召开专题研讨会。它为我国深度报道拉开了序幕。

1994 年 4 月 1 日，中央电视台的《焦点访谈》开播，它的宗旨是“时事追踪报道，新闻背景分析，社会热点透视，大众话题评说”。

1996 年 5 月 17 日，中央电视台的《新闻调查》播出第一期节目“宏志班”。创办者对它有这样的期许：容量更大，更有深度，更为客观、系统、权威。

20 世纪 90 年代末，《南方周末》以独特的面孔向国人展示了深度报道的魅力。经过多年的打造，已成为中国第一份以深度报道为主体新闻体裁的报纸。

21 世纪初，《中国经营报》、《21 世纪经济报道》、《经济观察报》等报纸相继问世，揭开了中国经济深度报道新的一页。2004 年 11 月 25 日，《中国第一财经日报》出版，标志着跨地区经营专业性报纸开始迈出新的步伐。以深度报道为主的深度报道格局在新闻界初步形成。

15.5 深度报道的未来走势

1. 深度报道正朝着应有的科学、理性迈进

在灾难报道的英雄赞歌模式受到越来越多的质疑和反对的同时，实事求是的报道精神已为媒体和广大受众所接受。在报道内容和报道理念上，更加关注社会环境、生态环境和资源配置的合理性问题。从 1987 年的“三色报道”到 2003 年的非典事件、广西矿难事件报道可以看出，媒体从社会责任的批评意识转向理性、科学的建设性报道意识。报道不仅仅停留在对官僚主义、麻木不仁、不负责任的现象的揭露上，而且对违反科学规律瞎指挥所造成的后果和危害也有了更多更深入的揭示。

---

① 穆青．新闻散论．新华出版社，1996. 36 – 37 页

2. 随着社会的发展，人文精神得到更多地关注，深度报道在对新闻事件的报道和挖掘上更能显示出人文精神

现代社会科技发展迅速。科技的进步，为人们提供了快捷方便，同时也给社会带来了许多的困惑。为了研究具体问题的精确性，人们往往注重科学而忽视人文。但建构现代新闻观，只有科学精神是不够的，还必须有人文精神的指导和充实。消费时代人们的需求越强烈，人们对自己的权利和尊严的要求就越强烈。承认人的价值和尊严是当代人们精神消费的重点话题，对新闻报道有着重大的意义。深度报道在诸多问题上正是把这种变化予以集中、强化和放大，突出人性，还原人的生存价值，使人们越来越意识到作为万物之灵的人应该怎么生活和工作。从这个意义上说，深度报道有更广阔的发展空间。

3. 经济最前沿的深层次问题需要深度报道

市场经济时代，代表经济潮流最前沿的前瞻性、深层次的报道已成为人们关注的焦点。深度报道以其强大的实用性和透视性，越来越成为媒体重点开掘的新闻资源。社会需求促使媒体不仅仅停留在表层信息的报道上，而是更深入地透视信息内部的含义，这也将是未来深度报道的主要方向。

4. 深度报道创造价值

科学的精神就是实事求是。深度报道就是把事实真相报道给人们，简单地说就叫说真话。然而说真话并非易事，当良心与社会发生矛盾时，往往能显出说真话的伟大。这种伟大就在于：面对民生疾苦和百姓死活，敢于说真话。说真话仅仅是还原事实，但却唤醒了民众，唤醒了那些还没有能力挣扎的民众和那些还在麻木状态的民众。这种唤醒就是用新闻创造价值。

5. 深度报道的弊端

就目前来说，深度报道存在着三种弊端和困境。

（1）深度报道的时效性不强。如何提高时效性是值得进一步探讨的问题。

（2）深度报道的篇幅较长，可能会增加阅读难度。

（3）深度报道涉及的问题较为敏感，新闻媒体揭示事实的真相与报道对象试图隐瞒事实形成尖锐矛盾，这样势必会增加报道的难度，给记者提出了挑战。

思考与练习

1. 深度报道的“深度”表现在哪些方面？是事实的深度还是思辨的深度？
2. 如何理解深度报道的魅力在于对国计民生的关注？
3. 深度报道的发展前景如何？

16

解释性报道

本章重点

- □ 解释性报道的特点
- □ 解释性报道的写作技巧
- □ 解释性报道与评论的区别
- □ 解释性报道与深度报道的联系

解释性报道（Interpretative Reporting）是侧重于解释新闻事件发生的原因的报道。它是运用相关事实对新闻事件作出有深度的说明或提供背景材料的一种深度报道方式。

16.1 解释性报道概论

1. 解释性报道的来源

这种报道方式起源于第一次世界大战，发展于20世纪三四十年代。第一次世界大战爆发时，很多人目瞪口呆，对战争根源茫然无知。媒体未能就政治局势以及事态发展播发背景性、解释性文章，只要求记者采访新闻事件就行了，不鼓励记者去挖掘产生新闻事件的原因。第一次世界大战爆发后，新闻界开始重视对新闻事件的分析和解释。①

1938年，美国著名学者科蒂斯·麦克道格尔教授出版了《解释性报道》一书，正式使用解释性报道这一概念。②

杰克·海敦说："解释性报道是一种作解释或者分析的报道，也就是那个被过多地滥用的词语'有深度的报道'。它是一种加有背景，给新闻揭示更深一层意义的报道。"③ 解释性报道起源于20世纪初第一次世界大战后的美国。第二次世界大战期间又取得了重大发展，此后则日益兴旺，在短短几十年内风靡西方报坛。在美国《基督教科学箴言报》的新闻报道中，有90%是回答"为什么"的解释性报道。④ 但西方公认《纽约时报》的解释性报道较有特色。

2. 解释性报道的特点

（1）其新闻价值主要表现在对新闻事件"为什么"会发生，发生这件事有什么意义的解释上。

一般消息（动态消息）在交代六要素时，重点往往放在时间、事件和人

---

① 孙世凯．解释性报道的写作，新闻与写作，1986（4）

② ［美］杰克·海敦．怎样当好新闻记者．新华出版社，1980.211页

③ 刘明华．西方新闻采访与写作．中国人民大学出版社，1993.81页

④ 新闻大学．1997．秋季号

物上，“为什么”和事件的意义并不作为重点叙述对象。解释性报道却把这两点作为报道重点。

（2）大量使用背景材料。

美国新闻学教授卡尔·林兹特诺姆认为：“所谓解释性报道就是在报道新闻事件中补充新的事实，即历史性的、环境性的、简历性的、数据性的、反应性的事实，这样就能使正在发生的新闻事件更加明白易懂”，[①] 这几种事实都是背景材料。解释性新闻报道把“why”放在最重要的位置，即揭示“新闻背后的新闻”。

（3）客观性强，不做主观臆测。

（4）这类报道适合于重大的社会问题、国际问题，以及人们关心的需要回答的问题。

（5）除了运用常见的叙述方法外，还有夹叙夹议、描述的穿插、场景的描写等手法，增加了其广度和深度。

3. 解释性报道的适用范围

现在解释性报道在我国不断发展，呈越来越多之势。但不是任何题材都适合写解释性报道，那些简单明了的体裁如果写成解释性报道则有点多此一举。一般来说，解释性报道的适应范围有五个方面：第一，重大国际事件尤其是突发性国际事件；第二，国家重大方针政策、重大活动等；第三，重大科技成果的研究立项与研究成功推广使用时；第四，新经济政策的出台，如调整人民币利率、物价涨跌等关乎人民生活切身利益的事项；第五，社会上出现的异常现象如自然现象等。

4. 解释性报道对记者的要求

解释性报道要求记者有较高的文化修养；有广博的知识面；有较高的新闻敏感；有较强的分析能力。

① ［美］杰克·海敦．怎样当好新闻记者．新华出版社，1980. 211 页

16.2 解释性报道的写作

1. 补充新的事实，使正在发生的新闻事件更明白易懂

美国新闻学教授卡尔·林兹特诺姆认为，解释性报道就是在报道新闻事件中补充新的事实，即历史性的、环境性的、简历性的、数据性的、反应性的事实，这样就能使正在发生的新闻事件更加明白易懂。① 因此解释性报道的深度主要靠背景来说明，通过背景材料使新闻事件更加有深度。

2004 年度诺贝尔奖于 10 月在瑞典皇家科学院揭晓，世界各大媒体纷纷报道：

2004 年度诺贝尔物理学奖授予三美国科学家

CCTV. com 综合消息：瑞典皇家科学院今天宣布，将 2004 年度诺贝尔物理学奖授予三位美国科学家，以表彰他们在量子色动力学方面的贡献。

这三位美国科学家分别是加利福尼亚大学圣巴巴拉分校理论物理研究所的戴维·格罗斯、加利福尼亚理工学院高能物理研究中心的戴维·波利策和麻省理工学院理论物理研究中心的弗兰克·维尔切克。

他们在 1973 年发现了粒子物理强相互作用理论中的渐近自由现象，这一现象解释了夸克这种微小粒子为什么只在高能转换中能够处于接近自由的状态。而这一发现为量子色动力学的建立奠定了基础。瑞典皇家科学院表示，近年来，量子色动力学理论在大量实验中已经得到了证实。

瑞典皇家科学院将于 6 号公布 2004 年度诺贝尔化学奖。

央视国际 2004 年 10 月 5 日

这条消息介绍了 2004 年度诺贝尔物理学奖三位美国科学家获此殊荣，也

① 陶涵. 新闻传播学新名词词典. 经济日报出版社，1997. 85 页

介绍了他们的研究成果即获奖的原因，但只是客观地、平面地进行报道，没有进行深度说明，因此它不是解释性报道。下面是一篇解释性报道，它运用了大量的背景材料，激起了人们许多的思考。

诺贝尔奖缘何频频花落美国

鼓励创新不搞“论资排辈”　大笔美元用在科研刀刃上

2004年诺贝尔物理学奖由3名美国科学家获得，此前公布的医学或生理学奖的获得者也是2名美国科学家。无论在自然科学，还是社会科学，甚至文学领域，美国人在诺贝尔奖领域一直身手不凡。

截至2003年，美国共有273位诺贝尔奖获得者，其中文学奖获得者11位，和平奖19位，经济学奖34位，化学奖54位，物理学奖72位，生理学或医学奖83位。

美国人口占世界人口总数的比例不到5%，美国获得诺贝尔科学奖的人数却占全球获得该奖人数的70%以上，其中奥妙何在？

美元万能？

美国物理研究所的菲利普·谢韦曾在接受路透社电话采访时说：“难道是因为美国人更优秀吗？大概不是。总的来说，我认为，这是投入了大量的资金使然。”

美国通过国家和私人资金来源向基础研究投入了上百亿美元的经费。像贝尔实验室这样一些由公司资助的项目，将无数美元用于研究上。国家科学基金会主任丽塔·科尔韦尔说，这些经费都用在最需要用的地方。“我们资助那些最优秀最杰出的人。我认为，这是一种最强大的动力。”她说，在其他许多国家存在着一种“论资排辈的做法”。

国家科学基金会在多名美国诺贝尔奖得主获奖之前向他们提供了资助，其中包括2000年的4名获奖者，即两名化学奖得主圣巴巴拉加利福尼亚大学的艾伦·黑格，新西兰出生的、宾夕法尼亚大学的艾伦·麦克迪尔米德；医学奖得主、纽约洛克菲勒大学的保罗·格林加德；物理学奖得主、德国出生的圣巴巴拉加利福尼亚大学的赫伯特·克勒默。

科尔韦尔说，上述科学家都被鼓励以不同于常人的思维方式去思维。她说：“一个重要因素，是鼓励创新精神和向各种假设提出挑战。”

“美国梦”?

科尔韦尔说:“人们总将提出疑问,并朝着新领域迈出下一步。可是,许多国家存在一种传统的倾向,不敢打破现状,对长者或上司总是表现得毕恭毕敬。我敢说,美国科学家并不特别顺从于一些过时的想法。”谢韦说,这就浓缩成“美国梦”了。

他说:“在小学和中学阶段,美国在世界上的排名仅在第28位或30位,落后于所有斯堪的纳维亚国家、瑞士、法国和德国。这多少令人有点不解。”他举例说,一些调查结果表明,美国学生在一些统一的数学和其他学科的考试中落后于其他国家的学生。

他接着说:“不过,在大学阶段又出现了另外一种情况。”谢韦说,美国学生更注重于独立思考,而轻视机械式的学习方式。他说:“如果按照人口数量来统计,中国应该有15个爱因斯坦,印度有10个,美国只有3个。”

他接着说:“假如其他条件相同,如果你在洛杉矶或什里夫波特上学,你成才的概率就会比你在其他国家上学的概率要大。”

《北京青年报》2004年10月7日

这篇解释性报道不仅停留在哪些人得什么奖的层面上,而且还发现了新闻背后的新闻:2004年诺贝尔物理学奖由3名美国科学家获得,美国人口占世界人口总数的比例不到5%,美国获得诺贝尔科学奖的人数却占全球获得该奖人数的70%以上,其中奥妙何在?为什么总是美国人获奖才是报道的重点。报道从两个方面解释了其中的原因:美国通过国家和私人资金来源向基础研究投入了上百亿美元的经费;美国人的思维习惯是总提出疑问,并朝着新领域迈出下一步。两篇报道相比较就很清楚各自报道的特点和重点。

2. 解释时讲究客观性

解释性报道如何才能客观?回答是用新闻事实、背景材料进行水到渠成的分析。美国学者认为,解释性报道既有纯新闻的客观性,又有一定的深度。它的深度不在于议论,而在于用背景材料解释,如果在解释中有夹叙夹议的成分,就构成了议论,而解释性报道不发议论。但是日本的解释性报道中议论比较多,可见对解释性报道的看法不尽相同,事实上有时候很难划分。不过,作为一种报道,严格遵守新闻事实,记者不发议论,增强新闻的客观可信,是应当坚持的。

2004年7月22日《南方周末》的《济宁副市长缘何向市民下跪?》是一

篇解释性深度报道，该报道不是仅仅停留在介绍李信如何贪污腐败上，而是解释作为山东省济宁市副市长的李信为什么竟然会向一个普通市民跪地求饶。报道中运用大量的背景材料介绍李信向李玉春下跪是因为两人有某种不正当的业务关系，李玉春对李信贪污赃款的内幕非常了解，李信为了不让李玉春检举揭发才下跪求饶。报道中记者冷静客观地使用背景材料，并没有发表看法和评论，而是将复杂事件的背后内幕解释得清清楚楚。

3. 开头与主体部分写作

(1) 开头。

①对比性开头。这种开头往往用现在的事实与已经发生的事实作对比，主要解释现在的事实存在的原因。

《中国青年报》2003 年 12 月 17 日的解释性报道《美国为什么抓不到本·拉登》：

> 萨达姆的落网让美国重又燃起了抓到反恐名单上另外两名重量级人物“基地”组织领导人本·拉登和塔利班最高领袖奥马尔的希望。尽管美国追捕拉登比追捕萨达姆的日子要长很多，但至今仍没取得多大进展。反恐专家以及阿富汗、巴基斯坦和美国的政府官员都认为，抓住拉登绝不像抓住萨达姆那样简单。

这篇报道先以萨达姆的落网作为对比，突出显示抓住拉登绝不像抓住萨达姆那样简单。然后引出主体部分，使主体部分的分析水到渠成。

再如《羊城晚报》2004 年 9 月 15 日的报道《今年台风为何多往东吹，专家说广东风声微弱与“仿厄尔尼诺现象”有关》开头也采用对比方式：

> 本报今天消息　记者赵燕华、实习生黄润浏报道：台风暴发频率和强度居全国之首的广东，今年变得“风声微弱”。眼看一个接一个的台风频袭华东或东渡日本，气象专家们蓦然发现，今年登陆广东的热带气旋的确偏少，有分析指出，这可能与最新发现的“仿厄尔尼诺现象”有关。

上面的开头用广东台风暴发频率和强度居全国之首，以解释今年热带气旋的确偏少，原因是与“仿厄尔尼诺现象”有关。

②单刀直入式开头。单刀直入式开头往往直接解释事件产生的原因，快速进入主题，不用过多的事实陈述。这种开头方式便于受众快速抓住报道的核

心。如新华社2004年3月18日的解释性报道《金融诈骗何以屡屡得手?》的开头：

新华社天津3月18日电：近年来，通过贷款、银行承兑汇票、信用证等诈骗银行资金的案件呈上升趋势。一个重要的原因是目前一些银行内控机制失效，给金融诈骗分子提供了可乘之机。

（2）主体。主体部分的写作主要根据开头提出的问题使用背景材料逐步推进，可以分成几个小标题，也可以不分小标题一口气写下来。无论怎样安排主体部分，都应做到条理清晰、步步深入。

上面所举例子《美国为什么抓不到本·拉登》，开头以后用5个小标题分别加以分析，通过力量不足、地形险阻、民众支持、“死士”护驾、情报匮乏等几个方面较为全面地分析了美国抓住拉登的艰难性，使读者读起来一目了然。有些内容不是很复杂的报道，可以一线贯穿，不使用小标题。

天气预报缘何观众最爱?

电视观众最爱看什么电视节目？由中国科学院系统研究所等机构共同完成的“2002年全国电视观众抽样调查”给出的答案有些出乎意料：天气预报排在收看电视节目类型排行榜的首位。

根据我的“调查”，大家爱看天气预报的理由很简单，首先是实用，可以预先知道明天的天气是晴是雨、是热是冷，方便出门工作、购物或访友。其次是天气预报大都被安排在一个较好的时段，一般不会和其他电视节目打架。电视节目之间的竞争异常激烈，一些电视台甚至采取了“末位淘汰”的方式。天气预报何以能在门类繁杂、丰富多样的电视节目中脱颖而出？我认为是因为当前的电视节目还存在诸多不尽人意之处。

即使是在媒体中占绝对主导地位的新闻，受欢迎程度居然比天气预报稍逊一筹，就很有些让人看不懂。无论从哪个角度而言，新闻节目理应成为观众心目中的首选。问题究竟出在哪儿了呢？据调查，观众对新闻节目的“意见”主要来自两个方面：77.3%的观众认为新闻报道应加强“对老百姓身边事的报道力度”，73.1%的观众赞成应增强“对各种社会丑恶现象的批评、监督力度”。显然，观众收看电视新闻已不仅仅是消遣，他们需要实实在在、能与老百姓同呼吸共命运的新闻。

在电视节目中占有举足轻重地位的电视剧，虽说并未被观众冷落，但也暴露出了不少问题。除“插播广告过多”之外，58.4%的观众认为“优秀精品影视剧数量少”，58.2%的观众认为“好看的电视连续剧一天播一集不过瘾”。对于处在竞争漩涡的各类电视节目而言，让并无竞争优势的天气预报不战而胜，轻松占得收视率头把交椅，或多或少让人觉得尴尬。

《南方都市报》2002年12月28日

报道中解释了天气预报观众最爱的原因是实用、时段安排得好，而电视节目还存在对老百姓身边事的报道力度不够和对各种社会丑恶现象的批评、监督乏力等问题。通过对比分析层层深入，使主题更加突出。

（3）结尾。

①结论式。结论式的结尾往往是在前面分析的基础上水到渠成地作出结论，给人们一个明晰的印象。《羊城晚报》2004年9月15日《今年台风为何多往东吹，专家说广东风声微弱与“仿厄尔尼诺现象”有关》的结尾：

而最近国外还有研究发现，是由于出现了一种叫“仿厄尔尼诺”的现象。人们所知的厄尔尼诺现象，是指由秘鲁附近太平洋的海水温度升高导致，是世界性气候反常现象。而日本的科学家发现，今年在太平洋中部赤道区域约100米左右深处的海水变暖，温度比历年上升1.5℃。因此冠以“仿厄尔尼诺现象”之名。分析认为，就是它，造成了今年副高偏东、偏北，而今年酷暑也是由“仿厄尔尼诺”现象导致的。

②展望式。展望式是在揭示了事件发生的原因后，展望未来，提出某种解决问题的希望或办法。如《美国为什么抓不到本·拉登》的结尾：

当然，这些障碍并不代表美国完全抓不到拉登。美军发言人和阿富汗过渡政府总统卡尔扎伊都在15日表态，拉登和奥马尔一定会落网。反恐专家彼得·布朗说：“拉登可能不会永远走运，抓住萨达姆后，我们搜捕方式的变化可能迫使他犯下错误。”

文章主体部分分析了为什么抓不到拉登的原因之后，结尾部分提出：希望仍在。

③警示式。警示式写法是指出问题的症结所在，以警示有关人员和部门注意这些问题的严重性。

2004 年 3 月 18 日新华社的解释性报道《金融诈骗何以屡屡得手?》，介绍了近年来金融诈骗分子通过贷款、银行承兑汇票、信用证等诈骗银行资金的案件呈上升趋势，分析了金融诈骗分子的各种花招和银行管理不善的原因后，结尾引用金融学专家的话说：

> 各家商业银行只注重以吸收存款来维持生存，在竞相揽存的举措中把方便储户放在了首位，而把有效防范金融诈骗犯罪放到了次要的位置，这是十分可怕的。

思考与练习

1. 解释性报道的传播意义和价值如何?
2. 解释性报道如何做到客观解释?
3. 解释性报道在使用背景材料时如何做到更加科学?

17

精确新闻报道

本章重点

- □ 精确新闻报道的特点和作用
- □ 精确新闻报道的写作技巧
- □ 精确新闻报道四种类型的写作技巧
- □ 精确新闻报道中应注意的问题

精确新闻（Precision Journalism），也称精确新闻报道，指记者在采写中运用调查、统计和内容分析等社会科学研究方法进行的新闻报道。[①] 精确新闻经常使用的方法是民意调查。广义的精确新闻泛指以各种民意调查结果为基础的新闻报道。

精确新闻报道把社会科学的观念与自然科学的具体方法引入新闻学，对于新闻记者树立科学的采编理念具有重要的作用。

17.1 精确新闻概述

1. 精确新闻的产生

据台湾学者罗文辉的研究："早在1810年，美国就已经有报纸尝试进行精确新闻报道。""《北卡罗莱纳州明星报》的两位编辑汉德森（Thomas Hendersen Jr.）与琼斯（Calvin Jones）鉴于北卡罗莱纳州被明显地分为东西两区，而这两个区的民众彼此很少接触。""为了改善这种现象，汉德森与琼斯在1810年3月30日，针对该区几个不同郡的民众，进行一项问卷调查，探寻有关农产品及民生福祉方面的事情。"这项调查"被认为是新闻界所进行的第一次民意调查，但不知为了什么原因，调查的结果并未刊登在明星报上"。[②] 1968—1972年两届美国总统大选是美国新闻界开始重视精确新闻报道的一个转折点。美国的不少媒体开始进行选举民意调查。

1976年大选后，精确新闻报道不仅在美国三大电视网和规模较大的报纸上频繁出现，而且连规模小的报纸也蠢蠢欲动，进行一些小规模的精确新闻报道。

精确新闻一词是1967年美国记者菲利普·迈尔（Philiph Meyer）提出的。当时迈尔任美国北卡罗莱纳大学教授，他用科学调查分析方法写出了《回到第十二条街》的系列精确报道，并一举获得普利策新闻奖。[③] 1973年迈尔出版《精确新闻报道》（*Precision Journalism*）一书，精确新闻报道在美国开始受到

---

① 肖明，丁迈．精确新闻学．中国广播电视出版社，2002. 2页

② 罗文辉．精确新闻报道．中国台湾中正书局．1991. 31－32页

③ 罗文辉．精确新闻报道．中国台湾中正书局．1991. 41页

重视，各大学新闻学院开始开设精确新闻报道课程，并逐渐形成精确新闻学派。

我国台湾地区1984年开始采用精确新闻报道。1983年8月《联合报》成立“海内外新闻供应中心”。该中心认为报纸应该呈现民意，而向社方提出进行民意调查的企划案。从1984年开始该中心每遇到重大新闻事件，便立即进行民意调查，并将民意调查结果写成新闻，刊登在《联合报》上。《中国时报》于1985—1986年选举期间成立临时民意调查小组，邀请大学教授参与设计和执行选举民意调查。目前精确新闻报道在台湾地区普遍受到新闻界的重视。

中国内地的精确新闻报道最早出现在1983年。1983年1月29日英文版《中国日报》上刊登了关于1982年北京市受众的调查结果，题目是《首次运用电子计算机进行民意测验表明：读者相信报纸》（*First Computerized Opinion Poll Show Support for Press*）。用汉语进行精确新闻报道是1996年1月3日《北京青年报·新闻周刊》“公众调查”版刊登了《1995年，北京人你过得还好吗?》的报道，并公开打出“精确新闻”的旗号。其后，《中国青年报》、中央电视台经济部的《中国财经报道》、《南方周末》、《中国消费者报》等媒体和栏目，开始越来越多地用精确新闻报道方式报道新闻。

2. 精确新闻报道的方式

精确新闻报道有两种方式：一是记者自己独立做全面的调查和研究进行的报道；二是记者利用调查机构的报告来进行的报道。

3. 精确新闻报道的作用

（1）反映民意。

精确新闻报道是以调查和研究为基础的报道，可以最大程度地反映民意。

（2）调整错误观念。

因为精确新闻报道可以最大程度地反映民意，那么就能避免根据事物表面现象得出错误的认识，从而调整观念。

（3）摆脱消息来源的控制。

传统新闻报道往往依赖消息来源，精确新闻报道可以从民众那里获取信息，反映普遍的民意，避免只是少数专家学者以及政府官员的意见。当然从专门调查机构得到的结果也会受到一些约束，比如调查机构不够权威，调查缺乏科学性等，从而影响报道质量。而由媒体自己独立策划、自己操作全过程，可使精确新闻报道更加可信，这是精确新闻报道发展的方向。

17.2 精确新闻的写作

精确新闻大致可分为：描述型、探讨型、解释型、观察型四种。由于种类不同，其写作方式、写作规律也不尽相同。下面分别阐述各种类型的精确新闻写作。

1. 四种类型的精确新闻写作

（1）描述型。

描述型新闻是精确新闻中应用最多的一种报道形式，主要包括对某社会现象、某种社会观念诸如婚姻家庭、爱情、生活习惯、读书、就业的看法等进行调查统计后的报道。这种报道主要是对调查结果做线性的描述。其目的是用数字向社会报道一种现象。

家庭地位大大提高　广东妇女大声话事有底气

家庭地位大大提高　家庭决策平分权力　自立门户成为主流

本报今天消息　记者孙朝方、黄丽娜，通讯员多岚报道：记者今天上午从广东省妇联获悉，一项广东城乡妇女家庭地位的最新调查显示，广东妇女在婚姻自主、居住模式、家务分工等方面正发生变化。专家指出，10 年来，广东女性在婚姻家庭生活中的地位大为提高，现代婚姻家庭关系已基本建立。

“大变”　职业因素影响婚姻自主

调查显示，广东八成多女性在初次婚姻中是由自己把握或适当参考父母意见。“父母之命，媒妁之言”的老式婚姻，仅占被调查女性的 4.7%，比 10 年前下降近 9 个百分点。过去比例较大的“组织决定”婚姻，现在为零。广东婚姻自主比例高出全国 20 多个百分点。

调查显示，受教育程度越高，年龄越轻，自主性就越强。有趣的是，职业因素也会影响女性婚姻自主度：城市里农、林、渔、水利业人员中有 12.7% 为包办婚姻，比例最高；其次分别为商业、服务业人员（占2.4%），专业技术人员则最低（占1%）。

“中变” 城市女性多选自立门户

调查显示，广东城乡婚姻居住模式目前仍差别悬殊。据调查，城市女性婚后嫁到夫家与公婆同住的，与选择“自立门户”过小家庭生活的，各占被调查者的一半；而在农村，“从夫居”的比例则高达84.1%。由此可见，城市女性的独立愿望更强烈。其中，45岁以下的女性比45岁以上的女性更希望选择小家庭。

“不变” 日常家务多是妻子承担

“男主外、女主内”是传统的家庭角色分工模式，这是否意味着女性在家庭中的权力更大呢？调查显示，广东女性的权力更多是表现在对家庭日常开支的决策上，在购买高档商品、孩子的升学就业、买房、投资或贷款等对家庭有重要“影响”的决策中，男性决定的比例远远高于女性。但与10年前相比，由夫妻共同做主的比例越来越高。

在日常家务劳动上，调查显示，仍然以女性为主，除了在“辅导孩子功课”上，丈夫与妻子相差无几，其余大部分各项家务都是由妻子承担，其中，“做饭”、“洗碗”、“洗衣服”，以“妻子承担为主”的比例分别是77.9%、84.1%、92.6%。

《羊城晚报》2002年12月23日

这条精确报道反映了一个值得注意的现象，广东妇女家庭地位的提高和观念的变化——婚姻自主、自立门户，也反映了“不变”的一面——日常家务多是妻子承担。尽管三个问题从不同侧面反映事实，但三个问题是并列式的，不分主次。报道中只是反映出现这种变化的表面现象，而没有深入分析变化的原因。

（2）探讨型。

即对一些新的事物或没有被公众认识到的事物进行民意调查后做出的报道。这种报道因为还处在构想阶段，其是否科学，有多大可行性，还不确定。报道的目的是引起社会和有关部门的广泛重视。

调查显示86%的公众希望中秋节放假一天

再过几天就是中国的传统节日中秋节了，对于正在努力“向前走”的国人来说，遵循“传统”似乎不是什么好事，至少说明你不够积极。但是对于节日来说，国人普遍认为还是“传统”的好。

本报社会调查中心与新浪文化合作进行的一项调查表明，92%的被访者认为，中秋节是中国的传统节日，应该延续下来。到9月10日下午1时记者截稿时，共有363人参加了调查。

虽然有超过九成的人认为传统节日应该延续下来，但是当问到受访者更看重哪些传统节日时，所有给出的节日获选率均不太高，最高的是“春节”，获选率也只有27%，其次是“中秋节”，获选率是22%，“端午节”（15%）、“清明节”（14%）、“元宵节”（14%）、“重阳节”（5%）和“七夕节”（4%）的获选率均不足两成。这种结果与每年2月14日“情人节”时，全城抢购玫瑰花的景象形成了鲜明的对比。

也就是说，公众普遍认为传统节日应该延续下来，但是实际生活中这些节日却没有得到大家足够的重视。面对这样的矛盾，我们能不能通过设立法定假日的形式提醒人们中秋节的存在呢？调查显示，在谈到这个问题时，高达86%的人认为，中秋节应该放假一天。

分析发现，对传统节日的重视度普遍偏低可能与公众对它们的理解有关。传统节日往往都赶在平时的工作日，忙碌了一整天，过节就真的成了吃顿饭了。于是，中秋节成了“月饼节”、端午节成了“粽子节”，“元宵节”就更不用说了，名字里就带着吃的。

或许同样是因为时间紧张，与春节、五一、十一的7天长假相比，公众过中秋节的方式也显得单调。本次调查显示，在中秋佳节，人们的活动无外乎“跟家人团聚”（42%）、“吃月饼、赏月”（27%）、“看电视晚会”（11%），还有13%的人“根本不过，跟平时没什么区别”，选择其他方式的仅为7%。过节的全部内容似乎就是全家人坐在一起大吃一顿，这也难怪一些受访者（8%）觉得“各种各样的‘节’太多了，没什么特别意义”。有专家认为，一些节日之所以流传至今，是因为每个节日背后都有着很深的文化渊源。据了解，光是中秋节全国各地就有多种不同的习俗。有人呼吁，要还传统节日的本来面目，让每个节都过得有文化些。

《中国青年报》2004年9月13日

上面的报道显示，86%的公众希望中秋节放假一天。按照中国传统文化的特点，这种结论似乎可行，仅从这一点看这篇报道就有探讨价值。但按照精确新闻报道的要求，调查对象的数量太少，只有300多人，说服力不大。如果早一些调查，充分准备，调查的面更宽一些，调查对象的数量更大一些，报道的内容就会更具有探讨价值。

探讨性精确新闻报道要求调查机构具有权威性，调查对象具有广泛性，因为调查对象不广泛就很难保证调查结果的真实性和科学性。报道的价值也会大大降低，或者根本没有价值。

信息公司调查显示，近两成居民认为300万元以下的奖励“偏低”

本报讯　据北京美兰德信息公司最近的一份针对社会重奖我国奥运金牌选手的情况做的调查显示，我国大多数民众认同重金奖励奥运金牌选手，并且认为2008年北京奥运会上获得金牌的运动员平均每人应奖励至少278万元，零突破项目的奖金额为390万元。

美兰德公司的调查对象主要是北京、上海、广州、成都、沈阳5大城市的500户居民，采取的调查形式为随机电话问卷访问。

本次调查显示，71.4%的居民认为本次重奖的标准是“合适的”，这些人主要是公务员、企业管理人、工商业者、一般职工和离退休人员。17.4%的被访者甚至认为120万至300万的奖励“有些偏低”，他们认为合适的奖励标准平均值为365万元。调查中也有少数人认为“奖金偏高”，这些人主要是学生、自由职业者和专业技术人员。这些人认为合适的奖励标准平均值为152万元。

《新京报》2004年9月12日

报道后3天，《羊城晚报》于2004年9月15日发表题为《不科学的民意调查是一种误导》的评论，评论认为，其一，样本容量太小。五个大城市抽样出500人，怎么能代表“我国民众”？其二，样本不具有代表性。调查对象限定在几个经济相对发达的大城市居民，且都属于价值取向相对趋同的中高收入者阶层，而没有充分考虑到地域、职业、收入等各方面的因素，是无法全面恰当地概括总体结构的。因此数据不准确，结论不科学。评论的观点很有道理，调查方法不科学，调查对象没有代表性，调查结果就会不准确。准确是前提，不准确更谈不上精确。这样的报道很容易误导读者，误导民众。

（3）解释型。

解释型精确报道往往针对某种社会现象和问题进行调查后，用调查数字进行解释，分析其原因，提供给民众和有关部门进行思考。这种报道重点回答为什么会出现此种情况，应当采取什么态度和措施。解释型精确报道能为大众提供服务性信息，引导人们选择某种精神消费或物质消费产品。下面这篇报道重点围绕人们为什么越来越多地在药店自己选购药品而不去医院看病、开药而展开。

昨天本市药品再次降价　京沪穗三地调查显示

中国市民小病不愿意去医院

有病上医院，大夫给开什么药就吃什么药是人们以往的普遍做法。但是随着我国医疗体制改革的深入进行，人们求医问药的方式逐渐发生了较大的变化。有关研究表明，内地消费者从药店直接购买的药品种类和数量在近几年有了较大的增长，特别是昨天本市182种药品的再次降价，可能会使人们更多地选择在药店买药，而不是动辄就往医院跑。

人们为什么越来越多地在药店自己选购药品呢？最近，北京新华信商业风险管理公司公布了一项有关北京、上海和广州市民购药行为的调查，这项调查每年都进行一次，有很多有趣的发现。

■去药店买药的消费者大多数是自我诊断病情，自己给自己开药。

在北京，到药店买药的消费者有75%并没有事先得到医生的确诊，也就是说，是自己诊断的病情、自己给自己开了药方；上海在药店买药的消费者有82%没有事先问过大夫自己（或用药者）的病情，高出北京7个百分点；而广州在药店购药者的比例最高，达到了87%。

这是不是说广州人的自我诊病水平或者仅仅是自信心比北京和上海人高呢？总之，北京人和上海人在买药治病这一点上比广州人更依赖大夫的诊断。

为什么如此多的消费者要选择在药店买药，而不去医院看病、开药呢？

■消费者自己到药店买药的主要原因依次是“省时间、方便”；“得的是小病症，自己知道吃什么药”和“省钱、便宜”。

北京、上海和广州的消费者对到药店买药而不是去医院开药的原因没有特别大的差异，省时间、看小病、省钱是三个共同的主要原因。相比较而言，上海人最看重“省时间”，广州人最看重“省钱”。

从人们到药店买药的原因看，许多买药的人事先没有到医院对自己得的病进行确诊就不足为奇了。

很多人得了小病，自己就能判断吃什么药能治疗，不愿意再花费时间和精力到医院排队等着挂号、就诊、划价、交费、取药了。

人们直接到药店买药的其他原因还包括“长期服用这种药”、“单位不能报销”等。

俗话说：“药罐子（指身体不好，长期患病老是吃药的人）”就是半个医生。这种消费者对自己的病情了解较多，不必每次都去医院麻烦医生，自己就知道该吃什么药、吃多少。

另外，随着医疗费用的上涨，不能享受医疗费报销的患者要考虑经济承受能力的问题，更不愿意花一二百块钱看个感冒了。

■北京、上海和广州的市民自己治感冒最拿手。

在北京、上海和广州三市到药店买药的市民中，最多的是买治感冒的药。

感冒这种病比较常见，人们对它的了解也多，除非症状十分严重，一般的情况下自己买点儿药吃了就能治好，没必要非得上医院。一般的家庭都常备有感冒药，出差、旅游也带上一些，所以买感冒药的人比较多。

其次，人们得了肠胃疾病和皮肤病，也较多的是自己买药吃或涂抹治疗。

■消费者买什么药吃都早有打算，基本上不管药店的师傅有什么推荐其他药品的建议。

在这一点上，上海市民到药店买药的目的性最强，92%的人去药店之前就已经决定了买什么牌子的药；相比之下，广州人买药的目的性要弱一些，15%的广州人去药店之前并没有决定买什么牌子的药品；北京消费者到药店买药的目的性介于上海人和广州人之间。

在药店买药时，大多数情况是：在去药店之前就已经决定了买什么牌子的药，而且在购买药品的过程中并没有听取药店店员的任何建议。

这种情况在北京的消费者中发生得最多，占了75%；其次是上海消费者，占了71%；广州消费者最少，也有70%。

位列第二的情况是：消费者在去药店买药之前就决定了要买什么

牌子的药品，在购买药品的过程中听了药店店员的推荐、介绍后，最终还是没有改变主意购买其他药。

这种情况的发生率就比第一种情况少多了，在上海的消费者属于这种情况的最多，占了21%；其次是广州消费者，占了15%；北京消费者最少，只有14%。

至于受到药店工作人员推荐的影响，改变主意的消费者就非常少了，店员的推荐基本上是白费唇舌。

值得注意的是，有9%的广州消费者属于这种情况：在去药店买药之前没有想好买什么牌子的药，而且没有听取店员的任何意见，只是在柜台前临时决定购买某一种药品，随意性较强。

■虽然消费者很少根据推荐决定购买哪种药品，但还是希望药店能够介绍药品各方面情况。

北京、上海和广州的消费者对于药店并没有特别突出的期望，比较一致的是在希望药店能够介绍药品各方面的详细情况上。

虽然消费者很少根据推荐决定购买哪种药品，但是对这方面的服务还是有一定的需求。

在其他方面，上海的消费者希望药店能够提供免费的问诊咨询；广州人更需要药店设有坐堂医生，这样都能对患者购买药品进行一些指导，是十分有益的。

■既然到药店买药是为了节省时间和方便，那当然选择离家近的药店了。

既然前面提到人们到药店买药的主要原因之一是为了省时间和方便，那人们在选择药店时最先考虑“近”的因素就不足为奇了。

其次，北京、上海和广州的消费者选择偶尔路过的药店也较多，这显然也是图方便的表现。

第三，广州和北京的消费者愿意凭习惯选择药店，而上海消费者则偏爱规模较大的药店。

《北京青年报》1999年6月16日

（4）观察型。

观察型主要指的是针对社会上可能出现的现象进行调查，了解社会发展动态，预知某种因素导致未来产生的后果及影响等，便于有关部门采取防范措施，使影响减少到最低限度。如人口普查前先在一定范围内进行试点小型调查；某项重大工程先在可行性研究报道前进行一定范围内的调查统计，搜集反映意见和建议，供可行性研究阶段有关人员参考等。做观察型精确新闻报道，记者要有一定的新闻敏感和社会敏感，要具有善于思考、发现问题的能力，使调查统计具有较强的针对性和报道的及时性。如《中国青年报》的一篇报道就是在事实还没有发生，但很有可能发生的情况下进行的调查：

你为审计署署长担心吗？

民意调查显示76%的人在为审计署署长李金华担心

公众认为审计工作重在制度保证，光靠审计署单打独斗肯定不行

“揭出了这么多的黑幕，李金华的日子肯定不好过。”退休在家的李女士这样对记者说。在她看来，一下子审出了这么多严重的问题，审计署长一定冒了不小的风险。

针对前一段时间掀起的“审计风暴”，7月13日，《中国青年报》社会调查中心和新华网联合进行了一项题为“你是否为审计署署长李金华担心”的民意调查。截至15日19点，共有5 200名网友参与了本次调查。

15%的公众认为这种担心是多余的。在他们看来，中国的政治制度正在一天天地向好的方向发展。“希望这样的审计报告能够形成制度，无论触及到什么人的利益，都应该给他曝光。”一位即将走上工作岗位的大学毕业生这样说，而她未来的工作就是审计。

与此相反，76%的公众表示了自己对审计署署长的担心，认为“有人可能会打击报复”。

对公众来说，敢替老百姓说话的官才能算得上是一个好官，而掀起这次“审计风暴”的李金华，正是这样一个敢说真话的人。“体育总局居然连筹备奥运会的钱都敢挪用！”在外企工作的周先生愤愤地对记者说，“我们纳税人的钱就这样被一些部门挪用、乱用，要不是经过审计，真不知道要被瞒多久。”

还有的公众对这个问题看得比较深远。在媒体工作的贾女士认为：李金华确实是一个好官，但我们不能把希望寄托在某个人身上，而是应该从制度上对审计工作予以保证。这样，不管审计长是谁，审计工作都能充分发挥其作用。

对于审计署署长的铁面无私，大家除了拍手称快之外，还表示出了不少的忧虑。不少公众认为，虽然李金华署长的职责就是看管好国

有资产，但是他这次能有勇气揭露出这么多的黑幕，需要承受的压力可想而知。“腐败现象这么猖獗，光靠审计署的单打独斗肯定是不行的，搞不好某些位高权重的人还会在暗地里打击报复。”王先生的担心代表了不少人的意见。不过，他还是希望，这样的忧虑越少越好。

《中国青年报》2004 年 7 月 19 日

对审计署署长李金华的铁面无私表示担忧是正常现象，已有前车之鉴。调查显示 76% 的公众表示“有人可能会打击报复李金华”，说明这是一种值得关注的现象。从社会发展和人们的关注情况看，这类调查和报道具有一定的发展空间。

2. 精确新闻报道中应注意的问题

第一，加强报道的规范性。国内的精确新闻报道起步较晚，要吸取别人的经验教训，努力向规范化靠拢。

第二，增强报道的时效性。

第三，增强报道的趣味性和立体化。在我国，精确新闻尚处在向大众普及的阶段，一定的趣味性符合大众的阅读习惯。

精确新闻应该向复合型体裁方向发展，将消息、背景、历史、现在、未来，以及图片、图表、资料等所有可能的要素有机组合起来，使报道更加丰富，更加客观，更加全方位、立体化。

第四，加强挖掘问题的深刻性。

第五，培养精确新闻的报道人才和精确新闻报道理论研究人才。

从目前情况看这两方面的人才都缺乏。有学者出版了理论研究专著，但还太少。报道人才也很缺乏，高校应加强开设这方面的课程，培养专门人才以适应社会需求。

思考与练习

1. 我国的精确新闻报道如何才能深入发展？
2. 报道前应该做哪些准备工作？
3. 认真准备，精心策划，尝试写一篇精确新闻报道。

18

调查性报道

本章重点

- □ 调查前的准备工作
- □ 调查性报道的客观叙述方法
- □ 调查性报道的社会价值

调查性报道（Investigative Report），有人称之为揭丑报道，是西方新闻界一种比较特殊的报道方式，是隐瞒的消息经过记者亲自调查弄清事件真相所进行的报道。

这种报道方式专门揭露社会阴暗面、政府黑幕，在西方很受欢迎。

18.1 调查性报道概述

1. 调查性报道的概述

19 世纪 70 年代，调查性报道开始在美国的报纸上出现。以《纽约时报》为首的报纸开始对石油公司、电话公司等进行调查报道。

20 世纪 70 年代，美国选举丑闻“水门事件”的一系列调查性报道出现后，调查性报道开始在美国新闻界受到广泛重视。

1972 年 6 月，华盛顿的警察在水门大楼民主党总部所在地逮捕了 5 名盗窃犯。起初新闻界以为是普通的偷窃案，未予重视。《华盛顿邮报》的青年记者罗伯特·伍德沃德和卡尔·伯恩斯坦发现两名窃贼的地址簿上有“亨特，白宫”字样，两名记者经过长达半年之久的追踪调查，终于发现此案并非偷窃案，而是在总统选举期间，共和党人在民主党总部装了窃听器的政治事件。这一政治丑闻被曝光后，犯有罪行的共和党人千方百计掩盖其罪行，尼克松总统也卷入掩盖罪行的活动中。《华盛顿邮报》的老板全力支持两名记者，《纽约时报》等大报也相应继续揭发“水门事件”。反尼克松的财团乘机发起倒尼运动，经过长期调查和连续报道，“水门事件”终于真相大白。1974 年尼克松被迫辞职。

“水门事件”结束后，两名记者写成《总统的全班人马》一书，获普利策新闻奖。1974 年普利策新闻奖的 6 项新闻报道中，调查性报道占了 4 项。

2. 调查性报道的种类

调查性报道可分为政治性调查、社会性调查、经济调查等三种。

（1）政治性调查。

政治性调查主要是指涉及到政治体制、制度、权利、法律、民主等事件和问题的调查报道。如《南方都市报》2003 年 4 月 25 日《被收容者孙志刚之死》、《新周报》2004 年 12 月 1 日的调查报道《山东邹城一女播音员神秘死在副市长家床上》等。

这类调查往往涉及到事件的有关责任人，调查过程中和报道前后要冒一定的风险。因此，调查的选题一定要慎之又慎。第一，媒体和记者首先要有高度的社会责任意识，有坚决维护正义的鲜明立场和决心；第二，在调查过程中，重事实证据，有关照片、录音材料一定要搜集全面、准确；第三，调查过程中遇到困难后要想尽办法解决，力争得到有关部门的支持，要有毫不退缩的信心和毅力。

（2）社会性调查。

社会性调查主要是针对社会上影响到人们的生活、思想观念等方面事件的调查。社会性调查的范围很广，涉及到社会的方方面面，如大学生就业、拖欠民工工资、独生子女的生活观念、恋爱婚姻家庭等问题和事件。如《中国青年报》2004 年 8 月 5 日的《武汉近万名环卫工遭遇同工不同酬，歧视背后是体制之痛》、《广州日报》2004 年 8 月 19 日《“独苗合盆”谨防水土不服》等。

（3）经济调查。

经济调查主要是针对在一定时期人们普遍关注的经济问题进行的调查报道。如《中国青年报》2004 年 7 月 21 日《批地化整为零，盖楼要讲政治，融资“仰仗”百姓，江西丰城形象工程跟政策做游戏》、《经济日报》2003 年 9 月 27 日的《徽产捆啤如何流入鄂皖边界地区——对湖北省黄梅县独山镇啤酒市场的调查》等。

18.2 调查性报道的写作

1. 写作前的准备工作

（1）发现线索。

任何调查性报道首先要有调查的线索，以便着手调查。如何发现线索？有两种方法，第一种方法是：要求记者平时注意观察社会现象，思考社会问题，随时抓住可利用的线索；第二种方法是：阅读报刊杂志和看电视时留意新闻事件的蛛丝马迹，发现事件中的疑点，或者时间、人物有不合逻辑的地方等，都值得思考研究是否可作为调查线索。

（2）研究线索。

发现线索后认真研究是否值得调查。如何判断有无调查价值？布赖恩·布鲁克斯等编著的《新闻写作教程》中说应当先有一个假设："根据某个传闻或怀疑，再加上你掌握的背景材料，你就可以作出一个'假设'。记者一般很少用假设这个词儿，但这个词是有用的，因为它表明调查性报道与科学的调查研究有相似之处。两者都把假设作为可能是正确的一项论断。"①

假设一旦确定，记者就可以开始着手下一步工作。

（3）理清头绪。

从公开的有关文件入手，例如判决书、公证材料、医院结论等，找到结论与事实之间的矛盾。

（4）着手调查。

可以是一个调查小组进行调查，也可以是记者单独一人进行。为了方便得到调查证据，最好是两人以上的组合进行调查。

（5）搜集证据。

调查过程中尽量搜集能得到的各种证据，诸如照片、文字、声音资料等。这些资料非常宝贵，要保证万无一失。

2. 调查性报道的写作思维

（1）逆向思维写法。

逆向思维写法就是以事件结果为起点，找出事件的发生原因的一种写作方法。开头简单描述事件过程，先介绍新闻的几个要素——时间、地点、人物、结果等，使受众对事件有一个大概的了解，便于引导受众顺着记者的思维步步阅读下去。主体部分重点描述事件是"怎么样"发生的、"为什么"发生，逐步追出事件真相。如《被收容者孙志刚之死》采取一环扣一环的追问式写作，导语介绍了孙志刚的基本情况后，主体部分安排了四个小标题：孙志刚死了；孙志刚是被打死的；孙志刚该被收容吗；孙志刚是被谁打死的。这种思维特点是按新闻事件发生时间向前推移的。

由于这篇报道具有历史意义，故引用全文如下：

被收容者孙志刚之死

3 月 17 日：在广州街头被带至黄村街派出所

3 月 18 日：被派出所送往广州收容遣送中转站

① ［美］密苏里新闻学院编写组．新闻写作教程．新华出版社，1986. 388 页

3 月 18 日：被收容站送往广州收容人员救治站

3 月 20 日：救治站宣布事主不治

4 月 18 日：尸检结果表明，事主死前 72 小时曾遭毒打

孙志刚，男，今年 27 岁，刚从大学毕业两年。

2003 年 3 月 17 日晚 10 点，他像往常一样出门去上网。在其后的 3 天中，他经历了此前不曾去过的 3 个地方：广州黄村街派出所、广州市收容遣送中转站和广州收容人员救治站。

这 3 天，在这 3 个地方，孙志刚究竟遭遇了什么，他现在已经不能告诉我们了。3 月 20 日，孙志刚死于广州收容人员救治站（广州市脑科医院的江村住院部）。

他的尸体现在尚未火化，仍然保存在殡仪馆内。

孙志刚死了

先被带至派出所，后被送往收容站，再被送往收容人员救治站，之后不治

孙志刚来广州才 20 多天。2001 年，他毕业于武汉科技学院，之后在深圳一家公司工作，20 多天前，他应聘来到广州一家服装公司。

因为刚来广州，孙志刚还没办理暂住证，当晚他出门时，也没随身携带身份证。

当晚 11 点左右，与他同住的成先生（化名）接到了一个手机打来的电话，孙志刚在电话中说，他因为没有暂住证而被带到了黄村街派出所。

在一份《城市收容“三无”人员询问登记表》中，孙志刚是这样填写的：“我在东圃黄村街上逛街，被治安人员盘问后发现没有办理暂住证，后被带到黄村街派出所。”

孙志刚在电话中让成先生“带着身份证和钱”去保释他，于是，成先生和另一个同事立刻赶往黄村街派出所，到达时已接近晚 12 点。

出于某种现在不为人所知的原因，成先生被警方告知“孙志刚有身份证也不能保释”。在那里，成先生亲眼看到许多人被陆续保了出来，但他先后找了两名警察希望保人，但那两名警察在看到正在被讯问的孙志刚后，都说“这个人不行”，但并没解释原因。

成先生说，其中一个警察还让他去看有关条例，说他们有权力收容谁。

成先生很纳闷，于是打电话给广州本地的朋友，他的朋友告诉

他，之所以警方不愿保释，可能有两种情况，一是孙志刚“犯了事”，二是“顶了嘴”。

成先生回忆说，他后来在派出所的一个办公窗口看到了孙志刚，于是偷偷跟过去问他“怎么被抓的，有没有不合作”，孙回答说“没干什么，才出来就被抓了”。成先生说，“他（孙志刚）承认跟警察顶过嘴，但他认为自己说的话不是很严重”。

警察随后让孙志刚写材料，成先生和孙志刚从此再没见过面。

第二天，孙的另一个朋友接到孙从收容站里打出的电话，据他回忆，孙在电话中“有些结巴，说话速度很快，感觉他非常恐惧”。于是，他通知孙志刚所在公司的老板去收容站保人。之后，孙的一个同事去了一次，但被告知保人手续不全，在开好各种证明以后，公司老板亲自赶到广州市收容遣送中转站，但收容站那时要下班了，要保人得等到第二天。

3 月 19 日，孙志刚的朋友打电话询问收容站，这才知道孙志刚已经被送到医院（广州收容人员救治站）去了。在护理记录上，医院接收的时间是 18 日晚 11 点 30 分。

成先生说，当时他们想去医院见孙志刚，又被医生告知不能见，而且必须是孙志刚亲属才能前来保人。

20 日中午，当孙的朋友再次打电话询问时，得到的回答让他们至今难以相信：孙志刚死了，死因是心脏病。

护理记录表明，入院时，孙志刚“失眠、心慌、尿频、恶心呕吐，意识清醒，表现安静”，之后住院的时间，孙志刚几乎一直“睡眠”：直到 3 月 20 日早上 10 点，护士查房时发现孙志刚“病情迅速变化，面色苍白、不语不动，呼吸微弱，血压已经测不到”。医生在 10 点 15 分采取注射肾上腺素等治疗手段，10 分钟后，宣布停止一切治疗。孙志刚走完了他 27 年的人生路。

医院让孙志刚的朋友去殡仪馆等着。孙的朋友赶到殡仪馆后又过了两个小时，尸体运到。

护理记录上，孙的死亡时间是 2003 年 3 月 20 日 10 点 25 分。

孙志刚是被打死的

尸检结果表明：孙志刚死前几天内曾遭毒打并最终导致死亡

医院在护理记录中认为，孙是猝死，死因是脑血管意外，心脏病突发。

在向法医提出尸检委托时，院方的说法仍是“猝死、脑血管意外”。据3月18日的值班医生介绍，孙志刚入院时曾说自己有心脏病史，据此推断孙志刚死于心脏病。但是，这个说法遭到了孙志刚家属和同学的反驳，孙志刚父亲表示，从来不知道儿子有心脏病。

同样，法医尸检的结果也推翻了院方的诊断。在中山大学中山医学院法医鉴定中心4月18日出具的检验鉴定书中，明确指出：“综合分析，孙志刚符合大面积软组织损伤致创伤性休克死亡。”

虽然孙的身体表面上看不出致命伤痕，但是在切开腰背部以后，法医发现，孙志刚的皮下组织出现了厚达3.5厘米的出血，其范围更是大到60×50厘米。孙志刚生前是一个身高一米七四、肩宽背阔的小伙子，这么大的出血范围，意味着他整个背部差不多全都是出血区了。

“翻开肌肉，到处都是一坨一坨的血块。”4月3日，中山大学中山医学院法医鉴定中心解剖孙志刚尸体，孙志刚的两个叔叔孙兵武和孙海松在现场目睹了解剖过程。“惨不忍睹!”孙兵武说，“尸体上没穿衣服，所以伤很明显。”

孙兵武说，他看到孙志刚双肩各有两个直径约1.5厘米的圆形黑印，每个膝盖上，也有五六个这样的黑印，这些黑印就像是“滴到白墙上的黑油漆那样明显”。孙兵武说，他当时听到一名参加尸体解剖的人说“这肯定是火烫的”。

孙兵武说，他看到在孙志刚的左肋部，有一团拳头大小的红肿，背部的伤甚至把负责尸检的医生“吓了一跳”，“从肩到臀部，全是暗红色，还有很多条长条状伤痕”。医生从背部切下第一刀，随着手术刀划动，一条黑线显现出来，切下第二刀的时候，显现出一坨坨的黑血块。

法医的检查还证明，死者的其他内脏器官没有出现问题，“未见致死性病理改变”。

法医的尸检结果表明：孙志刚死亡的原因，就是背部大面积的内伤。

鉴定书上的“分析说明”还指出，孙的身体表面有多处挫擦伤，背部可以明显看到条形皮下出血，除了腰背部的大面积出血以外，肋间肌肉也可以看到大面积出血。

“从软组织大面积损伤到死亡，这个过程一般发生在72小时内。”广州市第一人民医院一名外科医生介绍：“软组织损伤导致细胞坏死出血，由于出血发生在体内，所以眼睛看不见，情况严重会导致广泛性血管内融血，这一症状也被称作DIC。DIC是治疗的转折点，一旦发生，患者一般会迅速死亡，极难救治。所以类似的治疗，早期都以止血、抗休克为主，目的是阻止病情进入DIC阶段，没有发生DIC，患者生还希望极大。”3月18日晚上11点30分，孙志刚被收容站工作人员送到医院（广州市收容人员救治站）。当天值班医生在体检病历“外科情况”一栏里的记录只有一个字：“无”，“精神检查”一栏里的记录是“未见明显异常，情感适切”，初步印象判断孙志刚患有焦虑症或心脏病。

对于孙志刚背部大面积暗红色肿胀，双肩和双膝上可疑的黑点以及肋部明显的红肿，病历上没有任何记录。在采访中，当晚的值班医生承认，由于当晚天黑，没有发现孙志刚的外伤，第二天，“由于患者穿着衣服，也没有主动说有外伤”，还是没有发现孙志刚严重的外伤。

“（护理记录中）所谓的睡眠很可能其实是休克”，广州市第一人民医院的外科医生：“由于内脏出血，血压下降，患者会出现创伤性休克，这是发生DIC症状的前兆之一，应该立即采取抢救措施。”

但是护理记录上，还只是注明“（患者）本班睡眠”。

按法医的说法，孙志刚体内的大出血，是被钝物打击的结果，而且不止一次。“一次打击解释不了这么大面积的出血”，一名不愿意透露姓名的法医在看完尸检结果以后说。

从尸检结果看，孙志刚死前几天内被人殴打并最终导致死亡已是不争的事实。

更值得注意的是，孙身体表面的伤痕并不多，而皮下组织却有大面积软组织创伤，法医告诉记者，一般情况，在冬季穿着很厚的衣服的情况下，如果被打，就会出现这种情况。

而3月17日至3月20日的有关气象资料表明，广州市温度在16℃—28℃之间，这样的天气，孙当然不可能“穿得像冬天一样”。

那3天，孙志刚在黄村街派出所、收容站和医院度过的最后生涯，看来远不像各种表格和记录中写得那么平静。

孙志刚该被收容吗？

有工作单位，有正常居所，有身份证，只缺一张暂住证

接到死者家属提供的材料以后，记者走访了孙志刚临死前3天呆过的那3个地方。

黄村街派出所拒绝接受采访，称必须要有分局秘书科的批准。记者赶到天河分局，在分局门外与秘书科的同志通了电话，秘书科表示，必须要有市公安局宣传处新闻科的批准。记者随后与新闻科的同志取得了联系，被告知必须先传真采访提纲。记者随后传了采访提纲给对方，但截至发稿时为止，尚没有得到答复。

广州市收容遣送中转站的一位副站长同样表示，没有上级机关的批准，他无法接受采访。记者随后来到广州市民政局事务处，该处处长谢志棠接待了记者。

谢志棠说，他知道孙志刚死亡一事。“收容站的工作人员都是公务人员，打人是会被开除的，而且收容站有监控录像，”谢志棠说，孙为什么被打他不清楚，但绝对不会是在收容站里被打的。在发现孙志刚不适以后，他们就立刻把孙送进了医院。

“我有百分之九十九点八的把握可以保证，收容站里是不会打人的，”谢志棠说。谢志棠还说，孙被送到收容站的时间并不长。

与广州市收容遣送中转站一样，收治孙志刚的广州市脑科医院的医教科负责人也表示，孙的外伤绝对不是在住院期间发生的。这名负责人介绍，医院内安装有录像监控装置，有专人负责监控，一旦发现打架斗殴，会立即制止。记者要求查看录像记录，该负责人表示，将等待公安部门调查，在调查结果没出来前，他们不会提供录像资料给记者。

孙志刚是被谁打死的？

民政局认为收容站不可能打人，救治站否认孙的外伤发生在住院期间，黄村街派出所拒绝接受采访

在离开收容站前往医院时，孙志刚曾填写了一张《离站征询意见表》，他写的是：满意！感谢！感谢！

现在已经无从知晓孙志刚当时的心情，也不知道他为什么要连写两个“感谢”，是在感谢自己被收容吗？

记者在翻阅有关管理条例并征询专业人员以后，才发现，孙志刚似乎并不属于应该被收容的对象。

在广东省人民代表大会常务委员会2002年2月23日通过并已于同年4月1日实施的《广东省收容遣送管理规定》中，明确规定，“在本省城市中流浪乞讨、生活无着人员的收容遣送管理工作适用本规定”。

黄村街派出所的一位侦查员在填写审查人意见时写道：“根据《广东省收容遣送管理规定》第九条第六款的规定，建议收容遣送。”

这一款是这样规定的：

第九条　有下列情形之一的人员，应当予以收容：

（六）无合法证件且无正常居所、无正当生活来源而流落街头的；

《规定》中还明确规定：“有合法证件、正常居所、正当生活来源，但未随身携带证件的，经本人说明情况并查证属实，收容部门不得收容。”

孙志刚有工作单位，不能说是“无正当生活来源”；住在朋友家中，不能说是“无正常居所”；有身份证，也不能说是“无合法证件”。

在派出所的询问笔录中，很清楚记录着孙本人的身份证号码，但是在黄村街派出所填写的表格中，就变成了“无固定住所，无生活来源，无有效证件”。

孙志刚本人缺的，仅仅是一个暂住证。但是记者在任何一条法规中，都没查到“缺了暂住证就要收容”的规定。记者为此电话采访广州省人大法工委办公室，得到了明确的答复：仅缺暂住证，是不能收容的。

能够按广州市关于“三无”流浪乞讨人员管理的有关规定处理的，仅仅是不按规定申领流动人员临时登记证，或者流动人员临时登记证过期后“未就业仍在本市暂住的”人员。

但不知为什么，在黄村街派出所的询问笔录中，在“你现在有无固定住所在何处”和“你现在广州的生活来源靠什么，有何证明”这两个问题下面，也都注明是“无”。

成先生已经向记者证实孙志刚确实是住在他处的，此外，记者也看到了服装公司开出的书面证明，证明孙是在“2003 年 2 月 24 日到我公司上班，任平面设计师一职，任职期间表现良好，为人正直，确是我……服装有限公司的工作人员”。

为何在有孙志刚签名的笔录中，他却变成了无“生活来源”呢？这现在也是个未解之谜，民政局的谢处长对此也感到很困惑，“他一个大学生，智商不会低，怎么会说自己没有工作呢？”

于是，按照询问笔录上的情况，孙志刚变成了“三无”人员，派出所负责人签名“同意收容遣送”，市（区）公安机关也同意收容审查，于是，孙志刚被收容了，最后，他死了。

孙志刚的意外死亡令他的家人好友、同学老师都不胜悲伤，在他们眼中：孙志刚是一个很好的人，很有才华，有些偏激，有些固执。孙的弟弟说：“他社会经验不多，就是学习和干工作，比较喜欢讲大道理。”

孙志刚的同班同学李小玲说，搞艺术的人都有自己的个性，孙志刚很有自己的想法，不过遇事爱争，曾经与她因为一点小事辩论过很久。

孙志刚死亡后，他的父亲和弟弟从湖北黄冈穷困的家乡赶来，翻出了孙生前遗物让记者看，里面有很多获奖证书。“他是我们家乡出的第一个大学生。”不过，现在孙的家人有点后悔供孙志刚读大学了，“如果没有读过书，不认死理，也许他也就不会死。”

《南方都市报》2003 年 4 月 25 日

除了这篇报道的逆向思维写作方式外，叙事的客观冷静也是一大特色。这篇报道有以下几点意义：

2004 年《广州年鉴》上，孙志刚案与广州市抗击非典一同被列入其中。《广州年鉴》社前社长梅国璋说：“所谓以史为鉴，是否写入‘大事记’，要看该事件在广州地区的影响程度，看该事件是否有一定的历史价值、现实价值和参考价值。像孙志刚案这样一个个体的案件编入《广州年鉴》中，还是比较罕见的。”

说孙志刚案载入《广州年鉴》“罕见”，是因为过去我们在发展、民主、社会进步、政治文明、人性等诸多认识上，存在着种种误区。回头看，这种“罕见”是一种悲哀；而向前看，这种“罕见”，则不仅是对原有年鉴编撰方式和惯性思维的一种突破和挑战，更是以人为本思想的生动体现。随着“罕见”不再罕见，我们国家的政治文明和社会进步必然会有新的飞跃。①

第一，新闻传播学上的意义。

孙志刚被故意伤害致死案发生后，中央和省委领导高度重视。中共中央政治局常委、政法委书记罗干，中共中央政治局委员、书记处书记、国务委员、公安部长周永康多次作出重要批示，明确指示要坚决依法彻查此案；中共中央政治局委员、省委书记张德江指示：一定要依法从严惩处凶手，维护法律尊

① 羊城晚报．2004－10－24

严，维护人民群众合法权益，还孙志刚及其亲属一个公道。

媒体和记者的社会责任告诉我们，新闻必须追求事实真相。事实真相能够揭示事物的本来面目，引起社会高度关注。媒体和记者应该有责任报道社会真相，维护公民合法权益。社会和政府有责任支持媒体和记者进行合法的采访与报道，政府和社会应当保护记者的合法采访与报道权益。

第二，社会学意义。

报道可推动社会进步。孙志刚事件无疑是当时除“非典”之外另一桩受众人关注的事件，2004 年初国内各大网站和一些权威媒体在把孙志刚列为 2003 年影响中国十大人物时这样阐述：孙志刚以身殉恶法，启动了一个新的时代，促进了民权意识的觉醒，逐步推动中国社会的进步。

报道可引起全社会关注。《南方都市报》在发表报道的当天，即 2003 年 4 月 25 日同时发表的社评《谁为一个公民的非正常死亡负责》指出：谁有权力对他实施暴力？显示出高度的媒体责任感。茅于轼先生分析，孙志刚案的另一个社会学意义在于发动全社会来关注，来追究，来检讨。孙志刚的遗属为了申冤上访投诉许多部门，无一受理，最后是《南方都市报》做了详细采访，报道了事实真相，才被社会公众了解。

第三，法学意义。

孙志刚案的法学意义在于，它终结了实施 20 多年的《收容遣送制度》，启动了违宪审查的先例，推动了中国法制的进程。

第四，历史意义与学术意义。

孙志刚案已载入《广州年鉴》，成为研究新闻、社会、法律的个案。

其历史意义在于：以铜为鉴，可以正衣冠；以史为鉴，可以知兴替；以人为鉴，可以明得失。

其学术意义在于：有利于研究现实与未来社会发展中制度与社会的矛盾，现象与事实的矛盾，正常新闻传播与传播环境和传播生态的矛盾。

（2）叙述冷静客观。

调查性报道用事实说话，对事实中的人物、人物与事件的矛盾、人物与人物之间的矛盾、结论与事实的矛盾，只能用调查到的事实来展现，记者只是客观叙事，不作任何评论。任何评论都可能导致事实的不真实。

《新周报》2004 年 12 月 1 日的调查报道《山东邹城一女播音员神秘死在副市长家床上》，全文完全用事实向社会报道，事实中的矛盾通过家属自己的口提出。报道分为四个部分：电视台领导：马啸死在马路边；死亡版本多种多样；警方称死前没有性行为；女播音员的家属质疑有三。最后一部分“质疑有三”用充分的事实叙述了怀疑的根据：

时间上的疑点：调查报告中称是马啸约刘波到刘的家中，而马啸的手机上显示：

10 月 15 日，11：31 马啸给刘波打过一次电话；

11：57，刘波给马啸回过一个电话；

12：50，刘波又给马啸打过一次电话；

马啸死前最后一个电话显示是打给刘波的，时间是 12：59。

从《新周报》记者拿到的邹城市红十字会急救中心出具的"居民死亡医学证明书"中显示：死亡时间是 10 月 15 日下午 1：30；死亡地点是桃李苑小区（刘波副市长住处）室内；主要诊断为"现场死亡"。

急救中心病历也显示，时间是 1：30。医院称是刘波副市长打的 120 急救，接诊时间需要约五六分钟。再加上马啸从单位到桃李苑的时间，约需 5 分钟。马啸从打电话到死亡的时间很短，前后也就 20 分钟，甚至更短。

第二个疑点是死因不详：尸检报告称死亡诱因是由于情绪激动，血压骤升，导致脑淤血死亡。

马啸的丈夫说，马啸确实是有轻度高血压病史，还从未出现过休克现象，没有心脏病史。杨雪金还说，马啸没有带环，曾流产过几次，但身体一直很正常，马啸情绪激动的诱因究竟是什么？

第三个疑点是：尸检报告中有陈述，马啸是裸体死在刘波副市长家的床上，而结论又认定没有发生过性行为。

而家属在尸检报告通报会上多次向调查组反映：既然没有发生性行为，为何一丝不挂？但始终没有人答复，称只有刘波一人在现场。

三点质疑是通过事实、医院证明、验尸报告等多方面证据得来的，不是记者的随意猜测。

3. 调查性报道应注意的问题

调查性报道是经过媒体和记者周密调查，有时甚至冒着风险从事的一项活动。它之所以受到人们的关注，主要是因为事实的真实、可靠显示出报道的魅力。保证调查准确性是一件严肃的事情。如果随意走一圈，问一问，不作深入的调查，不可能写出让人们信服的报道。这方面的教训不少，2003 年 5 月 21 日《青年参考》的调查报道《武汉高校女大学生卖淫现象调查：清纯女孩已卖淫 3 年》就是一篇不深入调查乱下结论的案例。记者根据"20 多封举报信"

作为依据来反映一个普遍存在的现象，但对“20 多封举报信”怎么来的这些关键的“信源”却不作交代，没有任何根据，得出“湖北高校女生 8% –10% 存在卖淫现象，25% 从事陪侍活动”的结论，伤害了湖北省高校女大学生的感情，损害了大学生形象。2003 年 5 月 24 日该报不得不发表致歉声明，这种教训应当吸取。

思考与练习

1. 分析《被收容者孙志刚之死》的报道价值。
2. 调查过程中如何才能做到准确、客观、全面，以实现报道的社会价值？
3. 调查性报道的发展趋势如何？

19

连续报道与系列报道

本章重点

- □ 连续报道与系列报道的区别
- □ 连续报道的思维过程
- □ 系列报道的特点
- □ 系列报道的选题与策划

连续报道和系列报道属于深度报道的两种报道方式。连续报道把正在发生的新闻事件的新进展、新情况，连续不断地报道给受众。系列报道则有策划性特点，通过一系列的报道深刻地反映一个主题。

19.1 连续报道

连续报道是对新闻事件在一定时间内进行的跟踪式报道。使受众对报道对象和内容有完整、全面而深入的了解。由于媒体竞争，一件事发生后需要抢先报道，但事件还在发生，因此需要连续报道，让受众知道事件的来龙去脉。

1. 连续报道与系列报道的区别

连续报道的特点是，事件的走势、结局均无定论，记者不能控制事件，而受事件进展的制约。系列报道是事件已经发生，经过策划分期分批地围绕一个主题进行的报道。

2. 连续报道的思维过程

连续报道往往用来报道处于发展过程中的事物、处于“正在进行时”的事件，以事物的连续性和时间的先后为着眼点，不断地发表多篇报道。美联社在1982年6月27日到7月4日的一次连续报道，是对美国第一架航天飞机“哥伦比亚”号的第四次也是最后一次试飞过程进行的追踪报道。第一篇报道提前19天预告，第二篇继续报道试飞前的情况，第三篇介绍发射成功和飞行情况，第四篇报道飞行中的情况，一直报道到飞行结束。这次连续报道一共发稿12篇。

（1）首次报道写作——交代故事梗概。

首次报道写作先交代新闻背景和事件的基本情况，然后展开描述。如果是预知事件的首次报道可以介绍有关背景，如美联社航天飞机“哥伦比亚”号飞行的报道。

下面是央视《焦点访谈》2004年8月13日播发的《想要通知书，先拿十万来》的连续报道。第一篇报道的开头如下：

主持人：我国教育部对高校招生和收费有着明确的规定，但是不久前，广西的一名考生却遇到了一件稀奇的事。据考生家长反映，他们的孩子不久前被北京的一所重点名牌高校录取，但是附加了一个条件，就是必须要交10万元钱，否则就领不到录取通知书。考生家长随即向《焦点访谈》进行了反映，接到线索后记者赴南宁进行了采访。

解说：八月初，一名广西的考生家长给《焦点访谈》打来电话，反映他的孩子在高考招生的过程发生了一些蹊跷事。接到消息，记者赶到南宁，见到了考生家长李先生（化名）。

开头部分交代完新闻来源、事件的大致情况后，进入主体部分。主体部分通过对考生的父母、收取了考生家长十万元钱准备存入天宏账户的刘天平、北京航空航天大学赴广西招生联络人庞宏冰等人的调查采访，证实了北京航空航天大学在广西招生过程中收取考生家长十万元钱的真实性。

首次报道的结尾要为下一次报道留下悬念，使得受众有兴趣再追踪第二篇报道。这篇报道的结尾并没有报道出调查结果，却留下了一个矛盾：

主持人：北京航空航天大学是一所享有盛誉的高等院校。可是在今年的招生中，却冒出了一个北航天宏科技有限公司，向达到录取分数线的考生索取巨款，令人感到迷雾重重。目前，有关部门正在对此事进行调查，《焦点访谈》栏目也将继续关注事件的发展。

（2）第二次追踪报道写作——矛盾展开。

第二次追踪报道的写作主要是：第一，与第一次报道相连接；第二，提供第一次没有报道的新情况；第三，提供详细的背景材料；第四，搜集第一次报道后的反应。

《焦点访谈》2004年8月14日第二次报道《招生骗局法不容——想要通知书，先拿十万来追踪》，开头紧接第一次报道情节的结尾，并顺便带出报道后的反应，“引起了有关部门的高度重视”，然后叙述新的内容。参与这件事的还有一位自称北航教师名叫高峰的人。当事人庞宏冰、刘天平和高峰三个人，既不是招生组组长，也不是招生组成员，更不是所谓的联络员。既然什么都不是，为何敢向考生家长收十万元才发放录取通知书呢？矛盾完全展开。结尾交代北京航空航天大学正在对此事展开进一步的调查。

（3）第三次报道写作——交代事件结果，解决矛盾，故事结束。

2004年8月16日《焦点访谈》第三次报道《北航校长谈广西招生事件——想要通知书，先拿十万来追踪》采访北京航空航天大学校长李未，李未表态，录取该考生，退回包括其他考生在内的所收巨款，向全国人民表示深深的歉意，并追究有关人的责任。

连续报道一般不少于三次。最后一次报道要求叙述清楚事件的结局，矛盾是否解决，事件中的有关人物的命运如何，不要给受众留下疑问。《焦点访谈》的这三篇连续报道对事件的追踪到此暂告一个段落，至于有关责任人如何处理，到时作一般消息报道就可以了。

3. 连续报道的写作技巧

（1）掌握读者的接受心理，激发受众的接受兴趣。

连续报道的新闻事件处在不断的发展变化中，一般要补叙新闻事实的要素或要件，使之不断完整、明晰。报道的目的是不断揭示正在变化的新情况，告诉人们事件的结果，因此在报道过程中要了解受众心理，尤其是平面媒体，要让读者追逐报道的事件，就要了解读者的阅读动机和阅读兴趣。连续报道要研究的是读者产生阅读行为的动机是什么，诱发阅读行为的途径是什么。一般来说人们的阅读行为产生于人们的需求，可能是信息需求、也可能是工作需求或消遣的需求等。美国著名心理学家马斯洛把受众的需求分成五个层次：生理需求、安全需求、社会需求、尊敬需求和自我实现的需求。马斯洛认为，当需求的意向、强度指向一定对象并激发人们的活动欲望时就构成了人类的活动动机。只有在最基本的需求满足之后才进入下一需求。生理需求是最基本的需求。满足了生理需求再进入下一个层次的需求——心理需求。新闻的受众需求也是多层次的，首先是信息、娱乐需求，然后才是欣赏、品位需求。连续报道首先要满足人们第一层面的需求——发生了什么事，然后才是为什么会发生。

现代人越来越倾向于把获取信息当成一种消遣活动，如饭后读报、晚上看电视等。在这种情况下如何调动读者的阅读欲望、激活读者的阅读动机，是一个值得探讨的课题。一般来说，选择连续报道的事件要有阅读价值。

（2）一张一弛，波澜起伏。

张与弛指节奏或矛盾的紧张与舒缓。古人说“文武之道，一张一弛，张而不弛，君子弗能也。弛而不张，君子弗为也。”讲的就是叙述的辩证法。叙述事件过程中，张弛结合，疏密有度，将紧锣密鼓与丝竹之声巧妙结合，组成和谐的旋律，有助于受众接受，更有利于表现主题。

连续报道虽然受到事件的制约，记者不知事件的未来发展情况，但报道时记者已经采访到了相关事实。安排事实时要在讲究事件逻辑顺序的前提下，叙述激烈与舒缓交叉运用，造成报道的变化之美。《法制日报》1999 年 12 月 7 日、17 日、29 日“三盲院长案”的连续报道，获第 10 届中国新闻奖一等奖。三篇报道的篇幅都不长，但叙述事件一张一弛，一环紧扣一环，从标题、导语到结尾都显示出叙事张弛的功夫。

先看"三盲院长案"标题：第一篇："三盲院长案"发回重审，三座小楼来源令人生疑，糊涂账目笔笔仍未查明；第二篇：姚晓红重被收监，"三盲院长案"一波三折，中纪委、最高院派员进驻山西高院；第三篇："三盲"副院长又被带上审判台，姚当庭称自己是"有功者"，应被表扬。三个标题安排：张（发回重审）；驰（重被收监）；张（又被带上审判台）。

再看导语。第一篇导语：

> 令人瞩目的原山西省绛县法院副院长姚晓红贪污、非法拘禁案又起波澜。山西省高级法院以"部分事实不清，证据不足"为由，于11月24日作出裁定：撤销运城地区中院的一审刑事附带民事判决，发回原审法院重审。

发回重审，使姚晓红案又起波澜。

第二篇导语：

> 发生在山西省绛县的"三盲院长案"（详见本报8月26日、12月7日报道），又有新情况。
>
> 12月10日，作恶多端的姚晓红终于被收监。次日，中纪委、最高人民法院派员进驻山西省高级人民法院。正在北京的姚案专家组副组长、山西省检察院运城分院副检察长翟北安也被紧急召回。

姚晓红终于被收监，又出现了新的情况：中纪委、最高人民法院派员进驻山西省高级法院。

第三篇导语：

> 今天，"三盲"副院长姚晓红再一次被带上审判台。他是因为涉嫌报复陷害、非法拘禁、贪污、挪用公款而被检察机关提起公诉的。

再一次被带上审判台：被起诉的罪名又有新的变化。

导语的安排也是随着事件的进展而张弛有度。不断出现新情况，事件的发展越来越尖锐，矛盾也越来越激烈。记者把事件的高潮安排在每一次报道的结尾，使每一次报道形成一个单独的篇章，但又吸引人们继续关注这个案件。请看结尾的安排。

第一篇报道的结尾：

据知情者透露，绛县安裕镇一个叫耿春林的人，从信用社贷款10.8万元，逾期后被姚晓红分管的经二庭分3次追回，但经二庭只给信用社1万元利息，剩下的钱全部被姚“拿”走了。在姚晓红那里，这样的账目，绝不只一笔！

当地群众干部对姚晓红案的最终结局，正拭目以待。

第二篇报道的结尾：

绛县的广大干部群众，强烈要求彻底清算姚晓红犯罪团伙的罪行，并查清“姚家丁”的来路和背景，以根除威胁绛县人民生命财产安全的隐患。

第三篇报道的结尾：

在庭审中，已被收监的姚晓红只上了两次厕所，而在7月份的庭审中，在医院病房里休息多日的姚以吃药、上厕所为由，共11次打断庭审。今天中午休庭时，姚案的重要举报人樊江在法院门口差点“尝”到姚家人的老拳，幸亏电视台记者赶来才解了围。

今天开庭持续到21时30分。明天，姚案将继续审理。

第一篇结尾出现第一个小高潮，姚晓红的账目还未查清，当地群众干部对姚晓红案的最终结局正拭目以待。第二篇结尾再次出现高潮，绛县的广大干部群众，强烈要求彻底清算姚晓红犯罪团伙的罪行。当地群众的要求比第一次更强烈。第三篇结尾出现一个戏剧性情节，将事件推向了最高潮：姚案的重要举报人樊江在法院门口差点“尝”到姚家人的老拳。可见姚晓红案的证据充分，事实已基本清楚，判决结果指日可待。

这三篇连续报道的情节安排曲折迷离，读起来像读小说一样精彩，产生了很好的新闻传播效果。

“三盲院长案”连续报道

（之一）

“三盲院长案”发回重审

三座小楼来源令人生疑

糊涂账目笔笔仍未查明

令人瞩目的原山西省绛县法院副院长姚晓红贪污、非法拘禁案又起波澜。山西省高级法院以“部分事实不清，证据不足”为由，于11月24日作出裁定：撤销运城地区中院的一审刑事附带民事判决，发回原审法院重审。

今年8月18日，姚晓红因贪污罪被运城市中级法院判处无期徒刑，并没收个人财产5万元，追缴赃款16.75万元；因非法拘禁罪被判处有期徒刑4年。两罪并罚，决定执行无期徒刑。

判决后，姚晓红以“原判事实不清，证据不足，不构成犯罪”为由，提出上诉。同案其他被告人也都认为自己不构成犯罪。

姚晓红被舆论称为文盲、法盲加流氓的恶棍，他从一个司机“成长”为法院副院长之后，在绛县法院组织了一个带黑社会性质的犯罪团伙。在短短几年时间内，这个团伙吊打捆绑群众数千人，非法拘禁300多人，犯下一桩又一桩令人发指的罪行（本报8月26日对此有详细报道）。

姚晓红的经济犯罪确实没有查清，当地百姓强烈要求上级派调查组再次进驻绛县，彻底清算这个团伙罪行。姚晓红与妻子月工资500多元，然而，他在供着两个上学的女儿的同时，在县城至少置办了3处房产，均为两层楼房，价值少说也有50万元。

姚晓红多年分管法院财务。该院1996年的全部账目、其他几年的关键账目均被销毁。因为姚不会写字。他拿钱后几乎从不签名，而让会计或“秘书”记在本子上，他承认算数，不承认则说“会计贪污了”，所以出现了一笔笔糊涂账。

据知情者透露，绛县安裕镇一个叫耿春林的人，从信用社贷款10.8万元，逾期后被姚晓红分管的经二庭分3次追回，但经二庭只给信用社1万元利息，剩下的钱全部被姚“拿”走了。在姚晓红那里，这样的账目，绝不只一笔！

当地群众干部对姚晓红案的最终结局，正拭目以待。

《法制日报》1999 年 12 月 7 日

（之二）

姚晓红重被收监

“三盲院长案”一波三折

中纪委、最高院派员进驻山西高院

发生在山西省绛县的“三盲院长案”（详见本报 8 月 26 日、12 月 7 日报道），又有新情况。

12 月 10 日，作恶多端的姚晓红终于被收监。次日，中纪委、最高人民法院派员进驻山西省高级人民法院。正在北京的姚案专家组副组长、山西省检察院运城分院副检察长翟北安也被紧急召回。

12 月 13 日下午，运城地区检察分院决定重新起诉姚晓红。据悉，运城地区中级人民法院将在半个月内再次审理姚晓红案。有关办案人员表示，不能让姚案拖到 2000 年。

姚晓红是一个文盲、法盲加流氓的恶棍，在当上绛县法院副院长后，组织了一个带黑社会色彩的流氓恶势力团伙，犯下了无数起令人发指的罪行。今年 1 月 17 日，在中央领导同志的关注下，姚因非法拘禁、报复陷害、贪污、挪用公款被捕。然而，自 6 月 4 日到 12 月 10 日半年多时间内，他一直在闻喜县一家医院“保外就医”。这家医院距绛县县城 20 余公里。据知情者反映，姚在这里可以随时把涉案人员叫到病房，订立攻守同盟，并威胁、拉拢证人。

姚晓红犯罪团伙的“果子”结在绛县，其“根”则盘到了运城和太原。

姚案判决后，山西省检察院运城分院认为姚还犯有报复陷害罪，原判定性不准，提出抗诉；山西省检察院则认为姚不构成报复陷害，不派员出庭支持抗诉。姚晓红则为自己做了无罪辩护，并提出上诉。

11 月 24 日，山西省高级人民法院以“部分事实不清，证据不足”为由，作出裁定：撤销一审判决，发回运城中院重审。

所谓的“事实不清”是指姚的贪污部分。原审法院认定姚贪污 16.75 万元，其中的两笔共 6 万元的部分证据，检察院没有随卷移送。据内行人介绍，要弄清这点“事实”，补充这点“证据”，顶多需要半天时间，而有关办案人员在拖了3个多月后才裁定“发回重审”。

据绛县的干部群众举报，姚晓红团伙的罪行，只露出了冰山一角。

另据反映，姚晓红通过金钱和后门，将几十名亲属、心腹安插到绛县法院、检察院、纪检委、人大、交通局征费所、土地局等一些要害部门，成为威胁绛县人民的极大隐患。在姚的这些“兵马”中，文化程度高则初中毕业，低则文盲、半文盲。在姚被捕后，“姚家丁”仍然威风不减。今年6月5日，他的外甥、外甥女婿、表内弟3人分别被任命为县法院审判员；8月5日，姚晓红在山西省高院开车的小舅子，被任命为绛县检察院的检察员。姚晓红有个文化水平与他不相上下的哥哥，1993年还在大街上补轮胎，1995年则“成长”为一个镇的派出所所长。前不久，差点被提拔为公安局副局长。

绛县的广大干部群众，强烈要求彻底清算姚晓红犯罪团伙的罪行，并查清“姚家丁”的来路和背景，以根除威胁绛县人民生命财产安全的隐患。

《法制日报》1999年12月17日

（之三）

“三盲”副院长又被带上审判台

姚当庭称自己是“有功者”，应被表扬

今天，“三盲”副院长姚晓红再一次被带上审判台。他是因为涉嫌报复陷害、非法拘禁、贪污、挪用公款而被检察机关提起公诉的。

今年7月7日上午至9日深夜，姚曾被带上过这个审判台。8月，运城地区中级法院以非法拘禁罪和贪污罪数罪并罚判处姚晓红无期徒刑，剥夺政治权利终身，并没收个人财产5万元，追缴非法所得16.75万元。对此，姚提出上诉，检察机关则提起抗诉。11月，山西省高级法院将该案发回重审。

“三盲”副院长的罪行震惊了中南海，一些中央领导同志纷纷作出批示。

同第一次开庭一样，今天，姚晓红及其他4名涉案人都为自己做无罪辩护。他们对所犯罪行或矢口否认，或相互推诿。针对非法拘禁孙银师8名亲属、马晓燕等2人的指控，姚晓红是这样辩解的：任何一个公检法人员都会这样做的。姚自称自己是“有功者”、“应该表扬者”。

姚的“精彩”发言使旁听席上几次发出嘻笑声。

今天指证的一个重点是报复陷害。今年元月，几名殴打法院干警、某庭庭长赵新民（现为城关法庭庭长）的凶手供认：因为姚怀疑赵举报他，姚便指使他们诱骗赵出来喝酒，以酒为“媒”打伤赵的脸部，让其无法出门见人。因为县上要开“两会”了，怕赵举报，后来他们直接去了赵家，在家里将其打伤。在庭审中，他们全部翻供，说他们没有受姚的指使，是自己去打的赵。但他们又承认：姚曾把他们叫到办公室，并给他看了举报信，“好像”也说过举报人“好像”是赵新民。

检察机关认定，姚晓红的报复陷害罪铁板钉钉。

这里还有个插曲。近几天，记者在北京和运城几次收到一个陌生男子的神秘电话，称要提供姚晓红新的犯罪线索，并问清了记者在运城的住处。今天下午，该男子出现了。原来，他是姚晓红的小舅子赵某，前不久刚被聘为绛县检察院的检察员。他与姚的妻子等指责本报以前的报道“严重失实”，并告知欲委托律师起诉本报及文章作者。

姚的亲属们对“三盲”一词提出质疑：姚小学毕业，怎么会是文盲?！姚的“法律水平”在法庭上你也看得出来，怎么能叫“法盲”?！至于“流氓恶棍”，更是人格污辱。

另外，对姚“生活”、“工作”中的一些细节，他们也纷纷提出辩解。如：姚喝人奶，他是用人奶做“药引子”；对姚的家产，检察机关也作出评估，只值17万元，本报在报道中严重夸大，等等。

在庭审中，已被收监的姚晓红只上了两次厕所，而在7月份的庭审中，在医院病房里休息多日的姚以吃药、上厕所为由，共11次打断庭审。今天中午休庭时，姚案的重要举报人樊江在法院门口差点“尝”到姚家人的老拳，幸亏电视台记者赶来才解了围。

今天开庭持续到21时30分。明天，姚案将继续审理。

《法制日报》1999年12月29日

19.2 系列报道

系列报道即围绕同一重大新闻事件或社会问题，从多个侧面、多个角度、多个层次连续推出的报道形式。

1. 系列报道的特点

系列报道属于非事件性新闻，主要有四个特点：

（1）策划性强。

报道之前新闻已经发生，不受新闻事件控制，报道时按预先策划依次推出。

（2）系统性强。

系列报道不是内容的随意组合，不能把新闻、评论、来信等组合在一起就算系列报道，它围绕一个主题有序地从不同角度不同方面对事实进行报道，一个主题下有几个分题，每个分题可以单独成篇，分题之间又相互联系，形成一个系统，完整、全面、紧凑地反映新闻事实。

（3）透视性强。

系列报道不是着眼于事实的时间性和连续性，而是重在深入解剖、深刻透视事实的本质，让人体会到对事实多角度多层面报道的深度。

（4）独家性强。

系列报道一般是媒体独家策划，能反映媒体报道理念和报道风格，在媒体竞争激烈的情况下，系列报道能发挥媒体的竞争优势。

2. 系列报道的写作

（1）选题。

选题关系到报道效果和报道质量。选题的质量表现在：

①选题原则。系列报道应选取群众关心的社会上普遍存在的问题和事件。

②选题方向。第一，策划者能及时、敏锐、准确地判断社会和经济发展进程中出现的必须加以解决的矛盾。第二，选择的个案要有典型性，提出的问题要有前瞻性。

③选题角度。系列报道的选题要独特。最好选取独家事实、独家观点、独家分析、独家背景、独家人物等相对独到的报道角度，这样报道的价值就会

更大。

④选题基础。系列报道的选题要以事实为基础，占有大量的事实根据。

⑤选题依据。系列报道的选题要以政策为依据，包括党和政府在一段时期工作的方针政策、规章制度。

（2）报道及时。

系列报道虽不像消息报道那样快速，但也要尽量抓住时机，根据社会需求主动出击，随时捕捉具有重要价值的报道题材，为社会服务。要做到这一点，报道的指导思想要端正、明确。也就是说要有“三贴近”的意识。2004 年 3 月 11 日至 22 日，《广州日报》推出《从化蜂农“甜蜜事业”遭遇苦涩》的系列报道，通过帮助从化蜂农解决卖蜜难的问题，寻求农产品市场问题的解决之道，并承办农民增收讲习所，向农民传授生产知识和市场意识等，为农民指出了一条切实可行的致富之路。报道的内容针对性强，操作性强。3 月上旬，从化市部分蜂农纷纷打来求助电话，反映冬蜜滞销，热切希望得到及时的帮助。记者马上进行了采访，掌握了大量的材料，于 11 日发表第一篇报道。报道中指出蜂农的问题是没有解决好销售渠道的开拓。并在二版配发评论《从化卖蜜难，谁解蜂农忧》，引起社会的强烈关注。广州市、江西省的一些蜂农立刻找到《广州日报》，表示愿意收购从化积压蜂蜜。3 月 12 日该报头版第二篇系列报道《从化积压蜂蜜全部找到买家》。13 日推出第三篇报道《从化蜂蜜又甜了》。14 日从从化蜂农的角度采写了《想不到我们蜂农也上了党报》、《从化蜂农找到了蜂“巢”》，介绍从化市建立蜂业中介组织的情况。3 月 22 日推出系列报道之五《本报农民增收讲习所开讲》、《专家传“秘笈”　蜂农过足瘾》，详细报道了讲习所如何为蜂农排忧解难的情况。这样的系列报道有实实在在的社会效果，解决了农民的现实困难，也树立了报道贴近生活、贴近实际的党报形象。2004 年初广东等几省区提出泛珠三角战略后，《南方都市报》策划了“泛珠三角之路”的大型系列报道，分为《粤湘篇》、《粤闽篇》、《粤桂篇》、《粤赣篇》等，每篇又分为几次报道。2004 年 4 月 3 日《南方都市报》《泛珠三角之路粤桂篇：粤商入龙城　合作待升温》从三个方面进行深入报道，柳州的水和柳州的电：兴建中的红花水电站将为珠三角输送能源；柳州鹿寨的粤商们：开石膏厂的广州老板和他的广西工人；粤商投资尚待升温。而在“粤商投资尚待升温”这部分中又提出了两点建议：大量国企经营不善，柳州盼望外省投资；广东、广西意识不同，办事太难。这些报道非常及时，对“泛珠三角”建设尤其是对广东的发展具有很重要的参考价值。因此系列报道的时效性不可忽视。

(3) 讲究社会效果。

讲究社会效果是指要富有人文关怀精神，关注人的命运，关注人的生存状态。由于系列报道具有规模大和持续时间长的特点，能容纳较为厚实的内容，在反映人文关怀方面有着独特的优势。系列报道的主题策划得好，事实抓得准，内容设计得新颖，可以引起强烈的反响。《羊城晚报》2004 年 7 月 21 日至 26 日，以《关注中年知识分子健康》为主题，连续推出六篇系列报道，在社会上引起了强烈的反响，产生了相当好的效果。

这几篇报道围绕一个主题，每篇都有一个重点，分别从不同层次不同侧面报道了中年知识分子的健康状况，以及在制度上如何为中年知识分子健康提供保障；社会应如何关怀中年知识分子的健康；中年知识分子对自己的健康状况的认识的诸多矛盾等。请看几篇报道的标题组合：

日期 2004 年	标题	版面	分类
7 月 21 日	好多中年知识分子长期不看病不检查不休假不疗养睡眠不足带病干 过劳！他们平均寿命仅 53 岁	A1	现状
7 月 22 日	人到中年万事皆忧 承受重压忘情工作 克己忘我透支生命 多少优秀之士累倒在岗位上	A1	原因
7 月 23 日	现状：他们积劳成疾百病丛生 现实：制度条条框框难解诸题 医疗保障能给多些呵护吗	A1	原因
7 月 24 日	本报“中年知识分子健康”报道广受关注，读者建议“适当减压”——人到中年该放手就放手	A1	社会反应
7 月 25 日	多点人文关怀少点自动加班 各行各业人士就改善中年知识分子健康现状提建议	A1	社会反应
7 月 25 日	本报“关注中年知识分子健康”话题热度不减来电如潮 几处细节尤盼“中年关怀”	A3	社会反应
7 月 26 日	没有健康，何来事业？不懂享受，何其落伍！ 几多中年“健身族”加盟流汗“私伙局”	A1	忠告

这组报道从中年知识分子现实健康情况开始——平均寿命仅 53 岁，到分

析其原因，最后以提出建议和忠告结束，形成一个整体，完成主题：中年知识分子是社会的中坚力量，现实中的诸多因素严重影响着他们的健康，解决这些问题的办法是个人与社会共同努力，营造一个健康的社会氛围。报道不仅是对中年知识分子的关怀，也是对社会上不同年龄的人的关爱。人们之所以在报道后反应强烈就是因为报道的主题策划得好。第一篇报道的《编者的话》充满了深厚的情感，为报道做好了铺垫：

> 最近一段时间以来，不断听到消息：谁谁入院了，谁谁开刀了，谁谁去世了……都是中年知识分子，是各个单位专业或行政方面的栋梁人物。
>
> 中年知识分子，是承载了太多负重的一代人。在他们的青年时代，中国社会百废待兴，而他们都处于开拓创造的前沿位置。没有哪一个群体像这一群体那样，在20多年的改革开放中，亲手创造了时代的巨大变革。这批责任重大的中年人，继承了上一代人的价值观——多少人从“轻伤不下火线”，到“带病坚持工作”，最终“倒在工作岗位上”。太多的人物，太多的故事，无一不令我们感动。长久以来，他们都在关注着社会、关注着别人；现在，我们希望通过《关注中年知识分子健康》这组报道，引起社会对这一部分人的关注。

另外，系列报道要随时关注报道后的社会反应，及时补充报道的新内容，使报道的内容增值。

（4）系列报道的写作结构。

①提示。系列报道属于组合式报道，在提示部分（前言或编者的话）应交代策划的目的，揭示报道的主题，便于读者了解概况、引起社会关注。

②导语。系列报道的导语有三种写法：概括事实；用“白描”手法设置一个具有情节性的事件然后过渡到主题；也可以用专家或事件中人物的话以激发受众的接受兴趣。

③主体。运用事实和背景展开报道，可以从几个方面反映主题，使主题得以全方位地体现。

④结尾。无论是从事件还是从人物写起，一定要设计一个发人深思的结尾，让受众对报道的事实有所启发和领悟，也便于激发读者的阅读期待。

思考与练习

1. 连续报道中第一次报道与后续报道之间应如何连接，才使受众接受更连贯？

2. 系列报道选题与策划应注意哪些问题？

3. 系列报道如何围绕选题进行构思和写作？

4. 仔细阅读下面系列报道的第一篇，从编者的话中体会系列报道策划的依据和重要性。分析记者是如何采访和描写事实的。

关注中年知识分子健康系列报道之一

好多中年知识分子长期不看病不检查不休假不疗养睡眠不足带病干过劳！他们平均寿命仅53岁

编者的话

最近一段时间以来，不断听到消息：谁谁入院了，谁谁开刀了，谁谁去世了……都是中年知识分子，是各个单位专业或行政方面的栋梁人物。

中年知识分子，是承载了太多负重的一代人。在他们的青年时代，中国社会百废待兴，而他们都处于开拓创造的前沿位置。没有哪一个群体像这一群体那样，在20多年的改革开放中，亲手创造了时代的巨大变革。这批责任重大的中年人，继承了上一代人的价值观——多少人从“轻伤不下火线”，到“带病坚持工作”，最终“倒在工作岗位上”。太多的人物，太多的故事，无一不令我们感动。长久以来，他们都在关注着社会、关注着别人；现在，我们希望通过《关注中年知识分子健康》这组报道，引起社会对这一部分人的关注。

工作压力、生活压力、精神压力，“三座大山”令知识分子不堪重负。最新的调查发现，知识分子的平均寿命比10年前下降了5岁，仅为53岁，比全国平均寿命则低17岁，中年知识分子死亡率更是超过老年人两倍，死亡年龄段多为45~55岁。

吓一跳：一检检出多例晚期癌症

广州某文化事业单位今年初先后有两名中年干部发现患了癌症

后，今年5月的单位年度体检参检率高于历年。不检不要紧，一检吓一跳。600多名知识分子员工心电图异常的达28%，包括心肌劳损、高血压、冠心病等异常，比去年增加了一倍。此外高血脂、乳腺异常增生、乙肝携带者的检出率也相当高，分别为17%、13%和9%。这次体检新发现了3例晚期癌症患者，全部是45～55岁的中年骨干，有的癌症已经转移。无独有偶，广州某大医院今年的员工体检新发现3例晚期肝癌患者，全部是41～42岁的专业人才，一人最近已经死亡。

得人惊：知识分子七成多亚健康

公务员、新闻从业人员、教师、科技人员，这些令人羡慕的行业里，中年知识分子的健康问题到了令人十分担忧的地步：科技人员在35～55岁就英年早逝的比例偏高；在死亡的新闻工作人员中，死亡年龄段高度集中在中年人群，40～60岁这个年龄段占79%，平均死亡年龄为45.7岁。而在职人员健康者仅为18%，患病者为9%，其余不同程度处于亚健康状态。亚健康的表现大致有身体乏力、睡眠不稳、记忆衰退等。颈椎、腰椎长期积劳成疾也是这一人群的主要健康特征。

大件事：十年廿年没病一病晚矣

49岁的刘先生是广东某事业单位的正处级干部，近半年来一直腰酸腿痛到夜不能寐，但是却舍不得放下工作一天去医院进行正规的诊疗，一日三餐中有三分之二的饭局都在接待应酬中度过的，他以为晚饭后随便按摩一下就可以解决问题，工作应酬和治病两不误嘛。待到病情已经加重到发生骨折，刘先生才15年来首次踏进了医院的大门（上次看医生是出差发生车祸）。在中医药大学附属第一医院全身一查，原来他已经是肺癌全身骨转移导致病理性骨折。到处求医的刘先生家人被多家医院告之这么晚期的病例，基本没有治疗的价值了。

像刘先生这样总以工作为借口死撑着不看病的中年知识分子很多。某报业集团医务室的医生告诉记者，集团健康状况最差的是中年人，但他们却以工作太忙为借口极少请假看病，经常到医务室理疗、开药的老年人总体健康状况反倒优于中年人群，于是该报业集团的中年人平时看起来好像没事，个个都是10年、20年没病过，但一病倒全是大病、重症。

不自顾：工作努力生活过于随意

长期习惯于吃苦、奉献，从轻伤不下火线——带病工作——倒在工作岗位上，过劳是导致中年知识分子健康状况比正常人群恶化的主要原因。一份针对新闻从业人员的调查显示，69%的人每天睡眠时间不足8小时，61%的人没有享用国家规定的每年一次的公休假，60%的人从来没有参加过单位组织的疗休养，而生病时有44%的人照常上班。

专家分析指出，中年知识分子出生在营养条件极差的年代，先天本来就不足。青年时期经历“上山下乡”，在以后的求学、工作中，经历过更多磨难。由于这一代人特殊的经历，使得他们总是争分夺秒地投入工作无暇自顾，“工作上格外努力，生活上过于随意”是中年知识分子的写照，这一人群的健康状况需要他们自己和社会、家人的重视。

《羊城晚报》2004年7月21日A1

新闻业务研究

20

故事化报道

本章重点

- □ 故事化报道的起源与发展
- □ 故事化报道的内涵
- □ 故事化报道对我国新闻报道的影响

故事化报道是一种形象化的报道方式，即以讲故事的形式报道新闻。故事化报道最早起源于法国。

20.1 法国的杂闻写作

19世纪法国的杂闻写作是故事化报道的源头。弗兰克·埃夫拉尔在他的《杂闻与文学》一书中对杂闻这样定义：“所谓杂闻，就是一些无法被分类、触犯了某一规则、脱离常理的事件。”①

那么什么叫“无法被分类”、“触犯规则”、“脱离常理”呢？作者说：“罗兰·巴尔特把它视为一种极为可怕的新闻。社会新闻属于一种不可归类的类别，它是一些未成形的新闻构成的无条例的废物；其本质是否定的，只是在那种无名的、不属于任何一支类别（如政治、经济、战争、戏剧、科学等）的地方存在。”“杂闻不属于任何事实，它既非政治又非经济；既非社会，又非文化。《19世纪拉鲁斯大字典》给出的定义将杂闻专栏比作一个收集各种杂乱无章故事的大杂拌。在这个专栏中，报纸颇具艺术性地收集，并定期发表各种各样世界上所流传的新闻：小丑闻、车祸、可怕的犯罪、殉情、从六层楼上跌落的屋面工、持枪抢劫、蝗灾或蟾蜍成灾、海难、水灾、洪水、离奇探险、神秘绑架、死刑的执行、恐水症、食人肉、梦游、嗜睡症等等。”② 作者指的是那些社会新闻中离奇古怪的故事。杂闻的报道“并不是反映事实，而是将事件进行组织、使其成形并加以叙述”。③

弗兰克·埃夫拉尔的描述可以归纳为：第一，19世纪法国的杂闻取材于社会新闻中那些离奇古怪的事件；第二，杂闻往往经过加工创作而成，与文学较接近；第三，主观性成分多；第四，最先关注事件的戏剧性，而不是对事件的理解与思考。

20世纪下半叶，法国杂闻加强了新闻性特点，但仍被称为“新闻中最低廉的东西”、“新闻业的最低档”。

---

① 弗兰克·埃夫拉尔．杂闻与文学．谈佳译．天津人民出版社，2003．1页
② 弗兰克·埃夫拉尔．杂闻与文学．谈佳译．天津人民出版社，2003．4页
③ 弗兰克·埃夫拉尔．杂闻与文学．谈佳译．天津人民出版社，2003．2页

20.2 美国的新新闻学

新新闻学（New Journalism）又称新新闻写作、新新闻、新新闻体、新新闻主义等，是一种主张用小说的写法来写新闻报道的美国新闻学流派。这种流派出现于20世纪60年代末期，由沃尔夫（Tom Wolf）首创，该学派代表人物还有卡波特、塔粒兹、弗兰克等。新新闻学的倡导者们认为，西方传统新闻学的写作方法太客观、太单调、太死板，因而不能充分反映客观事物的主观感情。新新闻学主张用写小说的方法写新闻报道，可以更真实地反映人物和事实真相。新新闻学在写作方法上的特点是：一、大量描写戏剧性的场面，使一篇新闻报道读来犹如一篇小说，饶有兴趣。二、大量运用对白。三、详尽描写新闻人物的服装、外表、手势及室内的家具、装饰等。四、淋漓尽致地表现记者和新闻人物的观点。五、详尽的自白、独白和意识流，带有明显的虚构成分。六、角色的拼凑，有时将几个角色的特点捏合在一起。七、在语言和标点的使用上大胆乃至滥用，有时竟在句尾连用成串的感叹号、问号及省略号等。

在美国，对新新闻学派的理论与实践引起过激烈的争议。拥护者认为"只有用艺术手法写新闻，才能高于事实。"反对者认为，"为了加重个人观点和主观色彩的描写而牺牲了对事件阐述的客观性"。新新闻写作"充其量只是记录了我们时代的表面现象，从来没有真正挖掘和揭露过重要的事实"。[①]

1. 新新闻学是主观性报道

从上述的简介中我们可以看出，在新闻报道的制作过程中，新新闻学强调记者的主观介入，提倡记者的意见出现在报道中，以至于记者的观点或相关事项都可以深入到报道之中。在新新闻学中，目击者的眼睛就是一切，记者在写作上排斥客观性，以个人化的主观报道为价值取向。1970年关德在《哥伦比亚新闻评论》中就一直以责难的口吻，说新新闻是一种"激愤与抬轿子的新派报道"。1971年李其威将诸如《新共和》、《前偏》之类的负面文化杂志及美国的地下报刊称之为"新新闻"。[②]

① 陶涵．新闻学传播新名词辞典．经济日报出版社，1997. 190－191页

② 彭家发．新闻文学的点面线．业强出版社，1988. 19页

2. 新新闻学是一种以小说手法报道新闻的形式与技巧

新新闻学作品大多发表在杂志和书籍上，很少发表在报纸上。如20世纪60年代前期，梅勒在《大爷》杂志上发表《超人到超市》，1968年他又发表《夜行军》，都是用小说手法写现实事件的。《华盛顿邮报》记者伍尔夫说，他是在1962年的《大爷》杂志上见到泰利斯写的《祖·路易士五十而知天命》。泰利斯的报道根本不像杂志稿，而是一篇小说，他以场景开始，隐约浮现路易士与他第三位太太的冲突。因此伍尔夫认为，“泰利斯是第一位用小说技巧来从事报道的人。”① 除了《大爷》杂志外，还有《纽约》、《纽约人》等杂志刊登新新闻作品。

从事新新闻写作的人大部分来自报社记者，他们把大量的业余时间花在向这些杂志的投稿上。

《纽约》是20世纪60年代最成功的杂志，其前身是《纽约先驱论坛报》的副刊，主编克莱·费尔克发展了一种文体，刊登新新闻主义作家的作品。“1967年克莱·费尔克得到这个刊名的所有权，1968年4月创办了这家杂志。一年内销量就达到了15万份。后来又不断刊发一些揭发黑幕、为城市读者改善生活服务、具有知识性和生活常识性的文章，引起了外地人的兴趣，发行量上升到375 000份。”② 这种写作技巧并没有被美国新闻界主流阶层所承认，大多数主编对这种写法皱眉蹙额，认为那种“鼓吹式”写法只适合于文学创作，而不大适合于新闻报道。

20.3 中国新闻故事化报道理论的提出

中国的新闻研究者对报道体裁的分类比较细致，对报道方式的要求也较为严格，所以一种新的报道方式的推行需要长时间的磨合探讨。早在1963年，新闻界著名记者穆青在一次讲话中就提出：“现在，有的同志在尝试着用散文的笔法写新闻，我个人赞成这种尝试。我觉得，从广义上说，新闻即是散文的一种。因为新闻无非是告诉读者发生了什么事，这件事有什么意义，散文中的

① 彭家发．新闻文学的点面线．业强出版社，1988. 20页

② ［美］麦克尔·埃默里．美国新闻史．展江译．中国人民大学出版社，2004. 535页

叙事文不也是如此吗？既然叙事文可以这样写，也可以那样写，为什么新闻就只能按照死板的公式去套呢？我看只要事实能交代清楚明白，在写作上可以突破老一套的公式，不一定非得第一段写导语、第二段写背景、第三段写……可以百花齐放，大胆创造。”① 1982 年穆青与新华社四川分社负责人的一次谈话中又说：“我们在新闻报道的改革上，在新闻写作的创新上，在新闻理论的研究上，缺乏突出的建树。”“我们的新闻报道的形式和结构也可以增加自由活泼的散文形式，改变那种沉重的死板的形式，而代之以清新明快的写法。只要在这方面有所创造有所突破，也许才能真正对八股式的新闻做点改革。”② 穆青所说的散文笔法主要是指“新闻报道的形式和结构”、“自由活泼”、“清新明快”的写作方法。这种理论观点在当时并没有完全被新闻理论界和媒体接受，反而引来一片批评声。批评者的主要观点是：用散文笔法写新闻，新闻可能走向文学创作的路上去。但是现在来看，穆青当时的观点有先见之明。

进入 21 世纪，清华大学李希光教授提出，找新闻就是找故事。“无论新闻事件的大小，无论新闻事件是严肃沉重的内容或是轻松活泼的话题，记者通过回答‘故事在哪里’这个问题的调查思考和采访写作过程，本身就是一种高超的智力活动过程”。③ 2003 年李希光又指出，新闻记者的任务一半是传送信息，另一半是讲一个好故事。“新闻记者的核心任务是做好邮递员，准确无误地传送信息。但是，传递信息的新闻报道仅仅是完成了记者的一半工作，另一半工作是在这篇报道里讲一个能深入读者或听者灵魂的好故事。深入读者的灵魂，也就是打开读者的心灵之窗，需要记者把新闻写作当成艺术那样，用艺术家那种苦心孤诣的精神，钻研写作艺术，勇于探索，尽善尽美，不留遗憾。用人性的观点和一套娴熟、敏捷和精确的手法采写你的作品。”④

李希光从 10 个方面总结了硬新闻与故事化新闻的差异，如下表所示：⑤

---

① 穆青．尝试用散文笔法写新闻．新闻散论．新华出版社，1996. 93 页

② 穆青．尝试用散文笔法写新闻．新闻散论．新华出版社，1996. 217 – 218 页

③ 李希光．新闻学核心．南方日报出版社，2002. 68 页

④ 李希光．好记者要超越“一夜风流”．新华网，2003 – 03 – 03

⑤ 李希光．畸变的媒体．复旦大学出版社，2003. 85 页

采写手法	硬新闻	讲故事新闻
作者	新闻记者	剧本作家
开头	倒金字塔	趣闻轶事
描述	事实（最重要的事实）	场景（最有戏剧性的瞬间）
穿插	引语	对话
内容	新闻性的信息	新闻中的故事
追求	事实的准确	生活的真理
采访方式	拦路采访	同车采访
关注焦点	事件	人物
要素	新闻要素	人性要素
结尾	没有结尾（直截了当陈述重要事实）	戏剧性结尾（用细节制造一种期待情绪，直到最后一段）

二者相比较，硬新闻与讲故事新闻从采访到写作完全不同。实际上最大的不同在于后者用形象思维，而前者用模式思维。李希光的这些理念对新闻的采访写作实践的影响很大。

20.4 我国新闻报道故事化的历史背景及发展线索

1. 大特写（1986—1996）：开拓通讯体裁报道空间

“大特写”的产生是报纸发展历程中的一种现象。

20世纪80年代，以《人民日报》为代表的党报，发表了不少优秀的报告文学，多篇报告文学获“全国优秀报告文学奖”，在社会上引起了极大的反响，吸引了不少读者。报告文学之所以有如此大的吸引力，主要有以下几个原因：①“文革”时期，不少虚伪造作的矫情文学甚至还有“欺和瞒”的文学引起人们的反感。改革开放后，党中央提倡讲真话、实事求是，在这种大背景下，以写社会生活的真实面貌、社会人物真实细腻的心理及感情变化见长的报告文学，描绘了改革大潮中各种矛盾演化的真实情景，带有鲜明的时代气息，令人激动不已。②报道了社会中五彩斑斓的生活图景，不仅是社会多种信息的汇聚，也是社会生活的真实写照。③写实性与写意性结合，加上有传记文学的写法，集故事性、趣味性、知识性、哲理性于一身，给人以全方位的思考。④报告文学既有很强的故事性，又有很强的新闻性，更重要的是这种信息所蕴涵的社会价值，激发了读者的阅读兴趣。

大特写的出现使文学尤其是报告文学在新闻领域开始失去耀眼的地位。20世纪80年代前中期的大部分报告文学都带有封闭性地挣脱的痕迹，写的"都是一些被淹没了的、歪曲了的、枪毙了的新闻"①。20世纪80年代后期，在大众文化的呐喊声中，报告文学开始走向疲软，大特写以近距离解释新闻的姿态在新闻报道的舞台上活跃起来。

大特写报道的内容都是有关社会热点问题。它的内容主要有三个方面：一是社会热点问题；二是社会时尚；三是法制与生活。大特写具有三个特征：首先在选题上注重热点问题；其次在写作方法上重视对故事情节的描写、对细节的渲染，当然也进行了多方位地思考，使其涉及到的内容较为深入；第三，其时效性比报告文学强。应当说大特写是从特写中脱胎而来的，是通讯体裁的演变，而不是深度报道，不过，大特写的发展为后来深度报道的出现提供了基础。有的著述中说大特写来源于《中国青年报》诸如张建伟的长篇报道，这种说法是值得商榷的。张建伟的《大学毕业生成才追踪记》（《中国青年报》1985年12月13—25日）应属于深度报道。

大特写是副刊滋生出来的一种"海派"文体。大特写最早在1985年的上海《青年报·生活周刊》中出现，《新民晚报》把它发扬光大。1986年1月5日，《新民晚报》第八版开始登载大特写，并附有一段编者的话："本报经常选用短稿，现在安排一个版面刊登一篇较长的文章，每周一次，周日刊出。题材力求广泛多样，内容计划有本报记者采访的专稿，有选择地刊登读者欢迎的小说、报告文学和其他专稿"。可见，这种体裁最初是以专稿的形式出现的。当月的《新民晚报》只登了3篇专稿：《餐桌上的新秀》（时尚，1986年1月5日）；《火山爆发以后》（纪事，1986年1月19日）；《人海辨踪》（凶杀案，1986年1月26日）。1987年该版起名为"五色长廊"，形成了固定版面，专门刊登这类长篇的专稿。1989年3月共有4篇大特写：《录像机大战》（上海录像机市场现象，1989年3月5日）；《抢治疑难病症》（歌颂医德，1989年3月12日）；《拉萨骚乱声中话西藏》（西藏首府发生骚乱，1989年3月19日）。后来这种文体在《解放日报》等报纸上兴盛起来，以至于在上海滩产生了"大特写"，有人称之为"海派文体"。这种"海派文体"很快在北京、广东

① 理由．报告文学．在宽容和困惑中寻求超越．报告文学，1988（3）

的报纸上出现。

后来在上海出现的广角镜、长镜头、长焦距正是在此基础上的“变种”。经过几年来周末版或星期刊的发展，使这种本来属于副刊的一种体裁出现了“前移”的现象，即逐步向新闻靠拢，并且理直气壮地出现在新闻甚至要闻的版面上。

大特写兴起之时正是大众文化兴盛之时，它适应了大众文化的消费性特点，追求时尚，追求热闹的场面，有时对那些凶杀案件做过多的细节渲染，对那些离奇古怪的爱情纠纷、第三者插足、个人恩恩怨怨的故事等投入太多的描写热情，以致忘却了社会发展的方向。另外，大特写留给人们值得思考的作品并不多，大部分是一些消遣性作品。

2. 深度报道时期（1985—1998）

深度报道往往是针对某一件事描述其“怎么样”和“为什么”会发生的一种报道形式。“怎么样”，要叙述其发生的过程，“为什么”要探讨其发生的原因，这一些都是由事件的细节、情节组成。越是深入故事情节就越是复杂尖锐，越是复杂尖锐，故事的成分就越大。所以深度报道实际上就是一篇丰富耐读的故事。最早的深度报道如《长江漂流系列报道》、《遗弃女婴事件的连续报道》和“三色”报道等都充满了惊险传奇的故事色彩。

尤其是1987年《中国青年报》的“三色”报道——《红色的警告》（6月24日）、《黑色的咏叹》（6月27日）、《绿色的悲哀》（7月4日），第一次放弃小灾小凯歌、大灾大胜利的报道方法，也不是简单地“歌颂”或“揭露”，而是对灾难性新闻进行全方位地深度思考，从本质意义上说明火灾发生的潜在社会原因。从叙述方式上看，它不但叙述了故事是怎样产生的，而且把重点放在事件发生的根源上，这使得故事更有阅读价值，也是故事更具吸引力的原因所在。

3. 现场短新闻时期（1989—1993）：形象化报道

现场短新闻是一种报道方式，包括短消息、特写、通讯、素描等。现场短新闻的写作方式绝大部分采用故事形式。

1989年10月11日，中宣部召开首都主要新闻单位负责人座谈会，针对一些报纸上长文章多、会议新闻多、第一线报道少的情况，提出多些现场短新闻的要求。中国记协同新闻单位协商后，于1989年11月27日发出《关于开展“现场短新闻”评奖的通知》，通知说：“提倡和鼓励广大新闻工作者采写出更多更好的来自新闻事实发生现场的第一线的新闻作品，增强宣传报道的效果。”① 现场短新闻的评选条件是：报纸：1 000 字以内；广播：时间限制在 5 分钟以内；电视：时间限制在 3 分钟以内。现场短新闻的三要素是：新闻价值高；现场感强；短小精粹。现场短新闻这五个字就体现了三要素，李瑞环概括为真、新、活、短。现场短新闻并不是一种文体，而是一种报道方式，它包括特写、素描、速写、小通讯等，对现场发生的新闻进行形象化的报道，与解释性、思辨性和预测性报道明显不同。

现场短新闻是一定历史时期的产物，在报道方式上为当时的新闻报道注入了活力，在新闻业务发展史上是一个重要的事件。首先，它强调报道方式的灵活性，打破了体裁界限。其次，现场短新闻更多地使用描述手法展现新闻事实，可读性大大增强。可以说现场短新闻在我国是现代故事化报道的先行实践者。再次，现场短新闻强调的“短”表明新闻开始从管理层面注重读者、注重传播效果。现场短新闻的“短”对现在的新闻报道仍有现实意义。

4. 调查性报道时期（1994—21 世纪初）

1994 年 4 月 1 日，“焦点访谈”开播，这是深度报道在电视新闻中的延伸，其中不少报道属于调查性报道。1996 年 5 月中央电视台晚间 9 点时段的“新闻调查”正式开播，“新闻调查”的内容大都是一些令人思考的故事，如 2004 年 10—11 月播出的几篇报道：“解谜”民工荒（10 月 14 日）；网瘾少年（11 月 15 日）；兵团的女人（11 月 24 日）；拯救吸毒者（11 月 30 日）。

最近几年，调查性报道发展较快。调查性报道往往是对隐瞒的事实经过深入调查弄清真相后进行的公开报道，调查过程本身就已经充满了探险的色彩，记者再将调查过程和事实真相公布于众，故事性大大增强。

5. 故事化报道繁荣时期（21 世纪初）

（1）激烈的媒介竞争催生故事化报道。

新世纪伊始，媒体竞争更加激烈，各媒体使出浑身解数争夺市场，新闻报道方式出现了很大变化，百姓容易接受的故事化报道的内容和数量不断增多。仅以 2002 年莫斯科人质劫持事件为例，我们可以看出这种报道方式的发展势态：2002 年 10 月 23 日晚发生的莫斯科人质劫持事件震惊了全世界，各媒介围绕事件的发展进行了连篇累牍的报道。10 月 25—31 日成为报道的高峰期，很多报纸在同一天的同一版上关于这次人质事件的报道就多达两三则。从报道内容来看，从危机的发生、发展直至解决，内容详尽，事件曲折多变，高潮迭起，再加上“惊心动魄”、“揭秘”、“死亡”等颇能渲染气氛的标题和字眼，使人看得心弦紧扣，如欣赏美国大片一样欲罢不能。这一点从以下几则标题中

---

① 现场短新闻——首届评选获奖作品集．新华出版社，1990. 137 页

就可窥豹一斑。

莫斯科人质事件：俄罗斯军队战术细节全盘揭秘（图）莫斯科上演“倩女幽魂”女人质手机传情荡气回肠（2002 年 10 月 28 日南方网）

莫斯科人质劫案匪首和他的“寡妇敢死队”（2002 年 10 月 28 日《北京青年报》）

“女肉弹”几乎全被歼灭　她们更残酷、更具进攻性（2002 年 10 月 27 日《南方都市报》）

俄人质事件新篇：美国一男子与俄女子的生死之恋（2002 年 10 月 30 日中国日报网）

俄特种部队闪电智取绑匪（2002 年 10 月 27 日《北京晨报》）

死亡人数均为 118 人　普京任期内三大悲剧有巧合（2002 年 10 月 29 日《北京晨报》）

我离死亡只有 3 米（2002 年 10 月 30 日《北京晨报》：莫斯科劫案幸存人质回忆）

莫斯科人质危机续：普京誓要“以牙还牙”（2002 年 10 月 29 日《江淮晨报》）

人质危机惊天 59 小时（2002 年 10 月 27 日《羊城晚报》）

综述：一场惊心动魄的莫斯科解救人质行动（2002 年 10 月 26 日新华网）

莫斯科人质讲述惊心动魄 59 小时　内部细节浮出水面（2002 年 10 月 31 日《羊城晚报》）。①

从这些报道来看，记者对故事情节的描述程度与侦探小说相比毫不逊色。有最新报道、背景和图片等，戏剧性冲突非常明显。

（2）“三贴近”的提出和报刊的治理整顿，为故事化报道提供了有利的环境。

21 世纪初时任中宣部部长的李长春提出，从“三贴近”入手加强宣传思想工作，新闻报道要贴近实际、贴近生活、贴近群众。这是新闻事业的一次重大变革。变革的重点就是从政治上要求当今的媒体深化亲民意识，把握受众脉搏的跳动，凝聚公众视线的焦点，反映寻常百姓的民生问题。中国新闻事业在“三贴近”原则下迸发出了报道的热情和个性，新闻报道也由此带来了全新的姿态。媒体以前所未有的热情，关注民情、关心民生、关爱民众。一大批“三贴近”的优秀报道接连不断地问世。以“三农”为题材的报道最先拉开了故事化报道的序幕，“焦点访谈”详细报道了陕西旬阳县三位农民喝农药自

① 柯杨．新闻故事化：人质危机报道分析．传播研究网，2003－07－08

杀，有关地方强拆民房、强征土地、致使农民负担过重等现象，多方面描述了当今农民的辛酸故事。《被收容者孙志刚之死》、《SARS 内幕》等系列报道又以大量的事实细节，唤起了民众关爱社会、关爱他人的意识。

2003 年下半年新闻出版署制定《治理党政部门报刊散滥和利用职权发行实施细则》，绝大多数的县级报要停办，还有众多的行业报、部门报走向市场，这意味着报刊界面临生死考验。以广东为例，35 家县市级报刊只保留 5 家。这次治理意味着报纸要在市场中求生存求发展，必须以贴近生活和百姓的面孔出现，像过去那种冷冰冰的报道风格肯定会遭受冷落。在这种形势下如何占领买方市场，故事化报道又成了一件争夺受众市场的法宝。

（3）现代社会的快节奏使报纸读者越来越缺乏耐心逐字逐句地读一篇报道，他们更多的是需要实用的资讯和阅读上的愉悦。

快餐式和娱乐性阅读成为一种无法阻挡的趋势。有专家认为，报纸应追求“三步五秒”效应，让读者在“三步之遥”、“五秒之内”快速地在琳琅满目的报纸堆里发现自己，这是报纸成功的第一步。要达到这一步，故事性和趣味性是最好的灵丹妙药。

20.5 新闻故事化报道叙事学分析

文学是人学，新闻学是事学。文学写人，写人的故事，在故事中塑造人物形象，故文学也研究叙事；新闻学写事，事由人生，同样离不开写人，无人不成事。但两者各有侧重。关键问题是两者所叙之事不同：文学叙虚构之事，新闻叙真实之事。虚构之事与真实之事的规律、方式等各不相同。

叙事学（Narratilogy）是由法国结构主义叙事学家茨维坦·托多罗夫 1969 年创立的。他在《十日谈语法》中写道：“这部著作属于一门尚未存在的学科，我们暂且将这门学科取名为叙述学”。[①] 实际上，叙事学可以追溯到古希腊时代的柏拉图和亚理士多德。柏拉图在他的《理想国》第三卷中分析了诗应该说什么和怎么说的问题。亚理士多德在《诗学》中论述了诗的模仿手段、模仿对象和模仿方式等三个问题。在研究这三个问题时，他涉及到叙事的媒介

---

① 张寅德．叙述学研究．中国社会科学出版社，1989. 1 －2 页

问题和原则问题等。

普林斯编撰的《叙事学辞典》，在“叙事学”这个词条下，摘录了两种对立的观点：一种以托多洛夫为代表。这种观点认为，叙事学研究的对象是叙事的本质、形式、功能，无论这种叙事采取的是什么媒介，是文字、图画还是声音等，它着重研究的是叙事的普遍特征，尤其是故事的语法，即故事的普遍结构。另一种观点以著名的法国叙事学家热奈特为代表。这种观点认为，叙事学研究的范围只限于叙事文学，即以语言为媒介的叙事行为，它对故事不感兴趣，也不试图去概括故事的语法，包括时序、语式、语态等等。最早系统地运用叙事理论进行研究的是俄国学者从叙事功能对俄国民间故事的系统研究。对于文学叙事的研究一直是叙事学中最发达、最完备的。“如果叙事就是对一个或者一个以上真实或虚构事件的叙述，那么新闻叙事就是一种严格的真实叙述”。①

关于叙事，美国的伯格认为：“叙事即故事，而故事讲述的是人、动物、宇宙空间的异类生命、昆虫等身上曾经发生或正在发生的事情。也就是说，故事中包括一系列按时间顺序发生的事件，即叙述在一段时间可能很短，如童谣，也可以很长，如长篇小说和叙事诗”。② 伯格强调“曾经发生或正在发生的事情”，这个解释既包括现实之事也包括虚构之事，不单纯指文学作品的“叙事”。

在谈到叙事功能时他说：“叙事是人们将各种经验组织成为有现实意义的事件的基本方式……叙事既是一种推理模式，也是一种表达模式。人们可以通过叙事‘理解’世界，也可以通过叙事‘讲述’世界。”③ 这里的解释倾向于现实之事，与新闻叙事有相通的地方。聂庆璞认为，“叙事，叙，就是讲述；事，就是事件、事实、事情。叙事就是讲述、叙述事件。它可以是虚构的，也可以是历史的，还可以是幻想的。因此，叙事就是讲述已经发生、正在发生或可能发生之事件。”④ 聂庆璞的看法是对伯格理论的进一步发展，但对“事”的解释更具体——事实、事情。

新闻叙事则是对现实社会中新近发生的事实的叙述，新闻叙事是一种最严格的叙事。新闻叙事学是研究新闻叙事的本质、规律、叙事功能和叙事方式的科学。

1. 新闻叙事的本质

新闻叙事学的研究对象包括一切新闻叙事作品和新闻叙事行为，特别是承

---

① 罗钢．叙述学导论．云南人民出版社，1994

② ［美］伯格．通俗文化、媒介和日常生活中的叙事．南京大学出版社，2000. 5 页

③ ［美］伯格．通俗文化、媒介和日常生活中的叙事．南京大学出版社，2000. 11 页

④ 聂庆璞．网络叙事学．中国文联出版社，2004

载一定信息的符号如何更好地表现传递者的认知态度、意图等。新闻叙事的本质是新闻信息的传递，它研究的是有新闻价值的信息如何流动以及这一信息所产生的认识和情感信息如何流动。“新闻叙事有三个组成部分：素材、故事和新闻叙事文本。”① 素材是按逻辑和时间先后顺序串联起来的一系列由行为者所引起的或经历的事件，即原始的新闻事实；故事是记者头脑中的新闻事实，是新闻事实的物质状态在记者大脑中的能动反映；而新闻叙事文本就是受众最终看到的语言符号组成的结构整体。叙事文本经过记者编码后以符号形式呈现在受众面前，再由受众将其还原成他们头脑中的新闻事实。

新闻叙事的素材层面。素材是固定的，包括客体和过程。客体即行为者、地点、时间；过程即在客体中与对象一起或通过对象而发生的变化。过程强调的是诸事件之间的发展、连续、变更与相互关系。对新闻叙事的素材，我们必须遵循新闻真实性的原则。

新闻叙事的故事层面。在这一层面探讨的是按时间顺序发生的事件如何加以艺术性的编排，如顺序的安排、叙述的节奏、频率与聚焦等。

新闻叙事的文本层面。这一层面是读者可以直接进入的部分，它探讨的是叙事文本的核心概念：叙事者是谁的问题，即叙事者的身份，这一身份在新闻文本中的表现程序和方式，以及叙事者隐含的选择。故事化的新闻和一般的叙事新闻的差异主要体现在叙事文本上，主要是文章的叙事方式和叙事角度的差异。

故事化新闻是一种以写故事的笔法来报道新闻的方式，是一种非虚构的纪实作品，它采用的是新闻叙事方式，借鉴了文学叙事的方法，用文学的套子装新闻的材料。新闻叙事学把以事实为本的新闻叙事作品与方法作为研究对象，这与叙述学把以虚构为主追求艺术真实的文学叙述作品作为研究对象是不同的。相比文学的精细构思，故事化新闻虽然也讲究主人公、情节、结局，但重要的是讲故事的目的是最大可能地接近事实，尽量还原事物的本来面貌。故事化新闻的叙事方式显得粗糙而匆忙。叙述学研究的文学作品的“事”一般而言是虚构的，即所述之事不是“本事”；而新闻作品所叙之事则依据新闻的本质，要求必然是已发生和正在发生的事，即事实。因此，新闻的叙事必然有着客观真实的特点，其叙事的原理和方法也有鲜明的个性特征。

“新闻叙事是一种限制叙事，要写出可信度高的新闻作品，深入采访，掌握大量真实的第一手资料是前提。在写作中，还要注意对信息的来源进行必要

① 何纯．关于新闻叙事学研究的构想．湘潭大学学报哲社版，2003. 19 页

的交代，采用限制叙事方法。"[①] 在写作过程中，要老老实实地让读者明白，你是如何获知所讲述的新闻事实的。叙事性的新闻报道，要交代清楚哪些是作者亲自看到的和听到的，哪些是听别人转述的，在什么情况下跟什么人了解到的，这些都需要向读者交代清楚，让新闻事实有来源，可以查证。述评类的报道，也要分清哪些是作者自己的观点，哪些是别人的看法，引用别人的看法时，要注明出处，注明这人的身份，他是哪方面的专家、学者或者是普通百姓，他和这新闻的关联点在哪儿等。

所以新闻叙事学的研究是以事实为基点，从叙事方式和叙事原理入手，归纳总结出来的新闻叙事的理论体系。

2. 新闻报道的叙事角度

任何叙事作品都必须具备两个要素：一个是故事，一个是故事叙述者。在叙事作品中，叙述者与故事的关系是一种最本质的关系，但又很复杂。小说家詹姆斯曾说："讲述一个故事至少有五百万种方式。"[②] 这句话虽显夸张，但却能很好地说明叙述角度和叙事情境对于叙事作品的重要性。

"角度"在一般的概念当中就是指看事情的出发点，它至少包含三层意义：字面的意义，即透过一个人的眼睛看；比喻的意义，即透过一个人的世界观来看；转义的意义，即从一个人的利益立场看。法国结构主义叙事学家热奈特曾批评说，"角度"这个概念过分强调视觉的含义，即谁看的问题，却忽视了另外一个同样重要的问题，即谁讲。[③] 在叙事中，看和讲的常常是同一个人，但也有许多两者分离的情形。为了避免划分的复杂和麻烦，罗钢用叙事情境来阐释叙述者与故事之间的种种复杂关系。一般有三种叙事情境：

第一人称叙事情境。其基本特征是：叙述者存在于文章中。第一人称者就像其他人物一样，也是这个文章中的一个人物，人物的世界与叙述者的世界完全是统一的。

作者的叙事情境。其基本特征是叙述者外在于人物的世界。叙述者的世界存在于一个与文章人物世界不同的层面，叙述者采取的是外在聚焦。

人物叙事情境。在这种叙事情境中，叙述者被一个反映者所取代，这个反映者是文章中的一个人物，他感受、观察、思考，却不像一个叙述者那样对读者讲话，读者要通过这个反映者的眼光看待文章和其他人物、事件，既然无人承担叙述者的角色，所以场面好像是直接在读者眼前展开的。

---

① 王向东．新闻写作和"限制叙事"．青年记者，2003（4）

② 罗钢．叙述学导论．云南人民出版社，1994. 158 页

③ 罗钢．叙述学导论．云南人民出版社，1994. 163 页

20.6 新闻叙事的细节化、视觉化

故事化新闻报道的一个突出的叙事特点就是形象化的描述多，写作中善于捕捉生动的细节。通过形象化的描写把新闻事件发生的现场展示给受众。西方新闻写作强调以小见大，叙事说理注重细节，通过具体的人物和事件表现新闻的主旨，尤其是在特稿写作中，首先会使用一段描述性轶事①。这样的写法比直接说理更容易激起读者的阅读兴趣，唤起人们的认同感，同时也符合人们认识事物的先后顺序——人们通常是从具体的、自己所熟悉的人或事之间的逻辑关系中去理解更为广阔的社会生活的。

《营救一个孩子》是美联社值班的记者根据蒂夫顿当地一家报纸上的报道，在做了几次电话采访之后撰写的电讯稿，而且在写完稿的当天早上就发出去了。后来特稿部主任认为这篇报道不够力度，关于这个孩子得救的故事还有许多值得发掘的东西，必须要有深入的了解和细节的描写才行。他们派卡特去重新采访，挖掘细节，并嘱托她一定要用讲故事的形式。卡特搭了 4 小时的车后，到达采访地蒂夫顿，在那里，她首先分别采访了除在住院的三个人之外的其他当事人，随后又把大家集中起来，反复地问一些细节。直到这个事件被重复了三四遍后，卡特终于获得了心里一直期盼的细节：颜色、触觉、味道等。第二天又继续采访主要的当事人。在回到美联社办公室之后，卡特花了两小时写好稿件《17 分钟，一次成功的营救》。这篇文章改变了卡特的一生，她也因此获得美联社年度最佳年轻记者的称号。

1. 叙述富有戏剧性的故事

曾经获得过普利策新闻奖的美国记者富兰克林说：用故事化手法写新闻，就是采用对话、描写、场景设置等，细致入微地展现事件中的情节和细节，突现事件中隐含的能够让人产生兴奋感、富有戏剧性的故事。

故事化报道讲究叙事明白清晰，描写生动活泼，人物对话和事情经过的穿插精练简洁。用形象的事实说话，尽可能地寻找事件中蕴含的戏剧性或含有幽

① 杨春亚．细节的魅力．中国记者，2003（12）

默感的情节和细节。富兰克林的名作《我看见历史在爆炸》① 全文6 000余字，向读者讲述了肯尼迪总统被刺的全过程，故事惊心动魄、悬念迭生、令人难忘。

在叙事过程中，人物对话也是富有戏剧性的场面，真实地再现人物对话的场面，对于叙述新闻事件会起到推动作用。

获1995年普利策新闻奖的作品《被排斥的优等生》中有一段对话：

> 放学后，菲利普和他的妹妹艾丽丝及其朋友欧克塔维向姆克多娜德的家走去，他们两个都是比菲利普低一年级的尖子生，谈过大麻和可卡因之后，话题转入到未来的打算，艾丽丝俯视着菲利普，平静地说："我要先上大学，然后去做一个经理秘书什么的，管理一个办公室。"
>
> 菲利普把目光移开："嗯，我也要上大学。"
>
> "太可笑了，你上大学？现实点吧！"艾丽丝嗤之以鼻。
>
> "当然，我要上大学。"
>
> "好好过日子吧！菲利普，你没有机会了。"
>
> 菲利普开始叫喊起来："你什么都没有；除了读书。我的生活在毕业之后。"
>
> 艾丽丝大声反驳："你没有生活，什么都没有。"
>
> 餐桌陷入了沉寂，大家平静地吃起来。但是后来菲利普承认，是的，他不可能上大学，他早已放弃过去的梦想了，那时他和父亲经常盯着地球谈论着周游世界。"我并未真正相信这里发生的事情。"他轻声说着，坐在石阶上，俯视着校园后面的铁轨。"我所知道就是我现在在做什么。我是很笨的。"
>
> [美] 戴维·加洛克编．多人译．普利策新闻奖特稿卷．1999年3月第603－604页

优等生菲利普和他妹妹之间的这段对话写得活灵活现，菲利普明知自己没有机会进大学，还要和妹妹争辩，配合肢体动作，将自己内心的沮丧心情表露无遗。

2. 以人的视角写故事

新闻学是事学，新闻写作当然就是写事。如果围绕时事性话题写，可能是

---

① 合众社百年新闻佳作．陕西师范大学出版社，2002. 129－135页

一种非线性的故事；如果围绕这个人的故事写，那可能是一种线性的、按时间顺序发展的故事。在讲故事新闻学里，人物高于主题。就像一本小说一样，小说里到处都是人的故事，新闻故事也是通过人的故事传递信息。如果人物构思得巧妙，可以在叙述中转换话题，而读者很可能毫无知觉地被故事中的人物吸引。美联社特稿部主任德希尔瓦认为，要选择那些能够引起读者兴趣的人作为主角①，这样他们才会读你的文章。他们喜欢这个人也好，讨厌也好，都将对你的文章产生兴趣，这样才能让你所阐述的观点在他们中间引起反响。

新闻学承担着建立公民社会的使命，除了关注和报道政府与公共事务外，新闻媒体还要关注政府公共事务之外的一个重要选题——媒体公共议程之外的世界里人民群众的真实生活，即现在新闻界的热点——民生新闻：百姓的生存状态、渴望和喜怒哀乐等。在新闻叙事中，对这类普通人物的刻画，应该倾注满腔热情，描绘出一个个鲜活的人物形象。

新闻采访中，要特别注意寻找感性化的细节，采用那些能引发读者视觉、听觉、嗅觉和味觉的细节，让读者在记者的叙述中有一种感官的刺激或经历。表述中多运用那些明白无误的语言，具有动感和视觉化的副词和形容词，这样才能把人物刻画得准确和栩栩如生。

对话和场景是刻画人物的两大法宝，人物性格常常是通过他的日常行为和对话表现出来的。这里所说的对话不是指当事人在接受采访时说的那些话，因为人们在接受采访时大多会将自己真正的一面掩藏起来，真正的对话是指在日常生活中人与人之间的谈话。当然这并不是说要把一个人说的每句话都引用下来，在叙事性文章中，尽量避免大段的引用，除非你能保证你引用的每一句话一字不差。一般情况下，被引用的词句往往都是那些最简单好记的。记者在报道中必须要再现关键地点的场景。德希尔瓦说：没有场景描写，故事就没法讲。就好像没有场景，就没法拍电影一样。环境描写能够烘托气氛，帮助读者理解文章中人物的性格和行事的动机，环境能在很大程度上影响人们的行为方式。一个好的环境描写包括了视觉感受、听觉感受、嗅觉感受和触觉感受四部分。②

场景的描写要力求细致。运用记者的每一种感觉，将看到的、听到的、闻到的和触摸到的全部描写出来。记者还必须对人们的行为动作进行极为详细地

---

① ［美］杰里·施瓦茨．如何成为顶级记者——美联新闻报道手册．曹俊、王蕊译．中央编译出版社，2003. 157 页

② ［美］杰里·施瓦茨．如何成为顶级记者——美联新闻报道手册．曹俊、王蕊译．中央编译出版社，2003. 158 页

描述，尤其是当他们面临选择的时候。通过你的描写，让读者产生仿佛亲眼所见的感觉。不要直接告诉读者发生了什么，而是用描写让他们去感受发生了什么。很多记者根本不这么做，他们应当重新学习叙事性文章的写作技巧，这样才能让读者更好地通过他们的文章去感受这个世界。

> 在津巴布韦东北偏远山村的小河边，16 岁的穆昆比正在洗衣服。正当她拧干衣服的时候，一道雷电打到她脚下的砂石上，使她成为雨季里遭雷击的第 93 人。据警方统计，在从 11 月到 3 月的雨季里，这个地区每年有 100 多人被雷电击毙。据专家说，这是世界上遭雷击致人死亡最多的地方。
>
> 刘寒娥，张丽萍．故事化——新闻写作的一种思路．中华新闻报，2003 年 7 月 8 日

此文写自然现象，但作者却从人入笔，以人的视角关注自然现象对人的价值和意义，角度新颖，可读性自然较强。所以，新闻不能仅靠议论和叙述吸引读者，而应靠讲故事激发读者的阅读兴趣，获得具体印象。

用故事化的手法写新闻时，应努力挖掘新闻事实中具有人性、人情的因素，描述人的生存境遇，捕捉生动传神的生活细节，展现人性的真善美，把情感因素融入到理性思索中。近年来媒体流行的“讲述老百姓自己的故事”，就是捕捉到了普通人身上闪烁着的人性光辉和生命活力，显示了平凡中的伟大和琐碎中的崇高，展示了一种人性的崇高美。

20.7 故事化报道对消息的影响

在西方，故事化新闻主要指那些特稿一类的纪实性报道，类似于中国的通讯、深度报道这一类的报道方式。最近几年由于故事化报道的实践与理论倡导，消息报道中故事化现象也越来越明显，主要表现在如下几个方面：第一，注重事件情节的描述；第二，注重文字配图片；第三，注重新闻事件中的人物描写。这三种变化，使消息报道的可读性、可视性大大增强，也使新闻业务研究中的理论内涵不断丰富和扩大。

消息报道故事化主要体现在：封面加强导读、标题浓缩新闻事件、报道增加核心提示、导语先声夺人、内容故事化、重要新闻事件配以评论等。概括起来大概是报纸版面安排“电视化”、新闻写作故事化等。具体表现在：

1. 标题制作：浓缩新闻事件，抢夺读者眼球

（1）描绘新闻事件主要情节内容一目了然。

标题概括新闻事件的主要情节，读完标题即了解了事件的梗概。

婚礼前新娘突蒸发　为救场妹妹嫁姐夫

花都某镇近日上演荒唐一幕，本报记者几经曲折揭开这一在父母包办下盲婚哑嫁幕后故事

《南方都市报》2003 年 12 月 17 日

这则标题把事情的主要情节都说出来了。读者要进一步想知道的是妹妹为何要顶替姐姐嫁姐夫？那完全是被标题中的故事所吸引。

父教女饮酒双双“醉死”　（主题）

一嗜酒老伯让怕冷的女儿喝酒御寒

不料两人一斤酒下肚后双双醉倒进了医院　（副题）

《信息时报》2003 年 12 月 14 日

这条消息把老伯让女儿喝酒的原因、喝了多少酒以及结果等交代得清清楚楚。

这两则标题的特点是：第一，有创意，设置悬念，吊读者胃口。第二，突出它的“可听性、可读性”。如果时间太忙，匆匆读完标题也可以了解新闻的大概。如果感兴趣，可吸引读者读完全文。另外，故事性标题还能够刺激读者的购买欲望。但缺点也有两个：第一，一味追求悬念，不把精力放在主要的新闻事实上，可能导致哗众取宠、喧宾夺主的不良后果。第二，字数多，标题太长。

（2）摄取事件精彩片断刺激受众阅读兴趣。

这种标题可能没有完整的故事情节，而是从事件中找出最精彩的故事片断。其特点是：设置悬念；动感性强。如：

一女子冲撞“的士”

幸亏没有生命危险，为何撞车她闭口不说

《羊城晚报》2003 年 12 月 17 日“今日连线”

这条消息主标题说出了一女子的行动——冲撞“的士”，副标题连忙回答无生命危险，接着说事件原因——闭口不说。为什么不说呢？总有原因，吸引读者看下文，这就是效果。

看如下一条消息的标题：

爱妻？保镖？胖子特工？到底谁“卖”了萨达姆

《新闻晨报》2003 年 12 月 17 日

这条消息把“谁卖了萨达姆”作为标题的线索，悬念在“谁”，用了 3 个片断：爱妻？保镖？胖子特工？并且都用了问号。吸引读者继续读下去。

消息标题的制作和记者的采访视线是否开阔有很大关系。采访视线开阔指的是不局限于新闻事件本身，还应多注意事件以外的新闻线索，尤其是那些具有活力的内容。下面这条消息可以说明这一点：

海洋问：“我的鱼呢？我的鱼呢？”

由于没有有效的管理，广东对海洋资源的
过度利用与毁坏已达到了触目惊心的地步

《羊城晚报》2003 年 12 月 16 日

从标题看，这是一条重要新闻。消息的主标题用拟人化手法，让海洋发问，使静态的事件变为动态的事件，读者读起来很有忧虑感，这正是记者所要达到的目的。细读内容，原来是记者从在湛江召开的会议上得到的信息。应该说记者已经跳出了一般会议新闻的惯用写法，把视觉集中在有价值的内容上，发现了一条很有价值的新闻。不过，按照当代新闻的写法，副题应改用描述，不用陈述。描述生态污染到何种地步，描述捕鱼船猛增时渔民捕鱼的活生生的动作和场景（尽管已有照片），这样会让人更加感到生态环境危害的严重性。当然，记者在采访上要下更大的功夫。不能仅仅满足会场采访到的材料，还要到湛江海域甚至到船上去采访。

在当前文化多元化和媒体市场竞争激烈的情况下，标题创新是新闻发展的必然趋势。这是因为：第一，读者获取信息的渠道增多，互联网随时进行滚动报道，电视的时效性也比报纸快。报纸只有认清自己的弱势，发挥自己的优势，才能在市场上有竞争的资本。第二，读者接受信息和评判信息的价值观念发生了很大变化。面对洪水般的信息，读者更愿寻找带有刺激性的信息和容易进入自己视野的信息。报纸标题制作多元化，满足了读者的这一需求。第三，标题的创新不但为读者提供了多层次的阅读空间，也促进了新闻报道风格的形成。没有风格的新闻报道是没有竞争力的。新闻报道风格的形成和发展，从某一个方面来说，也推动了新闻事业的向前发展。第四，从当前的新闻报道来看，标题制作多元化首先从软性新闻开始，慢慢延及时政新闻甚至要闻。软性新闻的可操作性空间大，而时政新闻也不是不可以用描述手法，关键在于准确把握新闻事实。

（3）标题制作要讲究思维多元化。

不仅要对故事性强的新闻事件进行故事化制作，对那些故事性不强的严肃新闻，标题制作时也要讲究思维多元化。重要新闻，不同媒体处理标题各不相同，读者一眼就能发现不同的信息。

先看人民日报的标题：

胡锦涛在全国宣传思想工作会议上发表重要讲话强调（引题）

坚持用“三个代表”重要思想统领宣传思想工作
为全面建设小康社会提供科学理论指
导和强大舆论力量（主标题）

温家宝曾庆红吴官正等出席　李长春作报告　刘云山讲话
（副标题）

《人民日报》2003 年 12 月 8 日

再看 2003 年 12 月 8 日广东三大报的头条新闻标题：

胡锦涛在全国宣传思想政治工作会议上发表讲话
（引题）

党管意识形态不能动摇（主标题）

强调用“三个代表”重要思想统领工作为全面建设
小康提供科学理论指导和强大舆论力量（副标题）

《南方日报》2003 年 12 月 8 日

胡锦涛强调要坚持贴近实际贴近生活贴近群众　（引题）

把宣传思想工作做实做深做活　（主标题）

《羊城晚报》2003 年 12 月 8 日

胡锦涛在全国宣传思想政治工作会议上

指出思想政治工作说到底是做人的工作　（引题）

用“三个代表”重要思想统领宣传工作　（主标题）

《广州日报》2003 年 12 月 8 日

广东三大报的新闻标题与《人民日报》的标题不尽相同，强调的重点也不一样。《南方日报》的标题与《人民日报》的相近，除引题相同外，主标题和副标题有变化，把《人民日报》的主标题变为了副标题，主标题重新拟定。“党管意识形态不能动摇”，突出了“意识形态”。作为机关报，虽然只有小小的改动，但也说明了省级党报处理重要新闻的特点。

《羊城晚报》的标题处理大胆一些，从宣传思想工作的方法上入手，强调三贴近，强调做实做深做活，具有当代意识，也很实在，体现了踏踏实实的作风。

《广州日报》的主标题与《人民日报》的主标题相同，只是简练了些。不同的是引题很有特色，强调思想政治工作人性化的一面。

上海三大报的标题与《人民日报》的标题完全相同。只有一点不同，即《新民晚报》把标题放在第一版，正文则放到了第五版。

北京的几大报，如《光明日报》、《北京日报》、《中国青年报》和《北京晚报》的标题，与《人民日报》的标题相同。不同的是《北京晚报》只在头条位置刊登了标题，而正文没有刊登。

从三地各大报对这条重要新闻的标题处理上看，广东的报纸标题设置多元化现象较明显，尤其是《南方日报》，作为省委机关报能大胆灵活处理，值得参考。晚报对这条重要新闻的标题处理普遍较灵活。若从标题上看，《羊城晚报》最大胆、最实际，既传递了重要信息，又达到了传播有价值的新闻的效果。从日报来看，《广州日报》的标题处理最具人性化和当代宣传意识。若从内容来看，《北京晚报》能针对北京的报纸多的特点，内容上不与其他报纸重复。

从以上分析可以看出，标题制作多元化是当前的一个特点，也是满足不同读者需求、灵活处理重要信息的一种进步。其优点是：让读者从多角度多侧面了解重要新闻。其缺点是：处理不好可能会抓不住主要信息。需要特别注意的是：必须吃透新闻来源的全部内容，理解其中的核心思想。

2. 增加核心提示，凸显重要情节

近两年来，消息的核心提示增多，一些报道为了突出重要内容，引起受众注意，在标题下面把内容中精彩的要点展示出来，为受众摄取信息提供了便利。如：

一人之力难敌三百生产商

陶宏开：再次炮轰网络游戏反对发展游戏产业

■游戏产业赚的大多是孩子们的钱！有多少工作的成人会经常上网打游戏？

■去网吧看看，都是14岁的孩子一大堆；听听那些家长们的控诉吧。

■现在的形势非常严峻，这已经是一个社会问题了。

《羊城晚报》2005年2月14日头版头条

对一些重要的新闻来说，核心提示可以提示新闻要点，方便受众浏览。

温家宝总理在十届全国人大三次会议记者招待会上

就内政外交等热点问题答中外记者问

我们不怕外国干涉台湾问题

●昨天我浏览了一下新华网，他们（全国人民）知道我今天开记者招待会，给我提出了几百个问题。他们对国事的关心，深深感动了我。他们许多建议和意见是值得我和我们政府认真考虑的。

●我是用心来回答大家的提问。因此，我不紧张，也不害怕。

●摆在政府面前的第一位任务，是通过加强和改善宏观调控，继续保持经济平稳较快发展。“行百里者半九十”，绝不能半途而废。

●农民对土地的生产经营自主权将长期不变，也就是永远不变。没有农村的小康，就不会有全国的小康；没有农村的现代化，就不会有全国的现代化。

●《反分裂国家法》是一部加强和推进两岸关系的法，是一部和平统一的法，而不是针对台湾人民的，也不是一部“战争法”。

●台湾问题纯属中国的内政，不容外国干涉，我们不希望外国干涉，但也不怕外国干涉！

●我曾经在多个场合说过今年是改革年。确切说，今年是改革攻坚年。

●现在我们正在进一步研究汇率改革的方案，使汇率对于市场更富有弹性。

●中国将坚持发展资本市场，扩大直接融资。要保护投资者，特别是公众投资者的利益。

《广州日报》2005年3月15日

温家宝总理答中外记者问无疑是一条重要新闻，内容丰富，使用核心提示使读者一目了然。

不过核心提示用得太滥可能会导致一些不利影响：第一，受众看了标题，再看核心提示，那么导语还看什么，主体部分的内容还看不看？第二，用核心提示的目的是吸引受众，有时可能走向另外一个方面，即受众只看标题和核心提示，不看主体内容了。所以有些报道标题已经说出了内容的要点，不宜再使用核心提示。如《解放日报》的这篇报道：

英国青年丢相机　抱憾离沪
好心人辗转寻找　失而复得

《解放日报》2005年3月15日

这篇报道没有核心提示，因为标题已经把故事的主要细节叙述出来了，如果再设核心提示就会画蛇添足。

3. 主体部分以故事作为线索

《新闻晚报》2004年12月13日《被捕一周年和11名部下一起发起狱中行动，老萨绝食抗议待遇太差》的报道，除了以背景材料作为导读外，主体部分用三个情节作为线索串起一个故事：

律师：老萨绝食抗议不良待遇。

美军：部分内容属实。

律师团：逮捕老萨是纳粹暴行。

三个插题的运用，将三段事件串为一体，形成了一个完整的故事，避免了结构间的零散。

以故事作为线索来统领主体部分并不是最近几年的事，十几年以前，广播新闻就早已注意到如何以故事赢得听众。不仅是事件新闻的报道，就连会议新闻也会注重抓住其中的故事，让报道活起来。

20.8 新闻故事化报道存在的问题

新闻故事化报道尚处于初生成长阶段，它的成熟需要时间和经验的累积，目前的报道也就不可避免地存在这样那样的问题。

第一，新闻故事化报道要求注重新闻事件中的情节和细节，但有些报道为追求故事的可读性，不惜把一些灾难性事件中的细节原原本本地报道出来，甚至还把人物的一些隐私公开化，这样势必会哗众取宠，把新闻庸俗化。

追求读者效应应当提倡，媒体讲经济效益本也无可厚非，但如果忽略了社会效益，一味迎合市场需求，不分健康与否、有利于安定与否，就会出现新闻灾难化、色情化、新闻广告化和企业包版面等现象，就必然导致新闻质量下降，削弱媒体的引导功能，这是不可取的。

第二，为故事而故事，凑字数、水分多、报道长，新闻事件琐碎化。目前，新闻不仅杂志化，更慢慢地演变为书本化，厚厚一本，越写越长、越写越多，真正的新闻事实反而可能被掩盖。

第三，采访不到位，靠网上的资料拼凑、新闻报道简单化。大照片看起来很好看，但如果因此把新闻本质的东西——真实性丢掉了，则是万万不可取的。目前有一种讲究新闻策划倾向，讲究新闻策划是可以的，但新闻策划变成了策划新闻就有些本末倒置了。

第四，“秀文化”稀释新闻报道。“秀文化”在当今很时髦，这在一些大众传媒中表现得很明显。当前的文化传播中，过分推崇西方的“性解放”，书名越怪越有人喜欢，越刺激越好卖。如《上海宝贝》出版后曾轰动一时，《拯救乳房》在市场上又火了一把。有人还嫌不够刺激，干脆写一本书叫《有了快感你就喊》。接着《暧昧》、《我这里一丝不挂》、《女人床》、《忍不住想摸》……越来越刺激，越来越挑逗。在挑逗读者的同时，我们是否思考过这些“秀文化”正在亵渎着书香天地。有人说“名字不坏读者不爱”，其实这种说法是低估了大多数读者。我们看到，新闻报道也不同程度地受到浸染，一人欲在楼顶跳楼自杀，一家报纸报道“某某某上演跳楼秀”。显然把人生悲剧当成了“作秀”，新闻报道中的“设计图片”、“设计对白”现象越来越多，应该说是一种“秀文化”的表现。新闻是反映现实而不是制造现实、设计现实或虚构现实。如果在副刊作品中出现这种情况尚可接受，但若在新闻报道中出现这种现象则不可理解，它会使新闻的真实性大打折扣。像今天的娱乐新闻一样，大家愿意看但看后觉得不可信，只是觉得好玩，如果新闻报道到了这个地步，那就是一种悲哀了。

第五，新闻故事化实际上是新闻视觉化的一种表现，在强调以戏剧性的情节来吸引人的同时也可能流于浅薄。

新闻视觉化是一种电视文化。文字新闻的优势在于它的深度，文字新闻如果故事化，就特别强调细节的描绘和现场的再现，要给受众如临其境的感觉，它是视觉文化统治人们感官的一种表现。文字新闻与电视新闻合流赢得了视觉感官，但失去了文字深度。接着出现的问题是新闻精品的数量会越来越少，质量的标准会不断降低。所以在故事化报道的同时，应当注意不要失去文字新闻的深度，应当有新闻的精品意识。

思考与练习

1. 如何采写故事化报道？
2. 故事化报道应注意些什么问题？
3. 叙事学在故事化报道中的作用是什么？

21

党报的叙事模式

本章重点

- □ 新闻报道如何做到“三贴近”
- □ 党报增强竞争力的关键因素
- □《广州日报》的叙事模式

党报要走向民众，走向市场，最关键的是彻底转变报道观念，也就是注重传播效果。从新闻业务的角度来说就是要转变叙事模式。在这方面《广州日报》做得比较成功，为党报走向民众、走向市场提供了可供参考的模式。

21.1 《广州日报》的叙事模式

《广州日报》是广州市委机关报，地处广州市同乐路，它的东北面是闻名全国的《羊城晚报》，东面是广东省委机关报《南方日报》，地理环境形成一个三角，正是这三角地势演绎出了今日羊城报业的“三国征战”。其实《广州日报》1990 年的发行量才 20 万份左右，广告营业额 2 250 万元；到 1999 年底，发行量已达 120 万份，广告营业额 9.3 亿元；2000 年上半年该报宣布发行量已达 160 万份，2000 年广告营业额超过 10 亿元。目前，广州日报报业集团正在寻求海外证券市场上市，以获得扩张所需的大量资金。

《广州日报》的发展早已引起业内人士的关注，人们纷纷探讨《广州日报》模式，究竟是什么绝招使这份省辖市级日报引起如此大的轰动效应？接下来我们将从叙述的角度进行分析。

1. 大信息量——广州日报的版面构造

《广州日报》每天 44 至 52 版不等，分为 ABC 三叠，求职广场版一般单独成一叠。周六 44 至 48 版，周日 28 版，分为 AB 两叠。若从版式结构分析，其平日版以 2000 年 8 月 10 日周四 48 版为例：

新闻有 23 个版面，占总内容的 47.9%；如果加上 4 个深度资讯版，就有 27 个版，占总数的 56.2%。服务类信息（包括轮流出刊的车坛纵横、旅游世界、电脑大市场、美容天地、购房置业、消费顾问以及求职招聘等）占 16.7%；休闲娱乐占 10.4%；整版广告、分类广告和大市场广告占 14.6%。

在《广州日报》上，几乎所有的市民百姓都有自己喜爱的版面。公职人员看要闻、白领阶层看财经、炒股一族看证券、打工一族看招聘、持币待购看专版、优哉游哉看专栏、中青年人看体育、不分老少看娱乐，各取所需，皆大欢喜。

2. 新闻资讯唱主角——《广州日报》的话语策略

《广州日报》的新闻资讯接近 1/2 的版面，且日出要闻 4 大版，虽呈信息轰炸之势，却面目可亲。具体说来，它有以下一些特点：

（1）以平民口吻唱社会主义主旋律。

作为市委机关报，《广州日报》肩负着双重使命，既要传达党的方针政策，又要反映百姓的心声，满足广大读者文化娱乐服务信息的需求。两者关系虽是对立的统一，但要处理好却并不容易，既要有政治家灵敏的头脑，又要有经营者的精明意识，在市场经济的大潮中缺一不可。《广州日报》恰好具备了这两者。

（2）头条——重社区特色。

《广州日报》处理头条，以新闻价值为标准，甚至连股市新闻也敢上头条。《广州日报》的这种突出新闻的地方特色的价值观念，是其站稳市场的法宝。

如2000年2月17日和2月20日股市消息上头条，在全国日报中实属罕见。一次是春节前的暴涨，一次是春节后的开市。作为城市日报，抓住广大股民急盼心理，这两条消息实在是雪中送炭。

（3）竞争王牌——珠江三角洲新闻、广东各地新闻、都市新闻。

《广州日报》于1996年7月16日创办珠江三角洲版之后，广东各地新闻版、都市新闻版相继问世。尽管《羊城晚报》、《南方日报》都想方设法来竞争这块风水宝地，但最有特色和最有影响力的仍是《广州日报》这“三大块”。就目前来说，《广州日报》已将这“三大块”牢牢掌握在自己手中。

广东各地新闻——精中选粹。全省各地新闻不尽是《广州日报》的“领地”，所以不必面面俱到，沙里淘金可尽显报纸特色。

珠江三角洲新闻——时有猛料。珠三角新闻以舆论监督为主，披露社会上的丑恶现象以及治理社会环境的有效措施，不遗余力。

都市新闻——人文关怀。都市化社会人们的生存环境、人文环境急需调整与改善，都市新闻以都市人的情感需要、人文关怀为切入点，洞悉都市人的内心，报道都市人的生存状况，呼唤人与人之间的理解，最能激起读者的共同情绪。《广州日报》的“都市新闻”以关注普通人为主题，通过普通人、普通生活本身来影响人、引导人，在读者中引起了感情共鸣。

3. 生活休闲一本通——《广州日报》的立体思维

广州日报报业集团主办的一张子报《商旅导报》，自称为“广东最完全吃喝玩乐导报”。换个角度看，《广州日报》正是“吃喝玩乐报的母报”。

1999广州地铁开通时，广州日报增出16版“地铁一本通”。1999年农历除夕，《广州日报》推出了40个版的“过年完全手册”，比较全面地介绍了春节期间广州市“吃喝玩乐”的项目、地点甚至收费标准，几乎涵盖了市民在假期生活各方面的需要，一时成为广州人的必读之物。2000年国庆节期间，《广州日报》继续随报附送此类手册，2001年4月29日，提前两天推出五一长假旅游辅导手册，以满足大量的“假日经济”消费者的需求。

把《广州日报》比作“今日清明上河图”，一点也不为过。它所展示的，是一幅幅完整的都市风情画；它所努力营造的，是它的服务性、有用性和娱乐性。这种功能性诉求更符合现代市民百姓的一般性要求，从而也更有效。《广州日报》平时送达珠江三角洲的零售点时，常常是“证券”版作为封面包住了头版，其用意可见一斑。

《广州日报》还有更多的版面服务于生活及休闲功能。“每日闲情”就是一个典型的例子。《广州日报》的“每日闲情”与《南方都市报》的“城市笔记”属于类似内容的版式。所登文章既像散文又像杂文也似随笔，有人称之为新兴散文，这是近几年报纸上出现的新文体。这种文体颇受读者欢迎，尤其是青年读者。这种文体强烈冲击着报纸副刊的纯粹文学体。最近几年副刊的萎缩正是这种报纸新散文兴起的结果。之所以有如此大的冲击力，原因是新散文形式灵活，短小精悍；内容海阔天空，无所不包；大事琐事，有感而发。一反过去那种喋喋不休的长篇大论。也不讲究什么空灵的意境和华美的辞藻。或三言两语，透着人生哲理；或借古喻今，使人回味无穷；哲人言语，精辟独到；市民心态，妙趣横生。

“每日闲情”与“城市笔记”不同的是，它的主调是知识性与娱乐性的结合，新文化与新观念交融，雅中有俗，雅俗共赏。比如2000年9月17日“每日闲情”的几篇文章：《树的笑话》、《从战略扯到技术》、《进入人生最佳状态》、《说项》、《败北的是狗》、《聪明·笨蛋》、《妙语》，另有新词两首：《开会感怀——改李煜〈虞美人〉》、《赠公费食客——改李清照〈如梦令〉》。2000年7月28日的一篇文章《中国动物各阶级分析》，对龙、大象、牛、马、猴、蚂蚁、蜜蜂和狗进行了阶级分析：“要真正地让‘蚁民’当家作主，必须在动物社会进行政治体制改革，但也不幸，蚁民素质太差，大部分是文盲。”“中国对狗的评价太低，诸如狗眼看人低，狗嘴里吐不出象牙……西方人将狗当作自己最好的朋友。”这类作品属于休闲文化，读来颇有意思。

《广州日报》看准了都市人的文化消费方式、休闲方式的真空地带，除了每天一个版面的“每日闲情”外，周六似乎是以生活娱乐为主的女性休闲文化大餐，诸如：生活版、南方天空下、主妇天地版、青春前线版、健美版等。周日是以知识、理论、读书为主的男性休闲文化世界：知识版（科技知识为主）、IT世界版（网络世界）、IQ游戏版（智力大赛）、娱人坊版（专栏）、茶亭版（闲言碎语）、投诉版（消费热点）、老照片的故事版等。《广州日报》

对休闲文化的传播可谓无孔不入。因此，酿就了广州人早看“广州”晚看“羊城”的习惯。

由于《广州日报》广告量很大，所以它的众多版面有一个明显的特点，就是下半版广告，上半版专刊，形成了“扁平式”版面结构，视觉中心上移，十分便于阅读，同时也符合它“集纳式”的总体风格。

例如该报的“神州嘹望”和“环球聚焦”版。这两个版虽是文摘版，但形成了自己的版面特色。“神州嘹望”摘登的是国内焦点新闻，比如法律官司、消费焦点、股市风云等。“环球聚焦”摘登的是国外热点新闻、最新科技发展动向、历史追踪、生活热点等。这两个版并不是什么都摘，每版都有一个叙述主题，或采用综合报道的形式，再细分出若干个小标题。摘登的新闻可读性强信息量大，因此颇受读者欢迎。

4.《广州日报》的平衡叙事模式

“广州日报，每天与太阳一道升起”，这是它的广告语，也是它的写照。每一次日出日落，它都要与市场上的各类早报、晚报、大报、小报进行一次竞争，争取尽可能广泛的读者。

《广州日报》受香港媒体的影响，不追求精，而追求信息的新、快和量。摄取信息是全方位包抄，追求社会需求信息的动向，追求消费者的心理需求，有时甚至哗众取宠，也不太避忌。而从质的一面来说，则极为讲究信息需求的平衡，既把握传播主流的亮点，注重舆论引导与舆论监督的平衡，又注重社会需求的盲点，开辟新的领地，力求弥补长期以来日报不太重视休闲文化、生活娱乐的缺陷，兼收并蓄，体现出综合性大报的气魄和风范。可以说，没有哪一家日报像《广州日报》这样大胆地面向广大消费者，敢公开让吃喝玩乐的文化新闻堂堂正正地走进日报的殿堂。

正是这种雅俗共赏的信息叙述，才使得广州人觉得《广州日报》“有东西看”。不要小看这四个字，目前这是对媒体的最高评价，也是读者对雅俗共赏的一种文化追求。这种追求是一种什么文化现象？是我们习惯于对读者估计过高，还是我们对社会审视不够？同样地处广州的一家报纸，开始的定位就是白领阶层的品位文化，将读者阶层细分，其结果读者越来越少，几乎处于风雨飘摇之中。类似这种现象恐怕不止一家。就像前几年一些追求高雅文化的作家埋怨读者不识品位一样，新闻记者对读者的文化追求恐怕也有点认识不足。其实我们已进入一个世俗化的时代，品评新闻的权利应当属于平民。

《广州日报》的叙事模式给我们的启示之一是：追求品位，不如追求品牌。

品位，即信息含量和格调。我们讲精品，即具有新闻信息含量和格调的新闻产品。精品，应当是精心制作的产品。新闻中的写意性、故事性产品如电视纪录片、电视剧、广播剧等可以精心制作，并且可以精益求精。新闻报道类产品的时效性特别强，讲究新、准、快，如果一味要求精心制作，可能要误事。这是新闻的特点。至于品牌，它是市场造就的无形资产，也就是说，品牌是在市场竞争中产生的，具有优秀的品质，得到消费者的认同，但不一定是精品。品牌有三个特征：质量过硬；销售量大；有较大的生产规模。品牌对消费者的诱惑力极大。媒体的知名度往往取决于品牌。如《中国青年报》的“冰点”，中央电视台的“焦点访谈”、“东方时空”、“实话实说”，中央电台的“午间半小时”等。《广州日报》之所以能发行160万份，得益于它的几个名牌栏目：“广东各地新闻”、“都市新闻”、“珠三角新闻”、“每日闲情”。这几个名牌栏目撑起了《广州日报》的新天地，形成了广州地区的读者群，于是，广告日益增多，地盘不断扩充，在广州地区的媒体中形成了咄咄逼人的竞争态势。《广州日报》宣称：追求最出色的新闻。其实，最出色的是它的地方新闻。无论如何，品位，是媒体向往的圣地；品牌，则是媒体的生命。

《广州日报》的叙事模式给我们的启示之二是：在动态中实现平衡。而这动态的发展，靠的是包装和造势。

新闻的繁荣，首先是报纸版面数量的繁荣，即扩版。扩版首先是从小报、晚报开始的。扩版的初级阶段的确搅动了新闻业，读者觉得报纸的面孔变亲切了，内容变丰富了。但是扩版的报纸一定时间内只停留在奇闻趣事、文摘等方面，甚至有些内容有点低级庸俗。这实际上是一种讨好读者的自我包装，并把这种包装看成是万能的，把读者看成是低能儿。这种一厢情愿的梦想很快被市场击碎。于是，报业经营者寻寻觅觅找回市场上的那一份额。无疑，《广州日报》的步子稍微大了一点，从8版、12版、16版，到44版、48版。《广州日报》的扩版也是一种包装，包装的目的是造势，造势的目的是要把自己的产品塑造得更有魅力，以刺激读者对形象的消费需求。包装也好，造势也好，读者需求的是新的有丰富内容的信息。如果把报纸的包装仅仅理解为越厚越好，那么带给读者的可能是越厚越烦，愚弄读者结果是愚弄自己。《广州日报》正是看到了这一点，双管齐下，外求包装，内求质量，每天丰富的信息得到了丰厚的回报。内容安排上，主流新闻冲锋在前，科学探秘、史料钩沉、生活趣事点缀于后，使得意识形态成为大众文化菜单上一道丰富多彩、奇妙诡异的好菜。新世纪第一天的头版，用13幅表现我国各个时期重大事件的黑白照片，图片包围着一个红色的《广州日报》报头，报头下写着“中国第一个社会主义报业集团21世纪贡献给读者的第一份报纸”。古朴的黑白照片上折射出历史的厚重，鲜艳的红色表达着报人的寄托与希望。很明显，即使是主流新闻，叙述方式上，也要改变传统的那种正襟危坐的训导方式，以生动活泼的百姓口吻与受众交流，形成一道独特的文化景观。

《广州日报》已杀出了一条“血路”，但也付出了一定的代价，经历了艰难的历程。正如管理好企业必须管理好未来一样，《广州日报》管理未来的任务也是同样艰巨的，报业的竞争将会更加残酷。管理未来的关键是更新观念，《广州日报》恰恰有意识地做到了这一点。①

21.2 社会新闻上“头条”

报纸的头条新闻一般都是时政新闻，社会新闻很难上头版，更难上头条。《广州日报》在 1998 年 11 月 12 日头版头条推出一条新闻：“广州留学人员创业园首件高科技产品年度前问世”（引题），“推出更亲和水溶性安全套”（主标题）（以下简称《推出》）。主题用蓝色特大号字体醒目标出。消息报道后，业内人士哗然：“安全套上党委机关报头版头条?”“党报怎么了?”“越来越离谱!”也有不少人则持相反观点：“那是报道高科技产品的动态消息，何必大惊小怪?”“这是《广州日报》在报道思路上的重大突破”“党报要在竞争中保持排头兵的位置，必须突破办报常规”等等。

仅仅停留在党报的头条新闻该报道什么不该报道什么这个层面上，这样的思维模式未免有点肤浅。值得我们进一步思考的是：这种报道思路究竟给受众带来什么？21 世纪的新闻传播走向是个什么样子？

实际上消息报道的是科技信息，不必惊慌失措。

1. 消息具有很高的科技信息含量

消息的主要内容是：“水溶性避孕套是国内目前普遍使用的油性避孕套的替代品，它从美国引进独特配方，以不取代硅油作溶剂，从而完成了从机械性润滑向生物性润滑的跨越，与人体有更好的亲和性，符合国际潮流，为国内首创。”② 该消息的信息内核一目了然，在科技是第一生产力的年代，报道这样的重大科技信息，无疑是一条重大新闻。这种报道的倾向性与我国社会改革的

① 追求品位，不如先打造品牌——广州日报的新闻报道特色．新闻爱好者，2002（2）

② 广州日报，1998－11－12

整体发展思路是一致的。

2. 有重要的新闻价值

“新闻价值是新闻事实适应各种社会需要的总和。素质的级数越高，新闻价值就越大。”“素质包括，不变要素有真实性和新鲜性；可变要素有重要性、接近性、趣味性。”根据新闻价值的理论，我们来探讨一下《推出》这条消息的价值，真实性和新鲜性是可以肯定的，趣味性也可不谈。重点说说“重要性”与“接近性”。“判定内容重要与否的标准主要看其政治意义的大小及其对社会产生影响的程序。”① 就“政治”来说，当今发展科学技术、提高生产力的发展水平是最大的政治，也是最具体的政治。《推出》报道的是重要的科技成果信息，其“政治意义”不言而喻。另外，这项科技成果是归国留学博士们报效祖国的第一件“作品”。在显著位置报道，突出其重要性，对吸引人才归国，起到了巨大的感召作用。

至于“接近性”，这和受众的社会风俗习惯、文化背景有关。“安全套”这个名字，在20世纪七八十年代人们羞于启口，到了九十年代末，一些大都市的大街上已安装了安全套自动销售机。去年，在世界艾滋病防治宣传日前夕，中央电视台播放了以“安全套，没烦恼”为主题的公益性广告，尽管只“存活”了一天就被禁播，但在国家最有影响力的媒体上播放这样的广告却是史无前例的。被禁播的原因据称是这种广告有悖于社会风俗和道德观念。此后，专家们纷纷发表意见，说这是管理者思维滞后的表现，它与发展的现实相距甚远。《推出》并非广告，而是新闻。新闻的内容是报道高科技产品，产品的名称就是“安全套”，这是无法回避的事实。其实也不必回避。就现实情况来说，即使在农村，大部分人也不以此为伤风败俗。香烟有害健康可以播广告，安全套有益健康而广告却被禁播。一方面，国家舍得投入大量的经费预防艾滋病，另一方面却“羞羞答答”不让“媳妇见公婆”。与其说有伤风化，倒不如说是我们的观念远远落后于社会发展。

由此观之，这类关乎人民生活和身心健康的信息，它与受众的心理距离很近，也很实际，我们应当大胆报道，广为传播，不必“犹抱琵琶半遮面”。

3. 对常规办报思维的大胆挑战

20世纪七八十年代，甚至九十年代初期，党报的头版头条大多让位于国家及本地区领导人活动的报道。内容也大多是出访接待、会议讨论。你说没有信息，多少总有些；但若说有多少新闻价值，则无人敢妄加评论。小平同志南巡后，中央领导的思想开放了，全国人民的思想也解放了，媒体也逐渐重视新

---

① 郑保卫. 新闻学导论. 新华出版社，1990. 16页

闻规律。一些党报敢于打破常规，真正按新闻价值的重要程度来策划报道思路。新世纪伊始，不少党报纷纷改版，新招频出，一个突出的标志是平民化的报道增多。另外还有头版头条的变化更令人鼓舞，这是可喜的新闻意识的觉醒。贴近平民，可读性增强了。这种变化是市场经济作用的结果。市场竞争激烈，媒体不得不思考受众，同时也在思考自己的生存空间。从这一点来说，《广州日报》打破常规思维，按新闻价值的重要程度来编排、传播信息，是一种大胆尝试，并不是什么“猎奇”，而是市场经济条件下媒体的正常操作。

4. 媒体既然是党和人民的喉舌，有责任传播社会主义的道德文明，也有责任引导受众接受新的道德价值观念

头条新闻舆论导向最明显，媒体无不重兵把守，严加挑选，哪些该上头条，哪些不该上头条，这里仅从受众的立场上做简单分析。

进入21世纪，社会主义的道德文化水平已有了很大提高，人们的道德价值观念也有很大的变化。一个总的趋势是正朝着积极的、先进的、创新的、优秀的道德方向行进。媒体传播信息，也包括传播文化道德信息。从传播学的角度看，受众总是选择和接受那些与自己认知倾向、情感倾向、行为倾向、文化习俗相一致的信息，强调对信息的选择与顺应。从媒体角度来看，在顺应受众的同时，还应考虑道德文化信息对受众的“改善”与提升，尤其是一些先进的、科学的道德文化信息。在社会转型期，当受众对这些先进的道德文化信息在接受态度上还处于观望时，媒体的主导作用就不是可有可无了。

21.3　客观报道与新闻真实性

客观报道手法与新闻的真实性原则不是一回事，二者不处在同一个层面上。客观报道的新闻写作手法是一种叙事方法，它是相对于新闻记者需要夹叙夹议的解释性新闻、述评性新闻而存在的。而真实是新闻的生命，新闻真实性是新闻工作者人人都应遵循的一个普遍性的根本原则。所谓“原则”，即“说话或行事所依据的法则或标准”。[①] 新闻真实性原则要求新闻工作者一切从实际出发，实事求是地向受众报道现实生活中发生的具有新闻价值的事情的真

① 中国社会科学院语言研究所．现代汉语词典．商务印书馆，1979. 1408页

相。无论采用哪种新闻报道手法，无论使用哪种新闻文体写作，都必须服从这个原则。不仅客观报道应如此，一切新闻报道也都应这样。另外，手法和原则不具有可比性，更不能得出因果结论。“我们不可离开别物而思考某物”①，比较是确定事物同异关系的思维过程和方法，用一定的标准将彼此有某种联系的事物进行对照，从而确定其相同与相异之点，便可以对事物加以初步分类。但只有在对各个事物内部矛盾的各个方面进行比较后，才能把握事物之间的内在联系，认识事物的本质属性。世界上一切事物都有同一性和差异性，它们原则上都是可以比较的，这是可比性的无条件性和绝对性；而事物与事物之间又必须找到第三者作为中介，才能比较其异同，这又是可比性的条件性和相对性，可比性原则是两者的辩证统一。要掌握可比性原则至少有三个要领：第一，找到第三者作为中介。比如量长度的尺子，称重量的磅秤。之所以要找第三者作为中介，是因为许多事物的差异很难由人们的感官直接感知，有第三者作中介一衡量一比较，即一目了然。第二，这第三者要有固定的使用范围。比如轻重是可以作为衡量任何新闻的第三者，但在使用这个中介时应因体而异，若以衡量新闻的轻重去衡量文学，就不能比较出正确的结果。第三，一次性比较只能采用一个第三者为中介。事物彼此之间往往有多种联系，因而可以找到许多第三者作为中介。例如两本书可以从厚度上比较，也可以从价格上比较，还可以从质量上比较。但一次性比较只能以一个第三者为中介，比如以价格比较贵贱，以厚薄比较篇幅长短，等等。如果同时使用两个中介，这本书 10 元，那本书 50 万字，就缺乏可比性了。缺乏可比性就容易使概念混乱。

因此，客观报道的写作手法与新闻真实性原则不是一回事，正如我们平时所讲的“坚持四项基本原则”，不能说是“目的”。我们的目的是把我国建设成为富强、民主、文明的社会主义现代化国家。“目的”是人在行动前想要达到的目标或想要得到的某种结果。“准则”与“目标”亦非同一概念。新闻学者卡斯柏·约斯特于 1924 年写的《新闻学原理》一书是美国资产阶级新闻学的代表作之一。这本书在“新闻的真实”这一章中说：“真实性就是判别真正新闻的准绳”；“……有时，一个出版物为了吸引读者，不惜牺牲真实性而采取刺激性；不惜把无名小事化作动人的故事，不惜利用吹牛和撒谎以引起人家的好奇心理；但这样一个出版物，在严格意义上说，根本算不上是报纸。”②约斯特讲的“真实性”显然不是目的，出版物不可能“牺牲”自己的“目的”。

① 黑格尔．小逻辑．商务印书馆，1981. 369 页

② 吴兴华，李松晨．新闻价值及真实性指导性．人民日报出版社，1984. 83 页

那么，“客观报道”的写作手法与新闻真实性原则究竟是一种什么关系呢？应该是一种总管与被总管的关系。新闻真实性原则总管一切新闻实践。不管你是哪个国家的新闻工作者，也不管你采用什么文体报道你所采访来的新闻，都应奉行新闻真实性原则，这是没有国家和文体界限的。在新闻真实性面前，人人平等，文体平等，概莫能外，没有“高低贵贱”与可讲可不讲之分。在坚持新闻真实性原则的前提下，采用什么报道手法，或客观报道，或述评性报道，或深度报道，那就另当别论了。用“客观报道”的手法写作的新闻未必天生真实。许多事物的现象虽说是客观存在，但对于事物本质来说，它们可能是真相，也可能是假相。所以，以“客观报道”的手法写作的新闻中必然存在着以假乱真或将真作假的可能。之所以发生这种可能，原因有二：一是记者的世界观、价值观和判断力不正确使然。在这种情况下，往往把假相当真相，把支流当主流，把现象当本质。二是由记者的作风飘浮所决定的。工作作风不深入细致，缺乏调查研究，写出的报道往往歪曲事实的真相，反之亦然。如果这两个问题解决不好，述评性新闻照样写不好，更不会真实。

这里还有一个对新闻真实性的理解问题。社会生活中，现象与本质之间既有联系，又有矛盾。有些现象直接反映本质，有些现象间接反映本质，还有些现象掩盖着本质，甚至歪曲事物的本质。正因为它们之间有联系的一面，记者才有可能通过现象反映本质；又因为它们有矛盾的一面，记者还应该全面正确地把握社会生活的现象与本质，以偏概全是不可取的，都不符合马克思主义的新闻真实观。在此，顺便说说美联社记者穆萨关于北平解放的报道。北平解放是一个震惊中外的重大历史事件，世人瞩目。当时的情景很多新闻记者已做了报道。那时的北平市民载歌载舞，欢呼雀跃，热烈庆贺北平和平解放，这是这一历史事件“本质的东西”。中国人民解放军进入北平，全国解放指日可待，这才是“发展趋势”。而穆萨先生从他的阶级立场与政治偏见出发对这一切均视而不见，却偏偏选择了发生在北平街头的一桩小事大做文章，无非是想告诉人们：北平解放了，在中国共产党领导下的新中国，“不准任何人穿狐皮”，老百姓甚至要倒霉了。因此不能说这是穆萨先生“客观”地报道了这一事件，更谈不上“在某种程度上揭示和把握了某种本质的东西以及发展趋势”即发现了“左”的思想。胡乔木同志说过：“新闻却是一种无形的意见。从文字上看去，说话的人只要客观地、忠实地、朴素地叙述他所见所闻的事实。但是因为每个叙述总是根据着一定的观点”,[①] 这就是说，记者总是按照一定的立场观点去审视、评价他所报道的事实的，即使是报道某一自然现象、科技成果也

① 中国共产党新闻工作文件汇编（下）. 新华出版社，1980. 226 页

能体现出报道者的某种思想倾向，表明他赞赏什么，提倡什么，肯定什么，反对什么。穆萨报道的那件事可能存在，但那是枝节，不仅不能说明北平解放这个震撼寰宇的伟大历史事件的总体真相与本质事实，反而是对真相的一种歪曲。列宁曾严肃批评这种对待事实的态度："在社会现象方面，没有比胡乱抽出一些个别事实和玩弄实例更普遍更站不住脚的方法了。罗列一般例子是毫不费劲的，但这是没有任何意义的或者完全起相反的作用，因为在具体的历史情况下，一切事情都有它个别的情况。如果从事实的全部总和，从事实的联系去掌握事实，那么，事实不仅是胜于雄辩的东西，而且是证据确凿的东西。如果不是从全部总和，不是从联系中掌握事实，而是片断的和随便挑出来的，那么事实只能是一种儿戏，或者甚至连儿戏也不如。"① 由此可见，不同的理论前提，对新闻真实性原则有着不同的理解，不同的立场观点，对"客观报道"的写作手法也有着不同的看法。

21.4 叙事观念错位

为追求宣传效应，不惜把新闻事件和事件中的人物进行加工或虚构，或者极力宣扬未成年人的勇敢精神，而忽视了作为尚处在需要保护时期的未成年人的生存需求：这种报道现象可称之为叙事观念的错位。

1993 年媒体有一篇《矿山小英雄张喜忠》的报道，内容是山西一个不满 10 岁的孩子只身挤入 20 公分宽、40 米深的山缝中，历时 4 小时 55 分，终于救出一个 2 岁的幼儿的故事。该报道被评为 1993 年全国优秀电视新闻一等奖，报道中的主人公也被评为"全国十佳少先队员"，一时间成了山西乃至全国的小英雄。然而，2000 年 5 月 19 日《山西晚报》登载了米厚民的文章《小英雄为什么成了"街痞"》，文中披露：当年张喜忠救人是其父为得到 1 000 元赏金逼迫他下去救人的，英雄救人是逼出来的壮举。至于张喜忠是如何变为"街痞"暂且不论，报道中的几个问题充分反映了新闻叙事观念的诸多问题。

1. 新闻事实与报道主题的拉郎配

新闻事实一定要准确，这是很简单的常识。问题是我们常常在确定了新闻

① 统计学和社会学．列宁全集．23 卷．人民出版社，1958. 279 页

主题之后，把事实当成“面团”任意地捏来捏去，使新闻事实变了样，新闻主题也变了形。《矿山小英雄张喜忠》的主题是最后的结束语：“在人们越来越注重金钱的今天，这种爱国主义、集体主义精神的体现，更值得我们讴歌。黄金有价，精神无价，张喜忠无疑是我们这个时代青少年儿童学习的楷模。”

记者报道一个具有爱国主义、集体主义精神的时代小英雄，为了突出英雄的时代精神，还专门与“金钱”做了对比，好像英雄与金钱是格格不入的，事实恰恰相反。《小英雄为什么成了“街痞”》是这样写的：2 岁的龚喜喜掉进采空区裂缝中，正在山底简易住宅中打麻将玩扑克的矿工们听到叫喊声，马上赶到山上去抢救。由于山缝太窄，好几个矿工试图下去救人，但都半途而废。突然，小喜喜的母亲跪在地上央求道：行行好，救救我的孩子吧，谁救上来给谁 1 000 元钱……据知情者讲，当时家境贫寒的大斗沟矿井下安检工张明想到了自己 12 岁的儿子张喜忠，毕竟 1 000 元钱是诱人的。他把喜忠拉到了山缝边，以父亲的严厉口吻要求他下去。张喜忠在“重压之下走上了救人之路、英雄之路”。当然，为了 1 000 元钱被迫下去救人，这种动机采访对象一般不会说出来。那么，张喜忠和其父母是如何回答记者的采访的呢？

记者：你好，是喜忠吧，我是特地从太原来找你的，当时怎么那么大勇气下去？

答：看见好多人着急，小孩他妈妈一直在哭。

记者：您是孩子的父亲吧，听说当时您也在场，同意孩子下去的，害怕吗？担心吗？

喜忠父：都知道这点，可救人要紧，掉下去的小孩的母亲都快疯了。

喜忠母：我问儿说和他亲不亲，故不故，救他干啥？儿说看见孩子妈哭得厉害，心里着急。

三个人的回答都有一个共同点：同情小孩的妈。“同情”是一种美德，本来就很高尚，何以要提升到“爱国主义、集体主义”？为了表现“主题”，记者又采访了张喜忠的老师。记者：作为他的老师，您觉着这孩子做这件事是偶然的吗？答：不偶然，他平常就有帮助人的好习惯，在校时表现很好……因为他平时就有这个思想意识。老师的话给记者提供了挖掘英雄思想根源的极好素材。殊不知，记者恰恰没有采访被救小孩的家长。因为小孩已经随父母回平鲤老家了。这不能不说是记者的一大疏忽，要报道这样一个救人英雄，不采访被救之人，这是不完整也是不科学的。

2. 编造新闻的基本要素

事件发生的时间问题

《矿山小英雄张喜忠》的开篇，用“黑底白字幕”显出了事件发生的时间：1993 年 8 月 20 日。然而事件真正发生的时间却是 1992 年 9 月 20 日。证据 1：《山西晚报》2000 年 5 月 11 日《小英雄为什么成了“街痞”》中写道，事件发生的时间是，1992 年 9 月 20 日。证据 2：《山西日报》1993 年 10 月 9 日第一版以少年英雄张喜忠事迹感人为题报道，张喜忠获得“全国十佳少先队员”称号。团省委、省教委、省教工委做出决定，号召全省少年儿童向他学习。张喜忠救人事件发生在 1992 年 9 月 20 日上午 10 点左右。证据 3：《山西晚报》报道中说，1993 年 6 月，张喜忠被团省委、省教委、少工委授予 1993 年度“山西省优秀少先队员”称号。这说明张喜忠救人肯定在 1993 年 6 月以前。因此，张喜忠救人的准确时间应是 1992 年 9 月 20 日。

张当时的年龄

《矿》文报道：“一个不满十岁的孩子只身挤入 20 公分宽的地缝中……”

《少》文报道：“年近 10 岁的张喜忠赶到现场，……”这两篇报道与当时张喜忠的真实年龄都不符。《山西晚报》报道：张喜忠救人时是 12 岁，读三年级，今年刚好是 20 岁。

救小孩所用的时间

《矿》文报道说，张喜忠挤入地缝中，“历时 4 小时 55 分……”记者使用了精确数字进行表述。然而，《山西晚报》的报道是：“不到两个小时，龚喜喜被托上来。”误差竟达两个多小时。

3. 宣传英雄人物不能随意“改造”新闻事实

新闻报道讲究真实性，一是一，二是二，不容夸大和缩小，这也是常识。但是，在报道英雄人物方面，仍存在夸大事实的现象。《矿山小英雄张喜忠》就是个典型的例子：明明张喜忠是被迫下去救人的，却偏偏要说他“只是想救人要紧”；明明是 1992 年，却偏要报道是 1993 年；明明是 12 岁，却偏要报道不满 10 岁。这种不顾事实的报道，实际上是对新闻的亵渎，也是对受众、对英雄本人极不负责任的表现。

英雄不是“树”起来的

多年来，人们对宣传的认识模糊不清，尤其是宣传英雄人物，以为只要一宣传就可以“树”起典型。结果产生了两种倾向：一是随意编造一个典型。如“文革”时的黄帅、张铁生等。二是只要有这件事，但事情的具体情况、具体细节，甚至时间地点却都可以任意编造，思想境界还可以随意提升，前者是“政治斗争”的需要，后者是“宣传”的需要。就后者来说，往往是有事件本身还不够，一定要挖思想根源。有什么思想必定会产生什么行动，有这种行动就一定会有一种思想支配。因此，英雄救人的故事很容易和爱国主义、集体主义、领袖教导联系起来。这两种倾向使现代人尤其是一些年轻人，只要提到当代的英雄人物，他们就会产生怀疑态度，说那是“宣传”。当然，年轻人的看法有些片面，但是我们应该审视一下，我们是否值得他们信任，我们对“宣传”的认识是否正确，宣传是操纵表述来影响人们行动的技巧，宣传的目的是向别人施加影响，争取更多的人接受自己的观点。如果宣传的人物是吹出来的，事实是想出来的，怎么让人接受，又如何影响他人。归根到底是对宣传的误解。

制造一个“英雄”葬送一个青年

静下心来分析，张喜忠地缝救人充其量不过是一件好人好事。尽管他是被迫救人，但这种勇敢精神还是值得新闻媒体报道的。但由于媒体的指导思想出现偏差，硬要把不好的说成好的，没有的说成有的，媒体就走入了宣传的怪圈，坑害了一位纯真的少年。比如张喜忠的表现本来不怎么好，甚至不好，《矿山小英雄张喜忠》硬要通过老师的口，说张在校时表现很好。我们的党报、大报也把张说成是“品学兼优、勤奋好学”。我们可以想象，12 岁的孩子面对这一连串的谎言会如何思考。他可以照样学样，从小说谎。据报道，张喜忠救人后，各种荣誉接踵而来，省优秀少先队员、全国十佳少先队员，中央领导接见，电视剧《矿山小英雄》在中央电视台播放，到处领奖作报告……黄金捆住了小鸟的翅膀。张喜忠旷课，不守纪律，不爱学习，考试不及格，六年级时学校要求开除张，为了爱护英雄勉强把他留到毕业。张进了职校打架斗殴，毕业后浪迹街头，长发披肩、胳膊上刺着龙虎，看电影如入无人之境……这就是张喜忠。我们推测，如果不是“英雄”的光环罩在了他的头上，张可能不会落入这般境地。

宣传英雄人物，同样要事实确凿。英雄是时势造出来的，不是人造出来的。

英雄精神值得赞扬歌颂，但鼓励少年“舍己救人”甚至献出生命却不可取。

一个正常的社会应是多元并存的社会，我们既要强调国家利益、集体利益，又不能忽视正当的个人利益，三者应一致起来。以往的宣传片面强调前两个条件，忽视了正当的个人利益这个必要的条件。比如鼓励少年儿童救人、救火、救灾。10 来岁的孩子连自己的生存都是问题，还鼓励他们去水深火热之中“舍己救人”？在这种生死攸关之时，少年儿童保存自己的生命是正当合法的个人权利。当然，我们不是宣传让少年一代从小就贪生怕死、自私自利，而是要让他们知道，什么是科学的道德风尚，怎样才能做到既爱国爱集体爱他人，又不盲从，而且还要爱自己。新闻媒体或宣传部门应考虑对少年英雄的宣传后果，尤其少些大张旗鼓的宣传，要懂得爱护我们的下一代。[①]

思考与练习

1. 如何正确认识新闻报道的舆论导向与市场导向？
2. 党报走向市场的困惑是什么？
3. 如何正确地报道英雄人物事迹？

① 英雄是这样造成的．青年记者，2002（6）

22

新闻消费与专副刊的改革

本章重点

- □ 新闻消费与受众接受的矛盾
- □ 影响新闻消费的三要素
- □ 新闻娱乐化的正面和负面影响

新闻消费属于精神消费的范畴。后工业时代信息消费比例不断增长，信息消费市场的形成和信息消费理论的研究成了一门重要的学科。从社会发展来看，当今人们获取信息的渠道大多来自于新闻媒体，因此新闻消费又成了新闻与传播领域里一个重要的课题。

22.1 新闻消费市场的受众心理障碍

尽管新闻传播市场还处在培育阶段，但业内人士已开始加紧研究新产品开发、研究资源的合理配置、研究消费者的需求等问题。这些举措表明，新闻开始向消费市场挺进。新闻找市场，这是市场经济条件下的必然结果。媒体的这种观念上的转变，在很大程度上说，是宣传本位向新闻本位的逐渐回归。在现代社会的转型期，新闻传播市场如何沿着良性循环的轨道发展，这是我们不得不思考的一个问题。

毋庸讳言，在新闻传播的消费领域里，一些问题已初露端倪。一个明显的表征是，急功近利、片面追求利润的最大化。在操作层面上，产品制作粗糙，有意无意地给消费者设置心理上的障碍。长此以往，必将拉大与消费者的心理距离，既影响新闻的接受效果，也影响生产者自身的利益。

1. 影响受众消费的三因素

在新闻产品这种精神产品消费的过程中，有三个因素影响着消费者的心理。

（1）新闻价值。

新闻是有价值的信息，新闻消费有明显的价值特性。从生产者角度看，对新闻事实的选取、理解、整合、反映的过程是制作者根据自己的价值标准，将自己的价值观、审美观传递给消费者，“以期在大量的、各种各样的传播对象中唤起传播者预期的思想，试图在各方面影响传播对象的一个过程”。① 从传递过程看，新闻凝聚着记者、编辑对新闻价值的追求。产品一经制作出来，就具有某种特定的价值。正是这种价值的存在，才使得新闻信息之间有所区别，对受众产生不同的作用。同样，也正因为不同的新闻具有不同的价值，受众对

① ［美］威尔伯·施拉姆，威廉·波特．传播学概论．新华出版社，1984

其自由的选择才成为可能。从消费者角度看，哪些信息能够被注意、被选择、被理解，又取决于受众的价值标准。符合受众价值标准的新闻很容易引起注意和满足，反之亦然。这种注意与满足本身就是一种价值活动。因此，新闻传播活动无一不受到价值的左右，新闻消费实际上就是一种价值消费。

（2）需求满足。

如果新闻的信息价值、社会价值同传递者和受众的期望价值达到了完美的融合，那是最美好、最理想的传播境界。但事实上不可能。因为客观事实不可能全部进入记者的视野，即使是记者选取的事实也不一定完全进入传播领域，因为还有“把关人”要根据社会需要和受众需要来进行过滤。经过筛选过滤的新闻也不一定完全进入受众的视野，受众要选择自己需要的信息。所以信息的选择过程有两个层次：一是媒介筛选信息的过程，二是受众选择信息的过程。受众选择信息的过程受自身心理结构的制约。受众的这种心理结构特征表现为知识、情感、能力、意识和态度，这些特征互相融合，构成了期望价值目标，产生了相应的信息需求。在信息洪水的包围之中，受众选择与自己期望目标相一致的信息作为接受对象，就引发了信息选择活动。如果传播的信息不是受众渴求的信息，就不能成为接受对象，就会被受众冷落。

信息的选择过程说明，传递者的新闻价值标准不一定与接受者完全一致，只有满足受众需求时才能被认可，才能达到一致。

（3）消费导向。

新闻消费比物质和其他精神产品的消费更注重消费导向。新闻导向不仅是统治者借以控制权力的手段，也是受众在新闻消费中不断提高素质的精神动力。人不但具有自然属性，还具有社会属性，能产生社会行为，如分辨真与假、美与丑、正确与谬误等。新闻传播在影响人的社会行为中起着非常重要的作用，所以我们不能把新闻标准仅仅定位在受众自身需要的坐标上，因为“人的需要中不仅包含有高尚的精神需求，而且也包含着由人的本能和欲望无节制扩张所带来的低级、庸俗、不健康的需要”。①

如果新闻传播者仅仅以受众的需要作为新闻标准，那无疑等于也肯定了那些品位不高、格调低下的新闻存在的合理性。

2. 市场的二重性

可见，新闻产品的制作只是一个开端，而不是终结。受众在接受活动中的能动性，影响和制约着传播效果和接受效果。传播者应考虑“传”与“受”的视野融合。市场经济是一把双刃剑，满足市场需求就能生存。然而，市场经

---

① 张琼，马尽举．道德接受论．中国社会科学出版社，1995. 65 页

济还有盲目性的一面，一旦走进盲目生产的泥潭，同样也会被市场所淘汰。

市场有二重性，“它除了具有优化资源配置和较高效率的优点外，还具有盲目性、自发性和滞后性等缺欠的一面”。[①] 这种盲目性、自发性往往是只考虑市场需求而没考虑市场需求结构的层次性，只考虑眼前利益而忽略了长远利益，这是市场经济的消极因素。新闻传播市场的盲目性的一个具体表现是“从众”、无主见。多数人怎么看怎么说，就跟着看、跟着说，人云亦云，不随从就会觉得是一种压力。赶浪头、凑热闹的心理逻辑总是以“众”为风标，以“热”为时髦。这样的新闻产品趋附于“热点”、“热门”、“热潮”，但他们趋附的“众”绝不是广大消费者，而只能是热闹中的某一群体。因此，这种所谓的“读者意识”也是靠不住的。“按照荣格的说法，他们深层的心理内核，是一种人格面具。荣格认为，人格面具是人在公众场所展现的面具或者外观，其意在于呈现与己有利的形象，这样，社会就悦纳他。我们也可把人格面具称为从众求同原型”。[②] 这种“从众”的盲目心理是对于社会心理的消极迎合，也是对市场经济消极因素的发酵和扩张。

市场需求与社会需求可能一致，也可能不一致。二者相一致的新闻产品，社会效益大，经济收益也大。比如那些高雅的、健康的、人们喜闻乐见的产品。二者不一致的产品有两种情况，一种是报道主流社会积极向上的新闻产品，它不以盈利为目的，这种产品可能社会效益大于经济效益，经济投入多而产出少。解决这种问题的办法是提高报道质量，吸引受众的注意力，并且形成生产规模。另外，靠增加花色品种以弥补经济缺口。第二种情况是符合市场需求但不符合社会需求，如前述新闻报道中的媚俗化倾向。一些媒体热衷于报道明星的艳情婚变、离奇古怪的情杀案、他人隐私、甚至“黄色”新闻等等。一味迎合受众需求，可能暂时有了市场，发行量上去了，收听收视率高了，但那只是短期行为。

3. 短期行为带来受众心理障碍

首先，读、看、听新闻，是一种精神追求。如果产品制作者与消费者的心理追求产生错位，消费者会感到不满足，甚至产生心理障碍。如一些电台、电视台的热线节目主持人，一口懒洋洋软绵绵的、有气无力的港台腔；有些节目主持人面对观众打情骂俏；有的主持人则兴味盎然地追问着对方的隐私，让人感到不知是引诱还是在玩弄听众的感情。这与其说是情感交流，不如说是“情感伤害”。又如一些名牌报纸受市场行为的影响，也不甘寂寞，不惜版面

① 俞可平，黄卫平. 全球化的悖论. 中央编译出版社. 1998. 37 页

② 金道行. 写作心理探索. 广西教育出版社，1991. 245 页

地报道有关“性”方面的新闻，甚至连如何进行性操作也报道得非常细致。当然，谈性色变的年代已过去，性科学知识传播是必要的，但如果以此作为报纸的“卖点”而津津乐道，势必会降低报纸的品位。格调低下的精神产品在市场上可能是“抢手货”，因为它迎合了部分消费者低级趣味的精神需求。不过大多数消费者可能只是暂时被吸引，当他们发现产品质量太次，以后就再也不会上当了。

其次，一些大报拼命扩版、出特刊，报纸不但“杂志化”，而且正向“书本化”方向发展。以多取胜未必是好现象，“价廉”的商品未必都“物美”。精神产品同样讲品牌，品牌代表着生命。一旦失去品牌，生产者就会失去在市场上的立足之地。目前，新闻传播市场的“主产品”与“副产品”的比例不协调，那些娱乐性内容往往占据十几甚至几十个版面，而各种新闻的数量却很少。另外，新闻的报道手法单一，没有形成主、副产品的竞争态势，遂使劣质产品乘虚而入。这些情况都不同程度地影响了受众的消费欲望。

进入21世纪，全球化的新闻消费已是一种不争的事实。先进的传播媒介利用复杂的技术向人们倾泻着各种信息。人们打开报纸、广播、电视机和网站，随时可以进行新闻消费。21世纪的消费者也随之变得更加挑剔和缺乏耐性，他们要在密集的信息中寻找适合自己需求的信息。如果新闻精品多起来，报道形式丰富多彩，并能在市场竞争中获得消费者的货币选票，那么，正在培育的新闻消费市场就可以朝着良性循环的方向发展。①

22.2 政治娱乐化现象

21世纪以来，娱乐界的“造星运作”形式似乎开始延伸到政治领域，政治家的明星化道路也越来越为媒体与公众所关注。更多的政治家开始意识到媒体推广、形象策划、公共关系的重要性。无论在美国还是其他国家，政治家都已懂得，他们必须掌握电视这个媒体，必须像明星一样塑造和推销自我。经济学家认为这是一种注意力经济现象。

---

① 新闻记者.2000（11）

1. 政治娱乐化现象产生的背景

20 世纪中后叶后工业时代媒体文化空前活跃，它不但推动大众文化迅猛发展，而且左右着大众。大众文化一个很重要的特点在于它的消费性，大众从日常生活中可以轻松地解读政治，政治家要得到大众的认同就要通过媒体来争夺大众。另一方面，现代社会正面临一个难堪的困境：一边是不断膨胀以致过剩的信息，一边是人们匮乏有限的注意力。传播者施加的资讯压力，已经开始超过大众注意力的负荷。如何让大众从庞杂繁芜的批量信息中了解到传播者的意图，从浩淼广阔的信息海洋的彼岸准确地驶向此岸，实现传播目的，首先就必须吸引他们的注意。只有被关注，才能被认识。因为政治影响力无法在一朝一夕间形成，需要一个积累的过程，所以政治人物决不会仅仅满足于被认识，他们必须成为明星，不管是成为人们心中伟大的偶像还是猎奇的对象，又或是饭后的谈资，他们都必须保证自己持久地站立在耀眼的舞台中央。电视是现代家庭必备的娱乐设施，具有广泛的覆盖率，能够较容易地形成谈话议题，这些优势自然而然使其逐步成为政治角逐里的媒体宠儿。

与此同时，似乎娱乐政治化、政治娱乐化已经成为诸如美国或台湾地区等地选举和其他政治活动的最大特色之一。比如台湾电视谈话节目《全民乱讲》，由装扮成各类政治人物的笑星们在电视观众面前表演，亦庄亦谐，同时设立了电话热线，让民众通过热线表达自己对各类政治人物和时局的看法，畅快淋漓地鞭挞这些政治人物，在乱讲中宣泄政治的严肃和无奈。连战则甚至携妻带儿，上了一档叫《康熙来了》的节目，向观众大爆情史，甚至什么时候初吻、穿什么内裤都全盘兜出，大大满足了观众的娱乐心理，同时也为这位老成持重、呆板木讷的国民党老将形象，涂抹了一些年轻时尚的色彩。

2. 政治人物娱乐化的正面和负面影响

政治人物纷纷登上“娱乐节目”无疑是为了取悦大众。这一现象，说得不好听些，可以被称作“炒作”或者要“噱头”，归根到底是为了“争抢观众”。政治新闻以诙谐搞笑的姿态出现，是采取一种低调的“全民”姿态来游戏政治，既能针砭时弊，又为民众满腹的怨愤提供了一个宣泄口。对于政治人物而言，民意是稀缺资源，极其重要，民心问题关系到个人仕途的顺逆和执政后政权的稳定与否。他们自爆情史，不忌讳地表现自己与常人相似的一面，完全放弃了政界高官正襟危坐、刻板保守的作风，不失为一种新鲜的举动，的确迎合了一部分观众的娱乐心理，但背后的深层动机恐怕是为了赢得这部分观众的认同和喜爱。这种“语不惊人死不休”的节目形态，一方面能让政治真正进入到千家万户，掀开政治的神秘面纱。另一方面又降低了政治的严肃性，尤其是对政治名人私生活的过度渲染，会极大地影响到有关职能部门的公信力，损害政府形象。

演员生涯对刚刚去世的里根从政起到了意想不到的作用，严肃的政治家也似乎自愿成为娱乐明星，这种模式是否有持续发展的前景，特别是新闻媒体在其中扮演的角色，是否有一种媒体“造星”的趋势在起作用。

如果从亲民角度来解读“政治家明星化”可能会更贴切一些。众所周知，明星是人们日常生活中经常能在媒体上接触到的，且是注意力集中的焦点之一。媒体是明星的制造商、加工厂和推广人，没有媒体的参与，今天的明星都只不过是小范围内的知名人物。政治家成为明星可以说是一种从形象上开始的改变和突破，明星式的脸谱能够让政治家卸下沉重的公务面具。以另一种更为戏剧化的方式参与公众生活，是政治家力求使人们产生亲切感、追求亲和力的一种表现，也可以说是一种社会进步，它掀开了政治的神秘面纱让大众亲眼看到政治复杂的真相。因此，这种模式还是有一定的发展空间的。目前，在我国、内地此种现象十分少见，新闻媒体还是比较侧重树立政府的整体形象，而不是有意识地“造星”。

3. 媒体为何会乐此不疲

时政新闻的娱乐化倾向是一种全球化的普遍现象，20 世纪 90 年代，以美国总统克林顿上电视音乐秀为标志事件，将娱乐和政治信息紧密结合，催生的“新新闻”理念在西方新闻界大行其道。对传媒来说，其价值何在?

在媒体与被“造星”的政治家之间存在着一种互动的利益关系。政治家需要通过新闻媒体来宣传自身，以贴近普通观众的平民形象来赢得人心；新闻媒体需要内幕素材来组织策划能“抓住眼球”的报道，挖掘深层信息、洞察政治走向，这对于媒体既是契机也是挑战。正确地把握好政治娱乐化的“度”，能使枯燥的政治新闻走向轻松活泼，成为激烈市场竞争的新卖点；而超出这个“度”则可能让政治沦落为群众的狂欢、市井的集市，丧失原有的格调和操守。

有些人视娱乐为洪水猛兽，认为凡是贴了娱乐性标签的东西都是媚俗低级、难登大雅之堂的。其实不然，娱乐与严肃、大众文化与精英文化并非绝对矛盾、难以调和的。随着我国经济的飞速发展，人民生活水平有了大幅提高，社会正处于一个转型期，消费文化开始滥觞。现代生活的快速节奏和竞争压力让娱乐成为人们生活中的一种迫切需求。

把政治新闻写好写活，尤其是将政治生活中那些闪光耀眼的事迹、人物作为典型，以生动的笔法通过新闻媒体在社会上加以传播，对于社会的进步和人民综合素质的提高无疑具有重要的意义。从朴实自然的角度、用轻松快活的笔触来处理典型政治人物或事件的报道，有利于提高政治新闻的吸引力和阅读率。但同时也要注意写作态度不要过于随意散漫，将媚俗当作幽默；在选题取材的时候也要胸怀全局，不要以偏概全，为了轰动而去“造星”。

22.3 报纸专副刊在当前媒介生态环境下的变化

报纸专副刊在传播大众文化方面起着先导和渗透作用。在当前媒介生态环境发生很大变化的情况下，研究报纸专副刊的改革与管理，具有重要的意义。

1. 单纯的文艺副刊已不能满足读者多层次的文化需求，“大副刊意识”是报业发展的必然

随着人们生活的丰富多彩和报纸版面的增加，今天的报纸没有一家只是单纯的文艺副刊，而各种特色的专刊、周刊使报纸有一种杂志化的倾向，即使文艺副刊的涵盖面也已经不再单纯。副刊的地位和形式都不再是“报屁股”，而是成为报纸不可缺少的重要组成部分。对于报纸副刊的定义，不能仅仅定位在纯文艺方面。报纸正刊以外的、时间性不强的软性内容，具有相对独立性和固定的版面，包括文艺副刊、社会副刊、生活副刊、国际副刊等社会文化副刊，都应该属于“副刊”的范畴，而各种专题性、专业性的专版都应该属于专刊。

如今，报纸专副刊的特征与功能已经发生了较大的变化。

首先是大众化与小众化并存。一方面，大众文化盛行；另一方面，小众文化现象也更加突出，如股市行情、古玩收藏等。这种小众文化现象构成了副刊的小众传播空间。小众传播分两类：一类是流行文化，如股市行情等；一类是高雅文化，如文学遗产等。这两类文化都是不可或缺的。对于小众文化的内容可开辟专刊，以满足部分读者的需要。

其次是有些大众化内容现在逐渐走向小众化传播，而一些小众化内容却出现了向大众化靠拢的局面。文艺副刊在20世纪80年代以前，是每家报纸不可缺少的版面和内容，到了90年代越来越削减，有的报纸干脆取消了文艺副刊。留守阵地的传统文艺副刊也面临着岌岌可危的境况。过去一向不被人看好的阵地，如今却显得红红火火，甚至成了报社的一块“肥田”，如求职就业、汽车、电脑和房地产等。

再次是新闻性增强，社会报告类报道增多。以前备受读者关注的报告文学逐渐减少，深度的社会报告由于时效性强、信息量大和具有故事性而更受读者

欢迎。如《北京日报》的“今日关注”、《羊城晚报》的“焦点新闻”、《解放日报》的“热点追踪”等等。这些内容已形成相对固定的专版，尽管媒体把这些内容作为新闻来操作，但绝大部分内容实际上属于社会报告的范畴。

鉴于以上变化，有必要把专副刊的基本特征和功能重新加以梳理。专刊是具有专题性、专业性和专门性信息的固定版面。专刊的特征在于一个“专”字，具体含义有三：一是指专业性，如“法制”、“经济”、“体育”、“科技”、“教育”、“文学”、“史学”、“哲学”、“文学遗产”等。二是指专题性，如“读者来信”、“绘画”、“健康”、“财富”、“股市”、“热点追踪”、“焦点新闻”等，以不同的名称固定下来，让读者注意这个版面集中报道哪方面内容，产生定期阅读的欲望。三是指专门性，为了配合一个时期的中心工作，围绕某一重要问题或热点或兴趣点而设置的相对固定或不固定的版面，比如“精神文明特别报道”等。“专”，既有广度又有深度；“深”，指注重分析；“广”，指文章内容丰富，能提供更多更详细的材料。副刊的特征是杂而有趣。“杂”，指内容广泛，形式多样。内容上，天文地理，无所不包；形式上，除了小说、诗歌、散文、绘画等品种外，还有网络小品、幽默小段、游戏，甚至包括哲理名言、百姓语录，三言两语也可为副刊作品。副刊既要有审美与休闲娱乐，又要有时代气息。

专副刊已经不仅仅是被动“补白”新闻的不足，还要讲究策划性、服务性和引导性。无论副刊还是专刊，策划性已非常明显。“策划性”就是一种主动的表现，专副刊的主动性使它们成为独立的板块，在报纸上占有重要的位置，其任务也更加明确。专刊的任务主要是：传播更丰富的实用性信息，满足人们的生活需求；传播详细、全面、深刻的专题内容，满足不同层次读者的需求；对社会现象、理论问题进行评论分析。指导社会主义文化的方向，为精神文明建设提供更多的先进文化。副刊的任务是：刊登富有时代感的文学作品，提高大众的审美情趣；提供健康、文明的休闲娱乐文化作品，丰富读者的业余文化生活；传播中华民族文化，弘扬民族文化精神。

“大副刊意识”的发展，大致经历了三个阶段。第一阶段：20 世纪 80 年代以前，副刊主要指文艺副刊，不少论文和专著的观点较一致。如王文彬的《中国报纸的副刊》、罗贤梁的《中国副刊史略》、冯并的《中国文艺副刊史》等。第二阶段：80 年代，一些有识之士主张树立大副刊意识，其含义是：除了新闻、评论和广告外都是副刊，也包括专刊。第三阶段：90 年代中期，专刊越来越多，内容越来越丰富，在读者中的影响也越来越大，形成了新闻、专刊、副刊三足鼎立的格局。

进入 21 世纪，各种专刊异彩纷呈，绝大部分形成固定版面。报界大多数人认为，再把专刊列入副刊已不合时宜，专刊、副刊分开有利于发挥各自的功能。笔者倾向于将专刊和副刊统称为副刊，或者称“专副刊”。第一，便于管理。专刊和副刊回归到副刊部，减少机构重叠。第二，便于形成传播强势。专副刊的版面较固定，便于留住读者。如果办出本报特色，即可吸引更多的读者。如“大地”、“五色土”、“文荟”、“朝花”、“夜光杯”、“花地”等，已形成品牌效应。

2. 专副刊：报纸竞争的新战场

如果说20世纪80年代以前专副刊只是对新闻的被动“补白”，那么，到了21世纪，专副刊则更加注重对读者的竞争。形成了一种主动出击的态势。其原因是：市场需求推动了专副刊的发展。报纸为了生存纷纷扩版，而扩版内容最多的是专副刊。能显示个性和特色的正是专副刊，最富有竞争力的也往往是专副刊。

20世纪90年代后期以来，一些报纸的专副刊版面大幅增加。例如，《人民日报》80年代专副刊占版面的19%，1998年占34.7%，2001年占27.8%，2002年达到40.8%。又如，《新民晚报》80年代专副刊占版面的33.3%。1998年占39.7%，2001年占50.4%，2002年达到52.4%。

周刊、特刊的增加，丰富了专副刊的版面。北京报纸的周刊相当普遍，如《人民日报》周一和周日的《经济周刊》，周三的《经济专刊》、《民主与法制周刊》，周五的《国际周刊》、《假日生活周刊》等。《光明日报》的周刊更多，如周一的《科技周刊》，周二的《理论周刊》、《军事周刊》、《法制周刊》，周三的《文化周刊》、《电脑网络周刊》，周四的《教育周刊》、《书评周刊》，周五的《经济周刊》、《世界周刊》和《九州周刊》，周六的《理论周刊》，周日的专版和画刊等。广州的特刊相当普遍，每逢节假日或大型活动，特刊铺天盖地，如旅游特刊，亚运特刊，五一、国庆特刊，等等。这些周刊、特刊，服务性内容最多，诸如房地产、汽车、电脑等，形成了缤纷斑斓的专副刊文化。大致统计，2002年的专副刊占版面的比例是：党报40%左右，晚报50%左右，都市报60%左右。

各报在专副刊的内容上各出奇招，显示出不同的特点。例如：

《人民日报》——打造品牌。我国第一大报《人民日报》为了争取读者，掌握舆论引导的主动权，也在不断进行改革，最近变化比较明显的是副刊。“大地”副刊内容和形式趋向于短、活、近，尽量刊登短小精悍的作品。如2001年11月16日评论版的《正确理解音乐的社会功能》，内容丰富、观点新颖，这样重要的评论在过去可能要占大半个版面，这次只用了不到四分之一的版面。

《北京日报》——走进生活。副刊、周刊的栏目设置、内容安排，力求从社会生活出发，尽量贴近百姓、贴近实际。选择人们关注的话题，趣味性、故事性大增。《理论周刊》也注重社会需求的热点问题。如2002年8月5日刊登的《我反对炫耀性消费》，很有现实性和可读性；8月12日的《领导干部眼中的社会热点》，当代意识很强。

《解放日报》——重点突破。2000年10月23日，《解放日报》进行新的改版，对专副刊的调整重点是提高质量，即重点办好文艺副刊《朝花》、理论专刊《新论》，同时兼顾其他周刊，坚持高品位，多出精品，增强党报的影响力和可读性，起到“润物细无声”的作用。改版后，专副刊更加清新，更加贴近读者、贴近生活。2002年7月26日周末版《怎样活到100岁——洪昭光教授谈生活方式与健康（上篇）》的特别报道发表后，在上海引起了反响，许多读者因没有买到报纸而感到遗憾。8月2日该报刊登出下篇后，又把上下篇合刊单独印刷，以满足读者的需求。这说明党报的专副刊，只要坚持为人民服务的宗旨，选择广大群众关心的问题作为报道对象，同样会受到群众的欢迎。

《南方日报》——挺进市场。2002年8月6日《南方日报》进行全面改版，版式改为国际通行的“黄金报型”，副刊的改动更加令人瞩目：第一，不但把专刊“财富”作为“时政、经济和文体”的三大板块之一，而且作为该报特色推出。第二，加强文化与文艺副刊的版面：两个“文化”版，一个“小品”版。第三，内容既注重品位，又注重读者兴趣。如当天文化版的报道“我国演出市场政策做出重大改革，卖批文卖挂名吃不开了”、“《天脉传奇》同期票房超过好莱坞大片，广州市公司电影院没得放”等。标题与内容讲究故事性，舆论监督更加大胆。第四，作品的形式多样化。小品有《富人为什么不纳税》、《时尚的爱情》、《楼下小书店》等。连载的内容也丰富多彩，有长篇小说《揭示中国足球内幕》、纪实文学《谁把刘晓庆送进监狱》、报告文学《中国女子监狱调查手记》。若单从副刊来看，《南方日报》的可读性增强了，亲切感增强了，内容更吸引人了。

随着专副刊的发展，不少报纸在广告量方面专副刊已超过新闻版。例如，《解放日报》专副刊与新闻版广告投放量的比例为3.7∶1，《广州日报》的比例为1.96∶1，《北京晚报》、《新民晚报》和《羊城晚报》的比例分别为2.8∶1、2.5∶1和1.98∶1，都接近或超过一倍。由此观之，专副刊成为广告商投放广告的另一块“风水宝地”。尤其是一些专刊，如汽车、IT、房产、求职等，更能吸引广告商加盟。

3. 报纸专副刊的管理亟待加强

专副刊的影响越来越大，覆盖面越来越广，由于它的实用性和休闲娱乐特点，青少年读者更喜欢读专副刊的内容。专副刊的内容对精神文明建设起着很重要的作用，因此，加强对报纸专副刊的管理已迫在眉睫。

（1）提高编辑记者的政治思想素质和引导水平。

编辑记者应坚持先进文化的前进方向，这一点不能动摇。因为复杂的文化和舆论环境对正确把握舆论导向提出了更高的要求。报纸一方面要提高先进文化与落后文化的鉴别能力；另一方面要主动占领文化阵地和舆论阵地，先进的文化不去占领，落后、粗俗、腐朽的文化必然会去占领。专副刊的导向也要讲究多层次性，舆论导向不仅包括政治导向，还包括思想导向、价值导向、文化导向、生活导向、行为导向、消费导向、娱乐导向等。这些导向，除了政治导向外，其他几种导向靠副刊文化更容易见效。副刊文化导向与新闻导向有相同的地方，也有不同的地方。如果说新闻的舆论导向要旗帜鲜明，副刊文化导向则要潜移默化。比如，股市行情，预测不慎重可能影响个人、家庭甚至社会的安定。再如，娱乐休闲文化内容如果庸俗低下，可能会影响青少年的思想或生活态度。因此，编辑记者要把握好副刊文化导向的特点，增强引导的艺术性。

（2）要重视对专副刊的评论工作。

专副刊的内容不同于正刊的新闻，新闻有明确的宣传政策，专副刊内容属于软性产品，界定起来比较复杂。尤其是文艺作品，其特点、规律与新闻有所不同，管得太死，容易失去读者市场，也不利于繁荣社会主义文化；不管则容易造成一盘散沙、各行其是，甚至产生消极的影响。所以，组织一定的专业人员进行分析评论，有利于专副刊文化的健康发展。

（3）要加强对专副刊的监督。

专副刊是纸质媒介思想阵地容易被攻破的地方，但是在实际操作中又是控制比较薄弱的地方。一般是部主任级审查，更多的是编辑个人的素质在起作用；而在媒介人才年轻化的趋势下，他们的文化和思想修养往往一下子很难承担这么重大的责任。出了问题当然可以批评甚至撤换编辑，但是造成的社会影响已经难以消除。

专副刊管理的重点应是都市报和沿海发达地区的报纸。因为那里的报纸市场化程度高，专副刊最活跃，也最容易出问题。对这些报纸的管理，主要是摆正社会效益与市场效益的关系。市场效益是衡量报纸办得好坏的重要标准，但不是唯一的标准，精神产品的质量高低，应以社会效益为第一。

（4）要优化专副刊采编人员的配置。

据我们调查，目前报界对专副刊的重要性尚缺乏足够的认识。一是往往让不好安排位置的领导负责专副刊，二是有能力的人员安排在要闻版工作，把专副刊放到了次要位置。这与外国一些报纸的人员安排形成了反差。如《法兰克福汇报》的副刊部，采编人员包括33名编辑、9名秘书、15名专任驻外记者，编辑中有15名是博士，可见报社对专副刊的重视。

目前报纸从业人员越来越年轻化，一大批年轻记者、编辑的进入，为报纸事业带来了活力。但也应看到，副刊要求知识丰富、视野开阔，编辑记者应该是杂家，而一些新手因缺少文化积累，常常显得捉襟见肘。目前副刊不大令人喜欢，其中一个原因是知识性不够强，杂家太少。专刊的特点在于"专"，要求具备一定的专业知识。针对现状，报社必须着力培养学者型、专业型的记者和编辑，并安排有相应知识的领导负责专副刊部的工作。

（5）大力提升各类专副刊的水准。

21世纪是知识经济时代，对信息、知识的传播显得更为重要。各种专刊和副刊应介绍最新的知识、科技动态和其他实用性信息，同时新的观念性信息的传播需要加强。

理论副刊目前存在的问题是学术性太强和篇幅过长，不利于普通读者阅读，影响理论宣传效果。改进的方向是使深奥的理论通俗化、形象化。具体地说，应注重回答社会实践中产生的新问题，发挥其现实性作用；注重实际工作中提出的热点、难点问题，尤其是观念性问题，及时给予分析和解答，发挥其释疑解惑作用；围绕当前的中心工作，对那些方向性、政策性、法规性的问题给予详细的阐释，充分发挥其引导作用。

综合性文艺副刊最活跃，传播面最广。目前存在的问题是娱乐新闻炒作现象严重。作为"娱乐文化"，小题大做尚可接受，"无题大做"则使人厌烦，也损坏了媒体的形象。应着眼于既要满足人们休闲娱乐的需要，又要注重提高人们的审美情趣和文化品位。

从一定意义上说，品牌与格调具有一致性。品牌专副刊往往格调高，而格调不高的专副刊很难形成品牌。《人民日报》的"大地"、《文汇报》的"笔会"、《解放日报》的"朝花"、《新民晚报》的"夜光杯"、《北京晚报》的"五色土"、《羊城晚报》的"花地"等品牌副刊，都是格调较高的副刊。它们在传播社会主义文化中发挥了积极的作用，这些副刊的经验值得借鉴。当然，具有品牌效应的专副刊也应与时俱进，继续创新，以不断适应读者的需求。①

4. 副刊的未来发展趋势

（1）副刊的发展与变异。

自解放后到现在，我国的报纸副刊大致经历了如下三个阶段。

① 新闻大学.2003年春季号

第一阶段：20 世纪 80 年代以前，副刊主要指文艺副刊。当时的文化消费内容主要是阅读报刊书籍。所以小说、诗歌、散文、报告文学等在副刊上占主要地位。

第二阶段：20 世纪 90 年代。受大众文化的冲击，周末版开始活跃起来。报告文学的写作手法、题材选择等开始生活化、多样化、亲民化，实用类副刊走俏，而纯文学类作品的地位开始下降，读者的阅读兴趣由文学转向现实生活。一部分报纸副刊开始转向经营大众文化的内容。

第三阶段：20 世纪 90 年代末至今，都市文化崛起，文化格局呈多元化趋势。大众文化与传统文化出现整合现象，其目的是丰富副刊的内容。

（2）21 世纪，谁在消费副刊。

我们曾在北京、广州两地进行过问卷调查。调查发现，当前的副刊消费至少发生两种变化：

①阅读方式发生了变化。信息时代，快餐文化受欢迎，77.1% 的人只是粗略地或泛泛地浏览报纸，仔细阅读的人只占 17% 左右。

②审美情趣发生了变化。有 40% 的读者认为，当前副刊内容与人们的生活不太密切或有很大的距离。大部分读者认为，现在很少人去阅读那些抒情感叹类的诗歌或文章，因为那种抒情方式过时了，太空虚了，更喜欢看有时代特色的文艺评论式的短文。副刊要想争取读者，一定要在内容和形式上下工夫，应该让读者感到，虚构的比现实的更精彩。

（3）副刊未来的发展趋势①。

对当前文学的态度太被动，出击迎战是上策。就目前形势来说，文学大有市场，关键的问题是我们如何认识市场，如何了解读者的阅读心理和阅读需求。

①副刊应该以动态为主，静态辅之。文学作品只有关注百姓、关注民生，才能拉回读者。在体裁样式上也应体现动的感觉，多刊登短而精的文体，不拘一格，不必认定它是小说还是散文，只要读者喜欢。报纸上的大块作品已失去市场。

②副刊作品的创作手法应大胆创新。报告文学原来常在副刊上出现，后来，新闻借鉴了报告文学的写作方法，去其虚构，剔其抒情，摇身一变，先叫大特写，后称深度报道，更受读者欢迎。

③副刊更加重视策划。实际上，不是人们不喜欢读文学作品，有时代感有当代生活观念的文学作品人们是喜欢读的。“花地”副刊曾策划了几期与社会

---

① 新华文摘 . 2004. 7

联动的专题讨论，内容大都是社会热点问题，吸收读者参与，不同观点进行了激烈的碰撞，贴近生活，显示出强烈的当代意识。

④提升通俗文化品位。风格上，应该从大众文化中吸收新的写作方式和写作观念，注重内容的现实性与时代感，提升通俗文化的品位。雅俗并存的副刊文化格局有利于副刊的繁荣和发展。

范文阅读一

一位到任仅3年的公安局长，因公殉职后，

14万群众自发为她送行　　（引）

百姓心中的丰碑——追记公安局长的楷模任长霞　（主）

任长霞，1964年2月8日生于郑州；1983年10月从河南省人民警察学校毕业后分配到郑州市公安局中原分局工作，先后任预审科民警、预审科副科长、法制室主任；1996年10月任郑州市公安局法制室副主任，1998年11月任郑州市公安局技侦支队支队长；2001年4月调任登封市公安局党委书记、局长。曾获全国“五一”劳动奖章、中国十大女杰、全国三八红旗手、全国青年岗位能手、全国优秀人民警察等荣誉。

细雨绵绵，如泣如诉，灵堂已撤，诗墙依旧。

尽管当初万人恸哭、挽幛如云的场景已经隐去，宽敞的嵩岳大街、少林大道恢复了往日的平静，可隐约中，那悲痛凝重的氛围依然笼罩着这座著名的山城。

5月22日，在登封市公安局长任长霞不幸因公殉职一个多月后，我们来到登封追寻英雄的足迹，听百姓们含泪讲述长霞的故事，真情似颍水清澈，朴实如嵩岳无华，像追忆逝去的亲人。从那悲痛凝重的氛围里，我们真切地感悟到，一个人们心目中的“好官”、“好公安局长”与百姓的血肉联系，感悟到“天地之间有杆秤，秤砣就是老百姓”的朴素哲理。

1

其实，百姓的眼泪很金贵，也很慷慨，就看是对谁。她抹亮了嵩岳一片蓝天，还给了登封一方平安，百姓就把泪洒给她，把心掏给她，用口为她铸碑。

嵩岳无言，颍水低徊。雨像泪一样飘洒，泪如雨一般倾诉。

面对每一位受访者的泪眼，记者视线模糊，无法拍照，无法笔记。

4月14日20时40分，当任长霞为侦破“1·30”案件从郑州返回登封途中突遇车祸因公殉职后，登封“黑幛白花漫嵩山”，“城巷尽闻嚎啕声”，仿佛一夜之间出了无数诗人，使整个山城涌动着诗的潮水，哀的旋律。4 月 17 日，14 万群众自发为她送行，其哀其痛，其悲其壮，撼天动地，千年历史的古城登封前所未有。

一个眉清目秀的柔弱女子，一个到任仅3 年的公安局长，何以能在这么短时间内赢得60 多万百姓的如此爱戴、如此尊崇?!

“她才 40 岁，叫这么好的人走恁早，苍天它真的没长眼呐!”发出这声哀怨的是当地“王松涉黑团伙”的受害者、告成镇农民冯长庚。伴着窗外的细雨，他含泪向记者讲述任长霞如何除掉这个社会毒瘤，为民伸张正义的故事。

登封位于郑州、洛阳、平顶山的结合部，多年来，治安形势严峻，大案积案较多，群众对公安工作意见很大。以登封避暑山庄老板王松为首的涉黑团伙，就是一个没人敢碰的毒瘤恶疮。他纠集家族成员、两劳释放人员组成黑恶势力团伙，私买枪械，私设刑堂，在白沙湖一带为非作歹，伤人过百，命案累累。冯长庚就因为在水库边洗脚，被王松手下诬为偷鱼而被刺一刀、打断5 根肋骨。

在一个局长接待日里，冯长庚试探着向任长霞诉说了自己的冤情，倾吐了不敢明告状，却又不甘心的苦衷，引起了任长霞的高度重视。在派人密访暗查掌握基本案情后，任长霞决心打掉这个背景复杂、组织严密、危害极大的犯罪团伙。经过专案组几个月的艰苦侦查，“王松涉黑团伙”所有成员全部被捉拿归案。作为全国十大打黑案件之一的典型案例，登封市公安局受到了有关部门的表彰。消息传开，老百姓奔走相告，称颂任长霞敢于打黑碰硬，为民除害。

“像这样棘手的案件，她可以找一千个借口搪塞，找一万个理由推脱，可她没有，她情愿为咱百姓当靠山!”冯长庚的话也说出了君召乡海渚村村民陈振章的心声。2002 年 4 月 16 日，陈振章被涉黑团伙“砍刀帮”的成员砍了两刀，一直上访告状，是任长霞组织干警，端掉了这个以李新建为首的犯罪团伙，为百姓除了害，也为他讨回了公道。

“任局长是真心为咱百姓办事的官儿。老天爷啊，咋不让我这个老婆子替她去死哩?”满头白发的韩素珍说起任局长老泪纵横。

1990 年 9 月 8 日晚，君召乡韩素珍的女儿和另一名女孩儿被犯罪分子强奸杀害，由于种种原因，案件长期未破。2001 年 5 月，任长霞在“局长接待日”上了解这一情况后，决心拿下这一陈年积案。2002 年 8 月 26 日，犯罪嫌疑人赵占义被抓获归案，11 年的悬案有了结果。

“要是嵩山搬得动，我就用它为任局长立碑！”韩素珍为表达对任长霞这位“女神警”的崇敬之情，筹措1 000元钱，为她铭刻了一块正面镌刻着“有为而威邪恶畏，为民得民万民颂”14个大字的“功德碑”。2003年4月10日，她带领君召乡郭岭村的村民们敲锣打鼓，来公安局给任长霞立碑。任长霞坚辞不让，村民们说啥也非立不可。任长霞最终没有拗过，同意让大家把碑立在公安局后院一个不显眼的地方。等乡亲们离去后，任长霞立即让民警把碑拆了。村民们事后感叹：“任局长能拆掉石碑，可她拆不掉俺老百姓的心碑！”

在回放4月17日任长霞葬礼的录像资料中，一幅写有“痛悼亲人任长霞”，落款为“上访老户”的巨幅挽幛格外引人注意，一头挂着的那包药来回晃动，尤为显眼。“来路短，去路长啊！长霞闺女为我们落下了一身毛病，带上点儿药也好御个风寒，免灾祛病。”老上访户张生林老汉未语泪流，泣不成声。

作为村民代表，张生林向上级反映村里财务混乱问题，受到报复，被打成重伤，颅骨至今塌陷。由于案子长期得不到公正处理，无奈之下，他常年上访，历尽艰辛。对他的申诉，任长霞极为重视，很快使案情获得重大突破。每次见他，总是问寒问暖，逢年过节，多有体恤。就在任局长牺牲前的4月12日晚，他应约来到任长霞的办公室，向她汇报一名打人凶手潜逃回村的重要线索。当任长霞得知张生林连小病都没钱看时，抓起电话就向市民政局长“说情”求援，为他申请救济。接着，她又把自己的常用药给张生林老汉挑了一大包，并约定15日她从郑州开会回来再说案情，弄准了立即抓人。

“可在4月14日她就走了，走时啥也没带……”送行那天，张生林约了另外6位“上访老户”凑钱为任长霞做了挽幛，早早来到了她的灵前。

登封街头卖冰糕的老汉王青山，与长霞非亲非故，素昧平生。“每逢星期六控申接待日，总能见到任局长耐心接待上访群众，倾听他们陈情，为他们主持公道。有一次碰面，她主动与我拉家常，问我生意咋样，收入够不够生活用，叫人心里热乎乎的。为了给任长霞送行，王青山老汉主动去帮助搭了3天灵棚。就是沾亲带故，白发人送黑发人，也没有叩首跪拜行大礼的，可我是身不由己，腿不由心呐”

2

莫道尽铁血，英雄也流泪。她的泪流淌着女人的天性，天性的慈悲，慈悲的纯真，闪耀着彩霞般的丽晖，映照出一位公安局长执法为民、关爱百姓的深切情怀。

嵩岳无言，颍水低徊。雨像泪一样飘洒，泪如雨一般倾诉。

面对每一位受访者的泪眼，记者视线模糊，无法拍照，无法笔记。

“我娘死我都没有这么伤心，没磕这么多头，没跪这么久。”5月24日上午，在陈秀英家的堂屋门前，陈秀英将任长霞的遗像双手捧在怀里，泪流满面：“我每天都要看看任局长，咋也看不够啊。在灵堂送行那天，我排了两次队，转了两圈，只为多看任局长一眼。”

2000年9月16日，中岳区任村村民陈秀英在一起纠纷中被打成重伤，事发后犯罪嫌疑人潜逃外地。陈秀英在医院做了两次手术，头上留下小碗口大的塌陷伤痕。由于案件迟迟未破，陈秀英踏上了上访告状之路。

“2001年5月的一个局长接待日，我到市公安局去申诉。那天的情景我到死都忘不了。任局长拉着我的手，问我啥事儿？我把告状材料递给她，她看了材料后，轻轻地摸了一遍我头上那块去掉颅骨仅剩头皮包着的软坑，她惊讶地说了声：‘咦！咋打成这样！’她的泪水一下流了下来，双手扶住我的肩问：‘人呢？’我说‘跑了’。任局长说：‘你放心，跑到天涯海角我们也要把他抓回来！’当时在场的100多个告状乡亲中许多人都哭出了声。”“任局长的心咋与咱老百姓的心贴得这么近，对咱这么亲！她也不嫌弃俺农村妇女蓬头垢面身上脏，在我头上摸了一遍又一遍。你知道，就这一摸，把俺的心都摸暖啦！”从公安局出来，陈秀英抑制不住情绪失声痛哭。经过两年多的艰苦侦查，今年2月，任长霞指挥民警终于将犯罪嫌疑人抓获归案。从那以后，陈秀英每次进城看病买药办事情，都要到公安局门口转转，总想看看任局长。

“任姐走了这么多天，这个画面还老是在我眼前晃动。”登封市电视台记者任俊杰眼含泪水，为我们讲述了又一段任长霞流泪的感人故事。

2003年12月18日，是一起重大案件告破的日子。在石坡爻村召开的公捕大会现场，囚车缓缓开动。一个小姑娘抱着一个小孩死命地追赶着囚车。小孩一声声哭喊着“爸爸”、“爸爸”！撕人心肺。小姑娘是犯罪嫌疑人王小伟的侄女，孩子就是他刚满3岁的儿子。因为家里穷，前两年他老婆跟他离婚了，家里还有一个年近古稀的老母亲。听到孩子的叫声，犯罪嫌疑人眼睛紧闭，牙关紧咬，痛苦地将头埋在怀里。见到这个情景，任长霞走过去让民警把犯罪嫌疑人从囚车上押下来，说：“打开手铐，让他们父子再见上一面。”犯罪嫌疑人看到还不懂事的儿子时，露出了人性的一面，抱着儿子嚎啕大哭。这时，任长霞蹲了下来，用双手轻抚着孩子的脸，从衣兜里摸出100元钱，递给一位邻居说：“给孩子买点吃的，以后孩子有啥困难就去公安局找我，我叫任长霞。”说完扭头就走了。

当时在现场采访的任俊杰回忆说：“当我过一会儿再见到任局长时，发现她在悄悄抹泪。”“任姐，你哭了？”她对我说：“唉，孩子真可怜！女人泪窝浅啊！”

高墙电网，厚门铁窗。5月25日下午，记者在登封市看守所见到了犯罪嫌疑人王小伟。第一次听到任局长遇难的消息，王小伟抱头痛哭：“她可是个好人啊，不该走这么早！”好大一会儿，他抬起头来说：“我对不起母亲，对不起孩子。如果有机会出去，我第一件事就是去坟上看看任局长，给她烧香磕头。”临了，王小伟哽咽着小声问记者：“任局长埋到哪儿啦？”

女性的慈悲是博大的。因为博大才显得伟大。

“任妈妈这一走，我又成了没妈的孩子！”登封市直二中初一女生刘春雨还没开口就失声痛哭，泪滴像断了线的珠子洒落在她手中的作文簿上——《我心中一盏不灭的灯》。窗外，风摇月季，雨打花蕾。小春雨断断续续讲述着她被“任妈妈”收养的一段情缘。

2001年5月，大冶镇西施村煤矿发生瓦斯爆炸事故，刘春雨的父亲不幸遇难。两年前失去母亲的刘春雨成了一名孤儿。任长霞在处理这起事故中得知这一情况后，眼含热泪拉过小春雨的手：“孩子，从今往后你就是我的亲闺女！”自此，任长霞独自承担了小春雨生活和学习的全部费用。

“任妈妈要是活着，她一定会给我送来生日礼物！”5月24日，记者采访小春雨时，这天正巧是她14岁的生日。她说，前年她过生日，任妈妈给她穿鞋的那一幕总是出现在眼前。

“2002年深秋的一天，任妈妈到我家来看我，给我带来一双运动鞋和一件粉红色棉袄。她蹲在地上给我穿鞋，见到我的袜子破了一个窟窿，就说，‘这咋穿哪，给你点儿钱去买双新的’。我的眼泪刷一下掉了下来，要不是当时旁边站着别人，我真想搂住她亲她一口，叫一声‘妈妈’。”

按当地习俗，披麻戴孝摔老盆，是亲生长子为父母送葬时才能行的最重的大孝礼仪，可在5月17日送别任妈妈那天，小春雨披麻戴孝，在任长霞的遗体旁久跪不起，哭成泪人。她告诉记者：“当时我真想把躺在那里的任妈妈拉出来。要不，她就会被灵车拉走，再也见不到了。”“以前任妈妈工作忙得总顾不上回家，我宁愿她的骨灰放回家中，好让她再享受多一点家的温馨。要是放在陵园里，她太孤独了，连个说话的伴儿都没有……”

怀有这种感情的又何止一个小春雨？2002年1月，任长霞为了使更多的孩子得到救助，向民警发出倡议，在全局开展了“百名民警救助百名贫困学生”的活动。全市有126名贫困学生得到了干警们的救助，重返校园。在为任长霞送行的那天，孩子们哪一个不是手扶灵柩，声声哭喊着他们敬爱的任妈妈！

3

她是个优秀的公安局长，却不是一个优秀的女儿、妻子和母亲。她把有限的生命时光几乎全都用到了事业上，留给家人亲友的唯有痛惜的泪水。

嵩岳无言，颍水低徊。雨像泪一样飘洒，泪如雨一般倾诉。

面对每一位受访者的泪眼，记者视线模糊，无法拍照，无法笔记。

“说不生她的气是假的！几个月见不了她一面，好不容易回来一次，几句话，一顿饭就走了。我就是再想她，也不敢给患有脑溢血的老伴说，只有独自落泪，一哭半夜。我给邻居说，我算是给公安局生了个闺女。说实话，她心里很少有家的概念、父母的位置。”任长霞的母亲抹了一把泪：“再想，她也对，家人再亲就这几口儿，那登封可有60多万人呐，不这样真的不中啊！”

“她的时间就像桶里的豆子，抓给事业上的多了，剩给家人的就少了。在这方面她固执得很，必须按她的原则办。说白了，工作上的事，群众的事不能挤，唯一能挤的就是给家人的时间。”任长霞的丈夫卫春晓律师说。“当初，我下班早了，给她倒杯水；她下班早了，给我倒杯水。多少回，她小鸟依人般偎在我怀里。随着她肩上的担子逐步加重，这些慢慢都没有了。她偶尔回家一次，也是不停地打电话说工作，或者倒头就睡，叫都叫不醒。‘春晓，咱老夫老妻了，我真的太累，顾不了家，你多担待点儿’。”看似刚烈的卫春晓泪花闪闪……

“其实，妈妈很爱我，就是因为她太忙，很少有时间回家陪我。今年3月16日，我患病在医院动手术，痛得全身流汗，特别想妈妈，忍不住就给她拨通了电话。妈妈说，工作忙完了就来陪我。我听到妈妈在电话那头哭：‘卯卯，好孩子，妈妈腾开手，一定去看你，一定！’为了让妈妈到医院来看我，也好让她借机休息一下，我故意在医院里多呆了几天，可直到我出院，妈妈也没顾上来看我一回。妈妈从来说话算数，可这次却永远地失信了……”任长霞的儿子卫辰尧一边讲述一边痛哭。

“要用百分比打分，你给妈妈多少分?”卯卯沉思了片刻：“顶多80分，因为她陪我的时间太少了!”

又一个80分！面对同样的问题，长霞的丈夫给了她同样的分数！

记者的泪水夺眶而出……是的，只有完美的神，没有完美的人！

作为一个普通的人，一个普通的女人，如果说任长霞也有她的不足和缺陷，那无疑是一种英雄的残缺，残缺的美丽，美丽的崇高！

“说实话，姐姐人长得很美，也很爱美。除了警服，还特别喜爱红衣服——红夹克、红毛衣、红衬衫、红围巾。她自己就说，‘爱红装又爱武装’。说真的，不管啥衣服，姐姐咋穿都好看。”任长霞的妹妹任丽娟翻看着姐姐的照片，眼里闪着酸楚的泪光。

她的话印证了长霞的美与爱美。记者在任长霞局长办公室的洗面台上发现，她的玉照下也有不少女人化妆用的必需品，一瓶忘记拧盖的化妆品仍散发着淡淡的芳香。

“这是唯一的一张全家福。”任长霞穿着红色的夹克衫格外醒目，格外妩媚。丽娟说，2002年春节，妈妈提议让姐姐回来，团圆一次，顺便照张全家福。可她说要值班，没空。我们全家就不期而至，“突袭”登封，硬是“逮”住她照了这张相。“她终究还是走了，撇下我们大家，留下一个残缺的家!”任丽娟镜片里的两窝泪水在盈盈晃动。

还有一张长霞身着警服，手持手机正在通话的照片。她一脸坚毅，显得特别飒爽。“其实，全家都习惯了，都理解她，支持她，包括至今仍被蒙在鼓里的瘫痪的父亲，从来都不给姐姐添麻烦。”

指着这张照片，丽娟说：“去殡仪馆为姐姐送行那天，妈妈把我拉到一边，让我给姐姐‘捎’去个手机，说我姐离不开手机，为那工作上的事，一天到晚不停地打电话，不能临走连个手机都没有！”

姐姐，带好你的手机，可别丢了！

说到舍小家为大家的任长霞，她曾经的搭档、郑州市公安局副局长、全国优秀刑警队长杨玉章说：“干公安局长这一角儿，别说是女同志，就是大老爷们儿也得咬牙硬挺，恨不得一天当作两天过，一个身子分成仨。长霞就是再优秀，登封治安状况那么复杂，她既要破案、扫黑、带队伍，还要接访、调研、顾群众，她能有多少时间来顾及家人?!”这位剽悍的铁血汉子硬是半分钟没说话，生生把将要流出的泪水憋了回去。

“闻讣沈阳已吞声，泪水随机过百城。此后无计可问谁，九躬难尽战友情。”闻知噩耗时，任长霞的战友、登封市公安局政委刘丛德正在沈阳出差，在火速赶往登封的途中挥泪写下了这首小诗。

3 年来的并肩战斗，他们结下了深厚的战友情谊。“长霞逢事总是想别人的多，想自己的少。她到登封后的 3 个春节，都因为事情多，是在局里过的。2004 年大年三十，长霞又坚持让我回家过年，她值班。我知道，她爹因脑溢血半瘫痪，娘的身体也不好。让我回家，老婆孩子围着，我怎么安心吃得下饺子？那天晚上，我带着爱人一起去看望了她的父母。”

刘丛德把头埋入双手，声音哽咽：“今年的春节她真的回不去了！长霞，你是顾不上了，就让我们替你尽孝吧，你放心走好！”

嵩岳无言，颍水低徊。雨像泪一样飘洒，泪如雨一般倾诉。

面对每一位受访者的泪眼，面对照片上英雄的微笑，记者视线模糊。

大德无碑，大道无形。谁心里装着百姓，百姓就把你刻上心碑！历史就这么公道！

《人民日报》2004 年 6 月 3 日

阅读范文二

广州市第一人民医院护士长张积慧日记

——对抗“非典”　难忘那46个日日夜夜

编者按

没有华丽的词藻、跌宕的情节，只有真实的情感、平实的语言、无私的奉献。就是这些普普通通的文字，把我们感动了。

在与同事们朝夕相处、并肩作战的日日夜夜，张积慧不仅尽心尽职完成本职工作，还在短暂的休息时间里用自己的笔记录下每天的所见所闻所感，记录下临时病区的医务人员走过的心路历程。

透过作者真实的记录，我们看到，在对抗非典型肺炎的斗争中，广州市第一人民医院这个团结一致、乐于奉献的集体。透过作者细腻的观察，我们更看到，广东省全体医务人员忘我的牺牲精神和勇敢探索的崇高品质……

如今，广东地区病人正陆续康复，病情日渐被控制，医务工作者的功绩有目共睹。不仅如此，当对抗非典型肺炎已成为更多人共同的战役时，广东医务工作者所作的贡献得到了公认：他们提供的翔实的各类数据为最终制服病魔打下坚实基础，他们探索出的有效的治疗方案对世界各国是十分有价值的参考，他们面对病魔前仆后继的勇敢精神得到世界卫生组织的高度赞扬。

历史不会忘记，2003年春天，勇敢、无私的医务工作者们！

我正在购物，手机响了……

2003年2月15日　星期六

11点30分，我正在购物，手机响了。医院护理部冯秀兰主任在电话里说：医院要成立一个非典型肺炎的病区，院领导班子正在讨论具体操作方案，已决定抽调你病区的护士们去支援，请立即回医院，并通知所有休息的护士。

中午1点，我赶到医院。这时，护士们也陆续从四面八方赶来了。

2点，冯秀兰主任来到我们中间，向大家说明这个病区主要是收治被传染的医务人员，市卫生局指示我们医院，要用最好的技术力量，使他们得到最完善、最彻底的治疗和护理。这让我们看到了这一新岗位的分量。

3点，我们12个护士迅速分成5个小组，开始计划、做单、领物。各路人马迅速出动，大到呼吸机，小到大头针都一一考虑到。从器械仓、杂物仓、供应室、被服仓、药库，我们一车车地搬运物品，往返都是跑步前进，直到晚上9点多钟，我们才拖着疲惫的身躯回到以前病区的办公室，此时已经没有力气多说一句话了，一脸的疲态，一身的尘埃。这才想起坐下来喝口水，吃点饭。

护士小冯对妈妈说："我既然选择了这个职业，就不能后退……"

2月16日　星期日

上午11点，我们终于把病区所需的物品全部备齐。我真不敢想象，这些体重只有40、50多公斤的姑娘们仅用了7个多小时的时间，就把将近20倍于自己体重的各种物品从不同的仓库，搬回到现在的5楼，并归类有序地摆放好。

吃饭时，我才知道，在我们忙碌的同时，医院里各个部门也在与时间赛跑。傍晚，整个临时病区从水、电、供氧、对讲等系统以及床、床垫、被服、病人和工作人员的衣服全部准备就绪，病房环境的布置（污染区、半污染区、清洁区）以及各种工作规程、人员职责、消毒隔离制度的制定等等，也都制定出台。市卫生局领导和医院领导一行10多人来到现场，一位领导感动地说："仅用了一天半的时间就筹建好了这样一个有规模、高质量的病区，说明市一院医务人员是一支团结的、特别能战斗的队伍。"

将近10点钟了，大家才捧着盒饭进晚餐。护士冯秀芳打电话把自己调到临时病区护理非典型肺炎病人的事告诉家人，电话那边妈妈、姐姐、弟弟等人都哭了。小冯对妈妈说："我既然选择了这个职业，就不能后退，我还没哭呢，你们更不要哭了，也不用担心。"妈妈只好让她必须每天打个电话报平安。看见小冯这样，其他的姑娘都不敢再向家里通报。

下午3点多钟，我们迎来了市传染病院转来的第一批病人……

2月17日　星期一

早上8点开了个短会。党委书记谢宏新传达了省、市领导的讲话精神，要我们从思想上、业务上做好充分的准备，与病魔作斗争，帮助病人尽快康复，回到亲人的怀抱。我们的病区被命名为“临时病区”，医院领导班子给我们定下的目标是：“不漏掉一个病人，不倒下一个医务人员。”谢宏新同志还特别指示：临时病区要成立临时党小组和团小组，党员、团员要起到先锋模范作用。

领导们一再强调医务人员自身的防护措施要严格、严密。在看到规划合理的病区、洁净的病房、健全的消毒隔离措施和制度，醒目的各种标志、流程和指引后，领导们满意了。

记得刚刚入行时，我们曾庄严宣誓：无论何时何处，无论男女或老幼，无论高贵与卑微，我之唯一目的，为病人谋幸福。虽然我一直在从事救死扶伤的工作，也曾经无数次无偿地加班加点，但直到今天我才领悟到这誓言的深刻含义。

护理部冯主任专门召集我们护理组成员，特别叮嘱我们：“请大家记住每一个病人都是我们的亲人和战友，我们在为他们提供服务的同时，要让他们感到温暖和支持，要让每一位患者相信，在康复的路上，我们与他们并肩同行，我们的服务更要体现出一份浓浓的情意。”在冯主任的带领下，我们在每一间病房贴上了“亲爱的病友，康复路上，我们与你并肩同行”、“病人满意，我们放心”、“有事请找我”等一句句关爱战友的话语。

下午3点多钟，我们迎来了市传染病院转来的第一批病人，与病魔的战斗正式打响了。

赵子文主任在为患者插管时，与病人脸对脸距离只有20厘米……

2月18日　星期二

早上，上班不久，从传染病院转来了一个昏迷的病人。这是一名护士，她不幸病倒后，深爱她的丈夫每天给她送汤、送饭、送花，不顾医护人员的强烈劝阻。她的丈夫不幸染病也倒下了，而且走得十分匆忙，没能给爱妻留下半句遗嘱。得知这一情况后，在场的医护人员心情无不万分悲痛，这是我们的姐妹啊，我们一定要全力救治她。

赵子文主任一声令下：送ICU室、插支纤镜、上呼吸机、心电监护、抽血……我看到赵子文主任在为患者插管时，与病人脸对脸距离只有20厘米！之后护士们又为患者吸出带毒性痰液约50毫升，更换因大小便失禁的裤子……经过一番紧急救治后，患者的各项生命指标慢慢平稳下来。

事后，我和赵主任及参加抢救的护士聊天，问他们怕不怕？赵主任说："当时只想快点插好气管插管，上呼吸机，时间就是生命。"护士说："当时只觉得手不够用，恨不得再长出两只手来赶快把所有的事做好。"

一位护士的爱人得知自己的妻子将被抽调到临时病区时，提出让她辞职，但这位护士没有这样做。她瞒着家里人，毅然来到了临时病区，还交代原来病区的同事，如果家里人打电话来找她，就说她刚刚走开或是做治疗去了。真是用心良苦！

这一切使我明白了，为什么我们医疗战线从发病至今，前仆后继地倒下了100多名医护人员，答案就在这里：为医学科学献身，救死扶伤，我们责无旁贷！

今天女儿打来电话说："妈妈，我好想你……"

2月19日　星期三

我已经几天没有回家了。今天女儿米米打来电话说："妈妈，我好想你，你回来吧，以后我再也不惹你生气啦，我唱支歌给你听，好吗?"听到女儿那稚嫩恳求的话语，我的眼泪情不自禁地流下来，好久说不出话。孩子在电话里喊道："妈妈，你说话呀，你说话呀。"她爸接过电话安慰我说："你安心工作吧，一定要注意身体，注意休息，女儿我会照顾好的，你就放心吧，等会我跟她讲讲道理就没事了，抓紧时间睡觉吧。"我自认为是一个坚强的人，但这些天发生的事情却使我思绪万千，终生难忘。

投入战斗两天，病区的所有护士们都感到累，全身心的累！医生们每天不停地巡视病人，根据病情变化调整治疗方案。而护士姑娘们手脚不停地执行着医生们下达的医嘱，加上她们都穿着工作衣、隔离衣等几层的衣服，戴着厚厚的口罩，在病房来回地穿梭，一个班下来衣服全都被汗水浸透了；还有精神上的压力和负担：怕稍有疏忽，护理的病人出现意外，以致病情加重。患者都是我们同一战壕的战友，是我们的兄弟姐妹，所以尽管累，护士们在治疗护理中没有一丝一毫的松懈。

护士长李淑霞正在读中山医科大学的护理研究生，接到医院成立临时病区的通知后，还在休寒假的她二话没说立即投入了"战斗"，还要冲在最前线，每天都要巡视重病房的病人。一天，丈夫出差在外，晚上近10点她才拖着疲倦的身体回到家里，当看到儿子穿着脏校服啃着快餐面时，她眼泪夺眶而出，说："妈妈对不起你呀，我的乖儿子……"

护士黎海阳年纪还小，和妈妈住在一起，为了使自己下班有更多时间休息，也为了怕自己带着病原体回家，传染给母亲，她硬是把母亲"赶"到了姐姐家住。想女儿心切的母亲昨晚偷偷跑到医院，海阳不高兴地说："妈妈，叫您不要回来，您怎么又回来了呢?"妈妈小心翼翼地说："我煲了汤给你送来，我马上就走，马上就走。"当带着爱意和不舍的妈妈下楼后，海阳伤心地哭了。

护士黄琳和谢美娟说："不下，既然来了，就干下去，除非倒下"

2月20日　星期四

今天又转来了一批倒下的医护人员，我们的工作更忙了，每天拖班的时间就更长了。多种输液药物的配置、静脉推注、吸痰、雾化治疗、病情观察记录、床边护理等让护士姑娘们手脚忙个不停，每个姑娘下班后双腿双脚都肿了。虽然医院后勤给我们准备的一日三餐十分丰盛，但累极了，虽然肚子很饿，但谁也吃不完一份饭。下班后，唯一希望的就是睡觉，哪怕只有半个小时或10分钟，哪怕就在办公室。

吃晚饭的时候，李淑霞护长对我说，护士康青刚刚在偷偷掉眼泪，问过后才知道她的小孩病了几天了。小康没有说，也没回家去看，她丈夫要到院长那里替她请假，小康说服了丈夫，坚持上班。

李护长还告诉我，下午她接的几十个电话中，其中一个让她记忆特别深。护士胡广平的妈妈打电话来说："我女儿几天没回家了，打她手机又关机，我查了很久才知道她在这里，我只想问你一句，她好吗?"

刚刚20岁的护士黄琳和谢美娟，是父母的掌上明珠，将近一年半未回过湖南老家探亲。原本过完年后向我请假要回去的，现在只字不提。当家里知道她们来到这个病区后，每天没少打长途电话来问候女儿。吃饭时，我对她们说，护理部成立了第二、第三梯队的护理人员，如果要替换你们，你们下不下去？她们想也没想，立即回答说："不下，既然来了，就干下去，除非倒下。"这就是平时我们看起来年轻而娇气的护士们的回答，我没有夸大和添加她们所说的每一个字。现在社会上是谈"非典"色变，而我们的医务人员们却冒着生命的危险迎难而上，置一切风险于脑后，她们是真正的勇士。

市一医院的精神是“仁心仁术，方便为怀”，以往，我总认为是院领导制定的企业文化纲领罢了。这些天来，我们并肩战斗的同事们，用她们朴实无华的言行，给我诠释了这八个字的深刻含义：把方便留给别人，把困难留给自己；把幸福留给别人，把痛苦留给自己；把安全留给别人，把危险留自己，代代相传，直到永远。

今天两个病人出院，初战告捷……

2月21日　星期五

我院派到市传染病院支援的护士梁健不慎患病了，被送回临时病区，同事们争相去探望她的时候，她根本没有讲自己的情况。其实，当初接受任务之时，她完全有理由拒绝，她身体瘦弱，患甲亢病才刚刚治愈。但小梁没有忘记自己在入党申请书上的誓言。她说服了亲朋好友，走入了市传染病院非典型肺炎病区。

这两天，全院各部门、科室自发地来到我们临时病区慰问，鲜花、慰问信和慰问品摆满了我们的办公室。

这场战斗，我相信用不了多久就会结束，饱受病痛折磨的患者一定会重新站起来回到亲人的身旁。目前大部分病人的病情好转，今天两个病人出院就证明了我们与非典型肺炎的决战已初步告捷。

冯主任说：“……你让瘦小的那个回去吧，我来顶一顶”

2月22日　星期六

从筹建临时病区的那天开始，医务部王建琴主任、齐晓红科长，护理部冯秀兰主任、郭洼云副主任每天早、晚必来病区巡视，了解患者病情，掌握疫情动态，调动人力，协助、协调各部门的工作。

自从临时病区组建以来，完善消毒隔离措施，保护病区的医务人员一个不被传染上疾病，是冯主任工作的重中之重。她的身影每天都会出现在重症病区，与护士姑娘们谈心，舒缓她们的精神压力和恐惧心理。今天冯主任又穿着工作服上来了，李护长说：“冯主任，今天是星期六，暂时没什么需要解决的，你回去休息吧。”冯主任说：“今天我是来上班的，这些天来姑娘们太辛苦了，你让瘦小的那个回去吧，我来顶一顶。”姑娘们都感动了，这就是我们近三年来曾做过两次大手术的护理部主任，我们的老大姐、我们的带头人啊！

这些天来，病区的医护人员无论在精神上还是体力上都大大地透支。前两天，可能是劳累过度，我感冒发烧了，全身无力。但那是最繁忙的时候，重病人增多，工作量加大，姑娘们的思想情绪也有些波动。我知道作为护长，自己不能去休息，只要我在岗位上，就能够安抚她们的情绪，协调医护的工作。今天才知道，护士冯秀芳前两天拉肚子，看到大家都很忙，调不出人手顶班，她也没吱声，自己吃了药坚持上完夜班。我告诫自己，不倒下一个医务人员，一定要把工作做得再细致些，不能再让姑娘们带病上班。

一位染病的医生在梦中还说道："激素……加量"

2月24日　星期一

今天省委常委、省委秘书长蔡东士同志一行10多人代表广东省委、省政府来看望我们，并转达了省委书记张德江同志的亲切问候和嘱咐："要不惜一切代价、不惜一切努力地救治病倒的医务人员。"听到这些关怀的话语，在场的医护人员都感到万分激动和温暖。会后，我们把上级领导的关怀转达给住院的每位医务人员，他们无不感到安慰和感动。4床患者说："自我得病以后，家里人不敢来看我，朋友也不和我联系了，真的感到很孤独、很沮丧，好像被社会抛弃了。今天听到上级领导对我们这么关心，心里感到很温暖。"

在这里住院的30多名医护人员半个月前就战斗在救治病人的第一线上，他们都是奋不顾身的勇士。一位医生说："救命要紧，抢救的时候谁还想得到他是'毒王'啊。"就这样，这些勇士在战斗中倒下了，即使在病床上，他们还是那么的不甘心，一位染病的医生在梦中还说道："激素……加量。"

今天又有10名病人出院了……

2月25日　星期二

今天又有10名病人出院了，这是一个巨大的鼓舞，是一个了不起的成绩。

我们这个临时病区的医生们是医务部从各相关科室调遣来的，以呼吸内科为主的各科高年资医生组成了特别治疗组。赵子文、钟维农医生负责病房，曾军、林材元医生负责门诊。一开始，他们制定了几种方案对病人进行对照治疗。在那难熬的等待奇迹出现的日子里，他们不分日夜地对病人的临床数据、指征、疗效进行连续的监测、观察、跟踪和记录。为了尽快地找到有效的治疗方法，他们全部长住在医院里，保证每小时都有医生巡视病情，每天都是三级医生查房制。他们对收集到的资料进行分析和验证，经过多次的讨论后终于找到了一套有效的治疗方法。一些从外院转来的顽固性高热、症状持续不改善的患者经过我们的治疗后，第二天体温就下降至正常，症状得到改善。然而他们还要考虑到病人尚未出现的并发症，是否会复发等问题，用赵主任的话来说："我们要做的事还有很多，千万不能麻痹大意。"

胡广平护士说："我好希望病床上的同行们醒来呀"

2 月 27 日　星期四

近两天天气闷热，我们戴着 24 层纱的口罩使呼吸也变得困难起来，大量的工作常让人汗流浃背，湿透两层工作服。今天上午，两位可爱的护士终于因体力不支倒在了工作岗位上。在休息室里，回过神来的宋玉萍护士第一句话就是："我没事了，让我上去加药吧。"

胡广平护士从筹备病区至今一直在 ICU 从事重病人护理工作，对超负荷的工作她没有一句怨言，经常拖班加点，用她的话说："我好希望病床上的同行们醒来呀，她们的孩子在等他们回去啊。"然而当有个别患者抢救无效死亡后，她也陷入感伤之中，今晨她终于支撑不住昏倒了。护理部考虑到她身心已处于极度疲劳状态，决定将其调到二线，临走时她跟护长说："我不想走，我很快就会没事了，你求一求冯主任不要调我走好不好?"当得到否定的回答时，她含着眼泪，依依不舍地对好友说："小春，我要走了，你一定要坚持到最后，千万别倒下。"看到这些，我的眼泪已经模糊了视线，这些感人的情景，我每天都能看到、感受到。这就是我们这个战斗集体的凝聚力，来到这个队伍的人都不想走，调走的人也争着回来，这是多么难得的呀。

今天又有 12 个病人出院了……

2 月 28 日　星期五

今天又有 12 个病人出院了。经过两个星期的艰苦奋战，病魔投降了：住院病人正在康复。

钟维农，具有多年临床经验的呼吸内科医生，从建立病区到今天一直没有回过家，天天都是 24 小时值班。只要他在，我们大家心里都感到很踏实。一天晚上，ICU 病人的呼吸机出现了异常的声音，护士报告后他很快上来排除了故障；又一天晚上，越秀区医院请医生支援会诊，并非值班的他二话没说就去了。他还经常在病区讲幽默、笑话故事，在他的带领下，大家团结、协作，工作抢着干，享受争着让。

吃饭时我问他想回家吗？他没有直接回答我，只是说这个月的手机费暴涨了，因为每天要给儿子打半小时的电话，因为儿子曾在电话中夸他："爸爸，你真行，你是我心中的英雄。"是的，"英雄"这个称呼他当之无愧。

院领导给我们请来心理医生

3月3日　星期一

经过18天的连续作战，大家都感到身心疲惫。这两天，院领导给我们请来心理医生尹平为我们进行心理调适，在集体讲课后，她又耐心地进行个别辅导，大家的精神压力大大减轻，真是太及时太有用了。一些医生和护士说要把这些知识传授给住院的病人，因为他们也正遭受着心理的煎熬。

我看到有的医护人员写赞扬信给病倒的医务人员，称他们是真正的勇士；有的与病人握手谈心，让他们增强自信；有的请来病人的家属，在隔离措施许可的前提下进入病房安抚自己的亲人。这一切使得医患关系变得暖融融的。我们还收到出院后的病人写来的感谢信，送来的锦旗，心里真是说不出的高兴。

赵主任手里多了一大篮鲜艳的玫瑰，不好意思地说："献给辛苦的护士们"

3月8日　星期六

今天是个值得纪念的日子。一大清早，钟维农医生和梁瑞梅护长带来了一大捆康乃馨，赵子文主任即委派年轻、英俊的男医生黄侃把这些鲜花送到病房，给每位女患者发3枝，取意"重生健康"。顿时病房沸腾了，有的说："太好了！"有的喊："万岁！"忽然，赵主任想起了什么，只见他跑出去，回来时手里多了一大篮鲜艳的玫瑰，不好意思地说："献给辛苦的护士们。"姑娘们笑了，就像那朵朵含苞欲放的红玫瑰。

这天，临时病区都沉浸在欢乐的气氛中。

今天过得真开心，要是天天这样多好。

22 天来，我们共收治了 62 例患者，出院了 43 例，无院内交叉感染发生，无医护人员被感染……

3 月 10 日　星期一

在这个没有硝烟的战场上，同志们的斗志越来越高，对于夺取最后的胜利，大家信心倍增。22 天来，我们共收治了 62 例患者，出院了 43 例，无院内交叉感染发生，无医护人员被感染，初战告一段落，我们向上级、向人民交了满意的答卷，等到病魔被击退的那一天，我们有信心交 100 分的答卷。

这些天来，院领导们不断地来看望我们，给我们以精神上的鼓励，提醒大家不要麻痹大意，仍要严格管理、严格执行消毒隔离措施。“保护好自己就是保护好病人，保护好病人就是保护好社会。”这是王院长临走时对我们说的话，是啊，我们一定要保存战斗力，直至最后的胜利。

王主任含着眼泪读着撤离医生的名字……其他没读到名字的医生好像放下了一块大石头

3 月 18 日　星期二

王主任说：“经过整整一个月的战斗，你们取得的成绩为医院赢得了荣誉，尽管这场战斗还未结束，但医院还是要抽调一部分同志到二线工作。”话音未落，黄侃医生马上站起来说：“王主任，我是男同志，体质好，家庭负担不重，让我留下来吧！”“你从 2 月 9 日去市八医院支援到现在已经快 40 天了，先把你轮下来透透气。”“40 天又怎么样，你看我不是好好的吗？说不定有抗体了，让女医生先下一线吧，她们有孩子，有家庭负担，而且工作时间也不短了。”听黄侃这么一“挑拨”，女医生于晓春、郑云、郭群英马上异口同声地说：“我们也不想走，听王主任的安排吧。”言下之意是让呆得最久的男医生先下到二线。

看到这样的场面，领导们感动得热泪盈眶，经过讨论商量，王主任含着眼泪读着撤离医生的名字：郭群英、陈曲海、詹琪。我看到郭群英医生背过身流泪了，陈曲海医生低着头一声不出，詹琪医生像木头一样发呆，其他没读到名字的医生好像放下了一块大石头，黄侃医生脸上还露出了满足的微笑。

这就是我们团结、奉献的战斗集体，这个谁都不舍得离开的集体，有了这样一个集体，还有什么困难我们不能克服呢？

现在只剩下4名患者正在康复中

4月1日　星期二

到今天为止，我们一共收治了74名患者，现在只剩下4名患者正在康复中，暂无新病人住院。全市新病例数正在下降，“非典”得到了有效的控制。不过，我们知道香港地区的新发病人正在增加。王其敏院长告诉我们：“这个时候千万不能掉以轻心，不能漏诊一例病人，不能让一位医务人员倒下。”看来，要取得这场战役的最后胜利，我们任重而道远啊！

《人民日报》2003年4月15日第五版

主要参考文献

1. 邝云妙．高级新闻写作．广东高等教育出版社，1999
2. 林如鹏．新闻采访学．暨南大学出版社，1998
3. 蔡铭泽．新闻学概论新编．暨南大学出版社，1998
4. 董天策．新闻传播学论稿．福建人民出版社，2004
5. 刘明华，徐泓，张征．新闻写作教程．中国人民大学出版社，2002
6. 艾丰．新闻写作方法论．人民日报出版社，1994
7. 周生林，尹德刚，梅懿．当代新闻写作．第2版．复旦大学出版社，2004
8. 丁伯铨．当代新闻文体写作．陕西师范大学出版社，1998
9. 杜荣进．中外新闻采写借鉴集成．浙江教育出版社，1997
10. ［美］密苏里新闻学院编写组．新闻写作教程．新华出版社，1986
11. 陈力丹．陈力丹自选集·新闻观念：从传统到现代．复旦大学出版社，2004
12. 李良荣．李良荣自选集·新闻改革的探索．复旦大学出版社，2004
13. 童兵．童兵自选集·新闻科学：观察与思考．复旦大学出版社，2004
14. 时统宇．深度报道范文评析．新华出版社，2001
15. 肖明，丁迈．精确新闻学．中国广播电视出版社，2002
16. 罗文辉．精确新闻报道．中正书局，1996
17. 彭家发．新闻文学的点·线·面——译介美国近年的新派新闻报道．业强出版社，1988
18. ［美］梅尔文·门彻．新闻报道与写作．展江主译．华夏出版社，2003
19. ［美］卡罗尔·里奇．新闻写作与报道训练教程．钟新主译．中国人民大学出版社，2004
20. ［美］杰里·施瓦茨著．如何成为顶级记者．曹俊、王蕊译．美联社新闻报道手册．中央编译出版社，2003
21. 李少南．香港传媒新世纪．中文大学出版社，2003
22. 施清彬．香港报业商战．1994
23. 罗钢．叙事学导论．云南人民出版社，1994

24. ［美］戴卫·赫尔曼主编．新叙事学．马海良译．北京大学出版社，2002
25. ［美］伯格．通俗文化、媒介和日常生活中的叙事．南京大学出版社，2000
26. 申丹．叙述学与小说文体学研究．北京大学出版社，1998
27. ［英］马克·柯里．后现代叙事理论．北京大学出版社，2003
28. 聂庆璞．网络叙事学．中国文联出版社，2004
29. 刘明华．西方新闻采访与写作．中国人民大学出版社，1993
30. 彭朝丞．新闻标题学．人民日报出版社，1996
31. ［美］迈克尔·埃默里．美国新闻史．展江译．中国人民大学出版社，2004